sapientia
サピエンティア 25

障碍者・外国人・動物という境界を越えて

正義のフロンティア

Frontiers of Justice

M・C・ヌスバウム［著］
神島裕子［訳］

法政大学出版局

Martha C. Nussbaum
Frontiers of Justice: Disability, Nationality, Species Membership

This translation published by arrangement with Harvard University Press
through The English Agency (Japan) Ltd.

ジョン・ロールズを偲んで

謝　辞

本書は、二〇〇二年一一月にオーストラリア国立大学（キャンベラ）で開催された「人間の諸価値に関するタナー記念講演」（The Tanner Lectures on Human Values）を出発点としている。この講演は、二〇〇三年三月にケンブリッジ大学のクレア・ホールで開催された「人間の諸価値に関するタナー記念講演」としても行なわれた。したがって、最初に私が感謝すべきはタナー財団である。タナー財団の惜しみない援助のおかげで、私は二度も講演することができ、また、通常では考えられないほど多くの貴重なコメントと議論の機会を頂戴することができた。つぎに私がお礼を申し上げるべきは、草稿を丹念に読み、とても貴重なアドヴァイスをくれた七名のコメンテーターである。障碍の問題についてはレノール・マンダーソン、リーズリィ・フランシス、そしてエヴァ・キテイ。トランスナショナルな正義についてはゾヤ・ハサンとアマルティア・セン。人間以外の動物の権原についてはピーター・シンガーとデイヴィッド・ドゥグラッツィア。セミナーと議論への参加を通じて貴重なアドヴァイスをくれた他の人びと、とくにロバード・グッディンとマイケル・スミスにも謝意を表したい。

障碍に関する部分はアメリカ哲学会太平洋部会のシンポジウムでも発表した。ローレンス・ベッカー、エヴァ・キテイ、アンドリュー・リース、そしてアニータ・シルヴァーの非常に有益なアドヴァイスに深く感謝している。私はこのシンポジウムでの講演と同じ講演をコーネル大学の批評理論セミナーでも行なったが、そこでも多くの参加者、とりわけドミニク・ラ・カプラ、メアリー・ジェイコブス、マグダ・ロマンスカ、そしてマイケル・スタインバーグから、貴重なコメントを頂戴した。

トランスナショナルな正義に関する部分は、オックスフォード大学のクィーン・エリザベス・ハウスが主催したオラフ・パルメ記念講演で発表したものである。この素晴らしい機会に招待してくれたフランシス・スチュワートにお礼を申し上げるとともに、刺激的なコメントをくれたフランシス・スチュワート、サドヒール・アナンド、バーバラ・ハリス、そして他の人びとに感謝する。

最後に、動物に関する部分はアラン・ゲワースの誕生九〇年を称えるシンポジウムで発表したものである。悲しむべきことに、このシンポジウムから一年もたたない二〇〇四年の春、ゲワースは他界した。このシンポジウムで取り組みがいのあるコメントをくれたアラン・ゲワース、マイケル・クリーマー、そしてマイケル・グリーンにお礼を申し上げる。

草稿を読み、有益な意見をくれたジョン・ダイ、クレイグ・ダンカン、エリザベス・イーメン、チャド・フランダース、リーズリィ・フランシス、シェリ・アーヴィン、チャールズ・ラーモア、マーサ・ミノウ、ヘンリー・リチャードソン、カス・サンステイン、そしてキャンデイス・ボルガーに、ことのほか感謝する。頂戴した質問すべてにまだ回答できていないことを私は自覚している。

ジョイス・セルツァーはいつもながらの見事な編集の仕事をしてくれた。アン・ホーソンの細心の推敲と、ジェニファー・ジョンソンとレイチェル・グッドマンの校正および索引づくりには、いつになく感謝している。

本書を構成する各部分の旧ヴァージョンは、以下のように刊行されている。

・本書が取り上げる三つのテーマに関する議論の初期ヴァージョンはすべてつぎにある。*Tanner Lectures on Human Values*, volume 24（Salt Lake City: University of Utah Press, 2004）, pages 413-508.

・第二章と第三章の議論の初期ヴァージョンはつぎである。"Capabilities and Disabilities: Justice for Mentally Disabled Citizens," *Philosophical Topics* 2（2002）: 133-165.

・第四章と第五章の議論の初期ヴァージョンはつぎである。"Beyond the Social Contract: Capabilities and Global Justice," *Oxford Development Studies* 32（2004）: 3-18.

・第六章の議論の初期ヴァージョンはつぎである。"Beyond 'Compassion and Humanity': Justice for Non-Human Animals," in *Animal Rights: Current Debates and New Directions*, eds. Cass R. Sunstein and Martha C. Nussbaum（New York: Oxford University Press, 2004）, pages 299-320.

これらが本書として出版されるのはタナー財団のご好意による。旧ヴァージョンはいずれも最終稿ではまったくなく、実際、本書における私の論述は旧いものと多くの点で大いに異なっている。本書における論述の方がもっとずっと適切であるとよいのだが。

私の企てはジョン・ロールズに対して批判的である。ロールズの理論を批判的な検討の対象として取り上げたのは、それが私たちの手元にある社会契約の伝統においてもっとも強力な政治理論だからであり、また西洋の政治哲学の伝統においてもっとも卓抜な理論のひとつだからである。ロールズが未解決の諸問題と見なしていた諸領域に私は焦点を合わせるが、そうした問題は彼の理論に挑むものである――ロールズがはたして彼自身の理論をもってして応えることができるのか、必ずしも定かではない仕方で。ロールズは他のたくさんの問題をとてもよく解決したのだから、この焦点の合わせ方は適切である。本書の究極目的は、そうした新しい問題に取り組むために、彼の理論にある中核的な諸理念を拡張することである。その拡張は、彼の理論の社会契約の伝統に由来する部分を本格的に修正せずにはなしえないと思われるが、彼の理論そのもの、つまりその諸原理とその直観的な諸根拠とは、そうした新しく困難な問題を私たちが追究するさい、優れた道標を提供するに違いない。最大の尊敬と友情と哀しみとともに、私は本書をロールズの思い出に捧げる。

目次

略記

本書においてジョン・ロールズの論文・著作はつぎのように略記される。

DL: "Kantian Constructivism in Moral Theory"（Dewey Lectures）, *Journal of Philosophy*, 77（1980）: 515-571.

IPRR: "The Idea of Public Reason Revisited," in *The Law of Peoples*, with "The Idea of Public Reason Revisited"（Cambridge, Mass.: Harvard University Press, 1999）.

JF: *Justice as Fairness: A Restatement*, ed. Erin Kelly（Cambridge, Mass.: Harvard University Press, 2001）.

LHE: *Lectures on the History of Ethics*, ed. Barbara Herman（Cambridge, Mass.: Harvard University Press, 2000）.

LP: *The Law of Peoples*, with "The Idea of Public Reason Revisited"（Cambridge, Mass.: Harvard University Press, 1999）.

"LP": "The Law of Peoples," in *On Human Rights: The Oxford Amnesty Lectures*, 1993, ed. Stephen Shue and Susan Hurley（New York: Basic Books, 1993）.

PL: *Political Liberalism*, enl. Ed.（New York: Columbia University Press, 1996）.

TJ: *A Theory of Justice*（Cambridge, Mass.: Harvard University Press, 1971）.

正義のフロンティア——障碍者・外国人・動物という境界を越えて

凡例

一、本書は、Martha C. Nussbaum, *Frontiers of Justice: Disability, Nationality, Species Membership*, Cambridge, Mass.: Belknap Press of Harvard University Press, 2006の全訳である。

一、文中の（　）、［　］は原著者によるものである。

一、原文中の引用符は「　」で括り、大文字で記された文字についても「　」で括った箇所がある。

一、原文中の（　）、——については、一部取り外して訳出した。

一、原文中でイタリック体で記された箇所は、原則として傍点を付した。

一、文中に訳者が挿入した語句および簡単な訳註は〔　〕で示した。

一、引用文献中で邦訳のあるものは適宜参照したが、訳文はかならずしもそれに拠らない。

一、原註は（1）というかたちで記し、原著どおり巻末にまとめて掲載した。

一、長い訳註は〔1〕というかたちで記し、原註のあとに続けて掲載した。

一、邦訳の書誌情報は、できる限り示した。複数の訳がある場合には原則として最新のものを優先した。

一、原著の明らかな間違いや体裁の不統一について、一部は原著者に確認したが、訳者の判断で整理した箇所もある。

一、索引は原著をもとに作成したが、一部訳者のほうで整理した部分がある。

さてここに、議論の余地がないと見なされているだろうと思われる、ひとつの説がある。それは、人間の欲求を充たすための自然による備えが乏しいことのほかに、人間の利己性および限られた寛大さとにのみ、正義の起源がある、という説である。

デイヴィッド・ヒューム『人性論』

幸福な人は孤独な人だと考えるのは奇妙である。人間は社会的な生き物であり、また自然本性によって他者と共に生きる性向にあるからである。

アリストテレス『ニコマコス倫理学』第九巻第九章

序論

社会正義に関する理論は抽象的でなければならない。つまり、社会正義に関する理論は一般性と理論の力を有していなければならず、たとえその起源がその時代における政治的衝突にあるとしても、そうした衝突の域を超えて適用しうるものでなければならない。政治的正当化でさえ、そのような抽象性を要求する。それというのも私たちは、政治理論が時間軸上で安定しうることを示せない限り、つまり市民たちにとって自己防御になるとか役に立つとかいった単なる狭量な理由ではない理由にもとづいて政治理論が支持を受けていることを示せない限り、その理論を正当化することができないのだから[1]。目前の出来事から距離をおかなければ、政治理論が安定的でありうることは示せない。

他方でまた、社会正義に関する理論は、世界とそこでもっとも喫緊の問題とに対して応答的でなければならず、また新しい問題や、あるいは古いけれどもわざと見落とされてきた問題への応答において、形式のみならず構造においても、変更の余地があるものでなければならない。

たとえば、西洋の伝統における正義に関する理論のほとんどは、女性による平等への要求と、女性の平等への途を阻んできた（そしていまも阻んでいる）数多の障害物とに対して、不埒にも気を配ってこなかった。そうした理論の抽象性はいくつかの点で貴重ではあるが、それらが世界でもっとも深刻な問題のひとつに立ち向かいそこねてきたことを、隠蔽してしまった。ジェンダー正義の問題に適切な関心を向けると、家族は政治制度であって正義を免れる「私的領域」の一部ではないことが承認されるため、多大な理論的帰結が生じる。したがって、これまでの理論が見落としてきたことを正すということは、よく知られた古い理論を単に新しい問題に適用するということではない。理論構造を正しくするということなのである。

今日とくに厄介な問題は、社会正義に関して、現行の理論が放置している未解決の問題が三つあることである。（私たちはいまのところ目にしていないが、社会正義に関する未解決の問題は、もちろんほかにもまだあるだろう。）第一に、身体的および知的な器質的損傷のある人びとに対して正義をなすという問題。こうした人びとは人びとであるにもかかわらず、現行の諸々の社会では、ほかの市民と平等であるという根拠にもとづく市民としては、いまなお包摂されていない。教育、保健医療、政治的な権利および自由、そしてもっと一般的に言えば平等な市民権をそのような人びとに拡張するという問題は、正義の問題、それも喫緊の問題であるように思われる。この問題の解決には、市民とは誰かに関する新しい思考法と（相互有利性に焦点を合わせない）社会的協働の目的に関する新たな分析とが要求されるため、また社会的基本善としてのケアの重要性の強調も要求されるため、十分な取り組みとしては、古い理論をただ新たに適用することではなく、理論構造そのものの作り替えが必要となるだろう。

第二は、全体として正義にかなった世界、つまり生まれの偶然性と国籍が人びとの人生の可能性を広範にスタート地点から歪めることのないような世界を、いかにして実現しうるかを理論的に示しつつ、正義をすべての世界市民に拡張するという喫緊の問題である。社会正義に関する西洋の主要な理論はすべて、理論の基本単位として国民国家から出発しているため、新しい理論構造はこの問題についてもよくよく考察するものとなるだろう。

第三に、人間以外の動物の扱いに関わる正義の問題も正視する必要がある。動物が人間によって与えられる痛みと辱めに苦しんでいることは、しばしば倫理的問題として認められてきたものの、社会正義の問題として承認されることは稀であった。もしこの問題が社会正義の問題として承認されるならば（本書の読者は、動物の問題を社会正義の問題として承認すべきだという私の主張が十分成り立つかどうかを、各自で判断しなければならない）、この新しい問題もやはり、理論的な変革を要求することは明らかである。たとえば、すべての当事者たちに合理性を要求する社会的協働および互恵性のイメージは再検討される必要があり、またそれとは異なる形態の協働に関する新しいイメージが築かれる必要があるだろう。

西洋の伝統には、社会正義へのアプローチが数多く存在する。もっとも強力でもっとも息が長いアプローチのひとつは、合理的な人びとが相互有利性のために集い、自然状態を離れて法により自らを律することを定めるという、社会契約の発想である。そのような理論は歴史上絶大な影響力を及ぼしてきたし、また近年では、ジョン・ロールズの卓越した研究において大いなる哲学的深みをともなって展開されてきた。そのような理論は、私たちの手もとにある正義に関する理論のなかで、おそらくもっとも強力だろう。なにしろ、功利主義のさまざまな流派よりも、社会契約論の方が、正義に関する私たちの熟慮された諸判断を分節化し、精査し、まとめ上げることにおいて優れている——こう力強く論証したのは、ロールズなのだから。

しかし、ひとつの理論は、真に偉大でありながらも、ある領域において、あるいはいくつかの領域において、深刻な限界を有することがある。公私区分に依拠する古典的な理論は、女性の平等という問題に直面するようになって深刻な困難に陥ったし、またこの問題に対して非常に巧妙なロールズのアプローチですら、欠陥を有している。(2) 私がいましがた説明した三つの問題が、彼の契約主義の理論ではとくに解決が困難であることを、ロールズは認めていた。第二の問題は最終的には解けるかもしれないと確信したロールズは、人生の終盤における研究の多くを、その問題の解決にあてた。だが彼は、第一と第三の問題を「〈公正としての正義〉では解決しえないだろう」（*PL* 21）問題とした。それら問題の深刻さと解決方法とを明らかにするためには、それら問題のよりいっそうの吟味が必要であることを、ロールズは示唆している（*PL* 21）。本書における私の企ては、ロールズの自己批判的な申し立てを出発点とするものではないが、ロールズの自己批判的な申し立ては、本書の目的を明らかにしてくれる。

本書は、これら三つの問題が、実際に深刻な未解決の正義の問題であるという確信から出発する。社会契約の古典的な理論は、その最善の形式においてさえも、これらの問題を解けない。こう私は論じる。本書全体を通じてロールズに焦点がおかれるのは、そのためである。私の考えでは、古典的な社会契約の観念を最強の形式で表わしているのはロールズであり、また社会契約の理論がほかの理論よりも優れていることをもっとも説得的に論証しているのもロールズである。本書が示そうとしているように、もしロールズの卓越した理論がこれら三つの問題領域において深刻な欠陥を有しているならば、さほど展開されていないか、あるいはさほど魅力的ではないほかの契約説の形式はなおのこと、そのような欠陥を有しているだろう。[3] 直面せざるをえない種類の困難は、古い理論構造を新しいケースに適用するだけでは解決できないことを、私は示したいと思う。困難は理論構造そのものに組み込まれているのだから、異なるタイプの理論構造が追究されなければならない。それがロールズ理論の主要な諸要素を受け継ぎ、またそれらを貴重な道標とするものになるとしても。

こうした問題は単にアカデミックな哲学の問題ではない。社会契約の諸説は、私たちの政治生活において、深遠かつ広範な影響を及ぼしている。私たちは何者であるのかに関するイメージと私たちはなぜ集うのかに関するイメージとは、どのような政治原理が支持されるべきかに関する思考と、そのような原理の枠組みづくりに誰が関与すべきかに関する思考を形成する。市民のなかには「自分の面倒をみることができる」者もいればそうでない者もいるとか、パラサイト的な者もいれば「正常に生産的」な者もいるとか、こういった考えがよくなされているけれども、それは相互有利性のための協働の仕組みとしての社会という観念の副産物が、一般イメージ化されたものである。政治の実践の場におけるそうしたイメージに対しては、それらの源泉を突き止めずとも異議を唱えうるだろう。しかし、問題の根ともいえるものを辿ってみることは、実際とても役立つ。なぜならそうすることで、私たちがなぜそのような困難を抱えるようになったのかが、また私たちが前進することを願うならば何を変革しなければならないのかが、はるかによく見通せるからである。このように本書は、問題とされる理論の複雑さと深遠な意味合いとに着目しながら、哲学的な諸観念に詳細に取り組むものであると同時に、実践哲学の書であろうともしている。本書は実践哲学の書として、先に述べた諸々の困難をともなわない、(古くて新しい)社会的協働に関するいくつかのより豊かな観念へと、私たちを連れ戻すだろう。もちろん、人びとはこのような詳細な哲学的究明がなくとも、こうした問題のすべてに関して政治の実践に携わることができる。だが私は、詳細な究明が有用であると確信している。ひとつには、そうすることが批判の対象となっている論者に敬意を示すことになるという理由から、もうひとつには——問題の源泉として不正確に識別したことがらではなく(それらは問題を生じさせるものではないかもしれないし、役立つものでさえあるかもしれない)、問題の源泉として正確に識別したことがらを修正しうるように——、問題が生じる箇所を見きわめることが必ず役立つという理由からである。実のところ、問題が複雑で理論構造が念入りな場合において、さほど詳細ではない哲学的究明でも大いに実践的な意義を有するというのは、私には疑わしい。「結論」を急ぎすぎると、哲学がその特性から提供しうる種類の啓蒙は失われる。政治哲学における偉大な実践的研究は、詳細に欠けていたから素晴らしいのではない。このことは確かである。ジョン・スチュワート・ミルの『自由論』は、詳細な記述にもどかしいくらい欠けているとはいえ素晴らしい研究書であるが、もし危害に関する説明とか、自由と選好の関係や自由と権利の関係とかいった根本的な問題についてもっと紙幅を割いて論じていたならば、さらに優れたものとなっていただろう。ロールズの偉大なる二冊の本が、ことのほか貴重な実践への道標を提供しているのは、それらが厳密かつ快い詳細さをもって、困難な根本問題にまさに答えようとしているからである。

本書における私の企ては、批判と構築の両方である。それというのも私は、本書が考察する三つの問題すべてに関して、自ら長い時間をかけて展開してきた「可能力アプローチ」(capabilities approach)が有望な洞察を指し示すと論じるつもりだからである。そうした洞察は、社会契約の伝統が三つの問題に関して指し示してきた諸々の洞察よりも、優れているはずである。(後で明らかになるように、私のアプローチは別のタイプの契約主義、つまり相互有利性の観念をともわない、カント的な倫理的諸観念に純粋に依拠するタイプの契約主義と大幅に収斂するとも、論じるつもりである。)先般刊行された『女性と人間開発』における可能力アプローチに関する説明は、このアプローチの輪郭を描き、方法論と正当化の諸問題について述べ、宗教と家族ということのほか困難な二つの問題へのこのアプローチの取り組みを詳細に論じるものであった。可能力アプローチと選好基底的な功利主義の理論とを詳細に比較検討し、このアプローチを選好功利主義よりも優れているものとして推奨したのであった。

やがては「反照的均衡」[4]へといたるプロセスにおけるつぎの論理的な段階は、可能力アプローチをほかの説得力のある理論的なアプローチと比較し、可能力アプローチの方が少なくともいくつかの領域において優れていると論じることである。本書は、未解決の三つの問題に関して可能力アプローチの方が優れていることを示すことを通じて、この段階を部分的に示すものではあるが、可能力アプローチの方が契約主義の理論よりも全般的に優っているなどとは主張できない。可能力アプローチの方が契約主義の理論に劣る諸問題があるかもしれないのだから。私は主にジョン・ロールズの理論に主眼をおくが、その理由は、彼の理論がその考察対象としている諸問題に対して基本的に正しい答えをだしていると考えられるからであり（基本善に関する理論の立て方に関しては、私の考えは詳細において異なっているが）、またそのために、彼の理論が未解決の三つの問題においてなぜ困難に直面するのかを、ロールズ自身の説明によって謎解きすることがきわめて興味深いからである。したがって、ロールズの理論よりも可能力アプローチの方が全般的に優るということを実際に示しうるのかどうかという問いには、本書は取り組まない。この問いに答えるにはよりいっそうの——そしてより長い——吟味が必要である。いまのところ、それを決めるのは（詰まるところはいつもそうであるように）一人ひとりの読者である。

読者は、私が『女性と人間開発』においてと同じく本書でも、私自身の可能力アプローチを明確に表現するさいに、ジョン・ロールズからいくつかの中心的な観念を受け継いでいることをみるだろう。政治的リベラリズムの観念（軋轢を生じさせる宗教上ないし形而上学上の諸原理には基礎づけられていないリベラリズムの形式）と、重なり合うコンセンサスの観念（形而上学上・宗教上の構想が異なる人びとでも政治的構想の眼目を受け入れうるという観念）、これらである。ロールズはつねに、そして人生の終盤においてはますます、『政治的リベラリズム』は彼自身の正義の構想に関するものではなく、一群のリベラルな構想に関するものであるということを強調していた。彼自身の構想はそのような一群の構想のひとつにすぎないのだ、と。私の可能力アプローチもこの一群のリベラルな構想のひとつであり、またゆえにロールズ流の構想に可能力アプローチを付け加えよという私の提案は、ロールズのより大きな企てを前進させるものであり、それに取って代わるものではない。このことが明らかになれば本望である。

本書が取り上げる正義の三つの問題を可能力アプローチは扱いうると論じる過程で、このアプローチは拡張され、また修正される。それはこのアプローチが、国境を越える正義の問題と人間以外の動物に関する正義の問題とに拡張される、第五章と第六章において一目瞭然である。しかしほかにも、本書の全体を通じてもう少し深遠な修正と彫琢がなされるため、可能力アプローチの展開に関心のある読者は、つぎの点に注意するとよいだろう。

一、可能力アプローチの直観的な出発点と、特定の可能力がリストに載っているべきだという論証のしかたについては、第一章、第三章、第五章で論じられる。とくに教育の実例の扱いについては、第五章の第一節を参照のこと。

二、可能力アプローチが用いる人間の尊厳という考えは、第三章の第四節と第九節で論じられる。第五章の第三節も参照のこと。尊厳に関する思考において、種の模範がどのような役割を有しているかが論じられる。また、尊厳は（理性やほかの特定の能力といった）人格がもつ何らかの実際の特性には依拠しないことが強く求められる。この説明は「基本的可能力」に関するいくつかの従前の議論からの転換を表わす。さらに、尊厳は可能力から独立した価値ではないということと、むしろ可能力に関する政治原理の明瞭化が人間の尊厳のある生活という概念を（部分的に）明瞭化するということとが、議論される。

三、可能力アプローチと功利主義の関係は、第一章、第五章の第二節、第六章の第三節で（ふたたび）

論じられる。それらの議論のどれも意外な内容を含むものではないが、いくつかの新しい議論があり、また古い議論が新たに構成される。

四、可能力と権利の関係は第五章の第三節で論じられる。可能力アプローチは人権アプローチの一種であることが明らかにされ、また可能力の言語が（最低限の）人権の言語よりも優れていると考えられる理由について、改善された説明がなされる。

五、可能力アプローチと多元主義および文化多様性の関係は、第五章の第五節および第一章の第六節で（ふたたびではあるが、おそらくより簡潔に）論じられる。

六、可能力アプローチにおける平等の概念の役割は、第五章の第四節および第六章の第九節で論じられる。これらの議論は新しくてかつ複雑であるため、ここで要約を試みることはしない。

七、「重なり合うコンセンサス」というロールズ的な観念が、可能力アプローチとの関連において、第三章の第四節、第五章の第六節、そして第六章の第一一節で論じられる。さまざまな歴史と伝統をもつ諸国民のあいだで重なり合うコンセンサスはありうるのかどうかという問題と、動物に何らかの基本的な権利を拡張することに関する重なり合うコンセンサスを予期しうるかどうかというより困難な問題にも、本書は取り組む。

八、権原（権利）としての可能力と、そうした権原を確実なものとする義務との関係については、第五章の第一節で論じられる。

このように、本書は『女性と人間開発』でなされた構築的な説明を、単に繰り返し、新しい諸領域に拡張しようとするものではない。本書は多くの領域で新たな突破口を開き、以前になされた〔功利主義との〕

対比をより適切に行ない、読者と批判者たちが提起してくれた数多くの問題に取り組もうとするものである。可能力アプローチの明瞭化がこれまで不完全であったことと、このアプローチが世界応答的であろうとするものであることとをもってすれば、このような本書の構えは当然である。新しい諸問題は理論構造そのものの変更を余儀なくする。そのため私の議論は、本書が主眼をおく三つの問題に対してとくに関心がない人びとにとっても、興味深いはずである。正義の問題を気にかけている人が、三つの問題のすべてに関心を持たないというのは、私には不思議に思えるけれども。

第1章　社会契約と正義の未解決の三つの問題

人間はこれまで言われてきたように、自然本性によってまったく自由で平等で別個独立であり、誰も自らの「同意」なしに、この状態から放り出されたり、他者の政治的な権力に服従させられたりすることはない。人が自らの自然本性的な自由を脱ぎ捨て「市民社会の契りを結ぶ」ようになる唯一の方法は、自らの固有権の確実な享有と共同体の外部に対するより強固な安全保障とがあるなかで、相互の間柄において快適で安全で平和な生活を送るために、他者と共に集い共同体を作ることに合意することによってである。

ジョン・ロック『市民政府論』

1　自然状態

政治的な統治がなされていない場合、つまり主権者、法律、裁判所、確立された所有権、あるいは契約がない場合を想像してみよう。人間はそのような条件のもとでも生きることはできるだろうが、人生はうまくいかないだろう。西洋の古典的な社会契約の伝統の出発点にそびえ立つテクストのなかで、トマス・

ホッブズがつぎのように述べたことは有名である。

そのような条件においては、勤労のための余地はない。なぜなら勤労の果実が確実ではないからである。そのため土地の耕作はない。航海も、海路で輸入されうる諸財貨の使用もなく、広々とした建物もなく、移動のための道具もなく、大きな力を加えないと動かせない物の処分もない。大地についての知識もなく時間の考慮もない。芸術もなく文学もない。社会もない。そしてもっとも悪いことに、継続的な恐怖と暴力的な死の危険がある。そして人間の生活は、孤独で、貧しく、不快で、残忍で、短い。(1)

そのため人びとは、平和、安全、そして相互有利性への期待から、相互に契約を結び、暴力の私的利用と他者の所有物を奪う能力とを放棄する。人びとがジョン・ロックの言葉では「自由かつ平等かつ別個独立」(2)の状態にあると想像される初期状況において、はたしてどのような契約が結ばれるであろうか——私たちはこれを考察することによって、政治原理の正当性に関する洞察力を得る。いくつかの決定的な点で公正な、つまり公平に釣り合いがとられた初期状況で結ばれた契約の所産として政治社会の構造を考えることで、私たちは正義が要求することがらに関しての理解を深める。(3)このようにして私たちは、どの個人の側にも既存の有利性が何らないと想定する手続きを通じて、全員の利益を正当に保護する一群のルールを引きだすのである。

社会契約の所産としての基本的な政治原理という観念は、西洋の伝統においてリベラルな政治哲学がもたらした主要な貢献のひとつである。社会契約の伝統は、その多様な形態において、二つの目覚ましい貢献をなした。第一に、たとえ人為的に単純化された人間の利害関心に関する構想を出発点においたとしても、人間の利害関心は、政治社会、すなわち法と正当に構成された権威とを前にして全員が力を〔政治権力に〕引き渡す社会によってうまく対処されうるということを、明確かつ厳密に示したことである。第二に、より重要なこととして、富、身分、社会階級、教育など、[4] あらゆる実社会で一部の人間が有している人為的な有利性を取り除くならば、人間はある特定の種類の契約——その内容はそれぞれの理論のつぎの段階で詳しく説明される——に合意するということを示したことである。この意味において出発点が公正であるならば、交渉の所産である諸原理も公正なものとなるだろう。このように、社会契約の伝統は、政治社会に関する手続き的な理解を私たちに遺している。[5] 諸人格の平等な真価と、彼らのあいだの互恵性の価値とが、その社会の中心的な特徴である。

古典的リベラリズムは封建制と君主制を攻撃したが、その背景には、このような政治社会の理解が突出してある。[6] 自然状態では全員がほぼ平等であるという事実から導きだされるのは、富や身分や地位のある人びとに社会的・政治的な権力を与えてしまう体制への、徹底的な批判である。このように、自然状態で結ばれる契約という観念は、政治原理の内容を説明するのみならず、政治的正統性の基準をも提示する。自由かつ平等かつ別個独立の諸人格が自然状態において選ぶであろう基本原理とはかけ離れた諸原理を有する社会は、どのような社会であれ、その限りで問題となる。

この伝統は、平等な諸人格のあいだにおける正義について、鮮明で綿密で啓蒙的な考え方を提供しているため、哲学的に実りあるものであり続けている。二〇世紀において最大の説得力と影響力をもつ正義論はジョン・ロールズのものであるが、それもこの伝統にきちんと納まっている。ロールズは、おそらくこれまでのどの思想家よりも綿密かつ徹底的に、契約の観念から生じるであろうことについて追究してきたのである。

ロールズは、社会契約の伝統への忠義を『正義論』の冒頭から強調して、つぎのように述べている。「私が成し遂げたいことは、たとえばロック、ルソー、カントに見られるよく知られた社会契約という理論を一般化しかつ抽象度を高めた、正義の構想を提出することである」[7]。「導きとなるのは、正義の諸原理……は自分自身の利益を増進しようと努めている自由で合理的な諸人格が初期の平等な立場において受け入れるであろう諸原理である、という発想である」（*TJ* 11）。彼は「契約」という言葉の使用について、予想される反論から擁護するかたちで、つぎのようにまとめている。「最後に、契約説には長い伝統がある。この思想潮流とのつながりを表明することは、諸観念を明確にするのに役立ち、また自然本性的な恭順とも合致する」（*TJ* 16; cf. 121）。（「自然本性的な恭順」に関するこの奇妙な言及は、ロールズが先達の理論を生涯にわたって尊敬していたことを示す一例であり、彼が行なった教育・指導と執筆活動の両方において顕著な特徴となっている。）

ロールズと社会契約の伝統との関係は、彼のこうした見解が示唆するものよりも、複雑である。ひとつにロールズは、古典的な契約の思想家においてはそれほど明白ではなかった要素に肉付けするために、「正義が生じる情況」に関するデイヴィッド・ヒュームの見解に——ヒュームは社会契約の思想家ではないにもかかわらず——かなり依拠している。とはいえ、こうした問題に関するヒュームの考えは、ロックおよびカントの考えとぴったり接合するため、この複雑さの源泉はなんの問題も引き起こさない。ヒュームを選んだ理由についてロールズは、ヒュームによる「正義が生じる情況」の説明の仕方が「とくに明快である」（*TJ* 127）からだと、つまりロックとカントの説明の仕方よりも詳細であるからだとしている。

しかしながら、ロールズの理論は二つの重要な点で、従前の社会契約の見解のどれとも異なる。〔第一に〕ロールズの達成目標は、非常に簡潔な一群の想定から基本的な政治原理を生成することであるため、またそのことはロールズが呼ぶところの「純粋な手続き的正義」、つまり正確な手続きによって正確な結果を定めることの一例であるため、彼は、人間が自然状態で何らかの自然権を有していると想定しておらず、その点で社会契約の伝統から分岐してしまっている。このように彼の見解は、グロティウスおよびプーフェンドルフの自然法の見解から離れている。ロックとカントの理論よりもラディカルなかたちで。

第二の異なる点は、道徳的な諸要素が契約手続きにおいて果たす役割に関するものである。ロールが想定する選択状況は、ホッブズ、ロック、さらには（政治的論考における）カントでさえも避けていた、道徳的な諸想定を含んでいる。(8) すなわち「無知のヴェール」は、誰ひとりとして他者の諸目的の手段としてのみ用いられてはならないというカント的な観念と緊密に関連する道徳的不偏性を、表現しているのである。

古典的な社会契約説と、カントの道徳哲学の中核にある諸観念。これらに対する二重の忠義は、ロールズ理論がもたらす啓蒙の源泉であると同時に、ロールズ理論にある深刻な緊張関係の源泉でもある。しかしロールズは、平等な尊重と互恵性という道徳的な諸観念に深くコミットしながらも、彼自身の企ては――彼が再構成しかつ解釈するところの――社会契約の伝統の一部であるという理解から、決して離れようとしない。このことは確かである。(9) 社会契約からの重要な分岐が明らかにある場合でさえ、ロールズはその根底にある社会契約との類似点を読者に指し示している。こうして、彼は自然状態という虚構を用いていないようにみえるけれども、実際には用いていることをつぎのように読者に伝えている。「〈公正としての正義〉においては、平等な原初状態が、伝統的な社会契約論における自然状態に相当する」（*TJ* 12）。そして概括的には、以下本書で明らかになるように、こうしたつながりに着目することによってのみよく理解できる部分が、ロールズの見解には多い。平等な諸個人、彼らの真価、そして彼らの能力に関する観念から出発する場合、正義は何を要求するのか。これについての私たちの思考に対して、社会契約の伝統はロールズの仕事を通して、そのもっとも洗練された貢献をなしてきたのである。

私の論証のもっとも肝心な部分ではロールズに焦点がおかれるが、ほかの現代の社会契約の思想家たち（たとえばデイヴィッド・ゴティエ）にも相応に着目するつもりである。社会契約の伝統から完全に離れながらも、相互有利性に焦点を合わせている純粋にカント的な形式の方の契約主義には、取り組まない。とはいえ、そのような契約説（たとえば倫理学におけるトマス・スキャンロンのそれと政治学におけるブライアン・バリーのそれ）と私の可能力アプローチとの収斂の可能性については、第二章で論じることになる。現代の社会契約の伝統には際だった特色があるが、その理由のひとつとして、交渉に関する経済的な観念が私たちの政治文化全体に広範な影響を及ぼしていることがあげられる。哲学における契約主義者はそうした観念を批判するけれども、彼らもまた、古典的な社会契約の観念を解釈・改変する過程において、そうした経済的な観念によって、いくつかの点で影響されている。ロールズは、経済学と経済学を通じた公共政策とにおいてきわめて支配的な功利主義に対して異を唱えている。そして彼は、政治原理について考える精確なやり方はより豊かでより道徳化されたやり方であるということについて彼の読者（経済指向の読者が著しく多い）を説得するために、社会契約の古典的な観念を用いている。

このように、現代の契約主義を形成している諸々の影響は複雑である。思想史上の人物について、私はロールズを除き詳細な評釈を行なわないものの、重要な思想家のそれぞれとロールズ的枠組みとを結びつける主要な影響関係については提示を試みるつもりである。しかし、個々の思想家の緻密さと複雑さがどのようなものであろうと、社会契約の伝統は、「自由かつ平等かつ別個独立の人びと」の相互有利性のための契約としての社会の一般イメージを私たちに遺してきたとは言えるだろう。人びとは、一人では獲得することができない何かを、共に生きることで獲得する。この相互有利性のための契約としての、社会の一般イメージである。本書が綿密な精査の対象とするのは、私たちの政治文化に深く埋め込まれている、社会に関するこの観念である。

2 未解決の三つの問題

(1) 器質的損傷 (impairment) と障碍 (disability)[10]

社会契約の伝統がなしてきた重要な貢献と、いまもなお認められているその価値とにもかかわらず、現代におけるその範型は、今日の世界でもっとも喫緊の正義の三つの問題に対して、十分対応できていない。古典的な理論家は皆、彼らが想定する契約主体が能力においてほぼ平等で、生産的な経済活動に従事しうる男性であることを前提としていた。そのため彼らは、女性(彼女たちは非「生産的」だと理解されていた)、子ども、老人を交渉状況から省いていた——当事者たちがこうした人びとの利害関心を代表することはありえたけれども[11]。一七世紀および一八世紀にはすでに顕著であったこうした切り捨ては、現代の契約説では、家族は法や契約と無縁の私的領域であるという観念に対して当然なされるべき徹底的な批判がつねになされているわけではないとはいえ、ある程度まで是正されている[12]。

しかしながら、基本的な政治原理を選択する人びとのグループのなかに、重度で非定型の身体的・知的な器質的損傷のある人びとを含める社会契約説は、ひとつもない。たしかにそうした人びとは、ほとんどの近代社会において最近にいたるまで、とにかく社会に包摂されてはこなかった。排除され、烙印を押されてきた。彼らを包摂しようとする政治的な動きはなかった。とくに重度の知的な器質的損傷のある人びとは、教育すらされなかった。施設に隠されるか、放置され死亡するかだった[13]。公共世界の一員としては決して考慮されなかったのである[14]。そのため、古典的な社会契約の思想家たちが、そうした人びとを政治原理を選択する当事者として想定しそこねたことや、また、実にそうした人びとが初期の基礎的な選択段階には含まれないことを確実なものとするための根本的な諸想定（たとえば力や身体的・知的な能力がだいたい同じであること、など）をおきたがっていたことは、当然であった。

器質的損傷と障碍があっても政治的な選択への参加が十分可能な多くの人びとにとって、基本的な選択状況からこのような切り捨てがなされていることは、正義の観点からしてすでに問題だろう。こうした人びとは、ほかの市民の完全な平等者として扱われていない。基本的諸原理が選択されるとき、彼らの声は聞かれていない。政治選択の場から器質的損傷のある人びとをしばしば排除する要因の多くは、社会的なものであり、何ら必然的なものではない。このことを認めると、この問題の深刻さは実に増すだろう。このように、社会制度の何らかの特定設計を想定するものではないはずの選択状況にこうした人びとが含まれえなかったことを説明する、原理にもとづいた理由は何もない。だが、重度の知的な器質的損傷のある人びとが政治選択においてなす貢献の可能性をどんなに柔軟に評価するとしても、そのような選択者グループに直接には含まれえない人びともいる。そうした人びとにとって、政治に関する選択者としての役割が与えられないことは、彼らの利害関心を考慮に入れる何か別の手だてがある限り、不正義ではないだろう。

しかし、すべての社会契約論において顕著な構造的特徴をひとたび考慮に入れると、器質的損傷と障碍のある人びとを契約状況から省くことは、やはりなお有害であることがわかる。社会契約の伝統は「社会の基本的諸原理は誰によって設計されるのか」と「社会の基本的諸原理は誰のために設計されるのか」という、原理的に異なる二つの問題を融合しているためである[15]。契約当事者たちは、共に生き、また、選択される諸原理によって人生を統制されることになる市民たちと、同一であると想定されている。そのような契約を結ぶ必要にかられた人びとのあいだの相互有利性と互恵性が、社会契約の伝統の中核的な道徳的観念である。選択された諸原理は、まず第一に、彼ら相互の関係を統制する。ほかの利害関心と人びと（あるいは生き物）が、当事者たち自身の気遣いとコミットメントを通じて派生的に、あるいは諸原理がすでに選択された後の段階で、含まれるかもしれない。だが、正義の第一義的な主題は、諸原理の選択者と同じ人びとである。このように、社会契約の伝統が、ある一定の能力（合理性、言語、ほぼ同じ身体的・知的な能力）を原理選択手続きの参加要件として指定する場合、そうした要件は、結果として生じる社会で、器質的損傷と障碍のある人びとの正義の受け手あるいは主題としての扱いに、甚大な影響を及ぼす。彼らが選択者グループに含まれていないという事実は、彼らが（派生的に含まれる場合や後の段階で含まれる場合を除いて）自分たちのために諸原理を選ぶグループに含まれていないことを意味する。

ロールズの理論はこの点で扱いが比較的難しい。それは彼が、「原初状態」の当事者たちと、彼らが究極的には設計する社会における市民たちとを、実にはっきりと区別しているからである。（市民たちには「無知のヴェール」による情報上の制約がない。その代わりに彼らは、社会を安定したものとする諸々の情操を引き起こすための幅広い道徳教育を受けている。）だが、障碍および種の成員資格という本書の問題関心について言えば、この違いは重要ではない。当事者たちは、あたかも自らの人生計画を進めながら居住することになる社会のために選ぶかのように、諸原理を選ぶ。そのような当事者たちが件の思考実験によって選択した諸原理に従って、市民たちは生活する。そのため市民たちは、原始契約のグループには含まれていなかった人間および動物のニーズのために実践的な制度編成を行なうかもしれないけれども、こうした問題に関する自分たちの認識に照らして、正義の諸原理を自分たちで再設計するということはできない。『政治的リベラリズム』におけるロールズの議論は微妙に異なっており、そこでは「原初状態」の当事者たちが市民たちの「代表者たち」あるいは市民たちの受託者たちとして描かれるようになった。これによって、思想史上の伝統に対する彼の基本的な愛着が明らかとなった。しかしながら、当事者たちを受託者とする市民たちの性格づけには、障碍の問題の観点からして問題含みの『正義論』の当事者たちの性格づけにある特徴が、なおはっきりと取り込まれている。つまり、彼らの知的・身体的な能力は、『正義論』の当事者たちのそれと同様に、すべて「正常」の範囲内にあるとされているのである。したがって、詰まるところ『政治的リベラリズム』の当事者たちは、重大な知的・身体的な器質的損傷が自分たちのように一切ない人間である市民たちのために、諸原理を設計しているのである。

だが、「誰によって」と「誰のために」という原理的に異なる二つ問題をこのように結びつける必要はない。人間、さらには人間以外のものも含めて多くの生き物は、政治原理を選択するための手続きに参加する能力がなくとも正義の第一義的な主題である——こう論じる理論はありうる。多くの異なる種類の生は尊厳を有しており、また尊重に値するという観念から出発するならば、そのような理論を探求し二つの問題を切り離すための、説得力のある理由はありうる。このように思考するならば、契約を結ぶ能力と、結果として生じる社会において相互有利性を可能とするほぼ平等の能力の保持とは、尊厳を有しかつ他者との平等にもとづいて尊重をもって扱われるにふさわしい市民であるための必要条件ではないということが、最初から承認されるであろう。

このように、障碍のある人びとを基本的な政治原理の初期選択状況から切り捨てることは、社会契約論に特徴的な構造を通じて、一般に彼らの平等な市民権に著しい影響を及ぼす。障碍のある人びとに関する正義の問題が、あらゆるまっとうな社会の課題において目立っている今日、彼らのほとんどではないにしても多くが確かな選択能力を有していることに鑑みれば、彼らの全員を基本的な政治に関する選択状況への参加から省くことには問題があるだろう。そして、社会のもっとも基本的な諸原理が選ばれるさいの「誰のために」に該当する人びとの集団から彼らが切り捨てられることは、なおいっそうの問題をはらんでいる。彼らの利害関心を、派生的に、もしくは後の段階で、考慮に入れることができるとしても、なぜこの先送りが必要であるのかが、またそれはそうした市民たちの十全に平等な扱いに影響を及ぼさないのであろうかが、疑問に思われて当然である。たとえ先送りというものが、それ自体では、またそれだけを持ってしては、不平等な扱いの形式ではないとしても。後でみるように、ロールズはこの点において、自らの理論にある欠落を承認しており、かつ憂慮している。私は、障碍の問題に対する彼の取り組みは不適切であり、またその修正は容易ではないと主張するつもりである。知的・身体的な器質的損傷のある市民たちの完全な包摂は、正義と社会的協働に関する伝統的な契約の説明の核心をつく問題を引き起こす。

(2) ナショナリティ

社会契約の伝統が抱える二つ目の困難は、ナショナリティもしくは生誕地が人びとの基本的な人生の機会に与える影響である。相互依存が進むこの世界では、富裕国と貧困国のあいだの不平等が各国の市民たちの人生の機会に影響する。このことが提起している正義の諸問題を検討する必要がある。契約モデルは主に単一社会を構築するために用いられるが、その社会は自足的でありほかのどんな社会とも相互依存関係にはないと想像されている。カントとロールズは両者とも、諸国間の正義の問題に取り組むことの重要性を認めてはいる。だが彼らの理論のロジックが、この問題を理論上の契約の第二段階で派生的に提示することを余儀なくしている。諸国家が樹立された後の諸国家の関係はなお自然状態に似ており、そのため諸国家の相互取引を統制するために追加的な諸原理が選択されなければならないというのが、彼らの想定である。

したがって、この二段階アプローチにおいて、諸国家は論証の第一段階の「自由かつ平等かつ別個独立」した諸人格と同じ構造をもつものとして扱われる。すると、この第二段階の自然状態からの離脱を、かりに契約の観点で考えようとするならば、ここでもまた、契約を結ぶグループに含まれるのは誰かを問わねばならず、また契約モデルを軌道に乗せるためには別個独立性、自由、だいたいの平等性のうちどの条件が想定されなければならないかを、問わなければならないだろう。強力なグローバル経済が、経済に関するあらゆる選択を相互依存的なものとし、現行の不平等を固定化しかつ深化させるような条件を貧困国にしょっちゅう課している世界で、諸国家の別個独立性とだいたいの平等性を想定することに、はたして何の意味があるのか。このことは疑問に付してよい。さらに言えば、そのような想定は、支配的な諸国とのあいだに格段の力の差がある諸国、なかでも発展段階が産業化以前であるかいくぶんそうである諸国が、初期契約者グループから外されなければならないことを必然的にともなう。そうした諸国のニーズには、それら諸国の人びとの人生に深く影響を及ぼす基本的な諸原理がすでに選択されかつ確定された後で取り組まれなければならないだろうし、またそうしたニーズは、基本的正義の一環としてではなく、慈善によって取り組まれることになるだろう。（この意味で、比較的貧しい諸国の状況は、社会契約の第一段階における器質的損傷のある人びとの状況と似ている。）

フーゴ・グロティウスは、一七世紀という段階で、諸国の相互依存に関する深遠な説明を展開し、「国際社会」におけるすべての国および個人の行ないが道徳の諸規範によって制約されると、すでに論じていた。いくつかの状況では、諸個人が有する人権が、他国への介入を正当化する——こうグロティウスは考えた。さらにより重要なこととして、誰がどの財産を所有するのかに関する決定そのものがニーズと余剰の観点からの十全な精査を待ち受けていると、またある国の貧者が他国の余剰に対する所有権を有している場合もあると、彼は主張した(16)。だがグロティウスは社会契約論者ではなかったし、もし彼が社会契約の伝統において後に標準となった諸観念から出発していたならば、このような結論にいたることはなかっただろう。それというのも、まさに相互有利性のための契約というロジックが示唆しているのは、社会的な総福利への貢献度が他者よりも著しく低そうな行為主体が、まずもって契約者グループに含まれないだろうことだからである。諸国間の契約について言えば、ひどく困窮した諸国がその立場にある。相互有利性を追求している繁栄した諸国が、そのような諸国との関係を、基本的諸原理が選択された後で別の仕方で対処しうるときに、そのような諸国を契約者グループに含めたいと思うだろうか？　さらには、繁栄した諸国は諸国間での第二段階契約に入るずっと前から財産に対する権原を定めており、またそうした権原に関する諸原理も確定済みとされているため、所有とニーズに関するグロティウスの観念のようにラディカルな提案は、検討すらされえないのである。

　諸国間の正義の問題は、古典的な社会契約説の世界では、ある意味で避けられなかった。国家間戦争と、貿易や植民地の拡張現象に、主要な理論家たちはとてもよく精通していた。だが、戦争と平和の問題に焦点を合わせるも経済的再分配や基本的人権の保護に関する議論は拒否するという、国際関係への希薄なアプローチは、採用しうると思われていた。（しかしながら、経済的再分配が必要であることを考慮に入れなければ平和は持続しないだろうと、グロティウスはすでに論じていた。）富裕諸国の諸々の実践と従来の国際法システムとにとらわれたこの希薄なアプローチは、今日では、私たちが生きる世界に対するものとしてはますます不適切であることが明らかとなりつつある。富裕諸国と貧困諸国のあいだには、死亡率、健康、教育など、基本的な人生の機会のあらゆる中心領域において、驚くべき違いがある。かりに植民地主義が遺した遡及的正義の諸問題を脇におくとしても、少数の諸国によって管理されていながらもすべての国に決定的な影響を及ぼしているグローバル経済システムの仕組みについて、人びとは批判的に思考している。喫緊で前向きの正義の諸問題が課題として存在するのである。こうした問題を解決するための社会契約の伝統による最善の試み――ジョン・ロールズの『諸人民の法』と、トマス・ポッゲとチャールズ・ベイツによる関連研究――でさえも、私たちが直面している複雑な諸問題への導きとしては不十分であることが判明する。グロティウス的な自然法の伝統を多くの点で蘇らせる可能力アプローチの方が、より有益な道標を提供するだろう。

(3) 種の成員資格

グローバルな正義という概念について思考するさい、私たちは通常、地表上のより多くの人間が含まれるように、正義の理論を地理的に拡張しようとする。未来の人びととの利害関心を考慮に入れるために、そうした理論の時間的な拡張についてもしばしば考える――少し後で述べる理由によって、本書はそうした問題については簡単にしか言及しないけれども。前世代の人びとに比べれば現在の私たちの方がよく考えているとはいえ、それほど考えることがないのは、人間以外の動物に関する正義の諸問題に取り組むために、正義の理論を人間の世界の外に広げる必要性についてである。この分野では、社会契約の理論に明らかな欠陥がある。なぜなら、そうした理論が正義の諸原理の源泉としてイメージの中心においているのは、理性的な大人の人間のあいだで結ばれる契約であるため、少なくとも基本的な社会的正義に関する説明において、人間以外の生き物の利害関心を（ある意味で理性的な生き物の利害関心でさえも）考慮に入れる余地がまったくないからである。またしても、そのような理論が「誰が正義の諸原理を設計するのか」という問題と「誰のためにそれらの諸原理は設計されるのか」という問題を融合してしまっているという事実によって、編みだされる理論がその利害関心に配慮しようとする名宛人のグループに、動物を——動物は契約の締結に参加しないことから——含めることができない結果となっている。

この社会契約の伝統における理論は通常、人間には動物に対する直接の道徳的義務はないとするか（カント）、あるいはそのような義務があるとすればそれらは正義の義務ではなく慈善もしくは同情の義務であるとするかの（ロールズ）、いずれかである。この構えは不十分であるだろう（正義の問題を慈善の問題から区別するために、また動物が被っている諸々の不正はなぜ正義の問題を引き起こすと理解されるべきなのかを述べるために、私はもっと議論を重ねなければならないのだが）。人間がなす諸々の選択は、人間以外の種の生活に日々影響を及ぼしており、またしばしば多大な苦痛をもたらしている。動物は世界の備品の一部ではない。自らの生を生きようとしている活動的な存在者であり、にもかかわらず人間によってしょっちゅう妨害されている。このことは、単なる慈善の契機ではなく、正義の問題のようにみえる。したがってもし理論が、人間と動物の関係性を実際に見受けられる関係性として、つまりともなっていることが明らかだと思われる諸問題をともなうものとして構成することすらできないのならば、それは理論のもうひとつの重大な欠陥となる。

私が言及してきた正義の三つの問題はそれぞれ別物である。各問題には別個の対応が必要であり、また各問題は異なる仕方で契約説に論難を加えている。しかしながら、すべての問題がひとつの重要な特徴を共有している。つまり、本書がその権原に着目する生き物たちと、ある支配的なグループとのあいだにおける、力と能力の深刻な非対称性を含んでいるのである。各ケースにおいて、伝統的な契約アプローチがなぜ問題にうまく対応できないのかを説明するさい、この非対称性が関与してくるだろう。

かつてはそうではなかったが、いまやこうした三つの問題すべてが、重要なものとして広く認められている。そのため、かつてはささいなことに思われた社会契約の伝統における欠陥が、いまでは重大だと思われはじめたのである。正義の三つの問題は、社会契約のその先を見通し、真にグローバルな正義の根拠を明らかにする方法として何がありうるのかを確かめるよう、私たちを駆り立てている。

3 ロールズと未解決の諸問題

ロールズは、まさにこうした問題領域において、彼の理論がいくつかの困難な問題に直面することを認めている。彼は『政治的リベラリズム』において、自らの正義の構想では取り扱いが難しい四つの問題に言及している。それらは〔一〕障碍のある人びとに対する義務(一時的・永久的な障碍と知的・身体的な障碍を含める)、〔二〕国境を越える正義、〔三〕「動物とそれ以外の自然に対する義務」(後でみるように、ロールズはこれを正義の問題として認めていない)、〔四〕将来世代のための貯蓄の問題、である。これらすべての問題について、彼はつぎのように結論づけている。「私たちは最終的にはこうした問題のすべてに答えたいけれども、それが政治的構想としての〈公正としての正義〉の範囲内で可能か否かは、非常に疑わしい」(*PL* 21)。彼はさらに続けて、将来世代の問題に妥当な解答を出すために、自らの構想を拡張しうると思うと述べている。（私は彼の見解に同意するため、この問題をここでは取り上げない。）同様にして彼は、自らの構想は国際正義の問題に取り組むために拡張できるだろうとも主張している。彼の最後の著書である『諸人民の法』は、その主張を有言実行しようとする試みであるが、実のところ国際正義の問題について満足のゆく説明はしていない。ほかの二つの問題についてロールズは、それらは「〈公正としての正義〉が失敗するかもしれない問題」だと述べている。〈公正としての正義〉が「失敗するかもしれない」二つのケースに関連して、彼は二つの可能性に言及している。ひとつは「政治的正義の観念はすべてに及ぶものではなく、また私たちはそのように期待すべきでもないということ」。もうひとつの可能性は、この問題はたしかに正義の問題のひとつであるが、「〈公正としての正義〉は、ほかの問題をどれほどうまく取り扱うことができようとも、この問題においては精確ではない。これがどれほどの欠陥であるかは、この問題それ自体を精査しうるまでわからない」（*PL* 21）[17]というものである。

本書の企てはロールズのこの所見から実際に始まったものではないが、ロールズが『政治的リベラリズム』で彼自身とほかの人びとに対して突きつけている挑戦を受けてたつ試みとして本書の論証をとらえるのも有益である。私はこれらの問題にひとつずつ取り組んでゆくことで、（カント的であり、また社会契約説的でもある）ロールズ流の理論がどの程度までそれらを取り扱えるのかを、明らかにしたいと思う。ロールズの理論は結局のところ、こうした三つの問題のいずれについても満足のゆく解答をもたらしえない。またとくにその理論は、（彼自身が述べているように）三つの問題を基本的正義の問題として扱えないのであり、私が『女性と人間開発』[18]で展開した可能力アプローチの方がそれらによりよく対応できる。このように私は論じるつもりである。

私たちの手もとにある政治的正義の理論のなかで、もっとも説得力があるのはロールズの正義論である。

これが私の確信であるため、この結論はことさら興味深い。ロールズの正義論が取り扱っているテーマに関しては、きわめて力強くて魅力的な結論が出されているし、またそれが提示している正義の二原理は妥当性を有している。二原理の組み立てに用いられている基本善の理論を私は少々批判するけれども、それら原理は基本的には正しいと私は考えているし、私が異なる出発点から展開する理論もそれら原理とおおむね収斂する。しかしながら、ロールズの正義論は、未解決の三つの問題すべてに関して原理を何ひとつ提供していない。このことを本書のはじめに踏まえておくことが重要である。たしかに後年のロールズは、正義の二原理とは別の諸原理を用いながら、国際的な問題を取り上げてはいる。だが、彼の理論がなしている諸想定が必然的にともなっているのは、提示された正義の二原理が障碍の問題と動物の問題をともかく対象としていないことであり、また対象とすることを意図していないことである。ロールズは、もしこれら二つの問題がいっそうの精査によって未解決の正義の問題であると判明すれば、自らの理論には何らかの補足と再評価が、あるいは補足もしくは再評価が、要求されるだろうことを示唆している。それによってロールズは、それら二つの問題のいっそうの吟味を誘っている。本書では、彼が誘っているこの吟味と補足を提供できればと思う。

　ロールズは『正義論』の冒頭で、あらゆる契約説には二つの部分がありそれらは別個に評価されるのがよいだろう、と述べている。ひとつは初期選択状況の設計であり、もうひとつは結果として生じる原理群である。「理論の第一部分（あるいはそのようなもの）を受け入れはするが第二部分は受け入れない人がいるだろうし、その逆もあるだろう」（*TJ* 15）。私の結論は、ロールズの二原理それ自体――あるいはそれらによく似たもの――は、彼がそれらを適用している問題のみならず、彼がなんらの原理も提示していない問題においても有効である、というものになる（第三章の第九節を参照）。さらに、それら原理が具体化しておりかつ明確化している公正の観念と互恵性の観念は、きわめて魅力的な倫理的観念である（ロールズがそれらに与えている特殊カント的な形式に内在する、ある特定の困難は別にして）。これら原理とこれら観念を、本書の課題である未解決の正義の問題に拡張適用するのもよいだろう。けれども、私が着目する三つの問題に取り組むもうとすると、初期選択状況には、ロールズが取り組んだ問題領域ではいかにうまくゆこうとも、深刻な問題が含まれていることが判明する。もし本書がするように、適切に拡げられた互恵性の構想と尊厳の構想を駆使しつつ、別のルートを通じて、ロールズの諸原理とそれらに類似の諸原理に到達しうるならば、ロールズが自らの理論のようなものでは対応できないと考えていた問題にも、それら原理を拡張適用できるだろう。本書の結論は、ロールズの理論あるいは何かほかの契約論を拒絶すべきだというものではなく、代替的な理論づくりに励み続けるべきだというものである。そうすることでおそらく、私たちの正義に関する理解は向上するだろうし、また実際そうした理論を拡張適用できるようにもなるだろう。

4　自由かつ平等かつ別個独立

社会契約の伝統は複雑に入り組んでいる。社会契約を別個独立の諸個人のあいだの契約としては考えないジャン・ジャック・ルソーのような人物を、幾人か含んでいるからである。一般意思という概念と、個人の諸自由への関心の相対的な欠如。これらを有する『社会契約論』を一例とする、リベラルではない類いの理論について、本書の議論が直接に言及することはない。ルソーの理論がロールズやほかの現代の契約主義者たちに実際に影響を及ぼしている限りにおいて、ロックやカントといったリベラルな理論家にも、ルソー的な要素をみてとることができるだろう。だがここでルソーに独特のことがらに分け入ってゆくと、他と区別されるリベラルな伝統の吟味から、引き離されてしまうだろう。このリベラルな伝統に素材を提供している歴史上の人物は、ロック、そしていくつかの点でカントである。主要な先駆者はトマス・ホッブズであり、彼は現代の社会契約説、とくにデイヴィッド・ゴティエの研究においても重要である。[19]だが、ホッブズはリベラルではない。彼の主権論を考察することは、本書のテーマから大きく離れてしまうだろう。さらに、彼の見解の詳細は周知のごとく不明瞭である。そのため私がホッブズに着目するのは、彼が社会契約のいくつかの特徴に関して明快な説明を提供している限りにおいてである——そのような説明は、私が念頭においている伝統に、もっと直接的に帰属するほかの理論家たちによっても、多くなされているのだけれども。契約論者ではないが、デイヴィッド・ヒュームも本書の企てにおいて重要である。それというのも、ロールズはヒュームの「正義が生じる情況」の説明を借用しており、それを中心として、彼自身の契約主義的説明の重要な特徴を築き上げているからである。

本書は思想史の企てではないし、思想史上の特定人物についての網羅的な、さらには詳細な解釈を提供するものとも言えない。私が取り組むのは、西欧の伝統のなかで、正義に関する思考を哲学においてのみならず公共政策と国際関係においても深く形成してきた、きわめて一般的な想定群である。とはいうものの、本書は社会契約の伝統について述べ、またその主唱者たちの見解についてもしばしば言及する。そのため、私が問題化してゆく類いの理論を構成している要素を、抽象的に分離することが重要だと思われる。

そうした要素に含まれるのは、〔一〕政治原理のために契約を結ぶことが意味をなす状況である「正義が生じる情況」に関する説明、〔二〕それに関連して契約当事者たちの属性に関する説明、〔三〕契約当事者たちが契約を結ぶことで獲得が期待されることがらに関する説明――つまり社会的協働の目的に関する説明、〔四〕契約当事者たちの道徳的情操に関する説明、である。伝統的な社会契約論のこうした特徴をより明確に理解することで、本書の後の方で可能力アプローチにおいて対応する要素を特定し対比することが容易になるだろう。

(1)「正義が生じる情況[20]」

社会契約論者によれば、基本的な政治原理の探求は、どんな状況においても必ず生じるわけではない。政治社会の諸原理に関して集うことには意味がある――こう人びとが考えるためには、自らを特定の状況に見いだす必要がある。この状況の叙述はロールズにとって間違いなく重要である。彼は「原初状態」に関する議論の開始直後にその叙述を取り入れており、社会契約の伝統に従って、こうした状況は「人間の協働が可能かつ必要となる通常の条件」(*TJ* 126) を具体化するものだとしており、またこうした状況が生じない限り「正義の徳が発揮される機会はないだろう。生命に危害が加わる恐れがなければ身体の勇敢さが発揮される機会がないだろうのと同じように」(*TJ* 128) としている。

(この場合ヒュームに依拠している) ロールズに従うならば、こうした状況は、客観的なものと主観的なものとの二種類に区別することができる。交渉当事者たちの客観的な状況は、基本的に、彼らのあいだの協働を可能かつ必然とするものである。彼らは「一定の地理上の領土に同時に」(*TJ* 126) 共存しなければならないと、ロールズは規定している。彼らは誰もほかの人びとを支配しえないように、身体的・知的な力においてだいたい同じである。彼らは攻撃に対しては脆弱であり、ある人の企みはほかのすべての人びとの団結力によって阻止されうる。最後に「ほどほどの稀少性」という条件があり、協働が無用なほど資源が豊富にあるわけでもなく、「実り多い企てが崩壊を余儀なくされるほど条件が厳しい」（*TJ* 126-127）わけでもない。

主観的な状況として、当事者たちの協働が可能となるように、彼らのニーズと利害関心、あるいは少なくとも互いに補完的な利害関心は、だいたい同じとされている。だが、宗教の違いと包括的な社会上あるいは倫理上の教義との違いを含めた人生計画は異なるため、潜在的な衝突の火種はある。彼らの知識と判断力には弱さがあるけれども、ロールズがそれらを「正常の範囲内」（*PL* 25）にあると規定していることは重要である。

少なくとも、富と社会階級という人為的な有利性と現行の政治構造の影響力とを取り去るならば、人間は実際そのような状況に自らをだいたいは見いだしている――社会契約の伝統における理論家たちはこう考えている。したがって、自然状態という虚構は、遠い過去の時代を説明したものではなく、想像上の仮説であると明言されているにもかかわらず[21]、現実世界における人間の相互作用のとくに重要ないくつかの特性について、真実を告げる説明だとも考えられている。だがこの叙述は、知的・身体的な力が「正常な人間」と著しく異なる人びとを排除している。これと関連する理由によって、力と資源が支配的な国や諸国と著しく異なる諸国およびその居住者を排除することも必至だろう。最後に明白なことであるが、人間以外の動物も排除されている。社会契約の伝統における理論家たちはこうした切り捨てを自覚している。基本原理が選択される段階でのこうした切り捨ては、彼らの理論にとってたいした問題ではないという判断が、単純になされている。

（2）「自由かつ平等かつ別個独立」

「正義が生じる情況」に関するロールズの説明に含まれているのは、社会契約の伝統においてことさら顕著な、契約当事者たちの三つの属性である。ロールズのように「正義が生じる情況」の体系的説明をしていない契約者論の著作においてでさえ、それらは顕著である。したがって、私はそれらを分離してとくによく調べることにする。第一に、社会契約の当事者たちは自由である。つまり、他者に借りのある人はおらず、他者の奴隷である人もいない。社会契約の伝統がさまざまな形態の階層制と専制を攻撃的に批判するさい、自然本性的自由という基本原理がきわめて重要となっている。この基本原理は誰も同意なくして他者の支配下におかれてはならないということを必然的にともなう——こう主張するのはロックだけではない。[22]この条件に関しておそらくもっとも詳細な説明を行なっているカントによれば、それが意味するのは、人びとは「有効な一般法則の枠組みのなかで、すべての他者の自由と調和しうる、同様の目的を追求するという他者の自由」を侵害しない限りにおいて、自らの幸福の構想を追求する権利を有しているということである。[23]いいかえると、あなたが幸福となるやり方に従って人びとを幸福にしようとするのは、たとえあなたが慈悲深い専制君主であっても、誤りであるということになる。要求しうるのは、各人がほかの人びとの自由によって自らの自由を制限することである。この正当な要求は前政治的なものであると社会契約の伝統は理解している。「国家共同体の各成員が人間として、それぞれが権利を保持する能力のある存在者である限りにおいて、この自由という正当な要求を有する」[24]。（後でみるように、ロールズは前政治的な自然権の存在を求めていないため、この点では伝統を受け入れていない。しかしながら彼は、平等が自然本性的な諸能力、なかでも正義感覚の能力によって基礎づけられるとしている。*TJ* 504ff.）

当事者を自由であるとするのは、社会契約の伝統にのみ見られる特徴ではないように思われるし、なるほど際立った道徳的・政治的な重要性をたしかに有している。だが、重度の知的な器質的損傷のある市民の生活や、まったく違う角度からではあるが人間以外の動物の生活を前にして、そのような自然本性的自由が前提とする諸能力は何であるのかを問うさい、この特徴は潜在的な問題をはらむことになる。誰かの奴隷にならない権利を有することの前提条件はある種の能動的な諸々の能力であるということと、そのような能力には少なくとも合理的で道徳的な選択をなす能力が含まれるということとを、社会契約の伝統は示唆している。このことは、そうした能力がない存在者は奴隷にしてもよいことを意味するだろうか？　必ずしもそうではないが、古典的に展開された契約説においては、存在者に能力がない場合でも、奴隷制は自然本性的自由の侵害となるだろうと述べる何かしらの理由を、簡単には見つけられない。動物の奴隷状態も問題とされていない。（カントの存命中にベンサムがすでに人間以外の動物の扱いを奴隷制と比較していたのは有名である。）そのためこうした問題に適切に取り組むためには、新しくてより拡張的な自由の構想とその前提条件とが要求されるだろうことを、私たちは自覚しなければならない。

第二に、そしてことのほか重要な特徴として、社会契約説は当事者たちがほぼ平等な状況で――道徳的平等のみならず、力と資源におけるだいたいの平等をも含めた状況で――交渉を開始するとしている。人間のあいだで富、生まれ、階級などによってつくりだされた有利性と階層制はすべて存在しないものとされ、いうなれば裸の人間だけが残される。社会契約の伝統における思想家たちがよく言及しているように、基本的な力、能力、そしてニーズにおいて、人間のあいだに特段の違いはない。ホッブズは影響力のある仕方でつぎのように述べている。

自然は人びとを、心身の諸能力において平等につくったのであり、その程度は、ある人がほかの人よりも肉体においてあきらかにつよいとか、精神のうごきがはやいとかいうことが、ときどきみられるにしても、すべてをいっしょにして考えれば、人と人とのちがいは、ある人がそのちがいにもとづいて、他人がかれと同様には主張してはならないような便益を、主張できるほど顕著なものではない、というほどなのである。すなわち、肉体のつよさについていえば、もっとも弱いものでも、ひそかなたくらみにより、あるいはかれ自身とおなじ危険にさらされている他の人びととの共謀によって、もっとも強いものをころすだけの、つよさをもつのである。

そして、精神の諸能力についていえば……私はむしろ、つよさについてよりもさらにおおきな平等性が、人びとのあいだにあるのを、見いだすのである。……おそらく、そのような平等性を信じがたくするかもしれないのは、人が自分の賢明さについて有するうぬぼれにすぎないのであって、ほとんどすべての人は、自分が大衆よりもおおきな程度の賢明さをもつと、おもっているのである。[25]

同様にロックも、自然状態ではつぎのことが明白であると強く主張している。「同じ種、同じ級の被造物は、生まれながら無差別にすべて同じ自然の利益を享受し、同じ能力を用いうるのであるから、互いに平等であって、従属や服従があるべきではない[26]」。人びとのあいだの大きな違いは現行の社会的条件によってつくりだされたものであることへのこだわりは、一八世紀の哲学に広く見られたテーマとなっている。たとえばアダム・スミスは、哲学者と荷役労働者の違いは第一義的に、習慣と教育からなっていることを強調している。ルソーは、人間に共通の弱さと脆弱性についての省察が、階級と身分という区別の背後にある著しい類似性を明らかにするだろうと示唆している。[27]

力と能力におけるこのようなだいたいの平等性を、道徳的な平等性から区別することは重要である。だが、社会契約の伝統上の思想家たちがなにかしらの明瞭さをもってこの区別をなすことは滅多にない。ある思想家は、存在者について、力と能力においてだいたい等しいとすることなく、道徳的には等しいとするかもしれない。またある思想家は、その逆だとするかもしれない。二種類の平等を結びつけるやり方があるのは理解できる。もし人間が本当に力と能力においてだいたい同じであるならば、一部の人びとがほかの人びとよりもはるかに多くの権威と機会を与えられるというのは随分と無原則なことだろう。(とくにロックは何かしらそのような結びつきに依拠している。) だが、力と能力の自然本性的な不平等が、人間を人間生活の本質的かつ道徳的な領域における異なる扱いへと現に権原づけてしまうだろうことを認めずとも、権威と機会の不平等の恣意性を認めることはできるだろう(感覚を有するほかの存在者については、変更すべきところは変更して、同様のことが言える)。したがって、こうした二種類の平等を注意深く区別したロールズの功績は偉大である。けれども彼は、自らの理論を軌道に乗せるために、両方の平等を必要としている。このことは忘れてはならない。

(力と能力における) 平等の想定は、人間について重要かつ真であることを示してくれるはずであり、現存する階層制の批判につながるはずである。だがその想定は、それぞれの社会契約論の内部で、政治原理がなぜ特定の仕方で生じるのかを説明するという、きわめて重要な役割をも果たしてもいる。当事者たちのだいたいの平等は、彼らが互いに契約を結ぶ仕方、そもそも契約を結ぶ理由、そして社会契約によって何を得ることを望んでいるのかを理解するうえで、決定的に重要である。したがって、このような平等の想定がどのようにして、私たちにいくつかの重要な正義の問題を留保させてしまうのか、これをみてみることが大切である。なかでも、そのように構成された契約状況の内部では、重度の知的な器質的損傷のある人びとに関する正義と人間以外の動物に関する正義とに、取り組むことはとうていできない。後でみるように、ロールズは力と能力における平等を想定することを認めてしまっているため、彼の〈公正としての正義〉の理論はこうした分野で問題を孕むことになっている。

驚くことではないが、古典的な社会契約の思想家たちは、こうした問題を留保するのにやぶさかではなかった。彼らがこうした問題を気にかけたかさえも、疑問だろう。だが、たとえ気にかけていたとしても、君主制的で階層制的な政治の諸構想の基礎を掘り崩すという焦眉の急が、力と資源においてだいたい平等な人間に焦点を合わせるという決定を弁明し、またかなりの程度まで正当化した。私たちが生きている世界は彼らの世界ともはや同じではないし、また基本的な政治原理の設計においてこうした問題に正面から立ち向かわないことをそのように言い逃れることはできない。

比較的貧しい諸国に関して言えば、今日、諸国間にある富と力の階層制は、契約の伝統が掘り崩しを目的としている生まれと富の階層制とまったく同様に、人為的であると言える。したがって契約の伝統には、グローバルな不平等に関する批判的な考察に密接な関連性を有する、重要な洞察が含まれている。それでもなお、諸国間の階層制を適切に批判するためには、国境と、経済の基本的な制度編成とに関する、ラディカルな種類の再考が不可欠である。諸国をすでに構成されたものとして、まただいたいの平等性を有する事実上の諸人格として想像し、それらが相互にとって最善の協働の取り決めを目的とする契約を交わすだろうことを根拠に二度目に適用される契約説を想定するだけでは、ラディカルな再考は達成しえない。

第三に、社会契約の当事者たちは別個独立であると、つまりほかの諸個人に支配されておらず、非対称的に依存してもいない諸個人であると、想像されている。ある理論によれば、この想定には、当事者たちが他者の幸福ではなく自らの幸福の構想を促進することだけに関心を抱いているという観念が含まれる。当事者たちには慈恵的な利害関心があると、あるいは（ロックにおいてだが）慈恵の自然本性的な義務さえあると想定する理論もある。だが肝心な点は、各人が別個独立性に関して同じであると想定されていることと、各人が権利要求および企ての別個独立の起点となっていることとである。そのように生きてきた人びとのたとえをロックは論敵に示しているが、彼によれば先住アメリカ人がそのような人びとであった。各人はまた社会的協働の別個独立の起点であり、あるいはロールズが述べているように「生涯にわたって十全に協働する社会の成員」である。ロールズは、「原初状態」の当事者たちは互いの利害に関心をもたないという想定によって、契約の伝統にあるこの特徴をモデル化している。彼らは必ずしも利己主義者ではないが、他者の善ではなく彼ら自身の善の構想を促進することに関心を寄せている（*TJ* 13）。

そのような理論は政治領域に関する説明から子どもと老人を省いており、さらにはそうした思想家たちのほとんどが（家庭内でなされる仕事を生産的な仕事とは見なさなかったため）男性の依存者として理解されていた大人の女性も省いているとの指摘から、議論しはじめることができるだろう。かりにそうした切り捨ては理論にとって重大な問題ではないとしても、つづいて判明するのは、人生の長期間にわたってか、全生涯を通じて、生産上の貢献が他者と著しく異なる人びとや、非対称的な依存という状態で生きている人びとをも、そのような理論は切り捨ててしまうということである。そのような人びとが契約者グループに入っていないのは明らかであるし、また私が強調してきた二つの問題の融合をもってすれば、彼らはまさに契約者グループに入っていないという事実によって、正義の諸原理の名宛人である市民グループにも入っていない。彼らの利害関心はどこか後の方の段階で対処されうるかもしれない。だが、切り捨てられた人びとのニーズが、当事者たちによる基本的な政治原理の選択を、あるいは人間の生活の基本善に関する当事者たちの構想を、方向づけることはない。なぜなら当事者たちは、同様に位置づけられた他者との相互有利性のために契約していると、想像されているからである。したがって、社会正義にとってきわめて重要だと思われる諸問題、つまりケアの配分、ケアにともなう労働の配分、そして障碍のある市民たちをより完全に包摂するための社会的費用の配分に関する諸問題は、脇におかれるか、あるいは後の考慮事項としてあからさまな留保を付される。（ロールズは、将来世代のための貯蓄という問題に取り組むことができるよう、自らの理論における当事者たちが家系を代表する〔そして子孫たちを気遣う〕ことを認めているが、それ以外では「原初状態」における相互の公平無私という想定を維持している。）

社会契約およびその目的に関する構想を全体的に変えない限り、別個独立の想定は、平等の想定と同様に、容易には変更しえない。それというのも、この構想が描いている当事者はそれぞれ、相互協働の利益を得るために自らの特権の一部を犠牲にすることに意欲的な、各々が生産的な個人だからである。

（3）社会的協働の目的としての相互有利性

当事者たちは相互便益を、つまり社会的協働なくしては得ることができないだろう何かを確実なものとするために、互いに協力していると想像されている。ロールズは、社会契約の当事者たちの利他主義あるいは慈恵を、自説のより大きな構造においてはほかのやり方でモデル化しているにもかかわらず、想定するのを避けている。この複雑さによって、ロールズは相互有利性の観念をどう用いているのかという難しい問題が生まれているのだが、この問題は第六節で吟味することにしよう。ゴティエのような現代のほかの契約主義者は、利他主義を完全にシャットアウトしている。慈恵に着眼しているロックでさえ、社会契約それ自体の核心は「彼ら〔当事者たち〕の固有権の享有を確実なものとし、かつ部外者による侵害に対してより強い安全保障を確立し、彼らに安楽、安全かつ平和な生活を相互に得させることにある」として説明している。[28] この限りにおいてロックは、自然状態における個人に彼が享受している有利性を手ばなすよう促す唯一のものは、彼自身の福利にかかわる何らかの種類の有利性であるとしているホッブズと、同じである。[29] 正義それ自体のために正義へのコミットメントが要求されることはないのであり、他者の善のために他者の善それ自体を目的とする本質的な配慮がなされることもない。

(4) 当事者たちの動機

これについては、これまで述べてきたことに付け加えることはほとんどない。社会契約の当事者たちは、彼らの有利性の追求によく見合った諸々の動機を有していると想像されている。すなわち、当時者たちは自らの目標と企てを何であれ促進したがっているのである。自分にとっての有利性の追求というこの仮定は、これを仮定している哲学者たちが、道徳の諸情操に関して利己主義者であったことを含意するものではない――もちろんホッブズは道徳の諸情操に関して利己主義者であったのだが。自らの有利性に関する当事者たちの構想はそれぞれ大いに異なるだろうし、またいくつかの理論では(なかでもロック)、他者の善への力強い配慮が含まれるだろう。さらにいくつかの理論では(たとえばデイヴィッド・ゴティエ)、交渉状況に自己目標の達成を志向する動機および情操だけを含めることは、倹約的な出発点から他者尊重的な結果を引きだすための仕掛けであるにすぎないかもしれない。ロールズは似たような理由から慈恵的な動機を切り捨てたのであった。だが、これに関しては疑問を投じるべきである。この倹約的な出発点が、より共感的で他者にコミットする出発点と同じ方向に進むのかは、不確実なのだから。相互有利性と自分自身の企ての成功。これらの追求は、すべての人間の福利に対する同情的なコミットメントには少しばかり足りない、といったものではない。ただ違うものである。すべての当事者が〈あらゆる他者の福利は、自分自身の福利の自分自身による追求の一部である〉と考えると規定しない限り、そのような倹約的な出発点は、まったく異なる方向へと進む。ロックはこのような規定に類似の想定をしているけれども、その結果として、彼の理論の全体的な首尾一貫性はいくばくか疑わしいものとなっている。ロールズと、ほかのほとんどの契約主義者は、慈恵に関する強い想定は避けるべきだと考えている。政治原理はそれよりも要求度が低くかつもっと明確な出発点から引きだされるべきであるとして。

5 グロティウス、ホッブズ、ロック、ヒューム、カント

さて、これをもって本書第二章以降の議論が着目する社会契約の伝統の特徴を、概略的にではあるが描きだすことができた。こうした思想史的なことがらは今後の議論には関わってこないため、各思想家がなした重要な貢献のうち、関連部分について、もう少し詳細な説明を付け加えることが有益だろう。各思想家の見解のうち、現代の契約論を評価するさいにもっとも際だっていると思われる箇所を、重点的に取り上げたい。年代順にみてゆくことにしよう。

私が最初に取り上げるのはフーゴ・グロティウスである。なぜなら、国際関係の基本原理に対する彼の自然法のアプローチこそが、私が再興を試みるものだからである。だがグロティウスのアプローチは、彼自身はそうしていないとはいえ、国内問題についての考察にも適用しうる一般的な枠組を示している。グロティウスは『戦争と平和の法』（一六二五年）において、ギリシアとローマのストア派（とりわけセネカとキケロ）に遡りながら、国際関係の基本原理を説明している。ごく簡単に言うと、このアプローチによれば、私たちは基本原理について考察するさいに、人間を、尊厳あるいは道徳的真価と、社交性、これら両方によって特徴づけられる生き物として考えることからはじめなければならない。つまり「交友への駆

り立てられた欲求、つまり共同生活への欲求であるが、それはどんな種類のものでもよいのではなく平和的な生活であり、またそれは彼の知性の尺度に従って、彼のような人びとと共にまとめあげられた生活であるものへの欲求」によって、特徴づけられる生き物として、である。グロティウスはこうした人間の特徴をきわめて自然なものだと考え、それらを形而上学的な人間本性論に結びつけている。しかしながら私たちは（形而上学においては不可知論者であったキケロと共に）こうした主張を、そこから形而上学と宗教において多様な見解を持つ人びとも受け入れうる人格の政治的構想を構築できるかもしれない独立の倫理的主張として、見なしてもよいだろう。

グロティウスの自然法論の基本的な観念は、人間のこうした二つの特性とそれらの倫理的価値とが、あらゆる人間が権原として受けるべき扱いについて多くのことを指し示す、というものである。そのため政治理論は、尊厳（目的としての人間）と社交性という双子の観念に基礎づけられた基本的権原という抽象的な観念から出発する。ついでそれら観念から、ある特定の権原が、人間の尊厳のある生活の必要条件として流れでてくる——こう論じられている。

こうした洞察を、個々の国家の正義にかなった構造について考えるためにどう用いることができるのかを、グロティウスは問題としていない。むしろ彼の焦点は国家間の関係におかれている。そして彼は、諸国のあいだにある空間は主権者が存在しない空間でありながらも、なお道徳的に秩序づけられた圏域であり、そこではきわめて具体的な多くの原理が人間の交流を形成している、と考えている。（諸国のあいだの空間は権力と武力だけの空間であり、そこではすべての国が何にも増して自国の安全保障を追求することが正統であるという、原理的にホッブズ的な観念があるが、これにグロティウスは激しく反論している。）グロティウスがこうした彼自身の観念から引きだしたのが、〈武力行使の合法性に関する法〉（*ius ad bellum*）

と〈武力紛争において適用される法〉(*ius in bello*)に関する、彼の有名な新キケロ派の説明である。[30] 戦争は、不当な侵略への対応としてのみ、正当に行なわれる。先制的な戦争および予防的な戦争は、国益追求の道具として人間を用いる方法であるとして、すべて禁止される。これらと同じ観念によって、戦争中にはふるまいがきわめて厳しく制限され、過度あるいは過酷な処罰は禁止され、財産に対してなされる損害はできるだけ少ないことが求められ、終戦時には財産と主権の迅速な返還が必要とされ、民間人の殺害は許されないのである。(キケロは、他者を手段として用いることが人間の尊厳の毀損につながるとして、戦争中の詐欺も禁止したが、グロティウスはそこまではキケロに追従していない。)

グロティウスの理論に関して私が明らかにしたいのは、それが正義によって充足が要求されている人間の基本的権原の説明を含んでいるという意味で、つまりもしこれら権原が充たされているならば社会(この場合には「国際社会」)は最小限の正義にかなっているということが明示されているという意味で、彼の理論が結果の内容説明からはじまっているということである。一群の権原の正当化は手続き的なものではなく、人間の尊厳という直観的観念と、この観念はある一定の権原を含意しているという趣旨の論証とを、ともなっている。基本原理は相互有利性の観念だけから導きだされるべきではないと、グロティウスははっきりと論じている。人間が正義にかなった仕方で行為する理由は有利性のみではないということを、人間の社交性が指し示している、とも述べている。グロティウスの明らかな確信は、相互有利性ではなく社交性と〔他者の尊厳の〕尊重とにもとづく社会は時間軸上で安定し続けうる、というものである。

グロティウスの見解には、私が手本とすることはないいくつかの特徴がある。なかでも人格に関する彼の政治的構想は非常に合理主義的であり、人格に関するストア派の政治的構想のように、人間と動物のきわめて強固な区別に依拠している。私は後でそのような観念を批判するつもりである。だが、グロティウスの見解の基本的な構造は、私が擁護することになるものと類似している。

グロティウスにとって、諸人格のあいだの平等として重要な種類の平等は道徳的な平等であり、それには尊重および権原の平等が必然的にともなわれる。このことに留意したい。彼の論証において、力の平等には何の意味もない。身体的な力が「正常」の人間ときわめて異なる人も、ほかのあらゆる人間とまったく同様に扱われる。（彼の理論はとても合理主義的であるため、知的な力における違いは、異なる扱いの対象となるだろう。グロティウスはこの問題について所見を述べていない。そのため、平等な尊厳には経験的な要件があるのか否か、あるいはグロティウスが——私がそうするように——人間の親から生まれた子どもであれば誰もがすべての人間に備わる完全に平等な尊厳を有していると考えているのか否かは、わからない。）したがって彼の理論には、ヒュームの「正義が生じる情況」や、ホッブズとロックとカントの理論にあるそれと同様の想定と、類似のものがない。人間が生きているところではどこでも、彼らが人間でありまた社交的であるという理由だけをもって、彼らのあいだに「正義が生じる情況」がすでに存在するからである。

サミュエル・プーフェンドルフが展開した同類の自然法論と同様、グロティウスの理論は絶大な影響力をもった[31]。私はここでプーフェンドルフの理論について論じないけれども、それは私が明らかにしたい彼の理論の主な特徴がグロティウスの理論にすでに存在するためであり、また私自身の思考の主な源泉が、ローマのストア派の原型からしっかりと導きだされたグロティウスの理論であるためである。

社会契約論に取り組むさい、私たちは二種類の理論の対照を過度に単純化しないよう、注意しなければならない。現代の契約論は自然権ないしは自然法に関するあらゆる観念を省こうとしているけれども、古典的な契約説はすべて、自然法や自然権の要素を突出して含んでおり、自然状態には拘束力のある道徳規範と道徳的に正当化された諸人格の権原とが——それらが人びとのふるまいをまとめあげるに足るものであろうとなかろうと——含まれるとしている。契約が必要となるのは権原が保証されていないからであり、前政治的ないしは前手続き的な権原が存在しないからではない。だが二種類の見解は、法のない状況における人間の不安定さに関する評価においては、それほど違わない。たとえばプーフェンドルフは、ホッブズの軽蔑的な描写にきわめて近い仕方で自然状態を説明して、競争の悪影響を強調している。近ごろの論争の大局的な見地からすると、この時代における諸々の理論の重なり合いには、目を見張るものがある。

トマス・ホッブズの『リヴァイアサン』（一六五一年）は、グロティウスが象徴するものすべてに対する対型（antitype）として取り扱われるかもしれないが、そのような推測は明らかに間違ったものであるだろう。実のところ、社会契約の伝統を自然法の伝統から出発して詳細に検討する人にとってもっとも印象的であるのは、社会契約の理論家たちが、グロティウスと彼の時代の自然法の思想家たちにいかに同意しているかである。ホッブズは「正義、衡平、謙虚さ、慈悲、そして（まとめとして）自らがなされることを望むのと同じことを他者にもすること」（第一七章）を要求する自然本性的な道徳法があるとしている。だが彼は、こうした道徳法は「私たちの自然本性的な情熱に反しており、そうした情熱は私たちを偏愛性、自負心、復讐といったものへ誘う」（第一七章）ため、安定した政治秩序を決してもたらしえないと確信している。自然本性的な社交性は蜂や蟻のあいだにも観察されうるが、人間の場合は強制なくして確実な社交性はない。私たちの自然本性的な情熱は根本的に競争的で利己主義的であり、恐怖が中心的な動機となっているため、自然状態——強力な強制力を有する主権者が不在の場合の人間関係の状態——は戦争状態であある。よく知られていることだが、ホッブズはこの状態を実にきわめて悲惨なものとして描写したのであった。

この戦争状態には、力と資源のだいたいの平等性がある。身体の強さに関して言えば、もっとも弱い者でも密かなやり方によってもっとも強い者を殺害しうる。知的な能力に関して言えば、このだいたいの平等性は、自分の英知に関して「空虚なうぬぼれ」のある人びとによってのみ、疑いの対象となる（第一七章）。（ホッブズは障碍のある人びとに関する議論を何らしていない。）人間は道徳的に等しいともホッブズは考えているようだが（何はともあれ彼の理論における自然法の部分がこのことを強く示唆している）、いずれにせよ彼の論証で目立った役割を果たしているのは力と能力の平等である。ホッブズの自然状態の描写があれほど酷いのは、能力の平等という想定が大きく関与しているためである。この想定が希望の平等を生み、翻って人びとのさらなる競争に拍車をかけているのである。

この自然本性的な力の平等に鑑みて、私たちの情熱が、そこそこの安全保障のなかで自らの人生を歩みうるよう、私たちを相互の平和構築へと向かわせる。「人びとを平和に向かわせる情念は死への恐怖であり、快適な生活に必要なものごとに対する欲求であり、それらを自らの勤労によって獲得することへの希望である。そして理性はうってつけの平和の条項を示し、人びとはそれによって協定へと導かれる」（第一三章）。

ホッブズは自らの社会契約を、正義の諸原理を生みだすものとしては描いていない。彼は調整が困難な仕方で正義について述べている。強制力がないところには正義はないと論じてみたり（第一五章）、私たちの自然本性的な情熱を所与とすれば自然本性的な正義の諸原理が効き目はないが存在すると論じてみたりしている。[32] だが社会契約は、政治社会の基本原理を生みだしはしない。契約は自然権を譲渡するための互恵的な合意であり（第一四章）、全員にとってその目的は「自らへの善」であり、人間集団にとってその目的は相互有利性である。「つまり、あの悲惨な戦争状態から彼らを救うということである」（第一七章）。政治社会の基礎を契約モデルで描くことによって、ホッブズは本書が注意を喚起してきたことがらへと、取り返しのつかない歩を進めることになった。つまり、契約締結者のグループと、契約の名宛人である人びとのグループの、融合である。(その過程で彼は、「理性のない獣」との契約は不可能であると述べている(第一四章))。人びとは互いに安全であるために契約を結ぶのである。

ホッブズの見解は、彼のリベラルな後継者たちとは異なっている。すなわち、そのような契約の妥当な形態としてありうるのは、すべての力が主権者に付与され、臣民には自らの権利がいっさい残されない契約のみである、というものである。主権者の役割は、処罰への恐怖を通じて人びとの情熱を抑制し、それによって安全を保持し、人びとが共に生きうるようにすることである。そのような強力な主権者が不在のところではどこでも——諸国家のあいだの空間のように——戦争状態が蔓延する。多くの点で彼に従っている現代の国際関係論の現実主義者とは異なり、戦争状態は不安定で不幸であるのみならず道徳に反すると、ホッブズは考えている。自然には拘束力のある道徳の諸規範があり、戦争状態ではそれらが侵されてしまっているのだ、と。だが彼の見解では、道徳は人間関係においてまったく役に立たない力である。道徳は、安定的で実行可能な政治社会へ向けた政治原理の基礎とは、なりえないとされている。

ジョン・ロックの社会契約論は社会契約の伝統のなかでもっとも影響力のある理論であるが、この伝統のなかでもっとも腹立たしいものでもある。なぜならそれが、ひとつの整合的な図式にまとめあげるのが難しい、異質な要素を含んでいるからである。それには二つの理由がある。ひとつは、契約と権利に関するロックの観念が異なる日付の作品のなかで展開されており、彼がどれだけ考えを変えたのかが明らかではないこと。もうひとつは、彼の社会契約説を学ぶうえでの主要な源泉となっている『市民政府論』それ自体が、解釈に関する多くの難しい問題に加えて、異質な要素を含んでいること。さらにいえば、ロックがおかれた論争の文脈を細かく注視しなければ、彼の説を十分に理解することは究極的には不可能である。そのため私が以下で述べることは推測の域をでないだろう。けれどもそれを通じて、本書の後の方の議論にとって大きな意義を有する彼の契約論の諸相を、明らかにすることができれば幸いである。

ロックの主な関心は、自然状態、つまり政治社会がない仮説的な状況で、人間は自然本性的に「自由かつ平等かつ別個独立」であることを確証することにある。誰も他者の自然本性的な支配者ではなく、また誰もが自己支配への権原を自然本性的に有しているという意味において、人間は自由である。誰も他者を支配する権原をもっておらず、またすべての権力と支配権が「互恵的であり、それらを他者より多く有する者はいない」（第四節）という意味において、人間は平等である。全員が自由な者として他者の誰とも階層制的な関係にはなく、またその状態で各自の個人的な企てを追求する権原を有しているという意味において、人間は別個独立である。明らかにロックは、ホッブズと同様に、人間にはだいたい似通った身体的・知的な力があると考えている。〔だが〕ホッブズと異なり、ロックはこのだいたいの平等性を道徳的な権原と密接に結びつけている。曰く、「私たちは似通った能力を与えられ、ひとつの自然の共同体においてすべてを分かち合っているのだから、私たちのあいだの従属関係を考えることはできない——まるで私たちが、下等被造物が私たちによる利用目的で造られているように相互の利用目的で造られているかのごとく、相互を殺し合うことを是認するような従属関係を」（第六節）。自分自身を目的とする人びとの、相互の互恵的な地位と、他者を手段として扱うことの不正さ。力がほぼ同じであることが、これらのことを十分に確証すると、ロックは考えているようである。人間の（一般に言われるところでの）優れた能力が、動物を単なる手段として用いることを許可している。ロックはたしかにこう考えているように思われるため、〔彼の思想において〕力の類似性は、人間が動物ではなく人間であるためにも必要な条件なのだろう。

ロックがおかれた論争の文脈——支配への自然権を特定の諸個人に帰する人びとに対する、彼の反論——においては、彼が力の平等と道徳上の平等を結びつけていることは理解しうるが、それによって解決が難しい問題が残されている。力の甚大な不平等によって〔弱いものが〕単なる手段として扱われることが許可されるというロックの主張に、私たちは同意すべきではない。これは確かである。力の平等が道徳上の平等を必然的にともなうと認めるべきであるか否かは、きわめて不確かである。道徳上の平等を基礎づける正しいやり方が、想定される力の平等に依拠するものでないことは、ほぼ間違いない。

驚くにはあたらないが、ロックは障碍のある人びとの問題について論じていない。彼がおかれた論争の文脈をもってすれば、彼らが論証に登場するとその輪郭がともかくぼやけてしまうからであろう。

ロックの自然状態には拘束力のある道徳的な諸義務がある。これらには〈自己保存の義務〉、自然本性的な平等性および互恵性を所与とする〈他者保存の義務〉、〈他者を殺さない義務〉、および〈他者の自由、健康もしくは財産に害を加えることを通じて他者に打撃を与えるようなことをしない義務〉が含まれる。（これらの義務は自然の基本法、すなわち人類の保存から導かれていると思われる）[33]。ロックはリチャード・フッカーの見解を引用しつつ、道徳上の平等を認めることは、慈恵（benevolence）と善行（beneficence）という積極的な義務をも生成するとしている。他者を自らの平等者とみることで、自らには自らを愛するよう彼らを愛する義務があることがわかる。このことは、もし自分に欲求があるならば、ほかの人間における類似の欲求の満足を同時に望まずして、自らの欲求を満足させよと権利要求できないことを意味する（第五節）。その意味で、道徳的な互恵性とそれを補強する諸々の情操の確立において、社会契約は必要とされていない。それらはすでに自然に存在すると想像されているからである（女性の従属に関するロックの見解は、彼の論証の全体的な性質と調和させるのが難しい）。

人間の自然本性的な義務に関するこうした観念と混成されているのが、グロティウス流の自然法の伝統に密接に関連する別の観念、すなわち人間には自然本性的な尊厳があるという観念である。神によって創造された人間には「尊厳と権威」が付与されている（第一篇第四四節）。人間は「不思議ですばらしい」「作品」の数々である（第一篇第八六節）[34]。そうであるからして、人間は「人間の尊厳にふさわしい」生活（第一五節。ここでロックはフッカーを引用している）を、すなわち「尊厳と理性的な生き物の卓越とにふさわしい」人生を、正しく欲するのである[35]。しかし、人間の一人ひとりはまた、欠乏してもいる。そのような人生を自分ひとりで安定的にやり遂げることはできない。したがって「人間はおのずと他者との交流と交友を求めたがる。このことが、人びとが初めて政治社会に結合したことの理由であった」（第一五節。ふたたびフッカーの引用）。いいかえると、人間の尊厳が権原の正統な源泉であり、またそうした諸々の権原は協働によってのみ達成しうるのである。そして幸運なことに、人間には生産的な共同生活を可能にする協力的な道徳情操があり、またそのような生活が主に取り組むべきは、人間の尊厳に合致して生きる機会が全員にあることを確実にすることとである。

ロックは、人びとを政治社会の形成へと向かわせる自然本性的な諸情操と、自然本性的な平等から導かれる互恵性の義務との関係については、論じていない。前者は人間の尊厳に見合った人生への欲求に加えて、ニーズと弱さとにも結びつけられており、後者は自然本性的な平等と関連づけられた自然本性的な諸権利に結びつけられている。自然本性的な諸情操と互恵性の義務との関係がどのようなものであれ、ロックはここでの議論において重要な諸節でフッカーの概念を借りているため、これら異なる概念のすべてが相互にどう関連づけられうるのかを、十分には明らかにしていない。だが、フッカーにもっとも接近している箇所におけるロックの見解には、政治社会の起源に関するグロティウス流の自然法論の要素が数多くあるように見受けられるだろう。すなわち人間は、人間の尊厳の相互承認によって導かれる慈恵という積極的な情操と互恵性という積極的な道徳的義務とから共に集う、という見解であり、人間の尊厳に見合った人生を追求しつつ、社会に参画する、という見解である。もしこれがロックの理論における主要な焦点であったならば、それはグロティウスの理論と私が展開する理論ときわめて類似したものとなっていただろう。

だがロックは、社会契約の背後にある観念を実際に明確にするさい、異なる方向へと進む。彼は自然状態が戦争状態であるとは認めず、自然状態はもっと豊かなものであると強く主張しているが、政治社会が不在であれば自然状態が戦争状態になることを防ぐ手だてはまったくないと考えている。そのため彼による契約の説明は、目標としての相互有利性に焦点を合わせるものとなっている。そして当事者たちはこの相互有利性のために、法と制度の権威を受け入れることに合意する。彼らは「自分たちの固有権を安全に享有しまた外部に対して安全性を高めるなかで、快適で安全で平和な暮らしを相互のあいだで送ること」（第九五節）のために、自らの自由が制限されることを受け入れる。さらに、「人びとが結合して国家共同体をつくり統治に服することの大きなそして主要な目的は、彼らの固有権の保全ということである」（第一二四節）。人間の尊厳のための慈恵や相互支援について、これらの節は何も語っていない。

このようにしてみると、私が擁護することになる理論と私が批判することになる理論の両方にとって、ロックは重要な先駆者である。もし彼が、彼自身の（そしてフッカーの）、人間の尊厳に見合った生活を産み出したいという分かち合われた欲求に基礎をおく社会に関する諸観念をさらに深めていたならば、彼の理論は権原基底的な理論となっていたかもしれず、また相互有利性の観念にもとづく社会契約をまったく必要としない（あるいはとにかく社会契約に対して同じ種類の必要性はもたない）ものであったかもしれない。人間の尊厳にもとづく権原の説明が政治原理の源泉となっていただろうし、契約という虚構は不要となっていただろう。だが実際は、彼の政治理論のもっともよく知られている部分へのこの理屈っぽい動きは、政治原理を生成するために、自然本性的な平等と不安定性とに結びつけられた相互有利性に依拠している。他方で、彼が想定する社会の究極的な姿は、生命、自由、財産、および宗教的自由に対する諸個人の諸々の権原（これらは自然権に前政治的な基礎をもつと考えられている）を強固に保護するものとなっており、彼の見解にある権原基底的な側面の影響をたしかに示している。彼がホッブズ的な国家の説明を不適切かつ不必要だとして完全に拒絶していることからもわかるように。

現代の契約主義者はロックの理論のひとつの側面のみを、つまり自然状態における相互有利性のための契約という虚構のみを引きだしており、彼の自然権に関する説とそれに関連して彼が慈恵と人間の尊厳を重視していることを脇においている。このことをいくら述べても強調しすぎることはないだろう。

デイヴィッド・ヒュームの『人性論』（一七三九〜四〇年）と『道徳原理の研究』（初版一七五一年、死後に出版された版は一七七七年のもの）は、ロールズにとってきわめて重要である。というのもこれら作品は、正義を可能としまた必要とする条件だとロールズが考えているものを記述しているからである（*TJ* 127）。契約論者ではないヒュームは、黙約（convention）に正義の基礎をおくやり方で、正義を説明している。だがなぜ正義のない状態から正義が出現するのかについて、また何が正義を魅力的なものとするのかについて、ヒュームの思考は契約論者たち（なかでもロック的な自然権を持ちだすことをとにかく放棄した現代の契約主義者たち）とかなり似ている。（ロールズがヒュームを社会契約の伝統につなげることができるのは、ロールズ自身による正義の説明が自然権に何の役割も与えておらず、その意味でヒュームの黙約説に近いからである。）ヒュームは契約論者たちのように、正義が出現する鍵としてまた正義を維持するための鍵として、相互有利性に依拠している。また彼は、相互有利性を予期させる条件を、契約論者たちとは桁ちがいの明瞭さで定めている。さらに彼は、自らの洞察を障碍のケースにはっきりと適用している。以下では、本書での議論に明らかに関連する『道徳原理の研究』（第三章第一節）を集中的に取り上げよう。

ヒュームの論証の出発点では、各人はもっとも「貪欲」な欲求ですら満足させることができるよう、何でも持っている。そのため、稀少性はまったくなく、働く必要もなく、競争が生じるきっかけもない。こうした古典期の黄金時代が想像される。そのような状況では、人びとのあいだで諸々の財を分配する必要さえも実にないだろうから、正義は何ら必要とされない。人間がいま水と空気を共有しているように、あらゆるものが共有されうるのだ。こう彼は論じている。

つぎに想像されるのは、稀少性についてはは変わりがないものの、人間に変化があった状況である。つまり人間は限りなく寛大となり、各人は「仲間の利害関心よりも自らの利害関心の方を気に掛けることはない」ようになる。全員が全員のニーズを喜んで充足するであろうことから、このような「拡張的な慈恵」もやはり正義を必要としないだろう。

ここでヒュームは、これら二つの状況と正反対の状況を詳しく吟味する。人間の状況はとても悲惨で、極度の欠乏があるため、協働から得られるものは何もない。そのような状況においてもやはり、正義が出現する足掛かりはない。なぜなら各人は生き延びるために、強奪しうるものを道理的に強奪するからである。もし第四の可能性として、人間がきわめて邪悪で強欲で、自らのふるまいを道徳および法に従わせる能力をまったく有していないとすれば、ここでもまた正義は何ら達成されないだろう。

要するに正義に意味があるのは、所有物にほどほどではあるが深刻ではない稀少性があり、また有限の寛大さを持つ人間が利己的で競争的でありながらも自らのふるまいを制限する能力を有している場合だけである。これが人間の実際の状況だと、ヒュームは確信している（『人性論』の第三篇第二部第二節も見よ）。彼は、身勝手さがすべてに影響することはないことを強調している。つまり「誰かを自分以上に愛する人と出会うのは稀」であるが、実にほとんどの人においては「親切な愛情を足し上げればあらゆる身勝手さが相殺される」のである（『人性論』の第三篇第二部第二節[36]）。だが、優しさは不公平かつ偏愛的で、自らの家族に対してもっとも強く抱かれるもので、遠くの人びとに対しては散発的にしか抱かれない。こうしたことすべてが意味しているのは、正義は人間のことがらにおいて有効な役割を果たしうる、ということである。「したがって、衡平あるいは正義に関する規則は、人びとがおかれている特殊な状況と条件とにまったく依存しており、またそれらの起源と存在とを、それらの厳格かつ規律正しい遵守によって公衆にもたらされる功利性に負うのである」（『道徳原理の研究』）。

ひとたび正義の規則が定まると、それらの功利性を人びとが喜ばしく思うにつれ、また「政治家の工夫」が「正義への尊敬と不正義への嫌悪」を生みだすにつれ、新たな情操がそれらに向けられるようになる（『人性論』）。

このように正義は黙約であり、その功利性は、人間がおかれた身体的・心理的な状況に直接に関係している。またヒュームはさらに続けて、そのような状況には人間の力におけるだいたいの平等性が含まれることを強調している。本書が後で展開する議論にとってきわめて重要な一節において、彼はつぎのように述べている。

理性的ではあるが、肉体の力と心の力とが共に甚だ劣っているため、一切の抵抗が不可能であり、どれほど怒らせても、彼らの憤慨の結果をわれわれに感じさせることができないような、ある種の生き

> 物が人間と混在していると仮定するならば、その必然的な帰結は、われわれは人間性の諸法によって、これらの生き物を優しく扱うように義務づけられはするが、適切に言って、彼らに関して正義のいかなる拘束の下にもないし、また彼らは、このような気まぐれな主人を排除するいかなる権利も所有権も持ちえない、ということであると思う。われわれと彼らとの交際を社会と称することはできない。社会にはある程度の平等性が想定されるのであるが、ここにあるのは、一方の側の絶対的な支配と他方の側の奴隷的な服従である。われわれが欲するものは何であれ、彼らは即座に譲るに相違ない。われわれの許可が、それによって彼らが占有物を保有するための唯一の保有権であり、われわれの同情と親切とが、それによって彼らがわれわれの無法な意志を制する唯一の抑制である。そして、自然においてそのように堅固に確立された権力の行使から何の不便も生じないのであるから、正義と所有権の制約はまったく無用であり、またかくのごとく不平等な連合体においては決して存在しないであろう。

ヒュームはさらに続けて、これは実のところ動物に関する人間の状況である、と述べている。すなわち、動物は多少の知性を持ち合わせているかもしれないが、人間に著しく劣っているのである、と。彼はさらにこうも付言している。一部の人びとは、これが、世界で植民地化された地域の人びとに関する私たちの状況でもあると考えてきたのだ、と。だがヒュームは少なくとも、それは貪欲の誘惑による過ちであったことを示唆している。女性に関してヒュームは、女性のきわめて異なる身体的弱さは、女性が正義の対象ではないことを必然的にともなうように思われるけれども、しかしながら女性は男性を策略的に誘惑し自分たちも「社会のあらゆる権利と特権に与れるように」許可してもらえることに何とか成功していると、述べている。

ヒュームは契約論者ではないため、正義のルールの設計者たちがルールの名宛人と同じ集団でなければならないとは想定していない。重度の障碍のある人びとと、（誘惑によってある一定の有利さを入手できるものの、決して正義は得られない）女性、こうした人びとが排除されているのは、彼が「正義が生じる情況」のひとつとして、力のだいたいの平等性を重視しているからにすぎない。彼は、人間に親切な愛情があることを強調しているにもかかわらず、はるかに強い者のはるかに弱い者に対する行動は、つねに基本的なまっとうさに欠いているに違いないと考えている。セクシャリティの誘惑によって力の使用が防がれる場合を除いては、とにかく力の暴政があるのだ、と。（女性の性的な魅力が、女性に対して力を使用しない理由を男性につねに与えるわけではないことを、ヒュームはしっかりと気づいていたはずである。実際、女性の性的な魅力は、男性に力を用いる追加的な動機を与えることが多い。）

端的に言えば、身体においてであれ精神においてであれ、非常に弱い者はともかく政治社会の構成員ではないのであり、また正義の対象ではない。こうヒュームは考えている。女性は一定の有利さを受け取る限りにおいても、正義のルールの下で平等者として保護される構成員ではない。人好きな特性によって酷い扱いを免れている家庭のペットが、正義のルールの下で平等者として保護される構成員ではないように。ヒュームが力のだいたいの平等性に依拠していることは、彼の正義論にきわめて大きな悪影響を及ぼしている。彼の正義論には、障碍のある人びと、あるいは女性を、正義にかなったまっとうな仕方で扱うための基礎がない。実際、障碍のある人びとに関する彼の説明は、私たちが彼らに対して専制君主としてふるまうだろうということを含んでいる。動物に関しては、特別な場合に慈愛的な情操が作用しない限り、現在のような人間の専制君主的なふるまいはとにかく避けられないものとして認められている。このようなふるまいは、彼の『道徳原理の研究』のころには、ベンサムから、また動物への残虐さに抗する萌芽的な反対運動から、力強い挑戦を受けていたにもかかわらず。だがヒュームは前々から、そうした情操は偏愛的で不公平で頼りにならないと述べていた。（このように彼の理論は、人間はペットをそれなりによく扱い続けるだろうが自分たちが食する動物については何の関心も示さないだろうことを予測しており、またこの状況を変えるために何らかの黙約が生じることは決してないだろうことを予測するものであった。）古典的な社会契約の理論家たちは、人びとのあいだの正義の必要条件としてだいたいの平等性に依拠する限り、ヒュームと同じ結論にいたることを避けられないだろう。

ルソーの社会契約論は多くの点でリベラルではない。そのため前述のとおり、本書の議論においては、ロックとカントの理論と収斂する場合を除き、ルソーの理論は取り上げない。だが、ルソーがヒュームの『道徳原理の研究』とほぼ同時代の『社会契約論』（一七六二年）において、ヒュームと社会契約の伝統の両方にあるだいたいの平等性という前提を受け入れていることは、指摘するに値するだろう。社会契約は「自然がときとして人間のあいだに持ちこむ肉体的不平等」を「道徳上および合法上の平等」（第一篇第九章）にすり替えるものだとルソーは述べているが、直後の注釈では「社会状態は、すべての人びとが何ほどかのものを持ち、しかも誰もが持ち過ぎてはいない限りにおいて、人びとに有利であるにすぎない」と述べ、この言明を弱めている。また彼は、女性は男性と身体的に異なるという理由から市民となるべきではないと、明らかに考えている――この問題についてさらなる言及はしていないけれども。

カントの社会契約論は彼の「理論と実践」（一七九三年）および『人倫の形而上学』（一七九七年）においてもっとも顕著に論じられているが、彼の政治哲学と道徳哲学の関係は複雑であり、かつ議論の的になっているため、本書の目的にとって重要な諸特徴を素描しようとしても、どれもきわめて大雑把にならざるをえない。明らかなこととしては、ジョン・ロールズが主に引き合いに出しているのはカントの道徳哲学であり、またその中核的な観念は、人間は決して単なる手段として扱われてはならずつねに目的として扱われなければならない、というものである。人間の不可侵性というこの観念は、ロールズの理論的企ての直観的な出発点となっている（*TJ* 2を見よ）。ロールズが明らかにしているところでは、政治原理はこの観念に明確な内容を与えなければならない。だがカントの政治哲学は、この鍵となる道徳的観念を、単に政治の領域で展開したものではない。むしろカントは、自らを古典的な社会契約の理論にしっかりと結びつけている。そのため彼の政治理論には、混成的な特徴がある。つまり彼の自然本性的な自由の取り扱いは、たしかに道徳哲学を政治哲学へとしっかりつなげるものではあるが、ほかの要素が、その政治哲学をいくばくか異なる方向へと導いてもいる。（カント政治哲学のより体系的な分析によって見いだされうる緊張関係は、本書が、カント的な倫理的観念と古典的な社会契約説とを混ぜ合わせているジョン・ロールズの混成理論において見いだすものと大して違わない。）

要するに、いずれにせよ先の素描では取り上げなかったが、ロックの理論において神が果たしている役割がなかったならば、カントの社会契約論はロックのそれときわめて類似している。平等な自由として解釈された自然本性的な自由は、自然状態における人間の重要な属性であり、人間が（つねに戦争状態とは限らないためホッブズ的というよりはむしろロック的な）自然状態から出て「すべての他者と共に法的状態へ、つまり分配の法的正義の状態に入る」（「法論の形而上学的定礎」*Metaphysical Elements of Justice*, A307）ことを選択するときに社会契約は生じる。このようなカントの理論もまた、自然本性的な権原を含むものであり、現代的な意味での純粋な契約論あるいは「純粋な手続き的」理論とは異なる。自然状態では権原が不確実であるがゆえに、契約が要請されるのである。

あらゆる人にとって、契約への参加は有利であるのみならず、道徳的である。こうカントは考えているようである。自然状態においては、他者の所有物を害することは不正ではないけれど（ibid., A307）、暴力に対して誰ひとりとして安全ではない状況に人びとが留まることを欲するのは不正であると、カントは考えているらしい（A308）。彼がそのように考えている理由は、自然状態に留まるという選択は「すべてを野蛮な暴力に引き渡し……つまるところ人間の権利をすっかり破壊する」（A308の原註）選択である、というものだろう。この点に関して、カントの契約とロックの契約に違いはあるだろうか？　契約に対するロック自身の態度は複雑だが、違いはあるだろう。とはいえ、両者はたしかに契約の相互有利性についても強調しており、またこの相互有利性が契約に入るための十分な動機となっている。

カントの契約においては、自由かつ平等かつ別個独立であるとされる契約当事者たちの集団は、政治原理が選択されるさいの名宛人となる市民たちの集団と同じである。けれどもカントはロックと異なり、能動的な契約当事者ではない市民たち、つまり別個独立という性質をもたない市民たちも、社会には存在するだろうことを承認している。そのような人びとは、女性、未成年者、そして自らの勤労では自助できない人すべてであり、他者によって雇われている人びとや、たとえば農民と対比される小作人のように、必要最低限の生活のために他者による雇用に依存している人びとが含まれる。そのような人びとの全員が、別個独立ではないがゆえに、「市民的人格性に欠けている」とされる。この思考にもとづいてカントは、「能動的」市民と「受動的」市民を区別する。能動的市民（私の理解では、彼らは社会契約の設計者でもある）は、別個独立であるという理由から、投票権を有する。受動的市民にも人間としての一定の権利が、つまり人間としての自由と平等はあるが、彼らは「国家共同体の下っ端」にすぎない（ibid., A315）。彼らには投票権も、公職に就く権利もなく、「団結し、一定の法律の制定を目指すための」権利すらない（A315）。このようにしてみると、持続的な依存性という条件は、社会のたいていの成人男性には関係のないものであり、また政治的な権利の大部分を正当に剥奪するものでもあると、カントが考えているのは明らかである。彼の社会契約説において、こうした依存性という条件を背負った個人に対して何かしらの権利を差しだすのは、前政治的な権利に関する説明部分だけである。

自然状態における当事者たちのだいたいの平等性は、このようにカントの理論に入り込み、市民性の二つの層をつくりだしている。力の不平等のせいで自らの勤労によっては自助できない一定の人びとに、受動的な地位が余儀なくされている。このようなカントの分類は複雑である。なぜなら「受動的市民」の集団の構成員の一部は、やがてはおそらくその地位から離れることができるのであり、またカントもこの事実を強調しているからである（ibid., A315）。しかしながら、女性と障碍のある人びとが受動的な範疇に恒久的に残ることは、はっきりしている。それは彼らのニーズがまったく対処されてないということを意味するのではないが、彼らは政治制度の創造において、またそうした制度が初期契約によって創造された後の段階においてさえ、十全に平等な参加者ではないことを意味している。[37]

思想史上の伝統を形成する諸々の観念の概略的な調査は以上である。このような素描ではあるが、伝統がかかえるいくつかの問題領域を浮き彫りにできたとすれば幸いである。そのような問題領域としては、設計者集団と最終的な市民集団とを等式化していること、力と能力のだいたいの平等性という観念に依拠していること――これは奇妙にも道徳的な平等性というきわめて異なる観念とよく一緒にされている――、契約の目的として相互有利性に焦点をあわせていること、女性および身体的・知的な能力において不平等な人びとの市民性の扱いに然るべき問題があること、これらである。こうした困難は現代の契約主義の理論にも残っている。だが他方で、この伝統は、現代の契約主義者たちが捨ててしまった強みと啓蒙の源泉を含んでいるということも見てとれる。なかでもそれは自然状態における道徳的な権原と義務という観念であり、すべての人間は人間の尊厳に見合った生活をするために他者の権原を承認しかつ尊重しなければならないという観念である。こうした観念は、契約状況そのものから政治原理を手続き的に導出しようとする現代の契約主義的思考の出発点からは、省かれている。（ロールズは、「無知のヴェール」を通じて、手続き的な形式のなかにこうした道徳的要素のいくつかを復元している。）

社会契約の伝統の特徴として、さらにもうひとつ、強い合理主義について論じなければならない。それというのも、この特徴は、ここで取り上げてきたテクストのすべてにあるからである。契約当事者たち——ゆえに結果的に生じる社会の市民たち——は合理性によって、そしてだいたいにおいて等しい合理性によって、特徴づけられるものとして想像されている。まったくもって明白なことだが、何かしらの種類の合理性がなければ、契約を結ぶことはできない。そのため、契約に入る能力と市民性がすでに結びつけられていることを前提として、社会契約の伝統が市民性の属性のひとつとして合理性に力点をおいていることには、十分な理由がある。だが、合理性を正義の第一義的かつ非派生的な主題と結びつける十分な理由はなかった。伝統がそのような結びつけをするようになったのは、私が着目してきた融合によってである。契約という仕掛けを用いていないヒュームだけが、人間以外の動物といった、意識あるいは知性を有しているほかの生き物が、正義の第一義的な受益者である可能性を検討しうる。とはいえ、相互有利性に関する彼の見解は、結局のところその可能性を打ち消してしまっているのだが。市民としての地位と（慎慮上および道徳上の）合理性との等式化が、今日において最良の理論ですら、社会契約の伝統との形成的な結びつきを失わずしては乗り越えることのできないハードルとなっている。このことは、本書が知的な障碍についていて論じる段階において明らかになるだろう。

6　現代における契約主義の三つの形式

さて、ここで社会契約説の現代版、さらに広い意味では契約主義の現代版についてみてゆくことにしよう。本節の実焦点はこの契約主義の現代版にある。最近の哲学の伝統には契約主義の異なる形式がいくつか含まれているが、本書が関心をよせる諸問題に関して、それらの含意はきわめて異なる。[38] そこで以下では、契約主義の三つの形式について詳述するとしよう。ひとつは純粋に利己主義的なものである。この形式においては、道徳的な内容をともなう政治原理は相互有利性からのみ導出されており、道徳的な想定は何らなされていない。この手の見解の突出した実例はデイヴィッド・ゴティエの政治理論である。二つ目はジョン・ロールズの理論であり、古典的な社会契約の諸要素と、選択対象の政治原理に重要な制約をもたらすカント的な道徳的な諸要素とを、混成した理論である。最後に、純粋にカント的な形式の現代契約主義の理論がある。この形式は、公正および相互受け入れ可能性というカント的な諸観念のみから編み出されており、相互有利性の観念を含んでいない。倫理学におけるトマス・スキャンロンと、スキャンロンの道徳理論を政治理論の目的で用いているブライアン・バリーが、こうした理論を展開している。

これら三つはすべて、手続き的な理論である。ある一定の仕方で組み立てられた初期選択状況を想像し、その組み立てが定義上、適正な諸原理を生成するとする理論である。諸原理が、諸々の権利や権原に関する先行のあるいは独立の説明に照らして、正当化されることはない。(そのため、これら三つの形式はすべて、歴史的な社会契約の伝統から著しく外れている。)

ゴティエの『合意による道徳』は、社会契約の当事者たちが実際の人間の代理人であることと、社会的協働の目的が実際の人間および当事者たちにとっての相互有利性——これはとても狭く解釈された有利性で、個人の財産と安全保障に焦点を絞っている——であることとを、想像している。この種の契約説は非常に倹約的な想定をとるため、もしうまくゆくならば、かなりの説得力を有している。慎慮にもとづく想定のみをともない、道徳的な想定や目標は何らともなわない出発点から、理にかなった正義の諸原理が出現しうるとしよう。もしそうであるならば、道徳的な想定を組み込めば、類似の諸原理かあるいはもっと強固な諸原理を入手しうるだろうことはなお確かであると、推論する人がいるだろう。したがって、社会的協働の諸目標に関する説明として、純粋に慎慮にもとづく、実に利己主義的なものを選択することは、より濃厚でより道徳化された出発点を選択する場合よりも、正義の理論をいっそう強固な基礎の上におくように思われる。とにかくこれこそが、そのような仕方で推論する一部の人びとと、そしてもちろんゴティエが、確信していることである。

したがってそのような理論が、怪しいことに、人間は利己主義的であるか単に自己本位的であると想定しているからといって、人びとはそのようなものであると当該の理論家が考えていることのさらなる証拠が少なくともない限り、批判の対象とされるべきではない。それというのも、彼らは論争的ではない少数の想定に依拠して、どこまで言えるのかを確かめようとしているだけだろうからである。とはいえ、そのように論を進めることには相当の危険がある。ギャンビット〔チェスの序盤の戦術。自ら駒をわざと失うことで優位な展開をはかろうとする〕はうまくゆくのかという問題はさておき——ロールズとほかの批判者たちは否定するだろう——、正義の理論の内部では、そのような戦略は、合理的な自己利益に訴えることで正当化しうるどの政治原理にも、重要性をたしかに与えてはいる。したがって、身体的・知的な器質的損傷の問題は政治理論にとって解決困難だとゴティエが考えているのは、それほど驚くことではない。彼は結局のところ、そうした問題の解決がまさに難しくなるような仕方で、出発点と目標を組み立てているのだから。この点について彼は、「もちろん実際の人びとは利己主義的ではないし、また現実の社会においては、ほかの諸々の目標によって決定づけられた諸原理が含まれるだろう」と述べることができるかもしれない。それでもなお、ゴティエの理論においては、相互有利性に焦点をおく社会的協働の図式からこの根本構造に関わる諸原理が導かれているという事実によって、〔人間は利己的であるという〕意見を撤回することは難しくなっている。ほかの、おそらく同程度に根本的なきわめて異なる諸原理が、この問題領域には関係するだろうと、彼は言わなければならないのだろう。そうだとすれば、論争的ではない想定から比較的完結した一群の政治原理を生成したという彼の理論の主張は、混乱することになるだろう。

さらに自己利益という出発点は、それとは別のより道徳化された一群の想定に、いうなれば足りないだけだとはいえない。つまり、もし慎慮によってXとYとZという諸原理を得ることができるならば、道徳的に豊かな出発点もXとYとZ――くわえてそれ以上をも――をもたらすだろうなどと、支障なく想定することはできないのである。それというのも、道徳的に豊かな出発点は、実際のところXないしYに疑義を呈するかもしれないし、社会についてのまったく異なる考え方を示すかもしれないからである。したがって、本気でそうするのでない限り、つまりホッブズとおそらくはゴティエのように、人びとは協働を通じて自らの側に何らかの、かなり狭い物質的意味における有利性が生まれるとの予期がなければ政治的原理に実際合意しないと考えるのでない限り、そのように希薄な社会的協働の説明からは出発しないことが最善だと思われる。

こうした理由から、ジョン・ロールズは自身の出発点を非常に異なる仕方で設計している。ロールズの

「原初状態」の当事者たちは、自らの有利性を慎慮にもとづいて追求する。彼らは正義を目的そのものとして追求するのではない。彼らは想定上、自らの善の構想を促進することに関心を寄せている。またそのような構想がなにか利他的な要素を含む必要があるという規定もない。だがロールズが繰り返し指摘しているように、当事者たちに関する説明は、「原初状態」における人格の二部構成モデルの一部分にすぎない。もうひとつの部分は「無知のヴェール」によって提供され、それが当事者たちに情報上の制約をかける。彼らは自らの人種、階級、生まれ、性別、そして善の構想も知らないというこの情報上の制約は、実際の人びとが努力すれば体得しうる道徳的な不偏性を、モデル化することを意図している。「無知のヴェール」に覆われている当事者たちに特徴的な立ち位置は、実際の人びとによっていつでも引き受けられうるものであり、またそれは道徳的純正のモデルであるという言明をもって、ロールズは『正義論』を閉じている。「心の純正は、もし人がそれを体得することができるならば、その観点からはっきりと見渡し、また品位と自制をもって行為することであろう」(*TJ* 587)。「よく秩序づけられた社会」の市民たちは、自らの幸福に関わる利害関心と「無知のヴェール」によってモデル化された公正感覚との両方を含む観点から、社会の諸原理を是認すると理解されている。このように、ひとつの善としての不偏性へのコミットメントそれ自体が、社会契約の図式に入るのである。当事者たちは自らの有利性を追求することを欲するが、「無知のヴェール」があるおかげで、全員にとって公正な条件においてのみ、そうすることが確実となる。

もし正義の諸原理が探求対象であるならば、ロールズの方法は、社会契約の伝統を展開するためのもっとも優れた方法だと思われる。私は本書を通じてロールズの理論に着目するが、それは彼の理論が、主に初期選択状況（およびこの状況が具現化する道徳的直観）の説明において比較的豊かな道徳的特性を有しているという理由で、伝統においてもっとも力強くまたもっとも説得力のある理論だと考えられるためである。私が思うに、なんらの形態の初期選択状況も含まない出発点から正義を抽出しうるという考えはありえない。また私の確信では、純粋に慎慮にもとづく出発点は、私たちが初めから倫理的な規範を重視したならば進んだであろう方向とは、とにかく異なる方向へと進む可能性が高い。けれども、ロールズはなお、社会契約の伝統の一員である。彼の社会的協働の説明は、契約の観念に対するきわめて強度の固執によって大いに制約されていると、私は主張するつもりである。

ロールズの理論はハイブリッドな性格特性を有している。一方において、彼の理論がとらえることを意図している、人びとに分かち合われた道徳的判断は、とくに初期選択状況の設計においてきわめてカント的であり、「各人は社会全体の福祉でさえも覆すことのできない、正義にもとづく不可侵性を保持している」という直観的な観念を突出して含んでいる（*TJ* 3）。これは私自身の可能力アプローチがその構想をスタートさせるさいの直観的な出発点にとてもよく似ている。ひとたび仮想上の契約形成プロセスが開始すると、公正の考慮事項によって、各人は等しいものとして、かつそれ自身における目的として、尊重されるべきことが指図される。他方において、ロールズが古典的な社会契約の伝統に忠実であることは、社会的協働の目標としての相互有利性の強調とあわせて、初期契約状況の立ち上げと、その状況に諸原理の起草者として誰が含まれるかと同時に、契約説の構造に鑑みて言えば、起草される諸原理の第一義的な名宛人として誰が含まれるかの決定とにおいて、大きな影響を及ぼしている。本書を通じての私のロールズの取り扱いには狙いがあり、それは彼の理論にあるこれら異質な要素が、本書が着目する諸問題に関してつくりだしている緊張関係を、指し示すことである。なぜ人びとは他者と社会契約を結ぶべきなのか？　正義それ自体への愛は、ロールズにとって返答とならないし、返答となりえない。彼の理論の根底にある直観的な諸観念には正義への愛があるけれども、それが選択状況に登場するのは、契約の企てがひとたび着手されてからのみである――当事者たちの選択を方向づけたり制限したりする、彼らの知識にかかる形式的な諸制約というかたちで[39]。だが、そもそもなぜそのような契約があるべきなのかに関しての答えは、なお基本的には相互有利性であり、慈恵でもなければ正義への愛でもない[40]。

この問題はとても複雑であるため、そして社会的協働に関するロールズの語り口は徐々に微妙に変化しているため、ここでいま少しテクストに着目することが必要だと思われる。『正義論』においてロールズは、社会を「相互有利性のための協働の企て」と定義している（*TJ* 4, 126）。この点について彼はつぎのように詳しく述べている。「社会的協働は、各人が自らの努力のみによって生きなければならないどのような場合よりも、全員にとってよりよい生活を可能にする」（*TJ* 4, 126にもほぼ同じ言い回しがある）。彼は自らの理論の主要な観念を特徴づけながらつぎのように述べている。「主要な観念は、多くの人がルールに従って相互に有利な協働の企てに携わるとき、またそれゆえに自分たちの自由を全員に有利性をもたらすために必要な仕方で制限するとき、こうした制限に従った人びとは、彼らの従順から利得を得た人びとの側に同様の黙従を求める権利を有する」（*TJ* 112）。ほかの箇所で当事者たちは、共に協働するという自分たちの決定を通じて相互有利性を追求する人びととしても描かれている（一例として *TJ* 128を見よ。そこでは契約に先行する道徳的紐帯が当事者たちのあいだに存在することの否定がある。また、*TJ* 119も見よ。そこでは欲しいものを得るという彼らの能力が他者の存在によって制限されている）。ロールズはまた、自らの理論を合理的選択のよく知られた理論に密接に結びつけ、自らの理論の際だった特徴は道徳的な諸想定を取り入れていることであると強く主張している。

しかしながら『政治的リベラリズム』では、「相互有利性のための協働の企て」という言い回しが、「通時的な協働の公正なシステムとしての社会」という言い回しによって置き換えられており（*PL* 14など）、相互有利性への言及がなされていない。実のところ、ロールズはきわめて奇妙な一節において『正義論』を振り返り、相互有利性が彼の初期の理論において重要な役割を果たしていることを、単純に否定している。曰く、「最後に、こうした所見から明らかなのは、互恵性の観念は相互有利性の観念ではない、ということである」(*PL* 17. ここでは『正義論』に関するギバードとバリーのあいだの論争が参照されている。)このように、この新たな作品だけが問題なのはではなく、自らの初期の作品に関するロールズの理解も問題である。この一節が奇妙なのは、ロールズは右で私が言及した『正義論』の有名な諸節において自らは言葉を誤ってしまったのだと述べるか、あるいは自らの見解を変えたと述べるかの、おそらくいずれかだと考えられるからである。だがロールズは、この明白な矛盾について、ただただ口を閉ざしている。

私の考えでは、実のところ矛盾はないし、ロールズがこの問題を指摘し解明しなかったことは彼の失敗ではない。なぜなら、ロールズは二つの異なる問題について述べているからである。『政治的リベラリズム』の一節では、ロールズは「よく秩序づけられた社会」の市民の心構えについて述べている。公正な制度枠組みと、想像しうる不公正な制度枠組みとを比較するさい、すべての個人が公正な協働から利得をえるなどとは、市民たちは予期しない。(彼らがそのように予期しないのは、「よく秩序づけられた社会」が提供する道徳教育を受けているからである。)ロールズが述べているのは、正義の諸原理を通じてよく秩序づけられていない社会から「よく秩序づけられた社会」へと移った個人がいるとして、その個人の利得は増えないかもしれないのだから、その個人に自らの利得が増えることを予期させることはできないだろう、ということである。その個人には互恵性に関する理解がなければならないが、それは各人が自らの社会から「よく秩序づけられた社会」へと入ることで利得を得るはずだという観念を含まないだろう、と。

これは、古典的な社会契約の伝統への言及があった『正義論』における主張と、かなり異なる主張である。『正義論』では、協働の方が非協働よりも好ましいのは相互有利性のためである、というのが要点であった。ある理にかなった一群の原理と無原理とが比較されたのであって、実在するいずれかの社会とどれかほかの社会とが比較されたのではない（当事者たちは自分の社会を知らない）。当事者たちは、協働の方が非協働よりも好ましいということを理解するために、何か特定の道徳教育を受けている必要はなかった。自分たちのあいだに「正義が生じる情況」が成立することだけを知っていればよかったのである。

このようにしてみると、ロールズが『政治的リベラリズム』で述べているのは、「よく秩序づけられた社会」の市民たちが互恵性に関する理解を事後的に展開しかつ維持しなければならない、ということである。そのような互恵性は、ある人びとにとってはほかの人びとほどには個人的に有利とはならない諸原理――すなわちそれほど平等主義的ではないかもしれない諸原理――に対する市民たちの持続的なコミットメントを、支えるものである。だがこのことは、初期選択状況の形成には非協働の状況と比較した場合の〔協働の〕相互有利性という考慮事項が加わらない、ということを意味するものではない。『政治的リベラリズム』におけるロールズは、『正義論』のときほどには、社会契約説に関心を示していない。だが彼は、『政治的リベラリズム』は『正義論』の論証を土台にしており、自らが明示的に述べている箇所でのみ『正義論』の論証を変更していると、力説している。

古典的な理論家たちの全員が強調しているように、相互有利性という目標は、初期の契約当事者グループに課された制約と密接に結びついている。これについてはヒュームが雄弁に論じているとおりである。彼が言うように、もし力と資源において多数派グループとひどく異なるグループがいるならば、そのような人びとと公正な条件で協働することが有利であるかは、それほど明らかではない。彼らを支配するか、彼らには個人的な慈善によって対応するかの方が、ありうることだろう。この点についてロールズがヒュームと見解を異にしたとは、私には考えられない。「原初状態」および「原初状態」に課された制約に関する彼の理解は、『正義論』と『政治的リベラリズム』で変わっていない。このようにロールズは繰り返し述べているし、また『政治的リベラリズム』それ自体が、市民たちに「正常」な諸能力があることにこだわる点で、ヒューム的な制約をはっきりと再確認している。私の結論としては、ひとたび正義の諸原理が選択されると「よく秩序づけられた社会」においてカント的な互恵性の観念が支配的となるものの、古典的な理論家たちが用いている意味での相互有利性はロールズの理論から取り除かれていないのである。

だが、初期選択状況は虚構である。人びとが協働と非協働の選択に直面することは、実際には決してない。それならば、「よく秩序づけられた社会」の市民たちのあいだには互恵性があるが、社会の基本原理の起源について考えるさいにはヒューム的な「正義が生じる情況」が肯定されると述べることに、いったい何の意味があるのだろうか。虚構が対応している現実を、つまり私たちは普通のケースよりもはるかに弱い人びとを――目下のところ人間以外の動物を支配しているように――単純に支配しうるがため、私たちには、彼らと協働する必要はないということを、ヒュームはとてもよくとらえていた。支配は残虐性を必然的にともなうものではない。私たちはしばしばそうしているように、彼らを優しく扱うこともできる。さらに、ヒューム的な「正義が生じる情況」を肯定するような理論は、残虐さが道徳的に悪であるとさえ主張できる。その場合には、ほかの道徳的な諸徳とそれらの行動指針とが入り込む。けれども、「正常」なケースと比較しての彼らの大いなる弱さをもってすれば、彼らとの関係として正義は適当ではない。ロールズにとってはヒュームにとって同様、正義の観念は、支配ではなく協働を通じて私たち全員に何かしら得るものがあるという観念と、結びつけられたままである。

「よく秩序づけられた社会」の市民たちと彼らの知識からすると、市民たちに要求されている互恵性へのコミットメントには限界がある。彼らは、平等主義的ではない社会において見いだされうる状況に比べて有利ではないだろう状況を、正義を根拠として受け入れるよう求められている。だが彼らがこうした「コミットメントが課す試練」を受け入れるのは、彼らの仲間の市民たち全員が「全生涯を通じて十全に協働する社会の構成員」であるという知識に裏打ちされてのことである。彼らは、自分たちと同じようには生産的ではなく、またゆえに（ほかの倫理的な諸徳によって彼らを支配するべきではないことが示されるだろうが）支配下にあるかもしれない市民たちに対しても自分たちのコミットメントを拡張するという追加的な試練は、受け入れない。ヒューム的な条件によって設けられた範囲のなかでは、彼らには全員に対して厳格な正義を与える覚悟がある。

ロールズが基本的な正義の諸原理を設計する段階で、非定型の身体的・知的な器質的損傷のある人びとの利害関心を十分に含むことができないという困難にぶちあたっているのは、この出発点のせいである。前述のとおり、彼はこの問題のせいで自らの理論が退けられることになるだろうとは考えていないとはいえ、自らの出発点が問題となっているということを完全に自覚しているし、また強調してもいる。同様にして彼の社会的協働の理解は、国境を越える正義と人間以外の動物に対する私たちの義務とについて考えるさいに彼の理論を用いようとするときにも、問題を生じる。そしてロールズは、当事者たちは「無知のヴェール」に覆われているために「通常の意味で交渉する」（*TJ* 129）理由を持たないと述べているけれども、彼は当事者たちが――通常の意味においてではないが――実際は交渉することを一度も否定していないし、またこの引用句もそのことを示唆している。各人が無知であるという通常ではない制約によって「全員のために選択するように強制される」（*TJ* 140）ものの、各人の目的は、公正という制約の範囲内において、なお相互有利性となっている。

しかしこうした限界はあるにせよ、『政治的リベラリズム』の問題を孕んだ一節においてロールズが特徴づけた市民たちに体現されている互恵性と公正の諸観念は、なぜ私たちが不可侵性と互恵性という彼の観念をさらに展開することで彼の理論を拡張し、こうした問題を解決したいと思うのかを示すうえで、重要な役目をたしかに果たしている。なるほど、ロールズにとってこれらの直観的な観念は、正義の諸原理から独立して成り立つものではない。また彼は、本書が関心を寄せる三つのケースに関して、正義の諸原理を何ら提示していない（『諸人民の法』で提示されている国際問題へのアプローチは除いて）。だが、こうした直観的な観念を正義の諸原理に密接に関係させながらも、（ロールズによれば独立している）理論のもうひとつの部分である原初的な選択状況を問題化しつつ、諸々の原理と直観の両方を拡張しうるかもしれない。各人が「社会全体の福祉でさえも覆すことのできない正義にもとづく不可侵性」を有しているという、ありのままの観念からスタートするならば、障碍のある人びと、すべての国の市民たち、そして人間以外の動物（ロールズはそうしなかったけれども、拡張された意味において諸人格として数えうるものたち）に全面的な正義および平等を与える正義の諸原理を探求すべき、強固な理由が見てとれる。ロールズの直観的な出発点とそこから導かれる諸原理は、こうした未解決の問題にとっての優れた手引きであるということが判明するだろうし、これらの問題を解決することが――「正常に生産的な」市民たちの側に経済的負担を要求する可能性があるにもかかわらず――なぜ重要であるのかをわからせてくれるだろう。

道徳の諸情操に関してもやはり、ロールズの理論は巧妙で複雑である。一方において、「無知のヴェール」は慈恵を抽象化したモデルとして意図されている。自己利益と無知を混成することで、完全な情報がある場合の慈恵から得られるであろうものに近似する結果を得ることを望んでいると、彼ははっきりと述べている（*TJ* 148-149. この点については第二章で詳細に述べる）。そうであれば、慈恵的な諸情操を直接に盛り込めばよいだろうが、そうすることはより不確定な結果をもたらすだろうと、ロールズは述べている。彼は、慈恵的な諸情操の代わりに、情報上の諸制約を取り入れることによって、綿密かつ明確な政治原理を得ることを望んでいる。そのため、慈恵的な諸情操は「原初状態」の当事者たちにはなじまないけれども、それでもやはりモデル全体にはなじんでいるのである。そして「よく秩序づけられた社会」の市民たちには、そのような情操があると想像されている。実のところ、道徳的な諸情操とその教育を取り扱っている『正義論』の節は、この作品のなかでもっとも豊かでもっとも素晴らしい諸節のひとつである。とはいえ、当事者たちが政治原理を組み立てるためにそもそも集う理由は、慈恵とはなっていない。慈恵はただ、仮説上の契約交渉が開始した後で、当事者たちの動きを制約するのみである。

以下の議論では、ロールズが用いている初期選択状況の四つの側面が、念頭におかれる必要がある。それというのも、それらのすべてに問題があることを私は見いだすつもりであるし、また、それらはある程度、互いに無関係だからである。ロールズの諸原理とそれらの背後にある直観的な諸観念を、本書で考察する新しいケースに拡張するためには、それら四つの側面のすべてを修正する必要があるだろう。第一に、一群の可能力のように何かもっと異成分的で多元的な指標ではなく、富と所得を参照しつつ相対的な社会的地位を（自由の優先権が確定した後で）測定することにコミットしているロールズの基本善の説明が、丹念に調べられなければならない。このコミットメントはロールズにとって重要である。基本善は「格差原理」（もっとも不遇な人びとの生活水準が高まる場合にのみ不平等は認められうるとする原理）を支持する彼の論証の中核的要素となっており、また彼はセンの可能力の主張に抗してそれを断固として擁護している。だがそのようなコミットメントは、ロールズ流のカント的／契約主義的な理論にとって必要不可欠なものではない。したがって、ロールズの理論のこの部分で私が特定する諸問題は、（本書が主張するように）ロールズに対してたしかに問題を提起するけれども、契約主義にとっては深刻な問題とはならない。

第二の問題は、ロールズ理論の多くの側面において鍵となっている、彼のカント的な人格の政治的構想である。基本善の役割に関する説明と同様に、自由と互恵性に関する彼の分析も、この人格の構想に関連している。この構想においては、人格性が相当に高度な（道徳的および慎慮的な）合理性を要求すると理解されているため、重度の知的な器質的損傷のある人びとの平等な市民権や、人間以外の動物の権利について、考えだすことが不可能となる。この構想は「正常」な人びとが成長し、成熟し、衰えることについての適切な理解に対しても問題を引き起こすと、私は主張する。

ロールズ理論にあるこうしたカント的な要素は、とくに『政治的リベラリズム』において顕著である。だが『正義論』においてもすでに、ある一定の実際の自然本性的な能力は市民たちの平等の基礎であるという考えが存在していた。ロールズは「平等の基礎」という表題の重要な節において（*TJ* 504-512）、政治哲学における人間の平等の基礎に関する多くの説明が、知性あるいは道徳能力の程度の違いを政治的権原の違いの根拠としていることを通じて、誤った方向に進んできたと主張している。その代わりに、平等の基礎の理由づけとして自然本性的な能力を用いる企てを放棄せずに、適切なのは「領域特性」であると、つまりたしかにそうした能力には程度の差はあるけれども、何らかの本質的で最低限の程度があれば平等にとって十分であると主張することができるだろうと、ロールズは述べている。「ある最大化すべき量に影響を与え、それゆえ市民権の異なる等級づけのためのしかるべき土台として機能する、自然本性的な諸特性における差異を探すようには、私たちは指図されていない」（*TJ* 509）。しかしながら私たちは、正義感覚の能力として理解された、あるいは「初期状況の公共的な理解に沿ったかたちで参画しかつ行為する」（*TJ* 505）能力として理解された、何らかの最小限の能力をたしかに求めている。この条件は厳しいものではない。「正義感覚の能力は圧倒的な大多数の人類によって保持されており、それゆえこの問題が深刻な実践上の問題を引き起こすことはない、と私は想定している……この属性を欠いている人種や国際法上で承認されている人間集団は、存在しない。この能力を持たない、もしくは最小限まで実現されることがない個人は、散在的に存在するのみである」(*TJ* 506)。

しかしながら、重度の知的な器質的損傷のある人びとは、まさにロールズが念頭においている「散在的に存在する諸個人」である。彼らが比較的小規模のマイノリティであるという事実が、なぜ深刻な問題が存在しないことを意味するのかは明らかではない。ここでロールズが述べているのは、平等にとっては最小限の能力の保持で十分だということだけであって、それが必要だということではない。けれども、後でなされている動物に関する議論において、彼は実のところつぎのように述べている。「正義の義務が果たされる側に立つために正義感覚の能力が必要であるとは述べてこなかったが、この能力を欠く生き物に対して厳格な正義を何としても与えることを、私たちは要求されていないように思われる」(*TJ* 512)。この重要な議論において(それは『政治的リベラリズム』の一九ページで要約されている)ロールズが明らかにしているのは、彼が、合意をなしかつそれに従う能力というものに、政治的正義の観念を非常に密接に結びつけているということである。この基本的な能力が欠けている場合には、道徳的な義務はもちろんあるだろうが、正義の義務はない。

このカント的な人格の構想は、所得と富の強調と同様に、ロールズにとって重要なものであるが、契約論一般に要求されるものではない。あらゆる契約論は交渉過程において何らかの合理性に関する説明に依拠しなければならないし、またすべての契約論は〈社会契約の設計者たち〉が〈設計されている諸原理の名宛人である市民たち〉と同じ集団であると想定している。そのためこの種類の理論には、設計されている諸原理のまずもっての名宛人として重度の知的な器質的損傷のある人びとを十全に含みうるものは、ひとつもない。けれども社会契約の思想家は、合理性をニーズと動物性にもっとくまなく埋め込まれたものとしてカントがしている以上に理解する人格の説明を、採用しえたかもしれない。そのような構想は、社会契約のアプローチの全面的な再設計がなければ、私が特定するすべての問題を解決しないだろうが、少なくとも解決の方向性はもたらすだろう。

けれどもさらに、〔初期選択状況の四つの側面のうちの二つとして〕社会契約の当事者たちは力と能力においてだいたい等しいという観念と、それに関連して彼らが非協働よりも協働によって追求する目標としての相互有利性の観念という、社会契約の伝統全体の中心に位置する二つのコミットメントがある。ロールズは自らの理論に道徳的な諸要素を加えて、それをより豊かでより適切なものにしているにもかかわらず、社会契約の出発点を決して手放さない。そのため彼は、自ら述べているように、本書が着目する諸問題に苦労している。彼の理論の直観的な諸観念とそれが生成する諸原理とを、本書が取り上げる諸問題へと拡張するためには、何にもましてこれらへのコミットメントを止める必要があると私は考えている。

現代の契約主義には、こうした厄介な二つのコミットメントをなさない、別の形式がある。[41]公正であるためには、諸原理はそれらの影響を受ける全員にとって合理的に受け入れ可能なものでなければならないというカント的な観念から出発するこのアプローチは、道徳原理の受容可能性に関して、体系的なカント的説明を繰り広げる。このようなアプローチのうち近年においてもっとも重要であるのは、トマス・スキャンロンの『私たちが互いへの義務としていること』である。[42]スキャンロンのこの作品は倫理原理を取り扱ったものであり、政治理論の諸問題については論じていない。そのためこの作品は、政治が分配すべき「よいもの」に関する理論を苦心して編みだす必要はないし、また多元主義の問題や宗教的・文化的な差異の問題に直面する必要もない。そのような問題に直面していたならば、彼の理論は、ロールズの理論と同じ程度までは、基本善に関する何らかの比較的明確な説明を採用したはずである。そうであってはじめて、私が考察するつもりの理論との比較が、実際に可能となるだろう。

私が本書で展開する議論は、スキャンロンの理論を何ら批判するものではない。私がカント的な人格の構想について提起する諸問題は、スキャンロンの理論、とくに彼が欲求を批判する箇所にも、当てはまるかもしれないけれども。[43] スキャンロンは、人びとを政治原理の探求へと集わせる状況についての想定(たとえばだいたいの平等性など)を何らしていないが、それは彼が政治原理の組み立てについて論じていないからである。諸原理を組み立てる人びとはそれらを自分たちのために組み立てているとも、想定されていない。実のところ彼は、利害関心を先送りにされる必要がまったくない重度の知的な器質的損傷のある人びとのケースで後見人が果たすだろう役割について、優れた問いを立てている。また彼は、相互有利性が倫理的な契約の目標であるとは想定していないし、そのため当然ながら、倫理的選択というものの目的としてそのような説明を提示することもないだろう。したがって、社会契約の伝統とその伝統への忠実を示しているロールズ理論の諸側面とに対して私が提起するつもりの批判は、それ自体において啓蒙的なスキャンロンの企てには当てはまらない。

倫理学へのスキャンロンのアプローチは、ブライアン・バリーの『不偏性としての正義』において、政治原理の源泉として展開されている。[44] バリーは、古典的な社会契約説とロールズが、ともに相互有利性に依拠していることをはっきりと批判している。相互有利性に依拠するアプローチの欠陥がとくに鮮明になる問題のひとつとして、彼は詳しい説明はしないものの、障碍のある人びとの扱いを指摘している。私はバリーとスキャンロンを第二章の終わりで取り上げて、そうした形式の契約主義は原理上は政治原理の源泉として魅力的であるということと、それらが私の支持するアプローチと多くを共有していることとを、示すつもりである。とはいえ、私のアプローチはまず第一に、（基本的な権原としての）善に関する理論を明らかにすることに力点をおくものであり、また理論のまったく異なる場所に――それも段階的には後の方に――合理的な受容可能性をおくものである。ともかく、ここにきて私たちは、古典的な社会契約説とその現代的提唱からかなり遠ざかった。スキャンロン＝バリーの契約主義の形式は、古典的な社会契約説に生命を吹き込んでいる、諸人格の道徳的な平等性へのコミットメントをほかの契約説と共有してはいるが、自然状態における能力と力の類似性の強調は共有していないし、したがってこの強調が必然的にともなう諸問題も有していない。

　正義の社会契約モデルには大いなる強みがある。合理的で別個独立の成人のあいだでなされた契約の所産としての政治原理の構想は、人間一人ひとりの真価と、階級、富、地位、既存の力の階層制という人為的な有利性が（規範的な）政治上の諸目的にとっては関連性をもたないこととを、強調する点で正しい。その出発点を道徳化したロールズの形式は、政治原理の生成基盤に不偏性と相互尊重を組み込むことを通じて、そうではない希薄な形式がもつ欠陥を回避している。本書の議論は、社会契約の伝統における正義の諸理論が、現在私たちの手もとにある正義の理論としてもっとも説得力のある部類に入るという想定から出発する。けれども、それらは本書で取り上げる三つの切迫した問題に対して適切な答えをもたらさないということを本書は示すことになる。三つの喫緊のケースに社会契約論を拡張するためには、その理論の中核にある諸想定に疑問を投じる必要がある。

7　可能力アプローチ

だがもちろん、ある伝統を代替案の提示なしに批判するのは、あまり生産的なことではない。とくにその伝統が実りあるもので、かつしっかりと定着している場合には。本書の企ての第二の構築的な目的は、とくに本書で取り上げている三つの問題領域において社会契約説よりも多くをなしうる、基本的正義の諸問題に対するアプローチが存在することの論証である。この代替アプローチは、直観的観念をロールズ流の契約主義といくつか共有しているため、また生成する諸原理において〔ロールズの〕正義の諸原理と緊密な家族的類似性を有しているため、それを本書で取り上げる新しい諸問題に焦点を合わせた、ロールズ理論の拡張あるいは補足としてとらえてもよいだろう。この代替アプローチには重要な強みがあり、このことが認められるべきであるというのが、私の確信である。私たちは伝統的な契約論の追求および展開を一方で続けながら、他方でこの代替アプローチを追求し、もっと展開させ、グロティウス流の自然法の伝統にある古い方の政治の理論を復活させるべきである。社会正義の中核的な諸問題についてあれほど多くのことを啓蒙してきた理論すべてを拒絶することは、本書の企ての精神にはそぐわないだろう。この二つの型の理論の展開を継続し、それによって両者のあいだに幅広い領域で類似の結果が生成されるならば、その調和によって本書の道筋が正しいことが確かめられるだろう。だが問題となっている三つの領域では、可能力アプローチの方が、法と公共政策に対してより健全な道標を与えるということが明らかになると思われる。

このように代替案は「可能力アプローチ」であり、哲学においては私によって、また経済学においてはアマルティア・センによって、少しばかり異なる仕方で展開されてきたものである。センは社会正義の諸問題にも関心を寄せてはいるが、彼によるこのアプローチの使用法は生活の質の比較測定に集中している。対照的に、私はこのアプローチを、人間の中核的な権原に関する説明の哲学的根拠を提供するために用いてきた。すべての国の政府は、人間の尊厳の尊重が要求するぎりぎりの最小限として、こうした権原を尊重しかつ実行に移すべきである。私は『女性と人間開発』やほかの作品で、この基本的な社会的最小限という観念に対する最善のアプローチは、人間の諸々の可能力、つまり人びとが実際になしえたり、なりえたりするものに焦点を合わせるアプローチによって、人間の尊厳に見合った生活という直観的観念によりかかる仕方で、提供されると論じてきた。私は人間の中心的な諸々の可能力のリストを同定し、それらのすべてが人間の尊厳に見合った生活という観念に内在していると主張してきた。

　このように、諸々の可能力は、リベラルで多元的な社会へ向けた政治原理の源泉として提示されている。それらはあるタイプの政治的リベラリズムの文脈において設定されるが、そのような政治的リベラリズムとは、諸々の可能力を明確な政治目標とし、またそれらをどんな形而上学的基礎づけからも自由な仕方で提示するものである。このような論証によって示されまた推奨される諸々の可能力は、きわめて異なる包括的な善の構想を持つ人びとのあいだにおいて重なり合うコンセンサスの対象となりうると、私は論じる。[45]

　私はさらに、人間の尊厳という直観的観念にふたたび依拠しつつ、問題とされる諸々の可能力は一人ひとりのために追求されるべきだと、つまり各人が目的として扱われ、誰ひとりとして他者の目的を達成するための単なる手段として扱われないようにするべきだとも、論じる。（女性はつねに、彼女自身の目的としてではなく、他者の諸目的の支援者として扱われてきたので、このアプローチのこの側面が性平等の領域へ適用しうるのは明らかである。）そして私のアプローチは、各可能力の閾値レヴェルという観念を用いる。この閾値以下では、市民たちは真に人間的な機能を得られないと理解される。市民たちをこの可能力の閾値よりも上に引き上げるという観点から、社会目標は理解されなければならない。（それだけが重要な社会目標ではないだろう。その意味では、私が目指すのは、社会正義の部分的で最小限の説明を提供することだけである。）

本書では、可能力アプローチと現代の契約アプローチ、とくにロールズのアプローチが対比される。だが実のところ、現代の契約アプローチは、可能力アプローチの近親者でありまた同盟者である。可能力アプローチはもともと、国際開発における生活の質に関する議論と政策者集団とにおいて支配的であり、そしていまなおある程度は主流の経済的な功利主義アプローチ、なかでも開発の目的を狭義の経済的観点で理解するアプローチの代替案となることが、何よりも意図されていた。この背景を少しばかり説明する必要があるだろう。

開発経済学と国際政策論において、生活の質の評価アプローチとしてもっとも突出していたのは、一人あたり国民総生産（ＧＮＰ）に応じて諸国をただ順序づけするものであった。このアプローチは〔国内の〕富と所得の分配についてすら問うものではなく、また総計値が似たような諸国であっても非常に異なる分配状況を示しうることから、現在ではこのアプローチはそれほど解明的ではないことが明白となっている。南アフリカ共和国には深刻な不平等があるにもかかわらず、この尺度によれば、途上国のなかでリストの最上位を占めていた。このようなアプローチは、可能力アプローチとカント的な形式の契約主義とは異なり、各人を目的として考慮しておらず、他者を富裕化する手段として一部の人びとを事実上用いるような仕方で、全体的な社会的善を促進することに意欲的である。

南アフリカ共和国の実例がさらに明らかにしているように、ＧＮＰアプローチは別の仕方でも間違っている。つまり、人間の生活の主要な要素――可能力アプローチであれば主要な権原に関するものと言うだろう――について調べることに、失敗しているのである。人間の生活の主要な要素である余命、新生児死亡率、教育機会、雇用機会、政治的自由、人種とジェンダー関連の質といったものは、富および所得と――たとえそれらが分配されていたとしても――つねにうまく相関しているわけではない。国連開発計画の『人間開発報告書』が、幅広い種類のパラメーターを用いて諸国を指数化することで明らかにしているように、一人あたりＧＮＰがきわめて高い諸国でも、これらの別個の善のどれかひとつに関する出来は甚だしく悪いということがよくある。

功利主義の伝統にある経済学者たちはしばしば、ＧＮＰに代えて、満足の表出によって測定される人びとの総効用あるいは平均効用に着目している。この場合もまた、別個の個人に対する尊重という問題がある。なぜなら総計値は、上位と下位がどこにあるのかを知らせてはくれないのだから。その意味で功利主義のアプローチは、粗処理のＧＮＰアプローチと同じくらい、別個の個人を尊重していない。平均効用は、人びとの多様性や相対的な社会的地位について十分伝えることのない、あいまいな数値である。私たちが各人を目的として扱うことにコミットしながら基本的な政治原理を選ぼうとするとき、この不正確さがこのアプローチをとくに下手なものとする。

さらに、功利主義の経済学者たちは例によって、別個の人生を横断的に総計するのみならず、人生の区別しうる諸要素をも横断的に総計してしまう。そのため総効用もしくは平均効用には、自由、経済的福利、健康、教育に関する情報があることになる。だがこれらはすべて別個の善であり、ある程度は互いに無関係に変わりうるものである。[46] さらにそれらのすべてが重要であり、どれかひとつの要素を特段に拡大するためだけに別のひとつの要素を諦めるべきではないと言える。ジョン・ロールズが功利主義を批判するさいに主に用いた論証は、功利主義は多様な善のあいだのトレードオフにコミットしているがゆえに、政治的・宗教的な自由を十分に保護することができない、というものであった。功利主義は、最大の社会的総計（あるいは平均）を生みだすために、あれやそれやの善のあいだでのトレードオフを奨励している。[47] この種の指摘はもっと広い意味合いにおいても当てはまるだろう。私たちは雇用機会をたくさん得るために感情的健康を諦めるべきではないし、大いに健康になるために自尊を諦めるべきでもない。功利主義が総計にコミットしていることは、周縁化されていたり剝奪されていたりしている人びとについて熟考するうえで、またもや問題を生じている。功利主義が危険にさらしている諸々の機会の一部は、そうした人びとにとって、とくに切迫度の高い重要性を帯びているかもしれないのである。

効用に依拠することの追加的な問題は、関連性のあるすべての情報が実は取り入れられていない、というものである。私たちが知りたいことのひとつは、諸個人が——不満足であろうと満足であろうと——自らの身に起きていることをどう感じているのか、である。だが私たちはまた、諸個人が実際に何をなしえて何になりうるかも知りたい。人びとは、自分には達成しうると思うものに対して、また自らの社会が自らのような人にとって適切な達成はこれそれであると告げるものに対して、自らの選好を適応させる。女性、そしてほかの剝奪された人びとは、不正な背景的条件下で形成されたそのような「適応的選好」を頻繁に示している。そうした選好は概して、現状を正当と認めるものである。[48] 満足は重要な事項のひとつであるが、言うまでもなく、それだけが重要なのではない。

そしてまた、功利主義は満足の状態に着目することによって、主体性（agency）への関心不足をも示している。人生において重要なのは満足だけではない。活動的な奮起奮闘も重要である。これに関してロバート・ノージックは「経験装置」という有名なたとえにおいて、実際には何もしない個人が心地よい経験を生みだす装置につながれているという状況を紹介している[49]。装置につながれているだけでは福利にとって十分ではない。このことにたいていの人は同意するだろう。人は何らかの欲求不満に直面するとしても、世界において活動的である方がよいだろう。この思想には政治的な重要性がある。それというのも、人びとがある国においてどのように活動的であるかに関しては、なされるべき選択があるからである。政府の諸形態のなかには、人びとに選択と活動の余地をあまり許さずに満足を促進するものもあれば、人びとに選択と活動を促すものもある——自由な選択を任された人びとが間違いを犯しかつ欲求不満に直面しそうであっても。功利主義は私たちを、民主的な選択および個人的な自由の重要性から、遠ざけているのだろう。

このように、開発への功利主義的アプローチの欠陥について考えると、社会間で生活の質を比較するさいの適切な空間として、また問題とされる社会がその市民たちに最小限レヴェルの正義をもたらしているか否かを問うさいの適切な基準として、ある一定の中心的な諸々の能力と機会——選択および活動への機会を突出して含む——に関する実質的な説明の方向へと、私たちは進むことになる。これまでの功利主義に対する批判からは、この実質的な説明には複数の項目が含まれることと、それらの項目はひとつの均質的な善をただ量の違いだけで表わしたものではないこととが、示唆される。人びとが自らとそうした善との関係をどう感じるかということだけにもとづいて、評価がなされることもないだろう。人びとは実際に何をなしえて何になりうるのかということも、同時に問われることになる。

私の可能力アプローチにある基本的で直観的な観念は、人間の尊厳の構想と、その尊厳に見合った人生、つまりマルクスが一八四四年に『経済哲学草稿』において詳述した意味での「真に人間的な機能」がある人生の構想とから、私たちは出発すべきであるというものである。(私はマルクス的な観念を政治目的のためだけに用い、人間の生活の包括的教説の源泉として用いるのではないが、マルクスはこのような区別をしていない。）マルクスは人間が「人間の生活の諸活動の一体性を必要とする」存在であると語っているが、私のアプローチはこの観念からも影響を受けており、すべての市民が権原を有している可能力は複数であってひとつではないことと、それら可能力は活動のための機会であって単に資源の量を表わすものではないこととを求めている。(50) 資源に対する人間のニーズはさまざまであり、また資源を機能に変換する能力もさまざまであるため、福利の指標として資源は不適切である。そのため、同様の量の資源を有する二人であっても、実際には社会正義にとって重大な問題となる仕方で、大いに異なりうる。正義の理論が器質的損傷と障碍の問題と直面するさい、この問題はとくに顕著となる。

この基本的な観念をスタート地点として、私がつぎに試みるのは、一〇の可能力のリストを、尊厳のある人生の中心的な要求事項として正当化することである。ここでもロールズの諸原理と同様、政治原理は尊厳という抽象的な観念に輪郭と内容を与えるものである（cf. *TJ* 586）。これらの一〇の可能力は一般的な諸目標として想定されており、問題とされる社会が理想とする基本的権原の説明に取り組むにつれ、それらの可能力はさらに特定化される。だが一〇の可能力のすべてが、何らかの形で、社会正義に関する最小限の説明において不可欠の要素だと考えられている。つまり、これらをあらゆる市民に何らかの適切な閾値レヴェルで保障しない社会は、富裕さの水準にかかわらず、十全に正義にかなった社会だとは言えないのである。また、実践面では一時的な優先順位が定められなければならないだろうが、これら可能力は相互支援的でかつすべてが社会正義に重要な関連性を有していると理解されている。このように、ひとつの可能力を促すためにほかの可能力を顧みない社会は市民たちを不当に扱っているのであり、またその扱いには正義の失敗があることになる。

可能力アプローチは、社会正義の完全な説明を提供することを意図していない。たとえば、正義は閾値よりも上のレヴェルにおける不平等をどう取り扱うべきかについて、何も言わない。（その意味で可能力アプローチは、ロールズの理論が答えた問題のすべてに答えるものではない。）可能力アプローチは、最小限の中核的な社会的権原に関する説明であり、ひとたびすべての市民が閾値レヴェルよりも上にいるようになれば生じるだろう正義と分配の諸問題にいかに対処すべきかに関して、さまざまな見解と両立しうる。また可能力アプローチは、この権原のリストが政治的正義に関する網羅的な説明であることを求めるものでもない。このリストには含まれないものの、正義と密接につながった重要な政治的価値がほかにもあるだろう(51)。

リストそのものは変更可能であり、徐々に修正されてきている。批判を踏まえたさらなる修正があることは間違いないだろうが、現行版は以下である。

〈人間の中心的な可能力〉

一、**生命**　通常の長さの人生の終局まで生きられること。早死にしたり、自らの生が衰退して生きるに値しなくなる前に死んだりしないこと。

二、**身体の健康**　健康でありうること。これにはリプロダクティヴ・ヘルスが含まれる。適切な栄養を摂取しうること。適切な住居に住みうること。

三、**身体の不可侵性**　場所から場所へと自由に移動できること。暴力的な攻撃から安全でありうること。これには性的暴力と家庭内暴力が含まれる。性的満足の機会と妊娠・出産のことがらにおける選択の機会とを持つこと。

四、**感覚・想像力・思考力**　感覚を用いることができること。想像し、思考し、論理的な判断を下すことができること。これらのことを「真に人間的な」仕方で、つまり適切な教育――これには識字能力と基礎的な数学的・科学的な訓練が含まれるが、これらだけに限定されるわけではない――によって情報づけられかつ涵養された仕方でなしうること。自らが選択した宗教的・文学的・音楽的などの作品やイヴェントを経験したり生みだしたりすることに関連して想像力と思考力を働かせることができること。政治的スピーチおよび芸術的スピーチに関する表現の自由が保障された仕方で、また宗教的儀式の自由が保障された仕方で、自分の心（mind）を働かせることができること。楽しい経験をしたり無益な痛みを避けたりすることができること。

五、**感情**　自分たちの外部にある物や人びとに対して愛情をもてること。私たちを愛しケアしてくれる人びとを愛せること。そのような人びとの不在を嘆き悲しむことができること。概して、愛すること、嘆き悲しむこと、切望・感謝・正当な怒りを経験することができること。自らの感情的発達が恐怖と不安によって妨げられないこと。（この可能力の支持は、諸々の感情の発達において非常に重要であることが示しうる、人間のつながりの諸々の形態を支持することを意味する）。

六、**実践理性**　善の構想を形成しかつ自らの人生の計画について批判的に省察することができること。（これは良心の自由と宗教的式典の保護を必然的にともなう）。

七、**連帯**

A．他者と共にそして他者に向かって生きうること。ほかの人間を認めかつ彼らに対して関心を持ちうること。さまざまな形態の社会的交流に携わりうること。他者の状況を想像することができること。（この可能力の保護は、こうした諸々の形態の関係性を構成し育む諸制度の保護と、集会および政治的スピーチの自由の保護とを意味する)。

B. 自尊と屈辱を受けないこととの社会的基盤を持つこと。真価が他者と等しい尊厳のある存在者として扱われうること。このことは、人種、性別、性的指向、民族性、カースト、宗教、出身国よる差別がないことの整備を必然的にともなう。

八、ほかの種との共生　動物、植物、自然界を気遣い、それらと関わりをもって生きることができること。

九、遊び　笑うことができること。遊ぶことができること。レクリエーション活動を楽しむことができること。

一〇、自分の環境の管理

A. 政治的な管理　自分の生を律する政治的選択に実効的に参加しうること。政治参加の権利と、言論の自由および結社の自由の保護とがあること。

B. 物質的な管理　財産を維持することができること(土地と動産の双方において)。他者と平等な間柄で所有権を持つこと。他者と平等な間柄で職を探す権利があること。不当捜索および押収からの自由があること。仕事において、人間として働き、実践理性を行使しかつほかの労働者との相互承認という意義のある関係性に入ることができること。

基本的な観念は、私たちはこれらのひとつひとつの可能力がない人生を想像することによって、そのような人生は人間の尊厳に見合った人生ではないと主張しうる、というものである。(52) 各可能力に関しての論証は、人生についての想像に依拠しており、直観的で推論的である。けれどもこのプロセスと、そしてリストは、基本的人権に関して得られている国際的な合意と同様の、広範で文化横断的な合意を得られると、私は確信している。実のところ私の見解では、可能力アプローチは人権アプローチの一種である。人権はしばしば、可能力アプローチと同様の仕方で、人間の尊厳の観念に結びつけられてきたのだから。

可能力アプローチは完全に普遍的である。問題とされる諸々の可能力は各国の各市民にとって重要だと考えられており、また各人は目的として扱われることになる。このような仕方でこのアプローチは国際的な人権アプローチと同じである。実際私は可能力アプローチを人権アプローチの一種として見なしている。[53] 文化横断的な一群の規範を支持する議論を展開し、文化相対主義者たちの立場に反対する論陣をはることは、このアプローチの重要な側面となってきた。[54] だがこのアプローチにおいては、多元主義の尊重という規範も、重要な位置を占めている。これもまた強調しないわけにはいかない。私の可能力アプローチは、つぎの六つのやり方で、多元主義を尊重している。[55]

第一に、リストは変更可能であり、継続的な修正と再考の対象であると私は考えているため、自社会のもっとも基本的な権原に関するどの社会の説明も、つねに補足（あるいは削除）の対象となる。

第二に、まさに市民たちと、彼らの議会および裁判所とに、リストの項目を特定し熟議するという活動の余地を与えるために、リストの項目はいくばくか抽象的かつ一般的な仕方で定められるべきことも、私は要求する。諸国が自国の歴史と特殊な状況を考慮に入れながらそうした活動にやや異なるやり方で従事することは、ある一定の限度内において、まったくもって適切である。そのため、たとえばドイツにおける言論の自由の権利の解釈は、反ユダヤ的な言論および政治組織化を法律で大幅に規制することを許容しうるものとなっており、そのような言論を公共的秩序への差し迫った脅威がない限り保護するアメリカの解釈とはかなり異なるものであるが、両国の異なる歴史をもってすれば、いずれの解釈も正しいだろう。

第三に、私はこのリストが、ロールズの言い回しを借りれば、独立の「部分的な道徳的構想」であると考えている。つまり、このリストが政治目的のためだけに導入されるのは明確であり、またそれが、人びとを文化と宗教で区分するような形而上学的観念に基礎づけられることもない。ロールズが述べているように、私たちはこのリストを「モジュール」(*PL* 12, 145)として――つまり人生の究極的な意味と目的に関してきわめて異なる構想を持つ人びとによっても是認しうるものとして――見なしうる。人びとはこのリストを、自らの宗教的あるいは世俗的な包括的教説に多様な仕方で結びつけるだろう。

第四に、適切な政治目標として、機能ではなく可能力を据えることを要求するならば、やはり多元主義を保護することになる[56]。ある可能力を基本的な権原として支持することに意欲的な人びとの多くは、それに関連する機能も基本的であるとされたならば、毀損されたと感じるであろう。そのため、自らの宗教的構想に反するがゆえに強制投票によってひどく毀損されたと感じるだろう信仰深い市民たちによっても、投票の権利は是認されうる。(アメリカのアーミッシュがこの範疇に入る。彼らは政治的な生活への参画は悪事だと信じているが、市民として投票の権利を有していることには満足しているようである。)宗教的表現の自由は、すべての市民に何らかの種類の宗教的機能を強いる宗教の国教化には必ず反対するだろう人びとによって、是認されうる。だが健康については、可能力アプローチの提唱者も、適切な目標が可能力であるのか機能であるのかに関して意見を異にしている。私自身は、人びとには健康な生活を維持するための十分な機会が与えられるべきではあるけれども選択は個々人に一任されるべきだと、つまり人びとは不健康な選択をしたかどで処罰されるべきではないと、考えている[57]。

第五に、言論の自由、結社の自由、良心の自由という、多元主義を保護する重要な自由が、リストにおいて中心的な項目となっている。リストに載せることで、これらに中心的で交渉の余地のない地位を与えることができる。

そして第六に、正当化の問題と導入の問題をきっぱりと切り離すことを私は強く主張している。中心的な可能力のリストは、政治原理の優れた基礎として世界中で正当化しうる。私はこう確信しているが、このことはそうした政治原理を認めない国家のことがらへの介入を認可しはしない。リストは説得のための基礎ではあるけれど、軍事的・経済的な制裁が正当化されるのは、伝統的に認められてきた人道に対する罪を含め、一定のきわめて深刻な状況においてのみであると考えられる。そのため、人びとの同意に基礎づけられた国家主権が、可能力アプローチにおいてきわめて重要であることにひとたび目を向ければ、このリストを全員に推奨することへの異論は減じるだろう。

多元主義の尊重は可能力アプローチの核である。このアプローチには契約論、なかでもロールズの理論との密接なつながりがあり、またその功利主義批判は主要な点でロールズの理論と同じである。具体的には、人間の尊厳と人格の不可侵性とが、可能力アプローチおよびロールズ理論における中核的で直観的な観念であり、各人生が別個であることを顧みない種類の社会的集計への反論へとつながっている。この二つは、ある特定の集団や個人を従属させてしまうような華々しい総計あるいは平均の追求に反対する点で、提携している。ある人の並々ならぬ福利でほかの人の窮乏を埋め合わせることは認められない。さらに、相互尊重、互恵性、自尊の社会的基盤といった観念が、両者において中心的な役割を担っている。

可能力アプローチとロールズ流の契約主義は、正義の領域の広範囲にわたって、味方のあいだがらにある。いくぶんか異なる想定と手続きを有する理論が、綿密に関連する結果を生みだすというのは、喜ばしいことだろう。私は『女性と人間開発』で、もっとも適切に情報づけられた欲求アプローチと可能力アプローチとの収斂が、私たちが正しい道筋にあるという自信をもたらすはずだと論じたが、この場合もそうである。もし、いくつかの深遠で直観的な出発点を共有しながらも手続きと構造において大いに異なる二つが提案において幅広く収斂するとすれば、その収斂は確信の源泉となるに違いない。同じことを別様に言うとすれば、ロールズが自らの理論では取り扱えるかどうかわからないとした三つの問題領域にロールズ的なアプローチを拡張するうえで、可能力アプローチは役に立つ。以下ではこの精神に則って、可能力アプローチと現代契約主義の違いのいくつかを、もっと詳しく吟味することにしよう。

8　可能力と契約主義

可能力アプローチとロールズ的な契約主義の一番の違いは、基本的な理論構造にある。ロールズのアプローチは、ほとんどの社会契約説がそうであるように、正義への手続き的アプローチである。いいかえると、彼のアプローチは、直接に結果を見て、それが道徳的適切さの特徴を備えているかどうかを、吟味しはしない。その代わりに、公正さおよび不偏性の重要な諸特性をモデル化する手続きを設計し、適切に正義にかなった結果を生成するために、そうした手続きに依拠する。(58) 原初状況の設計が適切であれば、導きだされる諸原理が何であれ、定義上は正義にかなったものとなる。ロールズは、自身の構想のこの特徴を描きだすために、ケーキを切り分けるたとえを用いている（*TJ* 85）。結果指向の正義の構想では、正確な結果が特定され（等しい取り分がそのような結果だと規定しよう）、つぎにその結果を達成することになる手続きが設計される。(59) 刑事裁判の設計に対する結果指向のアプローチも同様であり、それは正確な結果から出発し（罪を犯した者だけが有罪となる）、できるだけ多くその結果が生成されることになる手続きを設計する。対照的に、ロールズの構想には、正しい結果の独立規準が何もない。「その代わりとして、正確なあるいは公正な手続きがあるのだから、手続きが適切に守られたならば、結果はどのようなものであれ同様に正確かあるいは公正である」（*TJ* 86）。論争の余地がある道徳的作業はすべて、手続きの設計それ自体に入れられている。（先の思想史的素描が示したように、古典的な社会契約説は部分的にのみ手続き的である。なかでもロックの説は、人間の尊厳および自然権に関するしっかりした説明を含んでおり、生成される結果はそれに照らして正しく評価されることになる。）

可能力アプローチは刑事裁判のようなものである。それは結果から出発し、ある特定の内容が、人間の尊厳に見合った人生への必然的なつながりをもつものとして、直観的に把握される。続いて、その結果にできるだけ近いものを達成する政治的な手続き（憲法、権力の多様な配分、ある種の経済システム）が探求される。そのような手続きは徐々に変更されるだろうし、また各国の状況と歴史によって異なりうるだろう。[60] 正義は結果にあるのであり、手続きはこの結果を促すものである限りにおいて、よい手続きとなる。

手続き的正義の説明を擁護する人びとはしばしば、結果指向の見解は複雑さに欠けており、また動かせる部分が少ないと、感じている。結果指向の見解を擁護する人びとは、手続き的見解は本末転倒であると感じる傾向にある。というのも、正義にとって重要なのは間違いなく人びとの生活の質であり、どれほどエレガントな手続きであっても、もしそれが尊厳と公正に関する私たちの諸々の直観とよく合致する結果をもたらさないならば、私たちは最終的にはそれを拒絶するからである。（ロールズの理論は言ってみれば、前方に荷物を積み過ぎている。手続きそれ自体にたくさんの道徳的要素を詰め込んでいるため、この批判をある程度は回避しているとも言えるが、それでもなお、生成される結果よりも手続きの方に多くの信頼を寄せるべきとするのは妙だろう[61]）つぎの類比は手続き的正義のファンには少し不公正に思われるだろうけれど、結果指向の理論家にとってはまるで、高級な最新式のパスタ製造機をもっている料理人が、その製造機が市場では最高のものであることを理由に、それが製造するパスタは定義上よいものだとゲストに保証しているようなものである。だが、ゲストはパスタを実際に食べて本当に美味しいのかを確かめたいのだと、製造されるパスタにもとづいて製造機のよしあしをおそらく決めたいのだと、結果指向の理論家は述べる。(62) 私は第二章の終わりでスキャンロンの倫理的な契約主義を取り上げ、かなりの共感をもってそれについて論じるときでさえ、つぎのことを問うつもりである。すなわち、合理的な受容可能性に関する最小限の手続き的な観念は、人間的善に関する、先行しておりかつ独立した説明がない状態で、スキャンロンが合理的な受容可能性のために念頭においているすべてのことをなしうるのか、と。政治理論においてはたしかに、何かしらそのような説明がともかく必要である。

しかしながら、契約主義者へのこの返答は、可能力アプローチの厄介な特徴を顕にしてしまう。可能力アプローチは、手続き的アプローチ以上に、直観に依拠しているように思われるのである。私たちはただパスタを味見してそれが好みかどうかを確かめようとしている。直観は理想的ではない背景的条件下で形成されており、なかでもそれが深刻な歪みを含むという事実があるにもかかわらず、依拠しうる強力な機制なしで、本当に十分なのだろうか？　可能力アプローチは、その功利主義批判が明らかにしているように、無批判の選好には依拠していない。けれども、たしかに直観に依拠している。このことに私たちは同意できる。つまりその理論においては、人間の尊厳についてのいくつかの深遠な道徳的直観と熟慮された判断とが、理論のほかの要素を踏まえるならば決して批判を受けつけないものではないとはいえ、基本的な役割を実に果たしている。(63) だが、契約主義者も手続きそれ自体の設計において、直観と熟慮された判断に依拠していることは明白である。したがって、両者のあいだにあるこの違いが著しいものであるかどうかは、それほど明らかではない。(私たち一人ひとりが自らの熟慮された判断と対立する理論すべてを評価するやり方についてロールズが論じるとき、彼が――無批判の選好に依拠するものではないにせよ――高度に直観的な方法を用いていることに留意すべきである。)

ロールズは直観主義への反対を表明しているが、その理由は競合する諸目的の釣り合わせにおいて直観主義が直観に依拠するものだからである。政治原理は決して最終的なものではなく、直観主義的な釣り合わせを踏まえてつねにトレードオフを認めるものとなってしまう。釣り合わせにそれほどの大役を与えることを必然的にともなう理論は、十分に安定的な、あるいは精確な、あるいは最終的な諸原理を提供できないと、ロールズは考えている。(このことは――彼の理論のなかで大問題となっている箇所であるが――所得と富だけに訴えかけることを通じて相対的な社会的地位を精確に測定することへの、彼の決意理由のひとつである。)もちろん私たちは、可能力アプローチがそれぞれ質的に異なる諸目的の複数性を含み、またそれを実に強調していることと、社会計画がそれらすべてを促進しなければならないこととを、認めうる。だがそれによって理論は、不透明かつ不明確な仕方で、直観主義的になるのだろうか? ここには根本的な問題がある。可能力アプローチは、人間の尊厳のある生活の諸要素が多元的であって単一的ではないことと、したがって中核的な社会的権原も多元的であることとを、当初から求めてきた。一〇の可能力のうちのどれかひとつを選びだして、それをもとに相対的な社会的地位を指標化するとすれば、重大な誤りとなるだろう。それらすべてが尊厳のある生活の最小限の要件であり、すべてが質的に異なるのである。いかにもそれらの質的な異なりを認めることが、まっとうな社会が、その市民たちにもたらさなければならないことがらに関する精確さを減ずるのではなく、増すやり方であり、明確さを減ずるのではなく、増すやり方である。社会目標に関する複雑な構想は、その目標が不明確な仕方で特定されていたり、あるいは間違った目標であったりする場合に限ってのみ、単純な構想よりも曖昧なものとなるだろう。もし人生が、人間の尊厳に見合った生活に必然的に関連することがらの複数性を実際に含むものであるならば、そのことに目を向けさせるのは精確さであって、その逆のものではない。

それでは可能力アプローチは、政治原理が十分に安定的で明確でまた最終的であることを、阻むものなのだろうか？　この問いには後で戻らなければならない。だが、すべての権原が正義の中心的な要求事項として人びとに保障されなければならないことを求める可能力のリストそのものの解釈を通じて、ひとまずの返答は示される。正義によって要求されると考えられているのは、適切に定義されたそれら一群の権原すべてであり、どの権原もほかの権原に取って代わることはできない。これら要求事項のひとつひとつの閾値レヴェルに取り組む場合、このアプローチはトレードオフと釣り合いを必要とせず、むしろそれらを積極的に禁止する。（たとえば、雇用機会あるいは結社の自由を縮減することを通じて言論の自由を増大しようとすることは、このアプローチの悲惨な誤解となるだろう。それらのすべてが正義によって要求されているのである。）

以上で可能力アプローチの大まかな輪郭が明らかになったので、ここでこのアプローチと、本章の第4節で概要を述べた契約アプローチの主な特性との関係について、いくつかの予備的な所見を述べることができるだろう。

（1）「正義が生じる情況」

社会契約論の通常の規定によれば、正義が意味をなすのは、人びとが自然状態から出て相互有利性のために契約を交わすことが、割に合うように位置づけられている場合だけである。（ヒュームを援用する）

ロールズと古典的な理論家たちによって示されたさまざまな特定条件――ほどほどの稀少性やだいたいの平等性など――は、すべてこの一般的な観念からきている。それとは対照的に、可能力アプローチが出発点とするのは、他者との関係性に充足感を覚える社会的・政治的な存在者としての、アリストテレス的＝マルクス的な人間の構想である。契約主義者は、家族を「自然なもの」として、他方で政治的なものをある重大な意味で人為的なものとして、考えるのが常である[64]。だが、可能力アプローチはそのような区別をしない。政治的リベラリズムの一種である可能力アプローチは、人間本性に関する深遠な形而上学には依拠しないようにしているものではあるが、政治目的のために展開する人格の構想――つまり重なり合うコンセンサスの対象となりうることが望まれる構想――は、たしかにともなっている。可能力アプローチが用いる人格の政治的構想は、「自然によって」政治的な人間――つまり正義という徳によって特徴づけられる関係性を中心に取り入れている政治的関係性に、深い充足感を見いだす人間――の観念を含んでいる。アリストテレスは、本書のエピグラフとしておかれた一節のなかで、そのような関係性のネットワークの外部で繁栄・開花している人間を想像するのはおかしいだろうと述べている。そうした関係性は、人間的繁栄・開花の一部であるように思われるのだから、ネットワークの外部における繁栄・開花という考えは、明らかな矛盾でさえあるかもしれない、と。このように、契約主義者は事実上、没政治的な善を持つ存在者の想像を常としているが――この存在者は法による制約を尊重するものではある――アリストテレス的な説明は、人間の善が社会的かつ政治的であることを強く求める。この観念は互恵性に関するロールズの説にもある。彼は社会契約の枠組みのせいで、その観念を本書が着目する困難なケースには拡張していないけれども。

だがもしそうであれば、人間がいるところではどこであろうと、正義が意味をなすことになる。人間は共に生きることを欲し、それも共によく生きることを欲する。よく生きることは正義に従って生きることを含意するという理解がある。正義の問題が生じるために、人間が同様に位置づけられる必要はないし、適度な稀少性という条件がある必要もない。どうしようもない条件下では正義は達成されえない。これは真であるだろう。しかしながら、それは正義について思いを巡らすことができないということを意味しないし、正義の実現を阻止する条件がいかにして生じたのかを問うことができないということも意味しない。同様に、ギリシア神話の「黄金時代」のような大いなる潤沢の状況では、正義の緊急性はおそらくそれほど高くないと思われるだろう。それでもなお、たとえば食糧、所有物、そして政治的権利のような中心的善の性質からすると、それらの分配が重要な問題となるため、正義が熟考される必要がある。それらは、ある状況における水や空気のように、ただの共通の占有物では決してない。（ギリシア神話の神々は結婚の権利、所有物、そしてさまざまな特権および権力をめぐって争っているのだから、神々にさえ正義へのニーズがある。）要するに、正義の問題はいつもそこにある。たとえば人間とほかの動物のあいだに実在するような力の甚大な非対称性は、正義の問題をより切迫したものとするだろう――契約主義のように、それを課題から外すのではなく。

可能力アプローチが契約主義よりも正義の問題に対して柔軟に接しうるのは、それが結果指向の理論であって手続き的な理論ではないことを理由のひとつとしている。このことに注意したい。手続き指向の理論家たちは、明確な一群の結果を生成するよう、契約状況を詳細かつ比較的はっきりしたやり方で構造化する必要があり、したがって当事者たちの状況をかなり明確なやり方で特定する必要がある。可能力アプローチは結果の内容に直に向かい、それを考察し、それが人間の（あるいは後でみるように動物の）尊厳に見合った生活と両立するだろうか否かを問う。この構造によって、正義の課題が潜んでいるかもしれない幅広い範囲における問題と状況を考察することが、可能になるのである。

(2)「自由かつ平等かつ別個独立」

可能力アプローチはヒューム的な「正義が生じる情況」の説明を用いてないため、社会契約の当事者たちが「自由かつ平等かつ別個独立」であると仮定する必要に迫られていない。このことは、可能力アプローチが、実際の人生をより綿密に反映する人格の政治的構想を用いうることを意味する。本書で取り上げる未解決の三つの問題に対処するうえで、これは有利に働くだろう。アリストテレス的構想は人間を「政治的動物」として——つまり単なる道徳的・政治的な存在者であるのみならず、動物的な身体をもち、人間の尊厳がこの動物的な本性に対立するというよりも、動物的な身体とその時間上の軌跡とに内在している、そのような人として——理解する。ニーズに満ちた乳児であった人間は、ゆっくりと育ち、成長するにつれてたくさんのケアを必要とする。人生の絶頂期には、社会契約モデルが典型的に取り入れている「正常」なニーズを有しているが、事故や病気から生じたほかのニーズも有しているかもしれないし、またそれによって短期であれ長期であれ非対称的な依存の立場におかれているかもしれない。老年まで生きるとすれば、ふたたびたくさんのケアを必要とするのが常であるし、また、身体的もしくは知的な、あるいは両方の障碍に直面しもするだろう。また多くの人間は、生涯を通じて多種多様な障碍を負っている。いくつかの種のなかには、盲目、難聴、麻痺、重度の認知上の器質的損傷といった器質的損傷により、悲惨で短い一生を余儀なくされた生き物がいるが、人間という種にあってはそうでないないし、少なくともそうである必要はない。私たちの種が自らの環境を相当に管理していることの分け前のひとつは、障碍を負っている構成員も社会生活に参画しうるよう環境を整えうるという、力量である。

政治的動物としての人格の構想には、契約主義的な「自由」の観念に関連する観念が含まれている。人は生き方の選択とそれを律する政治原理の選択とを含め、選択に深い関心を抱いているものとして想像されている。これは可能力アプローチがリベラルな伝統の一員であることの理由のひとつである。とはいえ、可能力アプローチが提供する自由の構想は、契約の伝統における自由とは微細に異なっている。なぜならこのアプローチは、人間の自由の動物的・物質的な支えを強調し、また自由でありうる存在者の種類としてより幅広い種類を認めているからである。

可能力アプローチは、その多様でかつ時間軸上で複雑に変化する人格の構想のため、力と能力において「等しい」ものとしての人格という契約主義的な人格の構想と、何ら類似のものを持たない。人びとは資源とケアに対するニーズにおいて大いに異なるし、同じ人でも人生のどの時点にいるかによって非常に異なるニーズを持つだろう。可能力アプローチがほかのアプローチに優るものとして推奨された当初、その強みのひとつがこの多様性を認めるという力量であった。人びとは「別個独立」とも想像されていない。人びとは政治的な動物であるから、人びとの利害関心は、他者の利害関心と、生涯を通じて全面的に深く関係しており、人びとの目標は分かち合われた目標となっている。人びとは政治的な動物であるから、一生のうちのある段階では他者に非対称的に依存するのであり、なかには生涯を通じて非対称的な依存の状況にあり続ける人もいる。

(3) 社会的協働の目的

これまでみてきたように、社会契約の理論は、人びとが政治原理を形成するために集う理由は相互有利性にあると主張しており、またその善さは、相互有利性を、正義の諸制約と当事者たちがそれへの配慮に合意する互恵性とから、分析的に切り離す仕方で理解されている。「よく秩序づけられた社会」の市民たちには正義感覚があり、彼らは正義を自らの善の一部として理解しているとしたロールズにおいてさえ、その正義感覚はやはり、各人の個人的な善の追求と、そのことを確実なものとするための手段とから、かなりはっきりと区別されたものとして理解されている。いかにも基本善のリストは、そうした個人的な企てを達成するための手段として、理解されている。そのリストにはさまざまな善があるにもかかわらず、所得と富だけにもとづいて相対的な社会的地位を指標化するというロールズの決定は、驚くにはあたらない。

これは可能力アプローチが、古典的な社会契約の諸見解について、とくにこだわりをもって批判することになる領域であり、またそのような見解のいくつかの主要な側面を拒絶する方向に、ロールズの理論を押し進めることになる領域である。正義の諸原理が相互有利性を確実なものとしなければならないということを、可能力アプローチは否定する。協働せずに済んだり、あるいは（支配がとても容易であるため）協働しないことが習慣的であったりする場合でさえ、正義は全員にとって善いものである。正義の目的は正義であり、正義は人間が愛し追求するもののひとつである。正義が相互有利性と両立することを示しうるなら、それは素晴らしいことではあるが、正義の諸原理に関する論証は、このような希望に依拠するべきではない。私たちの国の重度の器質的損傷のある人びとと発展途上国とに正義をもたらすために必要な取り決めは、金銭的に非常に高くつくことは間違いないだろうし、また有利性に関する狭義の経済的意味では、相互に有利であるとして正当化しえないだろう。これは致し方ないことである。また正義は私たちの諸目的のひとつでもあり、それを相互有利性のための契約の結果として考えるならば、契約がいかに道徳的に構築され制約されていようとも、正義の追求を限定しすぎることになる。互恵性を、互いに便益を与えることができるほぼ平等な者たちのあいだでのみ生じるものとして想像することも、正義の追求を限定してしまう。

ロールズの理論が出発点の説明に道徳的特性を組み込んでいるやり方からすると、その理論はこの問題から無縁であるかのようにみえる。だが実際は、誰が含まれていて誰が含まれていないか、誰が契約当事者でありうるか、そしてついで誰の利害関心が――あるとすれば――取り上げられなければならないかに関する説明そのものに、この問題がたしかにある。ロールズはこの限界をよく自覚している。こうした問題に取り組むことは可能であるが、そのためには初期選択状況の詳述を変える必要があるということを、私は論じるつもりである。

(4) 当事者たちの動機

古典的な社会契約の理論家たちは、政治社会の基底にある道徳情操に関して、大幅に異なる説明をしている。前述のとおり、なかでもロックは慈恵にきわめて重要な役割を与えている。その一方で、彼らの全員が、政治原理を生成するために相互有利性の観念にある程度は依拠しているし、また慈恵的な情緒だけでは政治社会を安定させることはできないとも考えているようである。ヒュームは契約主義者の誰にも増して、この観念を十全にかつはっきりと展開している。この問題に関するロールズの立場は複雑であり、この点においてロールズの契約主義と可能力アプローチの違いは、わずかでまた微妙である。先に述べたように、契約を結ぶことは通常、自己の利害関心の追求プロセスとして想像されており、また契約当事者たちの情操はそれに関連するものとして想像されている。ロールズの当事者たちには、正義への内在的な愛と慈恵が欠けているが、こうした情操は「無知のヴェール」によって表象されている。それとは対照的に「よく秩序づけられた社会」では、人びとは原理にもとづく情操と動機を習得する。

可能力アプローチは、人びとと彼らの善の関係性を説明するにあたり、慈恵的な情操をはじめから含むことができる。なぜならこのアプローチの人格の政治的構想には、基本的な社交性という観念と、分かち合われた諸目的を含むものとしての人びとの諸目的という観念とが、含まれているからである。[65]（この諸目的という観念は、社会原理を形成する当事者たちの属性として「別個独立性」を拒否することと首尾一貫する。）そのように位置づけられた人びとの道徳情操のなかで突出するのは、同情（compassion）となるだろう。私は同情を、他者の善は自らの諸々の目標および目的の体系的配置において重要な一部となっているという判断を含むものとして、とらえている。[66]そのため私が想像する市民は、ほかの人びとが可能力の損傷に苦しんでいるさい、道徳的不偏性によって要求される諸々の情操——つまり彼女の自己利益の追求に課せられる制約として見なされるもの——を単に感じるだけではない。そうではなく彼女は、自らの善の一部としての彼らに、同情を覚えるのである。これはロールズが慈恵をモデル化するやり方とほとんど違わないが、両者には違いがあると私は考えている。そのような慈恵的な情操は、実際の人びとの生活のあちこちで目にする。問題は私たちがそれを、首尾一貫するかたちで、あるいは賢明に、ともかく拡張していないことである。だが、市民の道徳教育に関する適切な仕組みがあれば、そのような情操の適切な拡張を支えうるだろう。[67]

さてもちろんこの方向性は、慈恵は不確実な結果をもたらしうるという、ロールズが言及した問題をたしかに引き起こす。可能力アプローチの政治原理が、人間の尊厳に関する独立の議論によって支えられているのは、そのためである。本書は同情のみから諸原理を生成しようとするものではなく、その代わりに、本書がこれまで支持してきた政治原理に沿う同情の発達を通じて、そうした原理を支えかつ安定したものとする途を探るものである。とはいえ、実際の人間において素晴らしいものを引きだしうるというのは、可能力アプローチの利点であるだろう。ちょうどロールズのアプローチが、実際の人間にある互恵性の能力と公正な協働条件への欲求とを引きだしているように。

9　グローバルな正義を求めて

本書の第一義的なテーマである正義の未解決の三つの問題はすべて、様相は異なるものの、正義の理論のグローバル化についての問題、つまり正義にかなった仕方で取り扱われるべき世界のあらゆる存在者に正義を拡大することについての問題である。正義に関する社会契約の理論は、差別や排除といった伝統的な問題に対して、優れた対応をしている。そうした理論は富、階級、地位の不平等への取り組みに、とても適しているし、人種と、いくつかの点では性――本書の思想史的素描が、力の平等に固執する出発点からは性の平等を得ることがきわめて難しいことを示したけれど――の不平等への取り組みにも、考えられている以上に簡単に拡張しうる(68)。

しかしながら、本書で取り上げる未解決の三つの問題は、社会契約の理論では対処できないことが判明している。なぜならそれら理論はすべて、異なる仕方においてではあるが、力と能力の――そしていくつかのケースでは道徳的合理性それ自体の――甚だしい非対称性を含んでいるからである。人間の正義に関する満足のゆく説明は、重度の知的な器質的損傷を含む器質的損傷のある人びとに、互恵性および尊重を拡張するものでなければならない。優れた分析には、「正常」な人間が経験するさまざまな種類の器質的損傷、ニーズ、そして依存性を承認することが、そしてまた「正常」な生活と、生涯にわたる知的な障碍のある人びととの生活とのあいだにある、紛れもない連続性、これを承認することが要求される。その尊厳のすべてが理想化された合理性から導きだされるのではない、社会的動物としての人格の構想。これを出発点とする可能力アプローチは、知的障碍のある人びとの十全かつ平等な市民権を、適切に構想し設計するのに役立ちうる。

社会契約の理論は国民国家を基本単位としている。そうせざるをえないのは、理論構造に内在する諸理由のためである。そのような理論はグローバルな正義の問題、つまり〈豊かな国と貧しい国のあいだにある不平等〉と〈国を越えた人間と人間のあいだにある不平等〉とに取り組む正義の問題に対して、適切な手引きを提供しえない。こうした問題を解決するためには、異なる国に居住する市民たちの複合的な相互依存や、諸々の個人と国の双方がほかの諸国に対して負っている道徳的責務、そして十全な人生へのもっとも基本的な機会を人びとに確実なものとするうえで（企業、市場、ＮＧＯ、国際協定といった）国境を越えた諸団体が果たす役割が、よく理解されなければならない。可能力アプローチは、国際政治の目標が何であるべきかについてよく考えるのを手助けしてくれる。

社会契約の理論は、決定的な重要性をもつとされる人間の合理性から出発し、それに照らして互恵性と尊厳を定義するため、人間に、人間以外の動物への正義の責務があることを認めておらず、また人間がそのような責務を有するとすれば、それらは派生的かつ事後的なものだと見なしている。そのような見解は、人間以外の動物の知性を認めること、社会契約づくりに参加しうる者だけが正義の理論のれっきとした主題であるという観念を拒絶すること、これら二つの方法を通じて、修正されるべきである。こうした喫緊の正義の問題によりよく取り組もうと模索するさい、連続した種類の可能力と機能を重視する可能力アプローチが、契約論と功利主義のいずれよりも優れた道標を提供する。

これまで本書では可能力アプローチを応用してきたが、修正はあまりしてこなかった。私たちが取り組むべき問題のうち、最初の二つ〔障碍の問題と国際正義の問題〕に対しては、すでに展開された理論のわずかな修正だけで十分対応できる。しかし、人間以外の動物の権利主張に対して正義をなすには、このアプローチの大幅かつ追加的な展開が必要である。だが、アリストテレス的な精神に基本的に則ったアプローチは、この問題領域でも優れた道標を与えうると、そしてその道標はカント的なアプローチあるいは功利主義的なアプローチによって提供されるものよりも優れていると、私は主張するつもりである。可能力アプローチは、すべての複雑な自然の生き物には何かしら素晴らしくまた畏敬に値するものが存在しているというアリストテレス的な意味において生気を宿しており、したがってまたその精神において、動物を尊重し彼らの尊厳を認めるための準備を完全に整えている。

可能力アプローチは、このような一般的な観念にもとづいて、特定の種類の生き物に特徴的な繁栄・開花という考えが、この難しい問題領域における公共政策についての論争を啓蒙すべきだと主張しうる。感覚性だけに着目するのは単純すぎる。それによって動物の能力と活動の多様性が見落とされてしまい、痛みとしては認められていない繁栄・開花上の何らかの損傷も軽視されてしまう。多くの難しい問題が取り上げられなければならないだろう。なかでも人間の場合、種に関する模範は徹底的に道徳化されて用いられており、実在する能力のすべてを実証するというよりも、諸能力を評価するものとなっているため、人間以外の種の場合においてその評価をどうすべきかを見分けるのは、きわめて困難である。可能力アプローチは、いいかげんな自然崇拝を呼びかけるものではなく、生き物の基本的な諸力の評価を促し、どれがその生き物の善にとって中心的な重要性をもつのかを問う。これは困難な仕事である。またこの問題領域では、人間の場合には最小限の社会目標として調整された一群の中心的な可能力すべてが重視されるため何とか回避できそうな衝突とトレードオフが、避けられない。けれども、この新しい理論的なアプローチを追求し、どのような成果がもたらされうるかをみてみることで、この論争を進展させることはできる。

ふたたび強調するが、本書は社会契約論を、ましてやロールズの偉大なる理論を、舞台から退けようと企てるものではない。本書は多くの点でロールズの理論を継承しかつ拡張しているのだから。本書の達成目標は、魅力的な正義の諸原理と、魅力的な直観的諸観念とを、ロールズが自らの議論で取り組みうると考えていた諸問題に拡張するために何が必要となるのかを、確かめることである。この拡張は新しい種類の出発点と、社会契約の伝統に特徴的な要素のいくつかの拒絶とを、要求するだろう。だが、契約主義的な理論、なかでも道徳化されたカント的な形式における理論は、可能力アプローチの近しい味方である。そして最終的にどのような欠陥があると思われようとも、それらは社会正義について反省をめぐらすうえで有力な理論である。しかしながら、それらの提唱者たち自身が、自分たちには解けないか解くのが尋常ではないほど難しい問題が複数あると、述べるか示唆するかしている。人間の歴史におけるいまの時代、こうした未解決の問題が大きく差し迫っている。こうした問題の吟味は社会正義について何を明らかにするのかを、そして代替理論は何を提供しうるのかを、いまこそ確かめるときだろう。

第2章　障碍と社会契約

ここでの問題は老人のケアではない。彼らは自分たちが得る利得を従前の生産活動を通じて支払ってきた。しかしながら、生命を長らえさせる治療は、不吉な再分配の可能性を秘めている。一番の問題はハンディキャップのある人びとのケアである。彼らが生産的な生活をできるようにするという婉曲的な語りは、見込まれる生産高よりも要求されるサーヴィスが超過する場合には、ある問題を——誰も直面したがらないことがよくわかる問題を——隠蔽している。

——デイヴィッド・ゴティエ『合意による道徳』

1　ケアへのニーズ、正義の諸問題

エヴァ・キテイとジェフリー夫婦の娘セーシャは、二〇代後半の若い女性である。セーシャはチャーミングで愛情深く、音楽と綺麗なドレスが大好きだ。他者からの愛情と敬慕には喜んで応える。音楽に乗って体を揺らし、両親を抱きしめる。だが歩いたり、話したり、読んだりすることはない。先天性の脳性麻痺と重度の知的発達遅滞のため、セーシャはこれからもずっと、他者に強く依存して生きてゆく。服を着せてもらい、体を洗ってもらい、食べさせてもらい、セントラル・パークに行くために車いすに乗せてもらう必要がある。そうした最小限の養護ケアの域を超えたところで、セーシャが彼女なりの仕方で繁栄・開花するとすれば、彼女には交際と愛が、つまり愛情と喜び（delight）に対する能力の目に見える回復が必要である。彼女は愛情と喜びを通して、もっとも頑強に他者とつながるだろう。セーシャの両親は二人とも、長時間にわたって彼女をケアしているが、共に多忙な専門家であるため、フルタイムの介護者を雇っている。それでもなお、セーシャの具合が悪い時や発作のときには何度も、そして痛むところを伝えることができないがために彼女のケアが困難になるときには幾度となく、ほかのヘルパーが必要となる。(1)

私の甥アーサーは、体が大きくてハンサムな一〇歳の子どもである。アーサーはあらゆる種類の機械が大好きで、そうした機械の働きに関する見事な知識をすでに備えている。もし私が彼と同じくらい相対性理論を理解していれば、私たちはそれについて日がな一日話すこともできるだろう。アーサーは電話でいつも「こんにちは、マーサおばさん」と言ってくれる。そしてすぐに、大好きな興味のある最新の機械や科学や歴史の問題について話してくれる。だが、アーサーはこれまで公立学校の教室で学習することができなかった。母親と二人で買い物にでているあいだ、彼女は彼を一分足りとも一人にすることはできない。社会的スキルはほとんどなく、それらを習得することも多分できないようだ。家では優しいが、見知らぬ人に触られると恐怖に襲われてしまう。一〇歳にしては体が並外れて大きく、とても不器用で、たいていの年下の子どもたちが熟達しているゲームができない。動作の妨げとなる運動チックがあり、風変わりな音を立てている。

アーサーの病気は、おそらく高機能自閉症の一種であるアスペルガー症候群と、トゥレット症候群、この二つである。(2) 両親はフルタイムの共働きで、介護支援に対する金銭的な余裕はあまりない。幸運なことに、母親は教会のオルガン奏者をしているため自宅での練習が可能であり、彼女がアーサーを職場に連れて行ったとしても教会の人びとは気にしない。さらにより重要なこととして、アーサーたちが居住する州は、アーサーの天賦の才と障碍の組み合わせに対応する態勢が整った私立学校における彼の教育費を、闘争のすえ、支払うことに合意した。アーサーが自活できるようになるかは誰にもわからない(3)。

ジェイミー・ベルベはB・B・キングとボブ・マーレイとビートルズが大好きだ。お気に入りの食べ物をぜんぶ運んできてくれるウェイターを真似することができるし、茶目っ気のある言葉のユーモアもある。ダウン症候群をもって生まれたジェイミーは、生まれた時から両親——文芸批評家のマイケル・ベルベとジャネット・リヨン——の絶え間ないケアを受けると同時に、さまざまな分野の医師と療法士によってケアされてきた。乳幼児期のジェイミーは、鼻に挿入されたチューブから食べ物を摂取しなければならなかった。酸素レヴェルは血液中酸素濃度特定機械でモニタリングされなければならなかった。彼の父親の記述によれば、そのころジェイミーは三歳だった(4)。言語療法士によって舌の筋肉の発達が試みられ、ほかの療法士によってアメリカ手話の教育がなされた。マッサージ療法士はジェイミーの頭がよりまっすぐになるように首の縮んだ筋肉を伸ばした。運動療法士たちは低筋緊張に取り組んだ。低筋緊張はダウン症候群の子どもの運動と発話の主な障壁となっているからだ。同様に重要なこととして、イリノイ州シャンペーンにある地元の良質な幼稚園はジェイミーを普通学級に受け入れ、彼の好奇心を刺激し、彼の優しい性格によく反応してくれるほかの子どもたちとの関係について彼に貴重な自信をもたせてくれた。何にもまして、ジェイミーの兄、両親、そして友だちが、彼が「モンゴロイドの白痴」としてはおろか「ダウン症候群の子ども」としても見なされない世界を形成している。彼はジェイミーであり、ほかならぬジェイミーという子どもとして扱われている。おそらく彼はある程度までは自活し、仕事を持つことができるだろう。だが彼の両親は、彼が多くの子どもたちがする以上に自分たちを生涯ずっと必要とすることを知っている。

知的な器質的損傷のある子どもと大人は、市民である。[5] まともな社会はどれも、ケア、教育、自尊、活動、そして友情に対する彼らのニーズに取り組まなければならない。しかしながら、社会契約の理論は、社会の基礎構造を設計する契約当事者たちを「自由かつ平等かつ別個独立」であるとして、つまり「生涯にわたって十全に協働する社会の構成員」として、その利害関心が代表される市民たちとして想像する。[6] また、彼らはかなり理想化された合理性によって特徴づけられる存在者として想像されることも多い。そのようなアプローチは、重度の身体的な器質的損傷および障碍のケースをうまく扱えない。しかし、そのような理論が、重度の知的な損傷およびそれに関連する障碍を、社会の基本制度がすでに設計された後の補足事項として扱わざるをえないことは、明らかである。このように、知的損傷のある人びとは、社会の基本的諸制度が構築されるさいの名宛人のなかに、またそれらが構築されるさいのやり取りを行なう人びとのなかに、事実上含まれていないのである。

器質的損傷と障碍のある市民たちのニーズに適切に対処し損なっていること。これは基本的な政治原理を相互有利性のための契約の結果としてとらえる近現代の諸理論が有している重大な欠陥である。この欠陥の根っこは深く、もっと一般的に言えば、それら理論の人間の正義に関する説明としての適切さに、悪影響を及ぼしている。[7] 人間の正義に関する満足のゆく説明は、知的損傷を含め器質的損傷のある人びとの平等な市民権を承認することを要求し、またそれらに付随する障碍に取り組むよう、彼らのケアに必要な労働および彼らの教育を適切に支援することを要求する。またその説明は、「正常」な人間が経験するさまざまな種類の器質的損傷、障碍、ニーズ、そして依存を承認することと、またゆえに「正常」な生と永久的な器質的損傷のある人びとの生のあいだにある非常に重要な連続性を承認することとを、要求する。私は第三章で、可能力アプローチの方が、社会契約の理論よりも、この問題にうまく取り組めると主張するつもりである。なぜならこのアプローチは、社会的動物としての人格の構想——その尊厳は理想化された合理性から導出されるのではない——を出発点とするため、身体的・知的な器質的損傷のある人びと並びに彼らをケアする人びととの全面的かつ平等な市民権に関するより適切な構想を提供するからである。

私は本書全体を通じて、身体的な器質的損傷と知的な器質的損傷の両方について論じるつもりであるが、とくに後者に主眼をおくつもりである。なぜなら知的な損傷は、問題となっている理論に、より根本的なやり方で挑むからである。本章が知的な損傷の三つの実例に着目するのはそのためである。だが、私の論証が身体の損傷および障碍に対して持つ含意も、後で示すつもりである。私の論証の実践的な比重は教育におかれるため、子どもに焦点が合わせられる。だがもちろん論証は十分に一般的なものであり、また大人の扱いに対しても同類の実践的な含意がある。

器質的損傷と障碍は、社会正義に関する二つの別個の問題を提起するが、それらはいずれも喫緊の問題である。第一に、損傷のある人びとの公正な扱いという問題がある。彼らの多くが、十分に統合された生産的な生活を送ろうとすれば、さまざまな種類のケアを含め、変則的な社会的制度編成を必要とする。ほかの時代であったならば、セーシャとジェイミーはおそらく、乳児期に死んでいただろう。かりに生き延びたとしても、最小限の養護ケアのある施設に入れられ、愛情と喜びの能力を——そしてジェイミーの場合には、かなりの認知的達成の能力と、おそらくは能動的な市民であることとの能力を——伸ばす機会を得ることは決してなかっただろう。(8) アスペルガー症候群が病気として認められていなかった一五年前であれば、アーサーは頭のいい子どもとして扱われていただろうし、両親は彼の感情をかき乱していたことだろう。アーサーはおそらく施設に入れられて、学習する機会を持たず、家族は引き裂かれそうな罪悪感を持ちながら生活していただろう。対照的に、正義にかなった社会では、このような子どもたちに烙印が押されることはないだろうし、彼らの発達が阻まれることもないだろう。健康、教育、そして社会生活——さらに可能な場合には政治生活——への十全な参加が支援されるだろう[9]。

私たちはつぎのように考えるかもしれない。正義にかなった社会は、この問題のもう一方の側面、すなわち依存者にケアを提供する人びとの側の負担も考察するだろう、と。こうした人びとは多くのことを必要としている。彼らがしているのは仕事（work）であることの承認。人的支援と金銭的支援。報いのある雇用の機会と社会的・政治的な生活への参加の機会。依存者のケアのほとんどは女性によってなされているため、この問題はジェンダー正義の問題と密接につながっている。さらに、依存者のケアという仕事はたいていが無報酬であり、市場はそれを仕事と認めていない。それでもなお、ケアはそうした仕事をしている人びとの生活のほかの部分に、大きな影響を及ぼしている。私の妹は、外で長い時間働く職業に就くことができなかった。ベルベ夫妻とキテイ夫妻は共に、仕事に対して意欲的な専門家に通常見られる以上に、子どものケアの責任を平等に分担しているが、それが可能であるのは、大学での講義と執筆という、きわめて融通が利くスケジュールのおかげである。両者には多くの介護支援に対する金銭的な余裕もある。キテイが不安げに指摘しているように、その支援の大部分は、専門的で不可欠な社会的サーヴィスをなしているにもかかわらず、あまり高い賃金を得ておらず社会にも尊敬されていない女性たちによって提供されているのである[10]。

こうした問題は一握りの人びとにしか影響を及ぼさないという理由で、無視したり先送りにしたりすることはできない。それらが切迫した平等の問題を提起していることをもってすれば、そのような理由はとにかく不当である。人種的あるいは宗教的な従属の問題を、それが小規模のマイノリティにしか影響を与えないという理由で先送りにするのが不当であるのと同じように。だが、障碍と依存にはさまざまな形態があることも認められるべきである。他者からの本格的なケア、さらには毎時間ごとのケアを必要としているのは、永久的な器質的損傷のあるさまざまな子どもと大人だけではない。私が先ほど詳述した知的・身体的・社会的な損傷のすべてが、老人の場合でほぼ同じ様相を見せている。障碍のある子どもと若者のケアよりも、老人のケアは概してさらに難しい。彼らはより怒っていて、より構えていて、より辛い思いをしていて、物理的に一緒にいるのがそれほど気持ちのよいものではないからである。ダウン症候群の子どもの体を洗うことの方が、再起不能で垂れ流しの状態にあることを嫌がっている親の体を洗うことよりも、はるかに考えやすいだろう。洗っている者と洗われている者の両方が、親の最盛期を覚えている場合には、とくにそうだろう。このように、器質的損傷と障碍のある子どもと大人のニーズについて考える仕方は、「平均的なケース」に対して非常線を張って容易に封鎖できるような人生の特別区についてのものではない。それは「健常者」（平均的な欠陥と限界のある人びと）[11]が老いゆく両親について――またもし自らが十分長生きしたならばおそらく持つニーズについて――考える仕方に対しても、含意を有する。[12]多くの人びとがときに享受する相対的な別個独立性は、寿命が延びるにつれてますます一時的な状態となるだろう。それは私たちが徐々に至り、あまりにも急激に去りはじめる、人生の局面である。私たちの多くは最盛期においてでさえ、手術やひどいケガの後、あるいは鬱病や急性の精神的ストレスのあいだ、短かろうが長かろうが、他者に対して極度に依存する時期に出くわす。[13]理論的な分析は、「正常」な人生の諸々の局面を永久的な損傷と区別しようとするだろうが、そのような区別は実際の人生においては難しく、つねにますます難しくなっている。[14]

だが、永久的な損傷のある人びとの状況と「正常」な人生の諸局面とのあいだに存在する連続性を認めるならば、私たちはつぎのことも認めなければならない。すなわち、器質的損傷のある人びとを尊重し包摂するという問題と、それに関係して損傷および障碍のある人びとにケアを提供するという問題は、膨大で、かつあらゆる社会のあらゆる家族のほとんどに影響を及ぼしているということである。多くの人びとの健康、参加、自尊が、この領域における私たちの選択にかかっている。受け手の尊厳を保護する仕方でこうしたニーズを満たすことが、正義にかなった社会の重要な務めのひとつであるように思われるだろう。

他方でまた、大量のケアの仕事が、通常は無報酬で、そして仕事であるという公共的な承認なしに、なされている。介護者を搾取しない仕方でそのようなケアを制度編成することもまた、正義にかなった社会が主になすべきことであるように思われるだろう。[15] かつて、この仕事はすべて、どのみち不完全な市民で家の外で働く必要のない人びと（とりわけ女性）によってなされると、決めてかかられるのが常であった。女性がその仕事をするか否かを尋ねられることはなかった。それはただ彼女たちがするものだったのであり、通常はそれに関する選択の余地が女性にほとんどなかったにせよ、女性は選択によって、愛情ゆえに、そうすると思い込まれていたのである。いまでは私たちは、女性は平等な市民であり、あらゆる種類の職業を追求する権利資格を有していると考えている。私たちはまた、女性には、子どものケアを不釣り合いな割合でこなすか、あるいは年老いた親のケア負担を引き受けるかに関して、実質的な選択肢を持つ権利資格があると、たいがいは考えている。また、たとえ問われたとしても、重度の損傷のある子どもを生むという偶然が、両親あるいは片親の、生産的な個人的・社会的生活を送るあらゆる見通しを挫くに違いないと言う人は、ほとんどいないだろう。だが（現代のすべての国においてある程度はそうであるように）この仕事が無料で「愛情ゆえに」なされることをいまなお当然視している諸国における人生の現実は、どの経済階層の女性にもいまなお膨大な負担を負わせており、彼女たちの生産性と市民的・政治的な生活への貢献度を減らすものとなっている。[16] 一般的な子どものケアはなお、不釣り合いな割合で女性がなしているが、それは男性よりも女性の方がはるかに、子どものケアが余儀なくするキャリアの迂回やパートタイムの仕事を受け入れる傾向にあるからである。さらに、すぐに学校に通うようになる子どものケアならば手助けに合意する父親が、極度の損傷のある子どもや親のケアという、ひどく骨の折れる長期間の負担を同様に負うかといえば、その可能性ははるかに低いだろう。いくつかの諸国では、そのような仕事をする女性は、拡大家族やコミュニティ・ネットワークから何らかの支援を通常は得ることができるが、そうではない諸国では、そうはいかない。

2 契約の慎慮型と道徳型――公共的領域と私的領域

社会契約の伝統における正義の理論は、こうした問題について何を述べてきただろうか。ほとんど皆無である。またこの切り捨てはもっとも説得力のある理論に組み込まれているため、簡単に正すこともできない。

社会契約のいくつかの型（ホッブズやゴティエのそれ）は、利己主義的な合理性のみを出発点とする。同様に位置づけられた他者と交渉しなければならないという制約から、道徳は（生じる限りにおいて）生じる。ロールズの型は対照的に、当事者たちの未来社会における自らの立ち位置に関する情報を制限する「無知のヴェール」というかたちで、道徳的不偏性に関する叙述を付け加えている。[17] したがってロールズの当事者たちは、他者の利害関心に何の関心も持たず各自の福利を追求するとはいえ、人びとのすべての部分を表わすモデルとしてではなく、人びとの一部分を表わすモデルとしてのみ意図されていることが、はっきりしている。ほかの部分、つまり道徳的な部分は、「無知のヴェール」という情報上の制約によってもたらされる。けれども、社会契約の利己主義的な型と道徳化された型の両方において、当事者たちは力と能力においてだいたい等しいという観念が、交渉状況を設定するさい、きわめて重要な構造的役割を果たしている。[18] 第一章でみたように、ロールズはヒュームの「正義が生じる情況」に関する説明を「人間の協働を可能かつ必要とする通常の諸条件」（*TJ* 126）と呼んだ。ロールズは、カント的な主眼を公正な諸条件に置きつつも、ヒュームの制約を支持することを決してやめない。彼の理論はこの点でハイブリッドであり、[19]公正な諸条件を重視する点ではカント的だが、「自然状態」および相互有利性という目標を重視する点では古典的な意味で契約主義的である。

力と能力のだいたいの平等性をモデル化する方法は、いくつもあるだろう。たとえば、社会契約の当事者たちの全員が困窮した依存的な存在者であり、他者との強く消せない結びつきを持っていると想像することもできるだろう。だが、主要な社会契約の思想家たちは皆、当事者たちをロックが言うように、自然状態においては「自由かつ平等かつ別個独立」の合理性を備えた大人として想像することを選んでいる。[20] 現代の契約主義者は類似の仮説をはっきりと採用している。デイヴィッド・ゴティエにとって、通常ではないニーズや損傷のある人びとは、「契約の理論によって基礎づけられる道徳的諸関係への当事者ではない」[21]。同様にして、ロールズの「原初状態」の当事者たちは、自らの身体的・知的な能力が「正常」な範囲にあることを知っている。また「原初状態」の当事者たちを受託者とするロールズの「よく秩序づけられた社会」の市民たちは、「生涯にわたって十全に協働する社会の構成員」である。

この強調点は契約状況のロジックの深部に組み込まれている。人びとが他者と集って基本的な政治原理のために契約するのは、ある特定の諸状況、つまり相互便益が期待でき、かつ全員が協働から利得を得る側にある状況においてのみである、という観念である。通常ではない費用がかかる人びとや、集団の福利への貢献度がたいていの人びとよりもはるかに低い(「正常」という観念によって定められる量よりも少ないこと――ロールズがこの考えをどう用いているかは後ですぐ調べる)と見込まれうる人びとを初期状況に含めることは、この理論全体のロジックに反することになるだろう。もし人びとが相互有利性のために協働的な制度を編成しているならば、協働を通じた利得があると期待しうる相手と集いたいだろうし、社会的生産にほとんど何も寄与しないにもかかわらず、例外的で高額な費用がかかる配慮を要求し社会の福利レヴェルを引き下げる相手とは、集いたくないだろう。ゴティエが率直に認めているように、これは人びとが言及したがらない、契約の理論の不快な特徴である。[22] このように、まさにこのような契約の観念が、「正常なしかたで生産的」な市民たちのあいだにある「正常」の多様性と、ある人びとを器質的損傷という特別な範疇に入れてしまうタイプの多様性とを、区別する方向へと強く導くのである。[23] ロールズはこの区別を明らかに是認している。

さてもちろん、損傷と関連する障碍のある人びとは、非生産的なのではないと、直ぐさま言いたいところである。社会がそれを可能とする諸条件を整えた場合には、彼らは多くのやり方で社会に貢献する。だから社会契約の理論家たちはただ事実認識を誤っているにすぎない。もし彼らが事実に関して誤った諸想定を正すならば、損傷のある人びとと彼らの例外的なニーズとを十分に包摂しうるし、そうした損傷にともなう障碍も軽減しうる、と。しかしながら、このような理路で社会契約論を擁護することは、失敗する運命にある。

〔なぜそのような擁護が失敗する運命にあるのかを説明する目的で〕ロールズの理論を詳細に検討する前

に、本書では十分に取り上げない問題をひとつ提起しておきたい。公共文化を律する諸原理のために契約をかわすという発想そのものが、依存者のケアに関する緊喫の正義の諸問題の放置に関連している。それは以下の理由による。伝統的に西欧の政治思想史では、[24] 契約の領域は、だいたいの平等者たちのあいだの互恵性によって特徴づけられる公共的領域だとされてきた。この領域はいわゆる私的領域であるもうひとつの領域あるいは家庭と対比されるのが標準的である。この私的領域においては、人びとは相互尊重ではなく愛や愛情から物事をなすのであり、契約関係は存在せず、平等は重要な価値ではない。家族の愛の絆とそこから生まれる諸活動とは、なぜだか理由はわからないが契約以前のものか、あるいは自然本性的なものであって、当事者たちが自ら設計するものの一部ではないと想像されている。ロールズですら、家族において生じる諸情操を特徴づけるために、「自然本性的な感情」という、例のよくある表現を用いている。

しかし、家族は政治制度であり、法と社会の諸制度によって根本的な仕方で定義され形づくられているということが、いまでは広く承認されている。[25] もっと言えば、家族における諸々の情操は自然本性的なものとはほど遠いということも、明らかとなっているはずである（偉大なるジョン・スチュワート・ミルにとっては、すでに明らかであった）。諸々の情操は社会の背景的諸条件と、それらがもたらす予期およびニーズによって、さまざまな仕方で形成される。だが、社会契約の伝統上の思想家の誰ひとりとして、この洞察の域には十分達していない（ホッブズとロールズには、その洞察の断片が、それぞれの仕方で存在しているけれども）。私に言わせれば、この失敗の理由のひとつは、政治原理を構成するために彼らが用いている誘導的な比喩が契約の観念であること、すなわち公共的領域と私的領域という古くさい区分に伝統的に結びついてきた観念であることにある。社会契約という観念それ自体には、その観念を用いて家族と家族内部でなされる仕事との設計について考えることを阻むであろうものは何もない。家族の成員間の関係における公正さの問題について考えるさいには、契約や交渉の観念を用いる種類の家族へのアプローチが役立つことが判明している。[26] ロールズは、家族が社会の「基礎構造」を構成する諸制度のひとつであり、それが基礎構造の一部として人びとの人生の好機をすべてにわたって人生のごく始まりから律するものであることを、認めている。また、公共的／私的の区分を少なくとも公式には否定している。これらのことから、彼がこの方向へ進むだろうと考えた人もいるかもしれない。そのため、ロールズは複雑な理由からそうしていないけれども、彼は家族の内的機制を社会契約が統制すべきものの一部として考慮するだろうと考える人もいるかもしれない。[27] だが、契約の領域と対比されるべき、私的な愛と愛情の領域として家族を評価する歴史をもってすれば、家族は政治制度であるという洞察を首尾一貫して持ち続けるのは難しい。本書で検討している理論はどれも、家族をこのように政治的なものとしては扱っていない。その帰結として、家族生活の内部における正義の問題に関して、どの理論の手引きにも、大きな欠陥がある。[28]

3　ロールズのカント的な契約主義——基本善、カント的人格、だいたいの平等性、相互有利性

それでは、ロールズのカント的な社会契約論を詳細に調べることにしよう。社会契約の理論のなかでは、彼のものがもっとも強力であると私は考えている。ロールズの理論に並外れた説得力があるのは、没道徳性から道徳性を絞り出そうとするのではなく、非常に魅力的な道徳的観点のモデルから出発しているからである。「原初状態」の当事者たちの慎慮にもとづいた合理性と、「無知のヴェール」が課す情報上の制約との組み合わせは、ある道徳的立場——それは現実の人びとが自分自身の利害関心に関する差し迫った権

利要求を十分無視できるならば、いつでも取りうるものである——を図式的に表わすことを意図している。『正義論』の感動的な結語でロールズが述べているように、「こころの清廉潔白とは、もし人がそれに到達することができるならば、その観点からはっきりと理解し、優雅にそして自制的に行為することであるだろう」(*TJ* 587)[29]。もし私たちが、知的障碍のある人びとに関する正義の諸問題への優れた解答を求めているならば、ロールズの構想はたしかにゴティエのそれよりも有望である。

しかしながら、ロールズの理論はハイブリッドな理論でもある。そのカント的な要素はその古典的な社会契約の要素としばしば緊張関係に陥る。そうした緊張関係の在処をつかみ、またそれぞれのケースで、理論のどの要素が問題の源泉となっており、反対にどの要素が問題の軽減に役立つのか、これを問うための準備を、整えるべきである。厳密に精査しなければならない四つの問題領域は、〔一〕理論が相対的な社会的地位を指標化するために所得と富を用いていること、〔二〕理論がカント的な人格と互恵性の構想を用いていること、〔三〕理論が「正義が生じる情況」にコミットしていること、〔四〕理論が、協働を非協働よりも優れたものとするものとして相互有利性の観念にコミットしていること、これらである。

もうひとつの問題領域にも言及すべきだろう。それは、〔五〕ロールズが方法論的な単純さと倹約に深くコミットしていること、である。このコミットメントが基本善の扱いを方向づけているが、より広い意味では、たとえば「原初状態」から慈恵的な動機を排除するように導くことなどを通じて、彼の契約主義の形式にも影響している。この点で彼がロックに——その慈恵の観念も含め——従うことを拒む理由としてあげているのは、私たちが「正義の諸原理が強い諸仮定に依拠しないことを確実にすること……理論の基底部での仮定はできるだけ少なくするよう努めること」(*TJ* 129) を欲していることである。私は後で、慈恵の必要性を論じるさい、この点に戻るつもりである。

以下では、ロールズが示している障碍の扱いを検討することにしよう。そして、障碍の問題は社会の基本原理がすでに設計された後の「立法段階」に先送りされるという彼の議論に、彼の理論のこうした側面がそれぞれどう関係しているのかを、問うことにしよう。

4　障碍の問題の先送り

ロールズの契約当事者たちは合理的な大人で、ニーズにおいてだいたい同じで、「正常」なレヴェルの社会的協働と生産性の能力があると、最初から最後まで想像されている。ロールズは『正義論』においてと同様に『政治的リベラリズム』において、「原初状態」の当事者たちは彼らの「強靭さや知性といったさまざまな生来の資質」が「すべて正常の範囲内」にあることを知っていると規定している（*PL* 25）。また『政治的リベラリズム』では、当事者たちは、「生涯にわたって十全に協働する社会の構成員」ないしは「生涯にわたって正常かつ十全に協働する社会の構成員」として説明される市民たちを、代表している（*PL* 20, 21, 183など）。ここでもやはりロールズはつぎのように強く主張している。「私は以下のことをこれまでずっと想定してきたし今後もそうするつもりである。すなわち、市民たちは平等な能力を有していないけれども、少なくとも必要不可欠な程度に最小限の度合いで、生涯にわたって十全に協働する社会の構成員であることを可能にする道徳的・知的・身体的な能力をたしかに有している、ということ」（*PL* 183）。彼の理論における「政治哲学の根本問題」は「そのように考えられた人びとのあいだにおける公正な協働の諸条件を明確に定めること」である（*ibid.*）。正常な諸能力という仮定によって、「私たちにとって政治的正義の根本問題は何であるのかに関する、明確で整理整頓された見解を得ること、つまり市民たち——自由かつ平等であるとして、また生涯にわたって正常かつ十全に協働する社会の構成員であるとして、見なされる市民たち——の社会的協働の諸条件を定めるためのもっとも適切な正義の構想は何であるのかに関する、明確で整理整頓された見解を得ること」(*PL* 20)が可能になる。[30]

ロールズは人びとをそのように想定することで、基本的な政治的選択の状況から、人間が経験する可能性のある身体的・知的そして永久的・一時的なニーズと依存のより極端な形態を、切り捨てている。これはうっかりミスではなく、意図的な設計である。後でみるように、ロールズは通常ではない器質的損傷のある市民たちを包摂することで生じる問題を認めているが、この問題は後の方の段階で、つまり基本的な政治原理がすでに選択された後で解決されるべきだと論じているからである。

この先送りは、彼の政治的分配の理論に大きな影響をもたらす。というのも、二つの道徳能力と「十全に協働する」能力とによって特徴づけられる市民たちのニーズをまさに説明するものとして導入された彼の基本善の説明には、身体的・知的な器質的損傷のある人びとをできるだけ十全に包摂するために必要な、例外的な社会的制度編成を認める余地がないからである。そのような社会的制度編成のなかで突出して重要なのは、人びとが通常ではない依存の状況にある場合において、彼らに与えられる種類のケアである。[31]だがほかの重要なことがらも影響を受ける。なぜなら、彼の理論における自由、機会、そして自尊の社会的基盤に関する理解はすべて、「十全に協働する」市民のニーズに合わせてあるからである。したがって、器質的損傷とそれにともなう障碍のある市民たちの通常ではないニーズ——教育上の特別な扱いへのニーズ、公共空間の再設計へのニーズ(車いす用のスロープ、バスへの車いす用のアクセス、触知性の標識など)——は、基本的な政治原理が選択される初期段階には含まれていないように思われる。ロールズは、自らが「十全に協働する」という概念を、重度の身体的・知的な器質的損傷のある人びとを排除する仕方で理解しているということを、明かしている。このように、障碍のある人びととの通常ではないニーズはすべて、社会の基礎構造がすでに設計された後でのみ考慮されることになる。

さてもちろんロールズは、自らの理論が一部のケースに主眼をおいており、ほかのケースを脇において いることを、完全に認識している。彼の理解においては、「十全に協働する」のではない人びとをケアする必要性は「緊喫の実践的な問題」であるけれども、その問題は基本的な政治制度が設計された後の立法段階まで、無理なく先送りできるだろうものである。彼は以下のように強く主張している。

そこで、すべての市民が生涯にわたって十全に協働する社会の構成員であることを付け加えよう。このことは、各人が社会における普通の役割を果たすに足りる知的能力をもっていることを意味する。また、満たすことが特段に難しい通常ではないニーズ、たとえば例外的で高額な医療を要求するニーズからは誰も苦しんでいないことを意味する。そのような満たされるべき要求のある人びとへのケアは、もちろん緊喫の実践的な問題である。だがこの初期段階では、社会正義の根本問題は、十全で、能動的で、道徳的に良心的な社会における参加者のあいだで生じる。そうした人びとは生涯を通じて、直接的あるいは間接的に共に結びついている。したがって、ある一定の複雑で難しい問題を脇におくことは賢明である。もし根本的なケースを扱う理論をつくり上げることができるならば、それを後でほかのケースに拡張適用しようとすることができる。はっきり言って、根本的なケースに対して有効ではない理論は、まったく役に立たない（DL 546）。

同様に彼は『政治的リベラリズム』でつぎのように述べている。

出発点は協働の公正なシステムとしての社会という観念にあるため、市民としての個人は、社会で協働する構成員であるために必要な能力を、すべて持っていることが想定される。これは、私たちにとって政治的正義の根本問題は何であるのかに関する、明確で整理整頓された見解を得るために、つまり市民たち――自由かつ平等であるとして、また生涯にわたって正常でまた十全に協働している社会の構成員であるとして見なされる市民たち――のあいだにおける社会的協働の諸条件を定めるためのもっとも適切な正義の構想は何であるのかに関する、明確で整理整頓された見解を得るために、なされる想定である。

これを根本的問題とするからといって、病気と事故によって苦しむ人が一人として発生しないと言うわけではもちろんない。そのような不運は人生の普通の成り行きにおいて予期されるべきものであり、そうした偶然に対する備えがなされるべきである。だが、本書の達成目標に鑑みて、通常の意味において社会で協働する構成員であることが不可能となるほど重度の、一時的な障碍と、さらには永久的な障碍ないし精神疾患とを、私は当面のあいだ脇におく（*PL* 20）。

この一節のすぐ後で、彼はまたもや人びとを「正常で十全に協働する」ものとして述べており、そのうえで、それまで展開されてきた彼自身の正義の構想では扱われていない問題として、「（病気と事故によって）一時的か、あるいは永久的に、さまざまなケースにおいてこの条件を満たしていない人びとに対し、どのような義務が負われているかに関する問題」（*PL* 21）について言及している。彼は後の方でも同じように、人びとをある「一線」よりも「上」あるいは「下」に位置づける能力の多様性に明確な線引きをしており、それによって「正常に協働する社会の構成員であるために必要不可欠な、最小限で本質的な能力以下の能力」を有している人びとと、「それ以上」の能力を有している人びととを区別している (*PL* 183)。人びとをこの「一線」よりも上に位置づける種類の多様性は、すでに説明された理論に組み込まれているが、それはとくに公正な機会均等の観念と自由競争の観念とを通じて組み込まれていると、彼はここで述べている。この「一線」よりも下に一部の人びとを位置づける種類の多様性は、後の立法段階においてのみ、「そのような不運の確率と種類が知れわたり、それらに対処する費用を確定しかつ政府の総支出とのバランスをとりうる段階で」扱われることになる (*PL* 184)。

このようにロールズの確信は、身体的であろうと知的であろうと、一時的であろうと永久的であろうと、「正常ではない」損傷は考慮に入れずとも基本的な政治原理は適切に設計しうるし、またしたがって二つの道徳能力を有する市民ならば誰もが欲することが想定しうる物事のリストにどの基本善が入るべきかを問うさい、それらを考慮に入れずともそうした原理は適切に設計しうる、ということにある。このことは十二分にはっきりしている。ロールズが「正常」な人びとと非定型の器質的損傷のある人びとの区別と、十全に協働する人びとと十全に協働できない人びとの区別を同一視していることも、明らかだろう――もし社会的文脈を十分に変えることができるならば、多くの器質的損傷は機能上の障碍にはつながらないと論じることもありうるだろうにもかかわらず。ロールズの「十全に協働する」という概念はこのように曖昧であるが、つぎのように結論づけても無理がないだろう。すなわち、彼が先送りすることを望んでいる通常ではないニーズのある人びとには、目が見えない人びと、耳が聞こえない人びと、車いすを使用している人びと、重度の精神病のある人びと(重度の鬱病を含む)、そしてアーサー、ジェイミー、セーシャのように認知やその他の領域における重度の発達上の器質的損傷のある人びとが含まれる、と。さらに排除の対象には、一時的にそのような状態にある人びとも含まれる。

ここで二つの問題を提起しなければならない。第一に、ロールズはなぜ、こうしたケースを先送りする必要があると考えているのか。またその意思決定において、彼の理論の四つの問題点は、それぞれどのような影響を及ぼしているのか。第二に、彼の理論のようなカント的な社会契約論は、これらのケースを先送りしなければならないという考えは、的確であるのか。

本書では最終的に、ロールズの理論にもっとも手ごわい挑戦を突きつける知的損傷のある人びとに主眼をおくけれども、まずは相対的により単純であることが明らかな、身体的な器質的損傷のケースから考察しはじめるのがよいだろう。最初に永久的な損傷を、ついで一時的な損傷を取り上げる。さて、自らの理論はそのようなケースを扱えないと述べるロールズは、ただ勘違いしているだけだと、思われるかもしれない。そのような損傷がある人びとの代弁者はつぎのように返答するだろう。目が見えない人びと、耳が聞こえない人びと、車いすを使用している人びとは、あなたの理論で述べられている知的・道徳的な能力を有している。誰もがそのような人になりうるのだから、「原初状態」の当事者たちが自らの人種、階級、性別についての知識を拒絶しながらも自らの身体的能力がいわゆる正常の範囲内にあることを知っているのを認めているのは、無原則であるように思われる。さらに、耳が聞こえず、目が見えず、車いすを使用している市民たちのケースは、人びとが通常考えるよりもずっと、人種と性別のケースに近い。それというのも、この種類の損傷のある人びとは、社会が彼らを包摂するための背景的諸条件を調整しさえすれば、通常の経済的意味においてきわめて生産的な社会の構成員でありうることがほとんどだからである。現行の諸条件下で彼らの生産性が相対的に欠けているのは「自然」なことではなくて、差別的な社会的制度編成の所産である。車いすを使用する人びとは、建物にスロープがあったり、バスに車いす用の装置があったりすれば、問題なく移動することができるし、自分の仕事もできる。目が見えない人びとは、さまざまな音声技術と触知性標識が発達した今日では、職場にそれらが取り入れてあれば、だいたいどこでも働くことができる。耳が聞こえない人びとは、やはり同様に職場が彼らを包摂するように整っている限りにおいて、電話の代わりに電子メールを活用することができるし、そのほかの多くの視覚技術を活用することができる。女性だけが妊娠するのは生物学的な事実であるとしても、女性に出産休暇を与えないことが性差別であるのと同様に、損傷のある人びとだけがそうした支援を必要とすることが生物学的な事実であるとしても、彼らの生産性に関してそのような支援を与えないことは彼らに対する差別である。そのためつぎのことが言える。どのような身体的損傷が自分にあるかないかは、「原初状態」の当事者たちには知らせないようにしよう。そしてそうすることによってのみ、結果として生じる諸原理は、そのような損傷のある人びとに対して真に公正なものとなるのだ、と。

ロールズはなぜ、この理にかなっていることが明白な提案を、受け入れられないのだろうか。三つの理由があると私は理解しているが、それらはすべて彼の理論に深く刻み込まれている。第一の理由は、彼の基本善に関する説から派生している。身体的な器質的損傷とそれに関連する障碍のある人びとを、基本善に対するニーズのある人びとの計算に入れることを認めると、誰が社会でもっとも不遇な人びとであるかを測定するための単純にして明快な方法を、ロールズは失ってしまうことになる。この測定は、物質的な分配と再分配について考えるためになさなければならない測定であり、目下のところは（自由の優先権を保障した後で）所得および富だけに言及してなされている。もし、ある人の社会環境に関連するその人の身体的な事態がきわめて可変的な基本善であるとするならば、AとBがまったく同じ所得および富を持っているとしても、Aの方がBよりも福利にとって重要な意味において不遇であるということがありうるだろう。実際これはセンが、基本善のリストに代替すべきものとして諸々の可能力に着目することを勧めるさい、繰り返し指摘している点である。つまり、車いすを使用している人は「正常」な人と同じ所得と富を持っているかもしれないが、あちこちに移動する能力という点では、はるかに不遇である。センが提案した解決策は、ロールズの理論にある諸々の側面のひとつ以上への含蓄を持つため、私は後でそれも検討するつもりである。ここではセンの提案とロールズの基本善の説の関係のみを取り上げたい(32)。

ロールズは、多値的な（multivalued）可能力のリストとして基本善を考えることに明らかに魅力を感じており、センの提案に共感している。それでもなお彼は、最終的にそれを拒絶する。拒絶の理由のひとつは明らかに、彼が相対的な社会的地位を、所得と富だけに言及しつつ、単一的かつ直線的な仕方で測定することにコミットしていることにある。ロールズは「格差原理」を支持する議論をするさい、誰が富裕で誰が富裕でないかを明確かつ単一的な仕方で順序づけすることができるということに、相当な重きをおいている。もし、測定尺度が多元的で非同質的であったならば、誰がもっとも富裕でないのかがはっきりせず、「格差原理」を支持する論証全体が危うくなるだろう。

このように、「障碍／基本善の問題」と呼んでもよかろうこの特定問題は、ロールズが「格差原理」を支持する論証において、相対的な社会的地位を指標化する目的で基本善を用いていることに、密接に関連している。私が思うに、相対的な社会的地位の測定に向けて単一の直線的な測定尺度を選ぶさい、ロールズはすでに相当な困難に直面している。それというのも、彼は自尊（もしくはむしろその社会的基盤）が基本善のなかで「もっとも重要」だと断言しているからである(33)。それにもよらず、誰が社会でもっとも不遇であるかの測定に関して、ロールズは自尊を無視し、所得と富だけで社会的地位を測っている。一定の基本的な自由と機会についてはすでに手が打たれているが、自尊についてはそうではない。しかしながら社会のなかには、自尊の面ではもっとも不遇であるが、富と所得の面ではそれほど不遇ではない人びとの集団がいるというのは、まったくありうることだろう。たとえば、二〇〇三年のローレンス対テキサス州事件判決以前のアメリカ合衆国の同性愛者は、私的な性行為が法的に処罰される可能性があったため、この立場にあったと言えるかもしれない。同性婚が反対されていることをもってすれば、彼らはいまもなおその立場にある。このように、相対的な社会的地位に関しては、複雑で多値的な分析が好ましいとする理由があることを、ロールズはすでに示唆している——彼自身は最終的にそのような分析を拒絶するけれども。もしロールズが、相対的な社会的地位の測定において多値的な分析をしていたならば、追加的な二つの問題に直面しなければならなかっただろう。ひとつは、彼が断固反対している「直観主義的」な種類の釣り合わせを用いずに、ある善とほかの善をどう釣り合わせるのか、というものである。もうひとつは、新しい多値的な観点にもとづく社会的生産性——それは初期選択状況の全体設計に、影響を及ぼすかもしれない——についてどのように考えるのか、というものである。

ロールズにとって、相対的な社会的地位を指標化する目的で基本善を用いることは重要だが、彼のような契約説にとっての必要部分ではないように思われる。なぜなら「原初状態」の当事者たちは、十分な社会的最小限の方を「格差原理」よりも好むだろうと、論じてきた人もいるだろうからである。[34] 十分な社会的最小限の方が支持されるならば、当事者たちは比較のために基本善に訴えかける必要はないだろう。ましてや単値的な比較に訴えかける必要もないだろう。彼らはなお、社会の諸原理が分配するのは何であるかを知るために、基本善の何らかの類比物を必要とするだろうが、多値的な権原のリストを採用するかもしれない。それに加えて、基本善は所得や富のように簡単に定量化しうるものだと考える必要すら、ないであろう。(センがずっと前に提案したように、本書が擁護することになる可能力のリストは、そのような理論における基本善の説明として見なしうるだろう。)するとこれまでのところは、契約主義的でカント的な性質を有する理論がなぜ、所得と富は移動可能性や社会的包摂のように重要な社会的善の優れた代用物ではないという事実を承認しえないのかについて、明らかな理由はひとつもない。ロールズによる障碍の問題の先送りが、この障碍/基本善という懸案事項から生じている限りにおいて、契約主義者はこの先送りを容易に拒絶できるだろう。

しかし、「原初状態」の当事者たちは自らの身体的・知的な能力および障碍について無知であるべきだという提案、つまりこの理にかなっていることが明白な提案を、ロールズが受け入れられない理由の二つ目は、彼が社会契約の伝統を忠実に守っていることから直接に生じている。(ロールズが実際に設計している)「原初状態」の当事者たちは、世界の一般的事実について知っており、またそれゆえに、たとえば背中や腰のトラブルのようないくつかの器質的損傷はきわめてありきたりであるけれども、たとえば目が見えないことや耳が聞こえないことといったほかの器質的損傷ははるかにめずらしいということも知っている。彼らと彼らの能力との定義において採用されている「正常」という観念そのものは——彼らが自らと自らの能力について知っている限りで——まさに統計上の頻度に関する観念にすぎない。もちろんすべての社会において、こうした統計上の頻度に関する事実が、公共空間および私的空間のかたちと日々の暮らしの一般特性とを決定している。「健常者」には身体的な損傷——ひとつにはかならず訪れる死、また身長および両腕を伸ばしたときの長さにある限界、脆弱な背中と腰、実在する周波数のうちの一部しか拾わない聴覚といったもの——がないわけではない[35]。だが、人間の耳には聞こえず犬の耳にのみ聞こえる音をつくりだす機器に、私たちの職場が頼っているわけではないし、そこにスイフトの『ガリヴァー旅行記』にでてくるブロブディンナグの巨人だけが上れるような階段があるわけではない。公共空間は「正常」なケースの損傷には対応するように整えられている。目が見えなかったり、耳が聞こえなかったり、車いすを使用していたりする人びとが異なる点は、彼らの損傷が例外的であるがゆえに、彼らの能力が通常は斟酌されることがないということである。このように彼らに対する偏りのない条件で競うことが彼らに認められたならば、物事は実際に大いに異なる。だからこそマラソンにおいては、車いす使用者のタイムの方が、自前の足を使用する人びとのタイムよりも、いつもはるかに短いのである。もし誰かが、車いすはプロテーゼ（人工器官）であるとの異議を唱えるならば、「健常者」は車やバスなどのプロテーゼを日常的に使用しているではないかと、また公共空間はそうしたプロテーゼの便宜を図るように整えられているではないかと、私たちは述べることができる。例外的な障碍のある人びとが用いているプロテーゼの便宜を図るようには、公共空間は整えられていない。私たちは道を舗装し、バス路線を設けるけれども、それと同時に車いす用のスロープや、バスにおける車いす用の装備を、整えそこねてばかりである。私たちは「健常者」を「生産的」と見なすために、仕事関連の活動のすべてをメカニカルな支援なしに遂行する能力を実証するよう、「健常者」に対して要求することは決してない。公共空間は包摂に関する諸観念の所産である。著名な法学者のジェイコブス・テンブロイックが、彼の有名な論文「世界に存在する権利――障碍者と不法行為法」で述べているように、私たちは道路を別の仕方ではなくある仕方で保持することを通じて、大いに能力があり「生産的」ではあるが、たまたま目が見えない人を、排除しているのである(36)。

しかしながら、契約主義者にとっての真の問題は、「正常」ではない器質的損傷の相対的な希有さである（それは相対的な希有さだけをもってして「正常」ではないものとして定義されている）。そうした損傷のある人びとが仕事と公共空間に十分にアクセスできるようにし、「正常」に生産的であるようにするためには、高額で、行なうのが困難な制度編成がなされなければならないということを、この希有さは必然的にともなう。全員用の設備をごく少数の人びとのニーズのために再設計することになるため、そのような支出は、一般的に「正常ではない」損傷のある人びとを完全に包摂することで可能になる経済生産性における利益を、はるかに上回る。したがって、ゴティエがはっきり述べているように、そのような制度編成は経済的な意味では相互に有利ではない。人種と性別を根拠とする差別を終わらせる制度編成とは異なる。それらは高額な再設計をともなわずとも、[37]そうでなければ含まれることのない大勢の生産的な労働者を労働力に含めるがゆえに経済効率がよいと、少なくとも論じることが可能である。[38]したがって（「正常」の範囲外の損傷のある労働者でも非常に生産的でありうるとする）障碍者の代弁者たちの主張を認めるとしても、彼らを完全に包摂するための費用は、彼らの経済生産性によってだいたい相殺されるということを、示せる人はいないだろう。ここには、協働と完全な包摂か、あるいは非協働（後の段階における幅広い慈善をともなうもの）かの、なされるべき選択がある。ロールズが非協働よりも協働の方が好ましいとするそもそもの理由は相互有利性の観念に依拠しているが、その観念は「正常」な社会的協働という彼の説明と結びついている。ロールズは彼の理論のこの部分を根本的に変えない限り、「一線」よりも下にいる人びとに（慈善ではなく）正義が与えられるべき理由を説明できない。こう私は確信している。

ここで社会契約の思想家は、つぎのような第三の点を加えるだろう。目が見えなかったり、耳が聞こえなかったり、車いすを使用していたりする人びとは、状況が整っていればきわめて生産的な労働者でありうるが、身体的な器質的損傷のある人びと全員について概して同様だと考えるのは、適切ではない。いくつかの損傷は生命にかかわる機能を大いに妨げるものであり、またゆえに社会環境のほとんどではないにしても多くの部分で、障碍となっているだろう。（実際この「生命にかかわる主要な機能」の妨げという規準は「米国障碍者法」で障碍を定義するために用いられている。）そのような妨げのうち少なくともいくつかのものは、労働者を通常の意味において十分に生産的にするよう、調整するのは難しいだろう。そのため、損傷のある一部の労働者を完全に包摂することを支持する議論が、予期される経済生産性に訴えかけることで成立し得たとしても、そのような議論が身体的な損傷の全ケースを対象とすることは、もちろんないであろう。

ここでは契約観念の真の顔が見てとれる。出発点をどう道徳化したところで、自然状態から離れる肝心の理由は、要は相互協働から利得を得ることである。そしてすべての契約の理論家が、その利得をとてもよく知られた経済的な仕方で定義している。そのような協働のイメージは、交渉の初期グループを「正常」な生産能力を有する人びとに限定しなければならないという観念と、密接につながっている。契約主義者にとって、この初期段階に誰が「入り」誰が「入らない」かは、どうでもよいことではない。なぜならデイヴィッド・ゴティエが述べているように、いまや私たちの社会には「［福利の平均レヴェルを］減少させる人びとに対し、利得の増す一方の移転を可能にする」医療技術があるからである。そこで彼は、通常ではない障碍のある人びとは出発点から排除されなければならないと、十分もっともらしく主張している。「必要なサーヴィスにかかる費用が、期待される生産物の便益のどれをも上回ってしまうとき、彼らが生産的な生活を送れるようにすることについて婉曲的に語ることは、誰も直面したくないということが理解できる問題を隠蔽してしまう……そのような人びととは、契約の理論によって基礎づけられる道徳的関係性の当事者ではない[39]」。

この点に関して、ロールズの理論は凄まじい緊張関係を示している。一方において、彼の理論の中心的な諸目的のひとつは、効率の問題よりも正義の問題を優先させることである。各人が目的であるという観念が理論の中核に存在しているし、またもちろん、ひとたび熟議がスタートしたならば、当事者たちがいずれかの個人にとって不公正となる仕方で全体の福利を追求することがないように、「原初状態」は組み立てられている。この意味で、このカント的な中核は「原初状態」にしっかりと位置づけられている。ロールズの理論では他方において、当事者たちが非協働よりも協働の方を好む理由と、彼らが追求しているもののとに関する説明が、なお古典的な社会契約による説明となっている。ヒュームの「正義が生じる情況」の説明が、自然状態に取って代わっているものとなっている。だいたいの平等性という構造的な特徴と、相互有利性という目標とが、誰が初期グループに含まれるのかに関する説明と、各当事者は協働から何を得ようとするのかに関する説明を、方向づけている。こうした特徴を疑問視せずには、そしてまた古典的な社会契約の伝統とのつながりを実質的に絶たずには、不可侵性という中核的な観念と、それに関連する互恵性の観念とを、重度の身体的・知的な損傷のある人びとに拡張することはできない。

ロールズはこの点をよく自覚している。だからこそ彼は、「（病気と事故によって）一時的か、あるいは永久的に——それらには多様なケースが含まれるのだが——生涯にわたって正常かつ十全に協働する社会の構成員」であるという条件を充たせない人びとに対して「なされるべきこと」を、自らの理論にとって解決が難しい問題のひとつとしてあげているのである。これに加えて、本書で取り上げているほかの三つの問題について、ロールズがつぎのように述べていることを想起しよう。「これらの問題のすべてについて最終的には答えたいけれども、政治的構想としての〈公正としての正義〉の範囲内でそれが可能であるかはとても疑わしい」（*PL* 21）。さらに、彼は二つの問題（諸国間の正義と将来世代の問題）に関して楽観主義を表明しているが、ほかの二つの問題（障碍の問題と「動物とそれ以外の自然に対してなされるべきこと」）に関しては悲観的である。彼はそれらを「〈公正としての正義〉ではうまくゆかないだろう問題」と呼んでいるが、それらに関して二つの可能性をみている。ひとつは「政治的正義の観念は全部を射程に入れるものではなく、そのように期待するべきでもない」というもの。もうひとつは、そうした問題はたしかに正義の問題であるが、「〈公正としての正義〉は、ほかの問題に関してはどれだけうまくやろうとも、この問題においては精確ではない。欠陥がどれほどのものであるかは、その問題自体が精査されうるまでわからない」(*PL* 21) というもの。換言すると、彼はこうした問題に対処する方法をたしかに提案しているけれども、つまり立法段階までそうした問題を先送りすることを提案しているけれども、それがよい解決策であるかについては、自信が持てずにいるのである。この問題が基本的正義の問題のひとつとして、すなわち社会の基本原理が設計されるさいに解決されるべき問題のひとつとして、扱われていないことは確かである。器質的損傷と障碍は間違いなく正義の問題を提起するというロールズの二つ目の示唆に私は同意するし、また私の願いは、本書における分析が、ロールズの直観的な諸観念から出発する理論がいかにしてこの問題を解決しうるのかを示す研究の、少なくとも一部を提供することである。

この段階で二つの問題が喫緊のものとして浮上する。第一に、なぜロールズは単純に、社会的協働の利得に関してもっと道徳化された構想を、つまり当事者たちが社会的協働から得ようとする利得の一部に諸々の善——包摂、人間の尊厳の尊重、そして正義それ自体といったもの——を含める構想を、採用することができなかったのかというもの。第二に、なぜ彼は、本書がこれまで主張してきたように、あらゆる人間が極度の身体的な損傷と障碍の可能性に直面していることに鑑みて、偶然に備える保険という観念を用いることができなかったのかというもの。

第一の問題への返答は、とても有望だと思われる。それはまさにロールズのようなカント主義者が何らかのかたちで述べるべきことだろう。私たちが器質的損傷のある人びとを尊重し包摂することを選択するのは、そうすること自体が善いことだからであり、経済効率がよいか否かとは関係ない。正義の偉大なる善さという考慮されるべきものがあるのだから、利得は純粋な経済的な観点から理解されるべきではない。この返答はロールズの思考にある深遠な思想潮流のひとつと明らかに調和しているし、また彼が重なり合うコンセンサスの観念と「よく秩序づけられた社会」の市民たちの合意が単なる暫定協定ではない理由とを述べるさい、よく示している返答と同じ種類である（一例として*PL* 208）。だが、ロールズがこの考慮事項を「原初状態」の設計に取り入れて、当事者たちに、つまり自らの目標をできるだけ促進することを欲する人びととして定義されている当事者たちに、もっと幅広く道徳化された諸目的を与えうるかは、実際にはきわめて不明瞭である。人間本性に関するロールズの見解によれば、人びとは自己利益の最大化にしか関心がない――こう述べることはこれまで誤りであるとされてきた。それというのも、本書が主張してきたように、「原初状態」の当事者たちは人びとのひとつの側面にすぎず、もうひとつの（道徳的な）側面が「無知のヴェール」によってもたらされているからである。だが「原初状態」は、当事者たちに対して、彼らが他者を気にかけるか否かを知る余地を与えていない。善の構想のいくつかは他者への配慮を含むが、ほかの善の構想はそうではない。彼らは自らの構想がなんであるかを知らない。彼らは正義感覚を駆使できると想定されているが、どれか特定の正義の構想をなにひとつとして適用しない。彼らが推定しうるのは、自分たちが最終的に合意する諸原理が何であろうと、彼ら全員がそれらを理解しかつ従うということのみである（*TJ* 145）。彼らは自らの他者に対する愛情や、そのような他者を包摂することへの欲求について、まったく何も知らない。彼らの利害関心や達成目標は、利己主義的だとは推定されていないものの、慈恵に満ちたものだとも推定されていない。こうした傾向性は、彼らが断じて知りえない、彼らの善の構想の諸側面である（*TJ* 129）。「正義の構想は……自然本性的な情操の拡張的な結びつきを、想定すべきではない」と彼は論じているのだから（*TJ* 129）、そうであることがロールズにとっては非常に重要である。理論の基礎において、諸想定はできるだけ少なく、かつ弱くあるべきなのである。

幅広い慈恵を「原初状態」に含めることについて、ロールズは異論を表明している。だがそれは理論的なものであり、少数の仮定に理論を依拠させたいという、彼の欲求と関係している。別の種類の契約主義者は慈恵を含めることができるし、ロックはそうしている。だが、社会は相互有利性のための枠組みであるという契約主義者の強調点と、慈恵とは、究極的にはどれほどの範囲で両立しうるのだろうか？（第一章第五節で示唆したように、これについてロックの理論には緊張関係がある。）器質的損傷のある人びとを完全に包摂するために要求される慈恵は、拡張的でかつ深みのあるものであり、自らの有利性のみならず集団の有利性をも犠牲にする意欲を要求する。それは、いっさい協働しないことが可能な相手、またその方が自分にとっては有利な相手と、協働することを意味する。ロールズの「格差原理」は、当事者たちがもっとも不遇な人びとの地位を高めるために、自分たちの集団的有利性を犠牲にすることに意欲的であることを要求するが、果たして、当事者たちのリスク回避への非現実的な態度を前提とせずとも、ロールズが提示している論証によって、それは実際に正当化されるのか。これについては多くの疑問が実に投げかけられてきた。だがその論証のなかでは、当事者たちは少なくとも、彼らの生産能力がすべて正常の範囲内にあること、したがって集団の有利性を手放すという自分たちの意欲から見返りを期待できること、これらについて知っている。〔だが〕損傷のある人びとを完全に包摂するために要求される慈恵は、程度においてのみならず種類においても異なる。そのため、かりにロールズが慈恵に対する理論上の反対意見を撤回したところで、「原初状態」における（非協働と対置される）協働の目標を相互有利性とすることを止めない限り、正しい種類の慈恵を含めることはできないだろう。

要するにこうである。ロールズは契約主義の伝統から、相互有利性のための協働という観念と、そのような協働が意味をなす諸状況という観念とを、受け継いでいる。道徳化された社会目標に関するより広範なリストを含めることは、当事者たちの合理性に関する再設計を要求するだろう。なぜなら、もしそのようなリストが含まれているならば、彼らは自らが、自らの利害関心のみならずほかの人びとの利害関心をも気遣っていることを、知っていなければならないだろうからである。ロールズが反対しているこの変化は、どの諸原理が選択されるかという問題全体を大いに複雑にするものであり、またおそらく答えを確定できないものとするだろう。だが、もし付け加えられた慈恵が十分な深みと包摂力をもっているならば、その変化は、彼のアプローチが相互有利性のための契約という観念からはるかに遠ざかり、したがって社会契約という比喩を用いる理由も一切なくなることを要求するだろう。もし社会契約の伝統とのつながりが放棄されなければ、重度の器質的損傷のある人びとがたまたま社会にいることに鑑みて、彼らの利害関心は後のほうの立法段階で考慮されればよい、ということになる。だが当事者たちは、自分たちがそのような人びとではないことを自覚していなければならない――実際ロールズが彼らに自覚させているように。重度の損傷のある人びとの利害関心が後になって考慮されることになるのは、実のところ慈善からであって、基本的正義によるものではない。

保険という発想についてはどうだろうか？　障碍者の権利を保護する法律を支持しないリチャード・エプスタインでさえ、保険は一面において非常にもっともであると述べている。それというのも、私たちは皆、自分自身が偶然によって器質的損傷を負う可能性を認めているからであり、したがってその偶然の最悪の帰結から自分を保護してくれる政治体制を選択する動機を有しているからである。[40]この論点に取り組むさいには、関連性のある問題、つまりなぜロールズは〈公正としての正義〉の範囲から永久的な損傷のみならず一時的な損傷をも排除するのかという問題にも、同時に取り組まなければならない。ロールズはやはり一時的な器質的損傷に関しても、基本原理がすでに設計された後の立法段階でそれらが扱われるべきことを、はっきりと主張している。間違いなく、そうした一時的な損傷とそれにともなう障碍とは、保険が対応しうる実例である。

この問いには二つの返答があるが、それらは本書が先に行なった分析に密接に関連している。第一の返答は、アマルティア・センに対するロールズの返答のなかに見いだせる。ロールズによれば、人びとを「一線よりも下」におく一時的な器質的損傷のための補償という問題を取り上げることは、社会的地位を順序づけするために基本善——とりわけ所得と富——を用いる方法を（センがはっきりと述べているように）複雑にしてしまう。この問題は先に永久的な損傷について検討したさいに確認したものであるが、一時的な損傷のケースにおいても生じるものである。[41] ロールズは、ひとたびそのようなケースを考慮するならば、相対的な福利を、所得と富だけによってではなく、諸々の可能力によって測定することが意味をなすとして、センの主張を認めているようにみえる。そのため、「原初状態」の当事者たちが自分たちのために保険制度を設計することを欲するというのは、たしかに当然のことのように思われるけれども、人間の生活の一般的事実をもってすれば、人間の生活のこの部分を基本的な政治原理の設計に含めることの理論上のコストはとても大きい。社会的地位の指標化にさいして所得と富を用いることで得られる明確さは失われるし、はるかに煩雑な可能力のリストに移行することが要求され、豊かな人びととそうでない人びとを多元的に順序づけすることが余儀なくされる。社会的選択は、ロールズが心底避けたがっている、直観主義的な釣り合わせを避けられなくなるだろう。ロールズはセンが提起した問題の重要性を認めているけれども、それを立法段階まで先送りしうると考えているし、また自らが追求している種類の明確さと完結性を備えた理論を手にするために、そして自らが非常に注意深く編みだした「格差原理」を支持する論証を維持するために、できるならば先送りしなければならないと考えている[42]。

所得および富では福利をよく表わすことができない、稀なケースとして、一時的な器質的損傷を扱うのも妥当しない。これもまたセンが強く主張してきたように、身体的ニーズにおける多様性と非対称性は、決して稀なケースでもなければ、容易に隔絶しうるケースでもない。それらは人間の生活に広く見られる事実である。妊娠中ないし授乳中の女性は、妊娠していない人びとよりも多くの栄養を必要とし、子どもは大人よりも多くのタンパク質を必要とし、乳幼児と老齢者は、ほかの人びとよりも生活の大部分において多くのケアを必要とする。すると、もし基本善の理論が、もっとも不遇な人びとは誰であり誰でないかを測定するさいに、実際に示唆しているようにそうした地位を所得および富だけで測定する代わりに、人間の生活に広く見られる多様性を考慮に入れるということをしないならば、そのような理論には、「十全に協働する」人びととしてはっきりと認められた範囲においてでさえ、欠陥があるだろう。ニーズにおける多様性の問題は、広範囲にわたる。そのためロールズは、人びとを「一線」よりも下に位置づける種類の損傷を一時的にも絶対に被らない（架空の）市民たちの身体的ニーズを考慮に入れるためにでさえ、所得と富だけに依拠する福利の測定方法ではなく、市民たちの幅広い人間活動に携わる能力に着目する福利の測定方法を必要とするのである。

これまで述べてきたように、障碍の問題を先送りするためのほかならぬこの理由は、ロールズにとっては重要な、彼の理論の一側面に由来している。だがそれは、彼の型のような契約主義にとっては、必ずしも重要ではない。

偶然に備える保険という発想によって提起される第二の問題は、ロールズがはっきりとは言及していないものである。だが、彼が注意深くそして繰り返しなしている言明、つまりは能力が「正常」の範囲に納まる人びとがつねに対象となっているという言明に、その問題は内在している。その問題とは、ロールズがすでに契約主義的な理由で先送りした永久的な器質的損傷のケースと、病気、事故、老齢によってもたらされる器質的損傷の期間とが、実際には連続しているというものである。ゴティエが述べているように、私たちが生きているのは、医療が「生産的」ではない人びととの生命維持をますます可能にしている時代である。そしてロールズは「正常」という用語を使って「一線」について語っているけれども、当然つぎのことに気づいている。すなわち、その「一線」が恣意的であることと、永久的な損傷のある人と二〇歳で麻痺状態となりその後もそのままの人とのあいだには、二〇歳で麻痺状態となりその後もそのままの人と一週間ほど重い病気を患った後で「正常」の機能に戻った人とのあいだよりも、多くの類似点があることとである。「一時的」な損傷のある人びとのなかには、永久的な損傷のある人よりも長く生きる人がいるだろう。そうであれば、一時的な損傷のある人びとは含むけれど、永久的な損傷のある人びとは一人として含まないというのは、無原則であるだろう。とくに、ますます多くの人がおびただしい数の長期にわたる損傷と障碍をともないつつ老齢期まで生きるようになるにつれて、永久的な損傷者のグループと一時的な損傷者のグループの連続性は大いに高まる。だが連続性があるということは、社会的生産性について考えようとするさい、一時的な損傷の場合でさえ、個人化された複雑な計算が要求されることを意味する。エプスタインが述べているように、保険についてよく考えようとすれば、さまざまな要因、たとえばどのような人もが損傷を被る蓋然性、同じ資源を他に用いた場合の効用、要求されるサポートの水準、そしてもちろん、さまざまな水準のサポート下における個々の損傷のある人びとのタイプに応じた生産性といった要因の検討が要求される。さまざまな種類の保険の効率がよいか否かは、時間の経過とともに異なるこうした経験的な問題によって、左右されるだろう。このことは、ロールズがこうした問題を立法段階まで先送りした理由として、適しているように思われる。

この先送りの理由は、前の理由とは異なり、ロールズの社会契約論のロジックに直接由来している。個人化された計算がなされなければならないであろう理由は、保険が経済的意味で効率的であるのかを、また、どれほど効率的であるのかを、算定しなければならないだろうからである。だが、正義の基本原理と包摂の骨組みを作る段階で効率について考える必要があるのは、私たちが社会を相互有利性のための協働の枠組みとして描く場合のみである。「原初状態」で選択される諸原理のなかに保険への十分なコミットメントを含めることは、そのような社会の想定を危うくするだろう。また、十分な保険のある社会がそもそもそのような目標を実現しうるのかを事前に見分けることも不可能だろう。

だがこの先送りは明らかに、潔白ではない。当事者たちは自らが本当に「生涯にわたって……十全に協働する」市民たちを代表するものとして想像するよう求められているし、したがって市民たちについては、彼らには極度の依存期間にもケアへのニーズが一切ないものとして想像するよう求められているからである。この虚構は人間の生活の特徴の多くを消し去り、いわゆる健常者と永久的な器質的損傷のある人びとのあいだの連続性をも消し去る。それは基本善の選択を歪め、保健医療とほかの形態のケアが現実の人びとにとっては福利を可能にする中心的な善であるという事実を隠蔽してしまう。センが提示した諸理由によって、そうした善の代わりとして所得と富はふさわしくない。もっと一般的に言えば、子ども、老齢者、知的・身体的な障碍のある人びとのケアは、どの社会においてもなされる必要のある仕事の主要な部分であり、またほとんどの社会では甚だしい不正義の源泉となっている。どの正義の理論も、この問題を基本的な制度構造の設計において、そしてとくにその基本善の理論において、はじめから考えなければならない。[43]

5　カント的な人格と知的な器質的損傷

さてこれまでのところ、ロールズの理論が直面している諸々の問題は、彼特有の基本善の観念の用い方と、彼の「だいたいの平等性」および相互有利性という双子の観念に対する社会契約的なコミットメント、これらに起因しているのであり、彼のカント主義によるものではない。私が示唆してきたように、彼の理論にあるカント的な強調点は実に、障碍という問題領域において、契約説と緊張関係にある。カント主義は各人を目的として扱うことを要求し、全体的な社会的福利という大義に誰ひとりとして従属されることを認めない。さらに、「よく秩序づけられた社会」におけるカント的な市民たちが、正義と尊重を本質的な善として考えていることは明らかであるし、また社会的協働の利得に関する彼らの概念は、豊かで多値的である。カント的な市民たちは、器質的損傷のある人びとに十全な尊重と包摂が与えられたことのもっともな理由を、事後的に理解できるだろう。問題は、「原初状態」でその筋道が選択されることを、社会契約の枠組みが事前的に阻止していることである。

しかし、ここで重度の知的な損傷の問題を考察しなければならない。ロールズの理論が身体的な損傷に関して有している問題はすべて、知的な損傷についても当てはまる。だが彼の理論には、追加的なほかの問題があり、それらは（ほかの領域では尊重と包摂を支持するだろう）彼の理論のカント的な諸側面から直接生じている諸問題となっている。

さて第一に、重度の知的な損傷のある人びとは、ロールズの理論にある社会契約／相互有利性という側面に、深刻な問題を突きつけている。もし身体的な損傷のある人びとを包摂することによって、社会的福利の生産的な増補剤としての市民という観念が歪むとすれば、その観念がジェイミー、セーシャ、アーサーの人生との直面において崩壊するのは確実である。三人の誰ひとりとして、自らの教育にかかった費用を社会に償還しはじめる程度まで、経済的な意味で生産的にはならないだろう。ジェイミーはおそらく何かしらの種類の仕事を持てるだろうし、政治生活における役割を担えるかもしれない。だが、彼に費やされた医療上・教育上の多大な支出を経済的な意味で「返済」することは絶対にない(44)。もしアーサーの教育の成り行きがうまくゆけば、彼はその高い知能にふさわしい仕事を持てるかもしれないし、経済的な意味で「生産的」となれるかもしれない。だがこの幸福な結末が生じるかどうかは、不確定である。その間、彼は私立学校での莫大な教育費用を州に負担させているし、彼の医療費も大きな社会的費用となっている。セーシャの場合、彼女のケアにかかる費用に対するこうした限定的な意味での「返還」の機会ですら、決してありえない。

このようなケースは、言ってみれば契約主義の化粧を剝がし、そのような説のなかでもっとも堅固なものに存在する道徳化された諸要素によってしばしば隠されてきた素顔を、顕わにしてしまう。ところで、どの社会的給付のプログラムにも限界があるのは明白である。その端には、たとえば州はアーサーの特別教育にいくら投入すべきかに関して、問われるべき問いがたしかにある。だが、アーサー、ジェイミー、セーシャを包摂する協働の意義、そして彼らを教育しかつ彼らの発達を適切なケアをもって支援することを目指す協働の意義は、伝統的に解釈されてきた意味での相互有利性の観点のみで理解されるべきではない。そのような問い立ては出発点としては間違っているように思われるし、社会的協働の第一義的な根拠の説明としても間違っているだろう。ジェイミー、アーサー、セーシャと交流し、彼らを十全に支援することで社会が得る利得は、多面的で広範なものである。それは何よりもまず、ジョン・スチュワート・ミルが「不正義ではなく正義によって統制されているあらゆる人間関係のなかで、もっとも普遍的でかつ浸透しているもののひとつを有することの利点」[45]と呼んだことがらを含む。ただし私はここで、ミルが語っていたように結婚と家族について語っているのではなく、すべての人間が何らかの仕方で何らかの時期に何らかの程度で立ち入るケアの関係性について述べている。すなわち、それは知的な障碍のある人びととの尊厳を尊重することと、彼らの人間的な潜在力（human potential）をそれが狭い意味で社会的に「有益」であろうとなかろうと発達させることとの利点を含む。それはまた、人間性と、知的障碍のある人びととの付き合いから生じる人間性の多様性とを、相互尊重と互恵性をもって理解することの利点を含む。（ベルベは、ジェイミーと一緒の学校に行っているほかの子どもたちが、少なくともジェイミーが「普通」の学級にいることから得ているのと同じくらい多くのことを彼の存在から学んでいると、説得的に論じている。）それは老齢者の尊厳と、老いゆく私たち自身の尊厳とについての、新たな洞察を含む。そしてもちろんそれは、知的障碍のある人びと自身のために、前述したすべての交流と関係性の価値を含む。特別な社会的支援がなければ、かつてそうであったように、彼らは隔離され烙印を押された人生を送ることになるだろう。身体障碍のある市民たちは「生産的」であるという理解を、身体障碍者の代弁者たちは強く求めてきたたけれども、それは身体障碍のケースにおいてさえ、十分適切な対応だとは思われなかった。本書が知的障碍のケースにたどり着くさいには、相互有利性の観念が社会的協働の利得に関する私たちの理解をどれほど歪めているのかを、はっきりとみることになる。

身体障碍のケースでは、ロールズの理論にも、彼の互恵性に関するカント的な説というかたちで、別の方向性への引き寄せがあることはすでに述べた。しかしながら、知的障碍のある人びとに関しては、まさにこの説が、さらなる困難の源泉となっている。すでにみたように、平等性と互恵性という重要な観念とにとって、知的・道徳的な能力の保持が中心的であるとするカント的な人格の構想の観点から、この説は述べられている。そのカント的な特徴を与えられたロールズの人格の構想は、道徳的な人格性と動物性の分裂という考えを、少なくとも示唆している。したがって私たちは、このカント的な分裂が孕むいくつかの問題点をはっきりと示すことから、ロールズ理論の批判的な精査を開始するべきである。それによって、ロールズの理論がどの程度までそうした問題から影響を受けているのかがわかるだろう。

カントの人格の構想は、ギリシアおよびローマのストア派に真っすぐ遡る長い伝統上に横たわっている。この伝統においては、人格性は理性（それは道徳判断の能力を突出して含む）と同一のものとされ、またそのように解釈された理性は、人間を人間以外の動物および人間自身の動物性から明確に分離する特徴であるとされている。ストア派にとっては、人間と人間以外の動物のあいだのみならず、道徳的な合理性が働いているときの人間の生活とそうでないときの人間の生活（彼らによれば幼少期から青年期までを含む）のあいだにも、くっきりした分離がある。[46] ストア派は、人間の能力と人間以外の動物の能力とのあいだに少なからぬ連続性をみた複数の理論（プラトン派、アリストテレス派、エピクロス派）を知っていたけれども、彼ら自身は非常にはっきりした分離にこだわった。実際、彼らが人間の特徴という観念を明確に述べるさいにもっともよくなしているのは、それこそが私たちを「獣たち」よりも上に位置づけるのだという示唆である。人間の本性と人間の尊厳に関する彼らの説明においては、動物に関する軽蔑的な所見が論拠の代わりとなっていることが多い。

カントの理論は、この分離をさらにいっそう深めている。人間の自由の領域は、同時にまた決定論的な法則に従う自然本性的な領域であるとも理解したストア派は、両立論者であった。人間の自由に然るべき価値を与えるために、人間の自由を自然法の対象から外す必要はない――正しかろうとそうでなかろうと、ストア派はそう考えたのである。もちろんカントはこれに同意せず、ひいては人間が二つの領域、つまり自然本性的な必然の領域と理性的／道徳的な領域とに住まう、根本的に分裂した存在者であると考えるようになった。人間以外のあらゆる動物と人間の生活の動物的側面とは、決定論的な自然本性的領域に属すると、彼は考えている。私たちに道徳的な合理性の能力があるおかげで、そしてそのためだけに、私たちはその領域を超越して諸目的の王国にも存在しているのだ、と。このようにカントにとって、人間の尊厳と、尊厳の源泉である私たちの道徳能力とは、自然界から根源的に分離されている。人間が自然本性的な領域にのみ存在している限りでは、人間はそれ自身における諸目的ではないし、また尊厳をもたない。その領域にあるものにはただ値打ち（price）が（カントが書いているように「有用価値」（pretium usus）が）あるにすぎない。私たちが諸目的の王国の一員となる限りで、それによって、またそれだけによって、私たちは尊厳と超越的な価値とを持つ。道徳には、人間のニーズに供する職務がたしかにある。けれども、人格が、人間の理性的／道徳的側面として見なされる人格が、そのような奉仕の目標である。動物性そのものが目的なのではない。カントはこの見解に合わせるかたちで、人間には動物に対する何かしらの道徳的義務があることを、否定する――動物には独立の価値が存在せず、人間の諸目的に関連した「相対的価値」だけがある、という理由で[47]。動物に当てはまることとは、道徳的でかつ慎慮にもとづいた推論のための相当に複雑な能力に欠ける存在者のすべてにも、当てはまることになる。そうした能力は、カントの見解では成熟した人間の特徴である。

人格性と動物性のカント的な分裂は大きな問題を孕んでいる。第一に、それはこの問題についてしっかりと考えている人には明白であるに違いない事実――つまり人間の尊厳はある一定の種類の動物の尊厳にすぎないという事実――を否定する。だが人間の尊厳は、動物的な種類の尊厳である。まさにその種類の尊厳は、可死的でも脆弱でもない存在者によっては保持されえない。ちょうど開花中の桜の木の美しさが、ダイアモンドによっては保持されえないのと同じである。（カントにとっては他の理性的な存在者である）神あるいは天使を、尊厳のあるものとして考えることが意味をなすとすれば（崇高さと神々しさの方が適切な属性だと思われるけれども）、動物的な種類の尊厳は、そのタイプの尊厳では決してない[48]。もっと平凡に言って、かりに純粋に理性的でかつ道徳的でありながら動物的なニーズと動物的な能力のない存在者を想像するならば（そのような存在者の優れた模範のいくつかはＳＦによって示されている）、そのような存在者の尊厳はとにかく人間の尊厳と同じ種類の尊厳ではないということが、わかるのではないだろうか。人間はマルクスが述べているように「豊かな人間的ニーズ」によって生涯を通じて特徴づけられるのであり、それには他者へのニーズが突出して含まれているのだから。

第二に、この分裂は、動物性それ自体が尊厳を持ちうるということを間違って否定している。それは私たち自身の真価のある人生の側面を軽視することにつながり、また私たちとほかの動物との関係性を歪めることにもつながる。

第三に、カント的な分裂は、私たちの人格性の中心にあるのはニーズではなく自己充足であり、また純粋な受動ではなく純粋な能動であるという観念を、少なくとも意味している。そのように考えると、私たちは自らの道徳性と合理性の本性――それらはとことん物質的で動物的なものである――を大いに歪曲してしまう。道徳的・合理的な諸々の機能が、ほかの動物的な機能とまったく同じくらい、病気、老齢、事故によって低下させられうるという事実を、無視するようになってしまうのである。

第四に、この分裂によって私たちは、私たち自身の中核にあるものが時間に影響されることはないと考えるようになる。なぜなら、道徳的な行為主体は（カント的な見解では）成長も、成熟も、衰えもしないのであり、むしろその尊厳においては、そうした自然本性的な出来事から完全に切り離されたようなものだからである。このように思考すると、通常の人間の生活サイクルには極度の依存の時期があることが、忘却されかねない。その時期における私たちの機能は、生涯を通じて知的障碍ないし身体障碍のある人びとが経験するものと、非常に似通っているにもかかわらず。

この分裂は二つの方向で間違っていることに、ぜひ注意したい。本書が述べてきたように、それは人間の合理性が人間の脆弱な動物性から独立しているということと、人間の動物性と人間以外の動物は知性を欠いておりまさに野蛮で「ばか」だということとを、示唆している。この分裂のこの二つの含意は、疑問視されなければならない。それというのも、知性のタイプには豊かな連続性があることと、多くの種類の実践能力があることとが、自然において見いだされるからである。その連続性に自らを位置づけることなくして、人間は自らを十分理解できない。

カントの見解にある形而上学的な諸要素について、ロールズはたしかにある箇所で、それらへの深い関心を示しているが、是認はしてはいない[49]。二元論的な世界観には同意していないし、自らのカント主義についてはそれを経験主義的に理解している。けれども、カントに依拠する人格の構想を維持していることによって、そして政治的平等の基礎を道徳能力の保持の観点で定義していることによって、カントの理論が明らかに直面している知的障碍の問題と同じ問題のいくつかに、ロールズは打ち当たっている。実際、何らかの本質的で最小限の道徳能力に欠けている重度の知的な器質的損傷のある人びとが、平等への資格をもたない「散在的に存在する諸個人」（*TJ* 506）に相当するだろう。さらにカントとロールズは、互恵性と正義の関係性とが、人間と人間以外の動物のあいだで成立するということを、明示的に否定しているのとちょうど同じように、「正常」な人間と重度の知的な損傷のある人びととのあいだには、必要とされる意味での互恵性は存在しないとせざるをえない。ロールズは、カント的な人格の構想の観点から理解された市民たちの関係性として、互恵性を定義している（*PL* 16）。

だがもし、知的な損傷のある人びとの生活と彼らと共に生きる人びとの生活について考慮するならば、彼らの生活には複雑なかたちの互恵性がともなっていることが明白であるだろう。ジェイミーは愛情のこもった、陽気で寛大な仕方で、家族やほかの子どもたちと交流している。セーシャは彼女をケアする人びとを抱きしめたり、大好きな音楽が奏でられたときには喜びにあふれながら踊ったり、なされたケアに対する感謝の意を示している。

アーサーの障碍はまさに互恵性の領域にある。それでもなお彼は、肉親と一緒のときには非常に愛情深い子どもであって、両親や大好きな犬、新しい養子として迎えられた兄、そして家に訪ねてくる親戚と、愛情やユーモアを交換している。恐れがなく、信用できるときはいつも、愛情に満ちたやりとりに対する彼の能力は繁栄・開花する。教育は、彼の互恵性の能力を、小さな信頼の輪の外部に対して、格段に広げている。本章の冒頭で私は、アーサーが一〇歳のときの電話での典型的な会話を描写した。州政府の支援による二年間の私立学校教育の後には、大きな変化があった。彼がちょうど一二歳のある日、彼は私との会話のなかで、ほんとうに自ら進んでつぎのように言った。「それでマーサおばさんの方はどうなの？　いまなにしているの？」。この簡単な質問は私の涙をそそった。それほどの前進を意味した。彼は最近、ビデオゲーム・センターで、同じ学校に通うほかの七人のアスペルガー症候群の子どもたちと一緒に、とても素晴らしい一二歳の誕生会を祝った。こうした同級生との関係性は、たとえもっともよく知られた種類の関係性ではないとしても、正真正銘の互恵性を含んでいる。

だがロールズのカント的な意味合いにおいては、こうしたことのいずれもが、おそらく互恵性とは見なされないだろう。ほかの種類の互恵性に承認が与えられているわけでもないし、政治的な重要性が与えられているわけでもない。このことは大きな欠陥であるだろう。さらに言えば、ロールズもカントも、この問題をあまり考えてこなかったのだと思われる。ジェイミーには、人生計画を立てたり、善の全体的な構想を抱いたりする能力はないだろう。ジェイミーの父親によると、大きくなったら何になりたいかを聞かれたとき、ほかの子どもたちは職業について述べたけれど、ジェイミーはただ「大きくなりたい」と述べた。その返答には洞察があったのであり、またほかの子どもたちはそれから学んだ。だがそれは、カント的な道徳的共同体におけるジェイミーの構成員資格を立証するような種類の返答ではなかった。カント的な意味での正義感覚の能力がアーサーにあるかはわからない。セーシャに二つの道徳能力がないことは明らかである。さらに、これら三人の市民は、二つの道徳能力に、全面的あるいは部分的に欠けているため、これまたカント的な人格の構想の観点で定義されているロールズの社会的協働の構想にも適していない。さらにこれら三市民は、ロールズの意味での自由への資格もない。なぜなら、彼の理論における自由にはカント的な要素があり、また「有効な権利主張の自己認証的源泉」(*PL* 32)であることが含まれているからである。(50)

このように、知的な器質的損傷と障碍のある人びとは、ロールズの理論に二つの難問を突きつけている。損傷のあるすべての人びとにつきものである社会的生産性と費用という諸理由のために、契約説は、彼らが有している特別な社会的心遣いへのニーズに対応できないだろう。だが契約説では、彼らは「よく秩序づけられた社会」における市民を定義するために用いられているかなり理想化された道徳的合理性のイメージに適合しないため、もっと深刻な仕方においても市民権の資格を奪われている。彼らは人間以外の動物のように、必要とされる種類の互恵性の能力があるとは見なされていない。そして、またもや人間以外の動物のように、彼らは「もちろん何かしらの保護」を得ることになるものの、一人前の市民としての地位を得ることにはならない[51]。ここでもふたたび、これらは正義の問題ではないと言うべきか、あるいは〈公正としての正義〉は社会正義の完全な説明を提供するものではないのだから、理論をもっと前進させるためには何を変更すべきなのかを考えねばならないと言うべきかのいずれかであるという、ロールズ自身の結論が適切であるだろう。

カント的な契約説が直面しているこうした問題について、ロールズよりも積極的に取り組んでいるのはトマス・スキャンロンであるが、彼は検討されるべき二つの提案をしている。つまりスキャンロンは、さまざまな器質的損傷のある人びとによって——そして人間以外の動物によって——カント的な契約説に対して突きつけられている問題を考慮に入れて、そのような契約説において極度の依存という事実を認める方法には、つぎの二つのいずれかがあると結論づけている。ひとつは契約説の可能性に固執して、契約当事者たちは契約プロセスに参画する能力がない人びとの受託者（trustees）でもあるとする方法であり、もうひとつは、契約説が説明するのは道徳の一部分にすぎないとして、極度の依存の事実に取り組むためには別の説明が必要だとすることである[52]。

スキャンロン自身の仮想的な契約状況は、ヒューム的な「正義が生じる情況」という観念を用いるものではない。また、社会的協働の善さを、当事者たちがその合意から導きだすことになる相互有利性を指し示すことで説明せねばならないものとして、契約を描くものでもない。彼は基本的な政治原理の選択を探求しておらず、そのため彼の契約状況は、そうした原理が選ばれることになるような初期状況とはなっていない。このようにしてみると、彼の案は私が批判してきた社会契約説の形式とは、多くの点で異なっている。けれども、知的損傷の問題に対して彼がだしている解決策を、ロールズが、そのような問題を立法段階まですべて先送りすることを回避するために用いることができるのかを問うことは、理にかなっているだろう。

そこで、社会の基礎構造を形成する正義の諸原理の選択というロールズ的な企てに、スキャンロンの選言的な提案を当てはめてみよう。[53] すると、〔一〕「原初状態」の当事者たちは（すでに「正常」な市民たちと将来世代の受託者であるのと同様）社会のあらゆる依存的な構成員の利害関心の（自覚的な）受託者であると考えるか、あるいは〔二〕そのように設計された「原初状態」は、政治的正義を生みだすための仕掛けとしては完全ではないこととほかのアプローチも要請されていることとを認めるべきであるかの、いずれかとなる。

第一の（受託者（trusteeship）という）解決策は、ロールズには利用できない。なぜなら、ロールズは想定の数を倹約することにコミットしており、またゆえに「原初状態」から慈恵を排除することにもコミットしているからである。当事者たちを将来世代の（そして「正常」な市民たちの）受託者とすることは、モデルをほんの少し複雑にするだけで済むが――それというのもその場合、当事者=受託者たちは自らの善の構想について知っていることを何ら要求されないからである――、当事者たちを社会のあらゆる依存的な構成員の受託者とすることは、当事者=受託者たちが自らがたしかに慈恵的であることとその強度とを知っていることを要求するだろうからである。受託者という解決策は、契約説の根拠からしても、おそらく利用できない。なぜならそれは、（後で慈善と混成されることになる）完全にありうる選択肢である非協働と比べて契約は相互有利性を生むという予期を捨てることを、かなり本格的に当事者たちに要求するだろうからである。そして、この解決策はカント的な根拠からしても利用できないだろう。それというのも、ロールズは正義それ自体をカント的な互恵性の観点から理解しており、またゆえに、カント的な道徳能力のある人びととそうでない人びと（ないしは動物）とのあいだに、何かしら正義の問題があることを、明白に否定しているからである。

受託者という解決策は果たして満足のゆくものだろうか？　重度の知的障碍のある人びとの法的権利を適切に保護するためには、後見（guardianship）と助言（mentorship）のさまざまな形態が設計されなければならないことが十分明らかである。だがここでの問題は、実践上の政治問題を解決するために、後見を用いる必要があるのかどうかではない。基本的な政治原理の設計という文脈において、器質的損傷と障碍のある人びとの市民権について考えるために、そのような原理を設計する人びとは第一義的な正義の主題でもあるとの想定がすでになされている場合、後見という制度は適切なのか否かである[54]。後見は、そうした人びとを一人前の市民として扱うことや平等な正義の主題として扱うことと本質的に両立しないものではない。しかしながら、社会契約説では、この平等が適切にモデル化されうるのかは明らかではない。知的障碍のある人びとの多くは能動的な市民でありうるのだから、彼らを諸原理の骨組みづくりから完全に排除することだけをもってしても、よくないのである。さらにもっと深刻なのは、選択される諸原理の名宛人である集団が、諸原理を選択する人びとと同じ集団だということである。要は「私たち」が政治社会で共に生きる方法を選択しようという発想である。ここで検討しているスキャンロンの提案は「私たちは共に生き、そして私たちに依存している人びとの面倒をみる」ということを付け加えるだろう。だがそれでは、依存者は「私たち」や「私たちの」を構成する部分にはならない。つまり彼らは、政治的正義の完全に平等な主題にはならないのである。彼らが考慮に入れられるのは、「私たち」の構成員の一部がたまたま彼らの利害関心を気に掛けたからであって、彼らが権利を享有しており、かつ他者と等しく自らにおいて目的である市民だからではない。

さらに「受託者」という解決策は、ロールズの互恵性と社会的協働という諸観念における厄介な特徴を孕み続け、強固にすらしてしまう。受託者という解決策は、この世界には互恵性に多くのかたちがあることを認めるよりも、合理的／道理的な人格と、自然におけるそれ以外のすべてとのあいだの、カント的な分裂を維持してしまう。たとえばダウン症の人びとは、市民権にともなう多くの役割を、実際には自分自身で申し分なく果たせるかもしれない。にもかかわらず、一人前で「正常」という形態においてカント的な諸々の能力のある人びとだけが完全に包摂されうるのであり、また社会契約の当事者となれる。知的障碍のある多くの人びとと同様に、ダウン症の人びとも、そのような当事者たちの利害関心との関連において、派生的にのみ、配慮に値することになる。これは、知的な器質的損傷と障碍のある子どもと大人について考える構想としては嘆かわしいものであることに加えて、幅広い可能力からなる「健常者」の尊厳について考えるうえでもおそらく害をもたらすだろう。これは事実上、人間と動物が有するさまざまな力は、それらがカント的な理性的存在者にとっての関心事および心配事である場合に限って支援を受ける、と言うのと同じではないだろうか？　またこのことは、困窮した人間が「十全に協働する」のではない時期においてさえ当然ながら保持する尊厳および真価を、ないがしろにするのではないだろうか？　そのような分裂的思考を求める必要がないとすれば、それを避けるべきであるのは間違いない。

したがって、かりにロールズがこの受託者という解決策を認めることができたとしても――彼はそうすることができないと私は論じているのだが――私は（政治原理に関して言えば）スキャンロンが提案している第二の解決策の方が好ましいと考えている。それは『政治的リベラリズム』の二一頁の重要な一節におけるロールズ自身の第二の提案に、つまり契約説は完結した理論を提供するものではないことを認めることに、類似している。だが、仮想的な初期契約状況を何ら用いておらず、また完結性を何ら求めていない倫理理論研究者のスキャンロンにとっては結構であるだろうこの第二の解決策は、政治理論の分野における契約説に対しては大問題を突きつけている。基本的な政治制度の設計に関わるアプローチはどれも、ある一定程度の包括性を目指して、市民たちの主要な権原を取り扱うよう努めなければならない。ロールズの説は完結性と最終性を明らかに達成目標としている。(55) かりに（私の可能力に関する説のような）ある見解が完結性を目指していないとしても、その見解は、市民にとって重要かつ基本的な権原がひとつも無視されていないことを示さなければならない。私たちが設計しているのは社会の基礎構造であり、それはロールズの定義によれば、すべての市民の人生の機会に広範囲にわたってはじめから影響を及ぼす諸制度である。私たちが選択する諸原理は、社会の全体像に影響する——その社会の憲法上の権原と、そうした権原の基礎づけに関する理解とを含めて。ロールズ（そしてゴティエ）にとって、「正義が生じる情況」にもとづいて設定された状況から、提案されている社会的協働の有利性を踏まえて諸原理が登場することは、きわめて重要である。ロールズは、自らの初期契約状況から導き出しうる解決策のなかに、知的な損傷の問題に関してもっともなものは存在しないという判断において、正しいと思われる。だがやはり、基本的な政治理論という文脈において、この問題を先延ばしすることは適切ではないだろう。それというのも、課題の一部分はすでに果たされたのであり、また同様に基本的なほかの部分も、まったく異なる諸原理にもとづいてではあるが、もちろん後で解決される、などとは言えないからである。そのような先送りは、政治的正義の大部分を簡単に入手しうるものとして残すことになり、またこれまで捻り出された基本的正義の説明に多くの不確定性があることの承認を必然的にともなうだろう。

しかも、問題は方向性が間違っていることであって、完結性が欠けていることではない。ロールズが説く当事者たちによって選択された基本善のリストは、「正常」な能力がありながらも実際には依存的な人間と、知的・身体的な障碍者とにとって、絶対に重要だと思われる項目（何よりもケアであるが、もっと言えば幅広い人間の可能力）を切り捨てている。社会的協働およびその利得に関する説明は、カント的な人格に関する説明と契約説との双方によって、残念な仕方で制限されている。

6　ケアと障碍――キテイとセン

エヴァ・キテイとアマルティア・センは、器質的損傷と障碍の問題に取り組むために、ロールズの理論を再構築する方法を提案してきた。私はこれまで、キテイとセンの両者について論じた折に、ロールズにはそのように提案されたタイプの解決策を拒否する強い理由があることを示してきた。また、基本善の問題に関するロールズとセンのやりとりも検討してきた。だが、キテイとセンの提案はロールズの理論のひとつ以上の側面に関係しているため、再度それらをみてみなければならない。

キテイの提案の中心にあるのは、極度でかつ非対称的な依存の時期におけるケアへのニーズを、ロールズ的な基本善のリストに加えて、ケアを市民たちの基本的ニーズのひとつとして考えるべきである、というものである。[56] もし、実際のどの社会も分配しなければならない最も重要な社会的利得をリスト化することと、これのみが課題であると考えるならば、キテイの提案は十分理にかなっているだろう。政治的正義に関する有望な説明は、ケアの適切な分配を中心目標のひとつとすべきだという点で、キテイはたしかに正しい。

だが、これまでの議論から明らかであるはずのように、ケアをロールズのリストに単純に加えるというのは、簡単なことではない。ひとつには、〈異質性〉対〈線形順序〉という、よく知られた問題がある。すなわち、二人は所得と富に関して等しくよい状態にあるかもしれないが、そのうちの一人は（気が遠くなるようなケア提供の義務があるためか、もしくは自分自身のケアへのニーズが認められていないためか）ケアに関して他方よりよくない状態にある、という問題である。ロールズがキテイの提案を受け入れようとしたところで、彼の基本善の説が妨げになるのだが、それはロールズがセンの提案を受け入れられないのと同じ理由による。

だが、キテイの提案が拒絶される理由は、それだけではない（もしそうであれば、相対的な社会的地位の単一の線形順序にそれほどこだわらない別のタイプのカント的な契約主義によって、対処できるかもしれない）。なぜなら基本善のリストは、二つの道徳能力によって特徴づけられる市民たちのニーズのリストだからである。それによって重度の知的損傷のある人びとと、人生の長期にわたって彼らのような状態にあるすべての人びととが、すでにはじかれてしまっている。先に述べたように、この切り捨てはロールズのカント的な人格モデルから生じている。この人格の政治的構想を全面的に修正しない限り、ロールズは、永久的であるか一時的であるかにかかわらず重度の知的損傷のある市民たちを特徴づけるケアへのニーズを、基本善に含まれるものとして想像できない。

そして、基本善のリストからのケアの切り捨ては、相互有利性／だいたいの平等性に対する、ロールズの契約主義的なコミットメントからも生じている。当事者たちは相互有利性を追求するだいたいの平等者として想像されている。少なくとも、「原初状態」の当事者たちが社会の基本原理を設計するさい何についいて考慮するのかを考えてみれば、そうしたコミットメントは、生産的ではない時期におけるケアへのニーズを限定的に認めることさえも除外してしまうということを、本書は論じてきた。「生涯にわたって……十全に協働する」人びとというロールズの理想化された虚構は、基本善のリストの項目を増やすことで訂正しうるような、単純な間違いではない。

より根源的なセンの提案についてはすでに手短に吟味したが、それは基本善のリストそのものを、物のリストではなく可能力のリストとして理解すべきだというものである[57]。ロールズの基本善のリストは、その構造においてすでにきわめて非同質的であるという事実から、センの分析は開始する。その構成要素の一部は、所得および富といった物のような項目だが、自由、機会、力、そして自尊の社会的基盤など、ほかの一部はすでに、多様な仕方で機能するための人間の可能力の方に近づいている。私たちはセンが提案する変更によって、さまざまなタイプの愛とケアをリストの構成要素に含めることで人びとのニーズによりよく取り組めるようになるのみならず、所得と富は福利の指標として頼りにならないという、センが繰り返しずっと指摘してきた問題にも、答えられるようになるだろう。すると、相対的な社会的地位は、人びとが保持する所得と富の単なる総額ではなく、リストにあるさまざまな可能力をどのくらい保持しているかによって、測定されることになる。ある人は所得と富の観点では豊かであるかもしれないが、家庭におけるケア提供という重荷のため、職場ではうまく機能できないかもしれない。

器質的損傷のある市民たちのニーズについて、センの提案は後でみるように、生産的なアプローチを提供している。センの提案が求めるのは、キテイの提案と同じく、ささいな修正ではなく、ロールズの理論の最深部――そこには協働の利得に関する経済的な理解へのコミットメントと、その帰結として、相対的な社会的地位の指標に関する所得および富への依拠とがある――に手を加える変更である[58]。明らかに功績重視ではあるが、センの提案は受け入れられないとロールズが述べるとき、ロールズはセンよりも利口なのであって、センよりも頑固で短絡的なのではない。私自身が以前行なった提案、つまりロールズは基本善のリストに可能力のようなほかの項目、たとえば健康の社会的基盤、想像力、感情的福利といったものを加えうるという提案についても、ほとんど同じことが言われるに違いない[59]。それというのも、ロールズは彼のリストに自尊の社会的基盤を加えてしまったことで、すでに十分困難に直面しているからである。自尊の社会的基盤をリストに加えていることで、ある面では彼の理論のより深いレヴェルにある道徳的希求のいくつかが満たされているように思われるが、別の面では契約説に多大な負担がかかっている。関連する社会的地位の決定において、その項目すべてがきわめて重要だと思われるきわめて異質な「基本善」のリストをかりに認めるとすれば、ロールズは自らが設定した条件において、非常に大きな困難を抱えることになるだろう。相対的な社会的地位の指標化と社会的協働がなされる理由の説明とにおいて、所望された簡潔性は台無しになるだろう。

この問題についてロールズが書いた、おそらく最後のものである『公正としての正義 再説』において、彼はこうした困難のいくつかに、ほかのどの議論においてよりも、正面切って取り組んでいる[60]。彼はセンが提起してきた、そして私が展開してきた種類の批判に対して、大幅に譲歩している。すなわち、彼は一時的な損傷に関して、偶然の出来事に備えた保険の観念を受け入れているのであり、また当事者たちが人間の生活について考える正しい道筋は、それが幼児期と老齢期を含む一時的な局面の連続体としてとらえることだと認めている。彼は、これまで自らがつぎのことを想定してきたと認めている。「政治的正義が考慮に入れるべき種類のニーズと要求事項に関して言えば、市民たちのニーズと要求事項は十分に類似しているため、基本善の指標が個人間比較のための適切かつ公正な基礎として役立つ」（*JF* 170）、と。〔だが〕

彼は、相対的な社会的地位の指標化において、それ以前と同様に、所得と富が果たす役割に主眼をおいている。またしても「そのように深刻な障碍があるために社会的協働に貢献する正常な構成員では決してありえないような人びとといった、より極端なケース」を脇においている。彼が社会的協働という観念を経済的貢献という観点で理解し続けていることと、それにともなってあらゆる重度の永久的な知的・身体的な損傷を排除していることとは、明白である。そして彼は、能力が「正常」の範囲内にある人びとと、ほかの人びとを切り離す「一線」の構想を、『政治的リベラリズム』からそのまま引き継いでいる。彼の理論のこうした部分はすべて変わっていない。

しかしながら、能力が「正常」の範囲内にある人びとに降りかかった一時的な損傷に関して、いまやロールズは、（所得と富に主眼をおいた）基本善の指標は「人生の正常な行路」を通じての基本善に関する予期の指標として理解するのが一番だと論じている[61]。したがって、偶然の出来事に出会う人もいればそうでない人もいるため、彼らが実際に事後的に受け取る基本善は等しくならないとしても、諸個人は、基本善に関する等しい予期を、事前的には有しているかもしれない。いいかえると、基本善は保険証券のようなものとして理解されることになる。人生における偶然の出来事の違いに応じて給付内容が異なるとしても、市民たち全員が同じ保険証券を持つだろう。ここでロールズは、基本善の指標に「ある一定レヴェルの保健医療への備えが保証されることへの（予想コストで計算された）予期」に関する説明をはっきりと加えており、この意味では所得と富が市民たちの諸々の可能力への優れた代用物であるとさらに主張している。当事者たちは健康保険の設計において、自らは正常な人生の全段階を生きると思う人びとであれば、そうした異なる段階でなされる権利要求をどのように釣り合わせるかを問いつつ、そのような段階すべてを考慮するよう、明確に導かれている。

人生には区別しうる時間軸上の段階がある。このことの率直な承認は、ある意味では意義のある改善である。また、それにあわせてロールズが導入している保険の観念は、本書が提起してきた問題のいくつかを、たしかに取り上げている。しかしながら、センによる論難のすべてにロールズが正面から取り組んだと、はっきり述べることはできない。単一の金銭的な測定基準は、健康、移動可能性、精神的健康といった領域において、市民たちの多様な身体的・知的な可能力のすべてにとって本当に優れた代用物であるのか否かという問題に対して、継続的な注意は払われてこなかった。基本善へのニーズの多様性は、単にあれやそれやの偶然の出来事の問題ではなく、日常生活において広範に見られる特徴であり、連日のように社会に影響を及ぼしているのだというセンの主張にも、注意は払われてこなかった。医療上の権利要求を生む個々の偶然の出来事に対応するために保険を用いることと、子どもや大人あるいは妊娠中の女性もしくは妊娠していない女性の日々の栄養上のニーズに取り組むために保険を用いることとは、まったく別である。そして、障碍の時期のある「正常」な場合と、永久的な損傷のある人びとの状況との連続性にも、ロールズは注意を向けてこなかった。年老いた「正常」な人は、三〇年や四〇年ものあいだ、障碍を負うことになるかもしれない。それは（先に指摘したように）、永久的な障碍のある幾人かの人びとの全生涯よりも、おそらく長いだろう。このように「正常」な人びとのニーズについて考える観点からしてもなお、「一線」を用い続けることは、きわめて問題含みだと思われる。

さらに、「一線」を再確認することは、器質的損傷と障碍のある人びとの市民権についての思考法に、それがずっと抱えてきた問題のすべてを孕ませ続けることになる。もっと言えば、そうした人びとが脇に押しのけられているという不快な感じは、ロールズが「正常」な市民たちの一時的な健康上のニーズについて考えることに新たな意欲を見せていることによって、実際のところ増している。そしてロールズが、人生の諸々の段階で生じる健康上の権利要求を当事者たちはどう釣り合わせるかを説明するさいには、経済的観点で理解された相互有利性という目標が、ロールズの理論においてなお主導的な役割を果たしており、公正さと平等な尊重とへのコミットメントが複雑なものとなっていることが見てとれる。それというのも、最初に注目され、その権利要求が「大いなる緊急性」(*JF* 174)を有するものとして扱われるのは、労働力として復帰してその生産性を回復させる能力のある人びとだからである。医療上の権利要求に関連させて「正常」な人生の諸局面をこのように考えることは、当事者たちの常態の「一線」よりも下に入る人びととの権利要求について結局はどう考えるのかに関して、明らかな含意を有している。

このように、ロールズはこうした困難な問題に勇敢に取り組んできたけれども、そうした問題は(彼が誰よりも知っているように)困難なままである。彼の取り組みが抱えている重大な問題は、すべて解決されずに残っていると、私には思われる。

7　契約主義の再構築?

器質的損傷と障碍の問題は、ロールズの契約説の全体構造をとてもよく明らかにし、また、もっと広く言えば、正義の諸原理の基礎を、相互利得を得るために集うと想像された(能力において)だいたいの平等者のあいだにおける互恵性に置こうとする企ても、とてもよく明らかにする。ロールズの理論の最深部にまでおよぶ諸々の道徳的な構成要素にもかかわらず——そしてある意味ではそれらのせいでもあり、あるいはそれらの特殊カント的な形式のせいでもあるのだが——ロールズは社会契約説に特有の、人びとが共に生きる理由と人びとが共に生きることで得ようとするものとに関する、社会契約説の基本的なイメージから導かれた諸限界を、全体としては超えていない。

要約しよう。障碍に関する分野でロールズの理論が直面している問題の多くは、相対的な社会的地位の指標化において基本善が果たす役割に関する自らの説を形成する理論の簡潔さに、彼が関心を寄せていることから生じている。契約主義者はキテイの提案とセンの提案を受け入れて、基本善の理論を再定式化しうると、本書は論じてきた。だが、ロールズがそのような契約主義者になるためには、彼の理論の、とくに経済的正義の理論としての彼の理論の、大幅な分解修理が要求されるだろう。この分解修理は、「格差原理」ではなく何かほかの分配原理を導くかもしれない。その原理を支持するには、どう少なく見積もっても、新たな論証が要求されるだろう。

彼の理論のカント主義からもほかの限界が生じており、重度の知的損傷のある人びとの完全かつ平等な包摂に関して問題を引き起こしている。こうした限界はスキャンロンのような契約主義者にとっては問題ではないが、それは彼が基本的な政治原理を選択してはおらず、政治共同体において「私たち」がそれに従って共に生きる諸原理を「私たち」が決めるという種類の契約を描いていないからである。彼の倫理的な契約主義の文脈では、彼が提案している二つの解決策（後見の制度か混成的な倫理理論か）の双方ともが適切であるだろう。政治理論の文脈では、そうした解決策には多くの問題がある。政治的平等の基礎に関するカント的な説明は、重度の知的損傷のある人びとを最初から排除してしまう。カント的な人格に関する説は、伝統的な社会契約の枠組みに収められると、互恵性、自由、そして社会的協働の理由といった重要な諸観念を、歪めてしまう。もし理論構造がまったく別であるならば——たとえば人権とその理解から出発し、ついで社会的な義務の根拠を編みだすものであるなど——理論におけるカント的な要素がもたらすダメージは少ないだろう。「人間の権利」における「人間」という主要観念が、カント的な道徳能力の観点から、完全に手放されてしまう、ということがないことが重要だろうけれども。[62] 人間一人ひとりが目的であるというカント的な観念と、社会的利得の増進のためにほかの人間を誰ひとりとして毀損してはならないというカント的な観念とは、障碍のある人びとのための正義の理論のどれによっても、適切に拡張されたかたちで用いられるべき大いなる価値を有する諸観念である。

したがって、理論的な負担は相当程度あるものの、障碍／基本善の問題は解決しうる。カント主義には修正が必要であるが、そのいくつかの側面は、こうした問題に関する政治的思考をうまく導いてくれる。損傷と障碍の課題にとって、もっとも重大でもっとも解決が難しい問題は——ますますねじれたものとなりながらも十分影響力を有している——「だいたいの平等性」（ヒューム的な「正義が生じる情況」）および社会的協働の有利性という双子の観念に対する、ロールズのコミットメントから生じている。こうした観念は、スキャンロンの純粋に倫理的な契約説には存在しないけれども、古典的な社会契約の伝統におけるすべての政治的な契約説の根っこに、たしかにあるだろう。（これらの観念は、簡潔さへの追加的な方法論的コミットメントと密接に結びついている。慈恵的な動機づけの拒絶は、簡潔さと最終性へのコミットメントから、つまり直観主義的な釣り合わせの回避から、導かれている。）

ヒューム的／契約主義的な出発点と、理想化されたカント的な理性の観念。これらを用いずに、不偏性、不可侵性、および（重度の知的障碍のある人びとを包摂するために適切な変更を加えられた）互恵性といった中核的な観念のみに主眼を置き、当事者たちの力と能力がもっとさまざまに異なることと、彼らがもっと豊かな社会的協働の一群の目標を追求することを認めるような、政治的な社会契約説は可能だろうか。おそらく、もし私たちがロックのように豊かで包括的な慈恵によって当事者たちを特徴づけるならば、それはいかにも可能となるだろう。だが、だとすると私たちは、協働が非協働よりも有利であるがために人びとは自然状態を離れることを選択するという、古典的な観念を放棄しなければならないだろう。それでもなお、自然状態の観念は、道徳的平等をモデル化するために用いられるかもしれないが、その役割は減じたものとなるだろうし、非対称的な弱さのために脅威とはならず、支配か慈善の対象となりうる人びととの協働が選択されることについて、新たな理由が提示されなければならないだろう。

そうした人びとはだいたいの平等者ではないことをもってすれば、なぜ私たちは彼らとの関係を、後の方で、ほかのたとえば慈善の原理といった道徳原理によって解決しうる問題としてではなく、基本的正義の問題に関するものとして理解するべきなのだろうか。この点について社会契約説は何の洞察も与えてくれない。カントの不可侵性と互恵性の諸観念はたしかに道標を提供しているし、ロックの人間の尊厳、自然権、慈恵の義務の諸観念もしかりである。だがそれらの観念は、社会契約の伝統による選択状況の描写と、概念的には分離している。

こうした批判に応えうる契約主義のひとつの型は、合意と慈恵という対となる諸観念と、ロック的な自然権ないし基本的権原の説明とを用いる、修正されたロック的な構想であろう。そのような見解は、人間の尊厳に見合った生活という観念に着目するロックの思想の一潮流を展開するものとなるだろう。そのような契約主義は、二つの理由から、現在の政治的な契約主義からかなり遠ざかるだろうことは明らかである。それには善あるいは権原に関する独立の説明があるだろうし、同情か慈恵にもとづく道徳心理があるだろうから。それは多くの点で、本書が展開する善基底的な諸々の可能力の説明に類似したものとなるだろう。後でみるようにそれは、理にかなった合意という観念に、重要な役割をなお持たせている。そしてそれは、ロールズが社会契約の伝統と手を結ぶことでともかく得ようとした方法論的な簡潔さ、つまり諸原理の倹約には、ほぼ間違いなく欠けているだろう。もし自然状態、相互有利性、および当事者たちの「自由かつ平等かつ別個独立」の立場といった観念を用いないとすれば、そのような説明はもはや古典的な社会契約の理論の範疇に入らないだろうと述べても、差し支えないだろう。

他方で、カント的な精神に満ちてはいるが古典的な社会契約論の問題含みの側面はともなわない、政治的な契約主義へ向けて、尊重と理にかなった合意というカント的な観念を掘り下げることができるかどうかを、確かめてみることもできるだろう。すると、スキャンロンの倫理的な契約主義においてのように、自然状態のような状況にはまったく位置づけられておらず、熟慮の焦点を不偏性、平等な尊重、そして合意といった重要な観念に合わせる当事者たちから出発することができるだろう。もしロールズがこの途を進むならば、彼は自らの理論にある直観的な論拠を保持しうるだろうし、またゆえに現状では正義の諸原理の対象に含まれていない人びとにも、自らの正義の諸原理を拡張適用できるだろう。だが彼は、自らの平等の説明を修正しカント的な要素を減らさなければならないだろうし、（目下のところ否定している）慈恵が理論において果たす役割を認めなければならないだろう。私が展開するつもりの見解は、いくばくか異なる観点からではあるが、こうした動きの多くをともなうものである。そしてロールズは、センの批判と基本善としてのケアの重要性とを受け入れるために、自らの善の理論を修正しなければならないだろう。

その段階でロールズの理論が提供する道標は、スキャンロンの倫理的な契約主義が提供するものよりもましである。なぜならロールズの理論は、不完全ではあるものの、基本善の理論を含んでいるからである。実のところ、スキャンロンの倫理的な契約主義においてでさえ、独立した善の説明が必要だと思う人がいるかもしれない。スキャンロンは、当事者たちが追求する諸々の善の源泉として欲求を（まことしやかに）退けているが、彼の善の説明はどこからきているもので、またなぜ善は重要だとされているのだろうか？

スキャンロンは、単なる合意の観念それ自体では善の説明を生みだすに足りないことを、はっきりと理解している。だがなお彼は、独立した善の説明を何ら提供することなく、当事者たちが追求するだろう善を明らかにするための手段として契約主義の諸観念を適用するだけで、自身の倫理理論を成功させることができるという希望を抱いている。にもかかわらず、ここで彼が直面するのは、もし善が重要であるならばその価値を直接に調べることができるのではないか、なぜ合意の観念を通じてそうしなければならないのか、という反論である。あるいはスキャンロンが自ら反論しているように、「だがなお、そうした人びとに起こることがらは道徳的に重要であるということに合意はするものの、彼らに対する私たちの懸念は、心の底では彼らに対する私たちの行為の正当化可能性についての懸念であるのではないかとの疑問を呈する人もいるだろう。彼らの生活には価値があり、道徳的な人はその価値を認めることによって突き動かされると単純に述べることの方が、説得力があるのではないだろうか」(63)。

この論難に対するスキャンロンの返答には、ある程度の説得力がある。彼はつぎのことを力強く確証している。すなわち、人は(彼の言葉ではなく私自身の言葉で言えば)尊重というとても重要な観念と、目的としての人というとても重要な観念とをとらえるための優れた方法をもたらす、正当化可能性に関する諸観念に訴えかけることなくしては、諸個人を諸個人として評価し、彼らの別個の価値を理解することはできない、ということである。私はこの返答を受け入れがたく思う。というのも、彼は契約主義を、人間とその生活について価値あるものの一部をとらえるための優れた方法として確証しているにもかかわらず、もっと穏当で妥当性を有する論難には応答していないように私には思われるからだ。その論難はこう述べるだろう。そうとも、そうした価値はたしかに価値あるものの一部ではあるが、全体ではないのだ、と。痛みと病気からの自由、身体の不可侵性、愛と安らぎといったものには、正当化可能性という観念からすべてが引きだされるのではない価値があるように思われるだろう。(この論点はカントの人格説に対して私が先になした批判と密接に関連している。) 私は、これらやほかの善には独立の価値があるという考えを捨てずとも、スキャンロンの「他者に対する正当化可能性という観念は、正と不正に関する私たちの思考を形成するうえで重要な役割を果たすと考えうる[64]」という説を認めることができる。スキャンロンはおそらく、このことを否定しようとはしないだろう。

けれども、倫理の分野から政治的正義の分野に移ると、独立した善の理論の必要性が明白となる。ロールズが述べているように、私たちは何を分配しているのかを知っていなければならず、また、分配されているものは善いものであることを知っていなければならない[65]。善の理論は合意の観念および正当化可能性の観念と密接につながっているだろうが、単なる理にかなった合意という観念それ自体が善の説明を生むことはないだろう。そのためこの段階で私たちの手もとにあるのはせいぜい、諸々の政治的な善あるいは権原に関して何らかの独立した説明を必要とする、部分的な契約主義であるように思われる。この点についてスキャンロンは同意している[66]。

また、自然状態という仕掛け、当事者たちの（能力における）平等性、相互有利性という目標、そして富と所得による社会的地位の指標化を取り除くと――先に論じたように、もし障碍の問題が適切に取り組まれるべきならば、これらは取り除かれるべきなのだが――がらんとした合意という観念がことのほかむき出しになるだろう。ロールズの場合と比べて、仕掛けの数は実にぐっと減り、善に関する独立の多値的な説明が、ますます多くの重要な役割を果たすことになるだろう[67]。

いまのところ、スキャンロンの理論の核となる諸観念を用いて、政治的な契約主義を構築しようとする試みのなかでもっとも有望なのは、ブライアン・バリーの『不偏性としての正義』である。バリーは、相互有利性という古典的な社会契約の観念に対して、効果的な異論を唱えている。[68] ロールズに対する彼の異論は、私が提起してきたものと正確に言えば同じではないが補足的なものではあるし、またバリーは、障碍の問題がロールズに対して突きつけている難問は何ら皮相的なものでも簡単に解決できるものでもないということを理解している。[69] バリーの論証は、私の論証と同様に、ロールズが互恵性という古典的な社会契約の観念に傾倒しすぎであるという理解を示している——ロールズが自然状態の類似物としてヒューム的な「正義が生じる情況」を受け入れているという、私にとっては根本的に思われることを、彼は取り上げていないけれど。また、バリーの論証は、私の論証と同様に、ロールズの見解にあるカント的な要素と、古典的な社会契約の要素とのあいだに、深刻な緊張関係があることを理解している。バリー自身の達成目標は、カント的な観念にのみ準拠する見解を、スキャンロンが整えたカント的な形式で、しかしながら政治理論の分野において、産みだすことである。

この意義深い試みは、より詳細なスキャンロンの倫理的提案と混成するならば、理にかなった拒否と理にかなった合意という契約主義の諸観念が、政治理論においても力強い諸観念であること、つまり政治原理の構造を啓蒙しうる諸観念であることを示すと、私は確信している。「原初状態」という仕掛けは、そうした観念のひとつの表現である。ヒューム的/社会契約的な係留所から引き離して分離すれば、この仕掛けもまた、核となる政治的諸観念を大いに啓蒙しうる。けれども、バリーの理論にある大雑把さは、よく練り上げられた善の理論を有することの重要性を、非常にはっきりと伝えている——もし善についての説明が、政治的構想を、部分的にでも規定すべきであるとすれば。また彼の説明は、知的損傷のある市民たちの包摂へ向けて、理にかなった合意という観念と、それに密接に関連するカント的な人格の構想とに内在する諸困難に関して、私が提起してきた懸念にも答えていない。バリーの仮想的合意の観念が、実際どのようにして重度の知的障碍のある人びとを包摂するのか、私には不明瞭なままである。バリーは、彼が想定する契約当事者たちの心理的な能力について何ら詳しい説明をしていないし、ロールズの理論には不備があると的確に述べながらも、自らの理論がこの問題にどう対処しているのかを何ら説明していない。この点に関しては、仮想的合意の当事者たちのあいだの相互尊重という観念にもとづくどの理論にも、ねじれが生じると考える理由がある。「誰によって」と「誰のために」の融合は、問題となっている尊重が、派生的にしか重度の知的な損傷のある市民たちに拡張適用されない仕方で、論証構造に組み込まれている。

この筋道における試みが、もっとなされなければならないのは確かである。しかしながら、そのような理論が障碍の問題を正義の問題として扱うことに成功するとすれば、それらが社会契約論のいくつかの特徴を取り除くのと同時に、(ロールズが事実上すでにしているように[70]) 独立した善の理論を採用する限りにおいてである。それによってそのような理論は、私が推奨するつもりの理論に大いに収斂するだろう。センが提示した理由によって、またロールズがその大部分を認めた理由によって、物のリストにもとづく善の理論ではうまくゆかない。人間の可能力のリストこそが、目指すにふさわしい種類のリストのように思われる。さらに、そのような理論が成功するのは、相互有利性の観点だけで理解されたのではない協働が、いかにして維持されるのかを明らかにする、もっと複雑な政治心理の考察と、カント的理性だけではなく、人びととの素晴らしさと尊厳に関してもっと包摂的な説明を含んだ人格の政治的構想とが、含まれた場合のみである。

このように、理論が持つべき諸々の部分は何であるかについて、ロールズと私は完全に合意している。理論には、政治的な心理に関する考察、人格に関する政治的な説明、善に関する政治理論、そして正当化の説明が必要である。こうした問題のいくつかに対するロールズのほかならぬ解決策について、私はいくつかの疑義を表明してきた。また、古典的な社会契約説とのつながりを絶つ理論を展開することによってのみ、彼がそれらの疑義に対応しうるだろうことも示唆してきた。だが同時に私は、ロールズが追求しているような複数の部分からなる構造は、必要不可欠であると確信している。また、バリーの理論はいくつかの点で改善が見られるが、ロールズが追求しているようなほかの部分を脇においているか、少なくともまだほとんど展開していないとも考えている。

この段階で、諸々の重要な政治的権原や善の説明から出発する見晴らしの利く異なるタイプの見地と、これまでみてきたものとは異なる（カント的ではない）人格の政治的説明とから、この問題に取り組もうとすることが啓蒙的だと判明するだろう。すぐ後でみるように、私自身の理論は契約主義から完全に離れるものではなく、政治的リベラリズムと重なり合うコンセンサスという、ロールズ的な諸観念の採用を通じて、理にかなった合意に役回りを与えている。だがほかの点について言えば、理論の諸々の部分の配置の仕方は異なり、いくつかの部分の描き方も相当に異なっている。とくに、人びとがよい人生を生きるための諸々の機会が有する価値を、第一義的なものとしている。また、人間の尊厳に合致した人生を可能にするのは何であるかの説明（この説明それ自体は、人格と人間の尊厳に関する、（カント的ではない）政治的構想と密接につながっている）の後に、政治的正当化の説明をおくものである。この企てが政治的な契約主義を編み出だそうとする今後の試みを補足し、また適切な情報で満たすものとなること、また私の理論と契約主義の会話が政治原理の構造を強化するものとなること。これらが私の願いである。

第3章　可能力と障碍

ジェイミーは、本書あるいは私の人生においてこれまで取り組まれてきたどんな基本的な問題よりも基本的な問いを私たちに問いかけつつ、この世に生まれてきた。ジェイミーのような市民たちが栄養を与えられ、支援され、それぞれが最大限の人間の可能性に達するよう助長される、そのような社会組織のかたちを想像することがいかにも可能だとしよう。そもそもなぜ私たちは、そのような社会組織をつくりだそうとするのだろうか？

——マイケル・ベルベ『ライフ・アズ・ウィー・ノウ・イット』

1　可能力アプローチ——契約主義的ではないケアの説明

可能力アプローチは基本的な権原に関する政治的見解であり、包括的な道徳的見解ではない。それはまっとうに正義にかなった社会の必要条件のいくつかを、すべての市民のための一群の基本的な権原というかたちで特定するにすぎないため、完結した政治的見解であろうともしていない。それら権原は、人間の尊厳と人間の尊厳に見合った生活という諸観念そのものに内在するとされているため、それらを市民たちに確保できないとすれば、基本的正義はことのほか毀損されることになる。可能力のリストについて考えるひとつの方法としては、そのリストを――インド憲法の基本的権利に関する節、あるいは（それに比べてはるかに短い）アメリカ合衆国憲法の権利章典に類似の――憲法上の諸々の保障に関するリストにおいて具体化されたものとして考えるやり方がある。それら権原は続いて、立法および司法活動を通じて施行されるものであるだろう。実のところ可能力のリストは、（インド、ドイツおよび南アフリカ共和国を突出した実例として含む世界の多くの国々で、すでに憲法の枠組みの基本となっている人間の尊厳についての直観的観念から、意図的に出発している。いまではこの観念に関する司法解釈の長い歴史があるため、創造力のある司法が人間生活のさまざまな領域においてこの観念をどう活用しえてきたのかを見ることで、その実践上の可能性を評価できるだろう(1)。

これまでに述べたように私のアプローチには、スキャンロンの倫理的な型の契約主義とのいくらかの収斂があるが、それからのきわめて著しい離脱もいくらかあり、またロールズ的な形式の政治的な契約主義からのさらに著しい離脱も含まれている。以下では、これらの違いをより詳細に吟味することにしよう。

2　社会的協働の基盤

社会契約の伝統にとって、相互有利性の観念は重要である。当事者たちは相互利得のために自然状態から離れるからである。ロールズはこの観念を受け入れており、またそれにあわせて、それと密接に関わる当事者たちの力における相対的な平等性の説明を受け入れている。一部の契約主義者――たとえばロック――は、ほかの人びとの利害関心に対する慈恵的な利害関心を含む仕方で有利性を理解するが、ロールズはそうではない。当事者たちは「原初状態」によってもたらされた不偏性の制約の範囲内で自らの善の構想の実現を追求する。したがって本書が主張してきたように、「よく秩序づけられた社会」の市民たちは幅広い一群の道徳化された諸目的をもっており、器質的損傷のある人びとを完全に包摂するための適切な理由を事後的に見つけることができるだろうが、契約状況はこの問題の適切な解決を事前的には拒んでいることになる。

可能力アプローチでは、利得の説明と社会的協働の達成目標とがまずもっての出発点から道徳化されており、また社会化されている。このアプローチは（手続き的アプローチではなく結果指向のアプローチであるため）仮説上の初期状況を用いないにもかかわらず、人間を幅広い動機――それには正義への愛そのものが含まれ、また、まっとうで尊厳のある生活を送るためのニーズが充たされていない人びとに対する道徳化された同情が突出して含まれる――にもとづいて協働するものとして描く。そのような社会は不安定になるだろうと考える理由はどこにもない。実のところ私は、そのような社会は政治的安定性の容認しうる諸条件を時間の経過と共に満たしうると論じてきた[2]。

きわめて重要なこととして、正義はヒューム的な「正義が生じる情況」が生じるところでのみ関連性をもつなどという想定は、顕在的にも潜在的にもない。いいかえると、人びとが相互有利性のために取引をする動機となるだいたいの平等性の状況だけが正義を実現しうるなどとは想定されていない。ロールズは「正義が生じる情況」に関するヒュームの説明を支持しているが、それは彼の見解にあるほかの要素と深刻な緊張関係にある。それにもかかわらず、彼は決してそれを放棄しない。それは人びとのあいだで正義が意味をなす状況をじょうずに説明すると、彼は明らかに信じている。

人間に対するヒュームの評価は冷ややかすぎる。（人間の共感と慈恵の能力に関しては見事な気づきを示しているヒュームが、そのような評価をしているのは少しばかり腑に落ちない。）人間は、愛と同情の紐帯、有利性の紐帯、正義への愛、そして正義へのニーズといった、多数の紐帯によって結びついている(3)。現実の人びとは、心が狭い仕方かあるいは恣意的にむらのある仕方で、他者のニーズに応えることが多いが、これらの結びつきをより深く、より広範に、そしてより公正にするために、教育にはかなりのことができる。ロールズはこれに同意している。とすれば、彼がヒュームの「正義が生じる情況」の説明とそれに関連する古典的な社会契約の伝統の諸相とを支持しているのは、おそらく不運としか言いようがないだろう。いかにも私は、器質的損傷のある人びとをもっと社会に包摂しようとする近年において見られる変化は、人間のまっとうさが実に正義を正義のために目指していることの強い証拠となっており、また政治における大きな違いをもたらすのに十分な頻度で生じていると主張する。これがもし、経済的な動機と効率性の考慮事項とによって典型的に支配されている西洋社会においてもそうであるならば、すべての市民の人間的な可能力を真に支持し、かつそれらの価値を時間をかけて再生する教育システムを考案する社会の人間は、過度に期待せずとも十分やってゆけるだろう。

ロールズは「原初状態」に慈恵的な動機を含めることを拒絶しているが、彼はそうした動機が存在しないとか強力ではないとかいう見解によってそうしているのではない。そうではなくて、そうした動機はふぞろいで偏愛的であり、つまるところ明確な政治原理を支えることはないという（ヒュームと同様の）観念によってそうしているのである。私はロールズのより野心的で完結した構想ではなく、社会的最小限の観念にもとづく部分的な構想のみを擁護することによって、ある程度はその〔慈恵的な動機を含みうるのかという〕論難を認めており、またそれに譲歩している。けれどもある程度は、直観への過度の依存があるではないかという論難には、答えうると確信している（第五節を参照）。

このように可能力アプローチは、正義と包括性を内在的価値のある諸目的としてはじめから扱う種類の協働の説明を、遠慮なく使用する。その説明は、人間は多くの利他的な紐帯に加えて相互有利性の紐帯によっても結びついていると見なす。それとあわせてその説明は人格の政治的構想を用いるが、そこではアリストテレスにおいてそうであるように、人は、政治的で社会的な動物として社会的な善を徹底的に追求し、かつ複雑な諸目的を他者と多くの段階で共有すると見なされる。他者の善は、人が、自らの善を追求するにあたって課せられる単なる制約ではなく、その人の善の一部である。したがって、他者の善へのたくましいコミットメントは、ロールズの理論においてそうであるように個人的な善の構想に委ねられたことがらではなく、はじめから共有された、人格の公共的構想の一部なのである。人が自然状態を離れるのは（もちろん、もしこの虚構の利用が少しでも残っているのであればだが）、他者と取引することが相互にとってより有利だからではなく、共有された諸目的と共有された生活がない状態でよく生きることが、想像できないからである。慈恵と正義を携えて他者と共に他者へ向けて生きることは、全員が政治的目的のために是認する、共有された、人格の公共的構想の一部である。

たくましい慈恵と正義へのコミットメントを理論の基礎に組み込むことは、こうしたことがらについて不可知論的なままでいるよりも、明らかに要求度が高い。この点についてロールズは正しい。だが、もし要求度が低い方の諸想定がこの問題に対応しないのであれば、高い方の諸想定が必要となる。さらに、こうしたことがらにおいてはつねに倹約するのがよいというのは、私には必ずしも明確ではない。道徳的なコミットメントを出発点から外してしまうような倹約を求めるゴティエ流の要求を、ロールズは賢明にも拒絶した。私のアプローチはそれと同じ方向に、それよりももう少し、踏み込むものである。

3　カント的ではなくアリストテレス的な尊厳

契約主義からの根本的な離脱のもうひとつは、尊厳の観念に関連しており、そのため尊厳の観念を基礎的なものとするロールズのカント的な人格の構想に関連する。カントは人間の人間性と人間の動物性を対比している。ロールズははっきりとはそうしていないが、人格性を、人間がほかの動物と共有しているニーズのなかにではなく、（道徳的で慎慮にもとづいた）合理性のなかに存在させている。それとは対照的に可能力アプローチは、合理性と動物性を完全に統合したものとしてみる。政治的動物としての人間というアリストテレスの観念と、人間は「生命活動の複数性を必要としている」生き物だというマルクスの観念とからヒントを得て、このアプローチは、合理的なるものは動物のひとつの側面にすぎず、真に人間的な機能という観念に関連性のある唯一の側面でもないと理解する。もっと概して言えば、可能力アプローチは、多くの異なる種類の動物の尊厳を含むものとして世界を見ているのであり、それらのすべてが尊重と、さらには畏敬さえをも受けるに値するものとする。とくに人間という種は、通常はある種の合理性によって特徴づけられてはいるが、合理性は理想化されておらず、動物性の反対側に位置するものともされていない。合理性はありふれた実践的な理由づけにすぎず、動物が機能するひとつの仕方である。さらに社交性は同じだけ基本的で同じだけ広範なものである。そして、ケアへのニーズを含む身体的なニーズは、私たちの合理性と私たちの社交性の特徴である。であるならば、動物性は合理性と対比させられる何かというよりは、私たちの尊厳のひとつの側面である。

したがって、基礎的な政治原理の源泉となる人格の政治的構想の設計には、人間がニーズに満ちたはかない動物であり、新生児としてスタートし、多くの場合それとは異なる形態の依存で終わるということの承認が組み込まれる。私の可能力アプローチは、こうした脆弱性の領域を注視し、合理性と社交性が一時的なものであり、また成長と成熟とそして（時間が許せば）衰退の時期をもあわせ持つと主張する。十分に人間らしい社交性の種類には、ロールズにとっては重要な、対称関係のようなものが含まれるのみならず、極度の非対称の関係性もが、大なり小なり含まれることも承認する。非対称の関係性においても、互恵性と真に人間的な機能とがあることが強く求められる。

さて、人間において尊厳があり真価があることに関するこの新しい構想は、ヒューム的／ロールズ的な「正義が生じる情況」からの離脱を支持する。こう述べることで私たちは、契約主義からのふたつの根本的な離脱をつなげることができる。人間は、生産的であることによって、他者からの尊重を勝ち取らなくてもよい。人間は、人間のニーズそれ自体の尊厳のなかに、支援に対する権利要求を有している。社会は幅広い愛着と気遣いによって結びついており、生産性に関係しているのはそのなかのほんの一部にすぎない。生産性は必要であり、またよいものでもあるけれども、社会生活の主要目的ではない。

4　善の優先性、合意の役割

本書はこれまで、トマス・スキャンロンが倫理学において展開した倫理的な契約主義の希薄な型について論じながら、それが善の理論——相互尊重と互恵性に関する希薄な観念からは導出されえないもの——

なしでは、政治原理の基礎とはなりえないと論じてきた。（すでに述べたように、スキャンロンはこれに同意している。）ロールズにとって基本善の理論は、カント的な人格の構想と密接に繋がっている。基本善は、二つの道徳能力によって特徴づけられた人びとが、自らの人生計画を追求するために欲するだろう諸々の善として、導入されている。では、私自身の善の理論は、私の（カント的ではない）人間の尊厳に関する説明と、どう関連しているだろうか？　もし諸々の可能力が、それら自体に価値があるものではなく、人間の尊厳のある人生への単なる手段として見なされるならば、私の理論は詰まるところ契約主義の理論とあまり違わないことになる。つまり、アリストテレス的な尊厳の説明がロールズの道徳能力に関する説明（もしくはスキャンロンの互恵性に関する説明）にとって代わるものの、善の説明はなお、例の道徳的合理性に関する説明に（道具的に）依拠するものとして描かれ、また実のところそれによって生成されるものとなる。そのため善の理論は、それが契約主義の理論のなかで果たしうる役割と非常によく似た役割を果たすことになるだろう。そして二つの理論の違いは、どんなに安く見積もっても減じてしまうだろう。すると可能力アプローチは、私がより希薄な型の契約主義に存在するとした問題、つまりひとつの希薄な道徳観念からあまりに多くを導出しようとしているという問題に苦しむのではないのか、と思う人がいるかもしれない。

この点において契約主義と可能力アプローチに収斂が見つかるとしても、もちろん不思議ではない。なぜなら両者ともが、道徳的平等者としての人間に関するいくつかの類似の直観によって根本的に形成されており、また両者ともが、政治的平等には人生における幅広い活動と選択肢への支援が要求されるとしているからである。私の見解では、契約主義的な型の理論はこれまで提示されてきた基本的な社会正義に関する理論のなかでもっとも説得力があるものであるため、このような収斂を私は歓迎する。しかしこれら二つのアプローチには、重要かつ深遠な違いが残っていると思われる。諸々の可能力は、人間の尊厳のある生に役立つ手段としては理解されていない。そうではなくてそれらは、人間の尊厳のある生を、人間が通常は携わる生の異なる領域において実現する方法として、理解されているのである。リストの背後にある先導的な観念は、そうした異なる領域（生きることや健康であることなど）を私たちが歩むということであり、またそうした領域のそれぞれ――私たちはそのなかで生きかつ行為している――において、人間の尊厳と最小限に両立可能な仕方で生きかつ行為しうる方法とは何であるだろうかを問うことである。尊厳は、諸々の可能力に先行する仕方でも、それらから独立した仕方でも、定義されていない。そうではなくて、それらとそれらの定義とに絡み合った仕方で定義されているのである。（もちろん、若き日のマルクスにとってそうであったように、食べかたや動きかたや関わり合いの仕方が人間の尊厳と両立可能である場合の指標として、社交性と実践理性という人生を構築するうえで重要な可能力が、はじめから終わりまで先導的な役割を果たす。）したがって、先導的な観念は尊厳の観念ではない――そうであれば尊厳は、ひとつの人生を生きるための諸々の可能力から、切り離されうるだろう。そうではなくて、先導的な観念は、人間の尊厳のある生あるいはそれに見合った生という観念である。この観念においては、尊厳のある人生は、少なくとも部分的にはリストにある可能力を有することで構成されている。このような仕方で、正と善は全面的に結びついていると思われる。

スキャンロンの倫理的な契約主義にとっては、このことは問題ではない。これについては先にみたとおりである。互恵性の観念が主役であるし、独立に紡ぎだされた善の観念がなくとも、互恵性の観念だけから比較的完結した倫理の説明を導出しうると、スキャンロンは期待しているからである（そのような善の説明は、人間と人間の生に存在する価値が何であるかに関する説明の一部を提供するかもしれないという控えめな主張を、彼は決して拒絶しはしないけれども)。ロールズについて言えば、彼は、当事者たちがどのような善の構想を追求していようとも有効な手段となる、諸々の基本善という初期のころの構想を放棄するにもかかわらず、諸々の基本善をカント的な人生設計に役立つ手段として、つまりカント的な道徳能力という観点から想像された当事者たちが欲するだろう諸々の基本善として、描き続けている。そうであれば、可能力のリストに関する私の説明と、契約主義のふたつの形式とのあいだには、深遠な違いが残る。もし善が優先するという考えが、ある意味でミスリーディングであるとしても――善の説明において尊厳の観念が果たす役割をもってすればそうだろう――可能力アプローチはカント的な仕方では正と善を分離せず、むしろより豊かで道徳化された善の説明を携えるものだということを認めるならば、その考えは正しい。

しかしながら、可能力アプローチと契約主義の収斂点はもうひとつある。可能力アプローチは、ロールズ的な政治的リベラリズムの観念から紡ぎだされている。つまり権原の説明は、政治的目的のために、市民たちが彼らのさまざまな善の包括的構想に付け加えるかもしれない善に関する部分的な説明として描かれている。それは、市民を宗教や包括的な倫理的教説の線上で区分するだろう(魂や啓示、またこれらのいずれかの否認に関する教説のような)形而上学的・知識論的な教説に依拠することなく、独立の倫理的諸観念だけの観点から紡ぎだされているのであり、もしくは少なくともそうであることが望まれている。したがってこの構想は、さもなければ異なる包括的見解を持つ市民たちのあいだの重なり合うコンセンサスの対象となりうると、期待されている。

私はロールズとは異なり、しかしながら世界人権宣言の立案者たちと同様に、そのようなコンセンサスは――伝統と宗教の壁を越えて――国際的に十分得られると考えている。重なり合うコンセンサスへの期待は、本書における論証のすべてが西洋の民主主義諸国の伝統から引きだされていることという、追加的な前提を必要としない（第五章の第六節を参照）。だが私はなお、重なり合うコンセンサスの観念とそれに関連する合意の観念とに役割を与えている。このように重なり合うコンセンサスは、部分的に私の構想を正当化している。私の構想は、善い生に関して異なる包括的構想を持つ人びとに対して、時間の経過とともに正当化しうる。このように正当化は、価値に関するすべてのあるいは少なくとも主要な構想にとっての受容可能性という観念をともなう。受容可能性は、安定性――つまり全員にとって受け入れ可能な構想が経時的に安定的でありうるということ――の理由と尊重の理由とによって、正当化に深く関わっている。

このようにしてみると、可能力アプローチには、契約主義との、少なくともスキャンロンの倫理的な型との、ある程度の収斂がもうひとつある。正当化の条件として受容可能性を要求することには、つぎの考えが盛り込まれている。すなわち、善の理論は人間による合意から独立してはいないけれど、（単なる暫定協定としてではなく、適切な諸理由にもとづいた）重なり合うコンセンサスという合意の可能性がある場合にのみ、善に関する正しい政治的構想として正当化しうる、という考えである。したがって私の構想は、（善の理論を追加することで政治理論へと変換しうるであろうものとしての）スキャンロンの構想と、同様の可働部分を有しているように思われるだろう。その部分は精妙に異なる仕方で編成されており、また異なる人格の政治的構想を用いているけれども。

5　なぜ可能力なのか？

センの提案によれば、ロールズは、彼が福利の指標として資源（所得と富）を突出したかたちで用いている基本善の異種混成リストを、人生の質の測定においてすべてが用いられるだろう諸々の可能力のリストと、差し替えるべきである。この提案においてセンがなした第一義的な主張のひとつは、障碍のある人びとの福利の指標として富と所得は不適切だというもの、つまり車いすの人は「正常」に移動できる人と同じ所得と富を持っているかもしれないが、場所から場所へ移動する可能力においては同じではないかもしれない、というものである。[4]ロールズはこの提案を受け入れることができなかった。なぜなら、彼は格差原理[5]を支持する論証のために、相対的な社会的地位の指標として所得と富を用いることにコミットしているからであり、またおそらくは、彼の社会契約説の構造のためでもある。それに加えて、彼が複数の目的を直観主義的に釣り合わせることに反対していることが、彼が相対的地位の多値的な指標はなんであっても受け入れることができないだろうことを示唆している。

私の可能力アプローチは、センの議論と、いくつかの追加的な議論とを用いながら、センの提案を支持するものである。センは可能力を支持することの論拠を、資源に対する諸個人のニーズの多様性と、彼らが資源を機能に変換する能力の多様性においている。ニーズにおける多様性は人間の生活に広く行きわたった特徴であると、彼は主張している。たとえば、子どもは大人よりも多くのたんぱく質（高価な栄養素）を必要とし、妊娠中もしくは授乳中の女性はそうではない女性よりも多くの栄養を必要とする。したがって多様性の問題は先送りにはできない。いたるところに存在するからである。

また一方でセンは、可能力に焦点を当てる必要性がとくにはっきりするのは、社会構造によって諸個人が多様かつ不規則な仕方で妨げられているケースを検討する場合だとも主張している。女性が教育を受けることを伝統的に阻止している文化では、男性の識字教育よりも女性の識字教育に多くの資源を投入する必要がある。車いすの人という彼の有名なたとえの場合にも類似の構造がある——センはそう述べていないし、また彼は障碍のケースを自然本性的な非対称性をともなうものとして扱う傾向にあるけれども。車いすの人が公共空間で移動する可能力が「正常」な人よりも少ない理由は、まったく社会的である。社会が公共空間における車いす用のアクセスを提供してこなかったのである。

しかしながら、この議論は別のことも意味しうる。それというのも、センのロールズ批判は、もし私たちがそうした非対称性を考慮に入れるような仕方で足りない量を埋め合わせることができるならば、所得と富は本当に重要なものの適切な代替物になるであろうことを示唆するからである。もし子どもに、食料のためのお金を大人よりも適切に多く与えるとすれば、また車いすの人に、移動可能性に関連してより多くの量を適切に与えるとすれば、原理上、所得と富はなおも相対的な社会的地位の適切な尺度であるだろう。もちろん、諸々の可能力を見れば不足している量をきちんと把握することができるため、諸々の可能力は依然として第一義的であるだろう。それでもなお、少なくとも社会的計算においては、それらは所得と富によって代替可能だと見なすことができるだろう。なにはともあれセンのロールズ批判は、そのように読まれうるだろう。

とはいえ、所得と富に焦点を合わせることについて、可能力アプローチはより根本的な批判をなしうる。社会によって分配される諸々の基本善が複数であり単一ではないこと、そしてそれらがどのような単一の量的基準によっても約分できないということ、これらを求めることは、可能力に焦点を合わせるうえでもっとも重要である。

しかしそのような批判を説得的に展開できるようになる前に、諸々の可能力を人間の中心的な権原とする何らかのリストを、どんなに暫定的で変更可能なものであろうとも、採用する必要がある。基本的な社会正義はそのリストの観点から定義されるからである。そのようなリストを作ることを渋っているセンには、可能力の観念を用いて社会正義の理論の輪郭を示すのは困難である。このことを私はほかの著作で示唆してきた。いくつかの可能力（投票する能力）は重要であるが、いくつかの可能力（ヘルメットをつけずにバイクを運転する能力）は比較的ささいなものである。正義にかなった憲法は重要なものを保護するのであり、ささいなものを保護するのではない。いくつかの可能力は実際には悪いものであり、法律によって抑止・禁止されるべきである（人種や性別または障碍にもとづいて差別する能力、環境を汚染する能力）[6]。可能力を可能力だからという理由で保護する憲法はひとつもない。どれがよいものであり、そのなかでもどれがもっとも中心的で、そして人間の尊厳のある生のための最低限の条件を定義するさいに最も明らかに関係しているのかを決定するために、先立つ評価がなければならない。

社会的に不利な立場から人生をスタートする人びとの通常ではないニーズを考慮に入れることを前提として、少なくとも憲法を制定し制度を設計するという目的のために中心的な可能力の何らかの加工用のリストに取り組んだならば、所得と富は可能力のよい代替物となりうるのかという例の問題が生じる。ここで私たちは、非常に大きな壁にぶち当たる。私が擁護してきたように、すべての可能力のひとつひとつが市民たちの基本的な権原であり、まっとうで尊厳のある人間の生に必要である。可能力をリスト化することの正当性の一部はこれによって説明される。この説明は、可能力が根元的に代替不可能であることを含意する。ある領域における不足は、人びとにほかの可能力を大量に与えるだけでは穴埋めしえない。このことが、妥当なトレードオフの種類を制限し、またゆえに量的な費用対便益分析の適用性を限界づけるのである。すべての市民には、あらゆる可能力の適切な閾値レヴェルまでの権原が、正義によって与えられている。もし人びとがどれかひとつの可能力において閾値を下回るのであれば、ほかのすべての可能力がどんなに高いレヴェルにあろうとも、基本的正義はなされていないことになる[7]。このように、社会的地位の尺度として所得と富を用いることのなにが問題であるかは、資源に対するニーズの多様性を主張することでは、十分とらえられない。単一の尺度に照らして可能力を代替可能とすることに、問題がすでに存在している。人間は、マルクスが「豊かな人間的ニーズ」と呼んだものによって、すなわち人生の活動のための諸機会の、減じえない多様性へのニーズによって、特徴づけられている。

さらに、ロールズのように所得と富を強調することは、関連性のある重要な資源が諸個人に分配できるものであることを示唆する。センによる批判は、この点をはっきりと議論していない。車いすの人に十分なお金を与えよ、彼はそう言うように思われる。そうすればその人はここからそこへと移動できるようになるだろう、と。問題は金額の決定だけである、と。だがこの返答では不十分である。車いすの人にどれだけのお金を与えようとも、公共のスペース自体が再設計されなければ、公共のスペースへの適切なアクセスは得られない。とても裕福な人であれば、フルタイムの運転手と、スロープのない建物の階段を使って車いすの人を運ぶことができる一組の担ぎ人たちを雇うことができるだろう。だが、器質的損傷のある人びとをそこまで裕福にすることが、かりに公共政策の賢明な目標であったとしても――実際はそうではないが――その人は運転手や担ぎ人に頼らなければならないということであってはならないという、この問題の根幹部分はまだ手つかずのままであるだろう。バスや歩道には車いす用のアクセスがあるべきであり、すべての建物にはスロープや車いすで利用できるエレベーターが完備されるべきである。公共空間のこうした再設計は、損傷のある人びとの尊厳と自尊にとって不可欠である。要するに、損傷のある人びとを公共空間に溶け込ませるという課題は公共の課題であり、公共の計画づくりと公共的な資源の使用とを要求する。問うべき重要な問いは、損傷のある諸個人がどれだけのお金を持っているかではなく、実際に何をすることができて何になることができるのかである。ひとたびこのことを確認したならば、つぎに問うべき重要な問いは、損傷のある人びとの能力が適切な閾値レヴェルまで機能するうえで、どのような障壁があるのかである。

6　ケアと可能力のリスト

いまでは、正義の構想におけるケアの役割を（本来そうであるように）基本的とするのは、かなり容易い。第一に、重度の依存状態あるいは非対称的な依存状態の場合のケアへのニーズが、市民のたちの第一義的なニーズのひとつとして理解されているからである。適切なレヴェルまでのその充足は、まっとうに正義にかなった社会の特徴のひとつである。この洞察は可能力のリストにどう組み込まれるべきだろうか？私は知的障碍者の特殊事例に移る前に、この問題に一般的な仕方で取り組むつもりである。私の主張は、ケアは単一のものではないということ、したがってケアはほかの可能力に並んで追加される単一かつ別個の可能力として導入されるべきではなく、少なくともその必要もないということ、これらとなるだろう。(8)ケアについてよく考えることは、ケアを受ける側とケアを提供する側の双方の側から、幅広い可能力について考えることを意味する。依存者に対する適切なケアとは、それが子ども、高齢者、病人、障碍者であろうと、生命、健康、身体的保全の可能力の支援に焦点を当てるものである。それはまた感覚、想像力、思考に刺激を与える。それは感情上の愛着を支援し、「計り知れない恐怖と不安」を取り除く。実のところ適切なケアは、愛着を構成する貴重な要素である。適切なケアはまた、ケアを受ける人の実践理性および選択の能力を支援する。場合によっては社会的・政治的な関係性も含めて、ほかの多くの種類の関係性を促す。自尊というきわめて重要な善を保護し、遊んだり生を楽しんだりする能力を支援する。当人の物質的・政治的な環境のコントロールも支援する。器質的損傷や障碍のある人びとは、単に自分を所有しているにすぎない者として見なされるのではなく、所有や雇用などへの権利主張を持つ尊厳のある市民として見なされる必要がある。損傷のある市民たちが自然を楽しむ機会は減らされていることが多いが、適切なケアはこの可能力も支援する。[9] まとめると、ケアを受ける人びとの生においてケアが果たす親密で基本的な役割をもってすれば、私たちは、ケアは人間の中心的な可能力の全範囲に取り組むものだと言わなければならないし、もしくは取り組むものであるべきだと言わなければならない。

重度の知的損傷のある人びとは、ほかの人間と同じように、すべての可能力が対象とする全領域においてニーズを有している。適切なケアはこれらすべてのニーズに取り組む。これ以上多くのことは一般論としては言えない。知的損傷のある人にとっての適切なケアとは——そしてケア支援のためのよい公共政策とは——その人の損傷の特性が詳しく知られており、またそれに対する気配りがあることに違いない。セーシャにとっての適切なケアは、愛着、感情の平静さ、そして健康に焦点を合わせるものだろう。彼女が愛情と喜びに対して有している大きな能力は、彼女とのどんな関係においてもつねに中心におかれなくてはならない。適切なケアは、認知上の刺激に対する彼女のニーズを助長しもするだろう。たとえば、彼女は音楽とそれに合わせた動きが大好きで、単一の物理的環境に閉じ込められないことへの強い関心を抱いている。[10]だが、認知に関連する関与は、彼女の能力に適したレヴェルでなければならない。雇用、政治参加、生活様式の選択は、彼女の状況にはあまり関連性がないだろう。

アーサーの場合はまったく異なる。彼の大きな認知能力は、いじめを通じて、あるいは集団に対して彼が抱く全般的な恐怖を通じて、彼に精神的苦痛が生じないような雰囲気で、育まれる必要がある。他者との関係における彼の能力には、持続的でかつ一致団結した支援が必要である。この領域で、ほとんどの子どもにとって適切とされるだろうケアは、彼にとっては適切ではないだろう。認知能力の発達においては、動物や自然との関係がとても重要な役割を果たす。よい支援と運があれば、彼は仕事を持ち、社会にもっと参加することができるだろう。実のところ彼は一二歳にしてすでに、政治に関する高度に洗練された理解力を有している。それは彼の情動上の硬直と奇妙にも混じり合っている。たとえば、二〇〇〇年の真偽を問われた選挙に対する自らの嫌悪を表現するよい方法は、ブッシュを「大統領（President）」ではなく「ただホワイトハウスに住んでいる人（Resident）」と呼ぶことだと彼は決心した。このかなり洗練された冗談がなされた後、彼は学校の先生を含め誰かがそれ以外の呼び方でブッシュに言及したときには、非常に憤慨した。アーサーにとっての適切なケアは、発達におけるこうした揺れのあるばらつきに、よく適合したものでなければならない。

すると端的には、知的損傷のある人（認知症やアルツハイマーの高齢者も含む）にとっての適切なケアとは、個別化されたケアである。第一〇節では、公共政策と憲法条項はどうすればこの個別性をとらえることができるのかを問いながら、この問題に戻るつもりである。だがここで、ケア提供者の一般的な可能力へのニーズについて言及しておきたい。

ケア提供者の側にも、幅広い懸案事項がある。ケア提供者たちは不適切な制度編成を通じて、あらゆる仕方で頻繁にダメージを受けている。彼らの健康は害され、感情の平静さは痛々しく損なわれ、そうでなければ持つことのできたほかの多くの可能力を失っている。まっとうな社会であっても、すべてのケア提供者が実際に楽しい生を送ることは保証できない。だが、重要な領域のそれぞれで閾値レヴェルの可能力を提供することはできる。たとえば、なかでもとくにとらえどころがないように思われる感情の平静の領域では、適切な公共の制度編成とまっとうな公共文化とが、高齢の依存者あるいは障碍のある依存者のケアにおいて、やるべきことをきちんとやり終えることができるのかとか、どのような支援が得られるだろうかとかいった、絶え間ない不安を取り除くことを可能にする。このような制度編成は、必要とされるケアをどうしても提供することができない家族の構成員にのしかかる、圧倒的な罪悪感の重荷も、軽減するだろう。ここでもやはり、この領域における実践理性のための適切な支援とは、依存者をケアするという選択を、社会的無関心によって押しつけられた選択ではなく、本当の選択にするような公共政策であるだろう。女性には、自分自身のために人生計画を立て、そのなかで依存者のケアをどう位置づけるのかを決める機会が、実質的にあることになるだろう。そして、彼女たちにも少しは、遊ぶ時間が手に入るだろう。するとと繰り返しになるが、ケアとは単一のものではなく、可能力のリストにあるすべての項目について考えることとなる。この分析が公共政策にどのような示唆をもっているかについては、後で取り上げることにしよう。

7　可能力か機能か？

器質的損傷と障碍について考えるさいには、ほかの政治的文脈においてと同じように、つぎの問いが当然ながら生じる。これらのケースそれぞれにおいて促進されるべきは可能力だけなのか、あるいは実際の機能なのか？『女性と人間開発』における私の主張は、人間生活の一定の領域において、この問いは間違いなく論争をよぶことになる、というものであった。〔私の主張には〕政治参加、宗教上の役割、遊びといった項目があることから、こうした活動に携わるための可能力もしくは機会が、適切な社会目標とされているのは明白だろう。政治参加や宗教上の役割、また遊びなどにおいてすべての市民を無理やり機能させることは、独裁的であってリベラルではないだろう。だがほかの領域では、問題はもっと難しい。たとえばリチャード・アーヌソンによれば、政治計画において適切なのは、健康な生活を選択する可能力をただ促進することではなく、実際の健康を社会目標として促進することである。[11] この点についての私自身の立場は、もっとリバタリアンである。つまり私はボクシング、危険なセックス、アメリカンフットボール、喫煙といった不健康な活動を違法とするような政策は支持しない。リスクに関する教育はきわめて適切であるだろうし、（たとえばＨＩＶ陽性であることをセックスパートナーに伝えないことによって等）他者へ害を及ぼすことは当然ながら罰せられうるだろうけれども。同様にして私は、患者が治療に関する幅広い選択権利を持つと考えているし、そうした権利は縮小されるよりも拡張されるべきだと考えている（情報アクセスおよびケアに関する選択肢の増大をともないつつ）。感情の平静さと実践理性があるため、可能力を機能から区別することには、たしかに概念上の大きな困難がある。だがやはり私の考えでは、人びとが自分のために人生を計画しかつ感情上の健康を達成する機会を促進することは、原則として正しい。けれども、恐怖を抱いたり権力への服従を含んだりする生活を送るというような市民の選択を、不可能なものとすべきではないだろう（たとえば軍部における職業を選択することは、実践理性のある種の使用を不可能にし、かつ感情上の健康を危険にさらすように思われるかもしれない。それにもかかわらず、私はそうした選択を不可能にする理由は何もないと考えているし、実のところそうした選択を可能とする説得力のある理由があると考えている。強い軍隊への露骨な社会的ニーズとは、かなりかけ離れた理由であるが。）

実際の機能が公共政策の適切な達成目標であるのは、自尊と尊厳の領域だけだと私は考えている。ある国家がつぎのように言うと仮定しよう。「われわれはあなたに尊厳を持って扱われるという選択肢を与えよう。さあここに一セントのコインがある。もしそれをわれわれに返却するならば、われわれはあなたを敬意を持って扱おう。しかしもし好むなら、あなたはそのコインを持っていることができるし、われわれはあなたに恥をかかせるだろう」。これは奇妙で不幸な国だろうし、基本的正義とはまず両立できないように思われる[12]。私たちが望んでいるのはすべての市民に尊敬の念を示す政治原理であるから、自尊と尊厳の領域に限って言えば、原則として市民たちに選択肢を与えるべきではない。

しかし子どもたちにとっては、機能は多くの領域で目標とされるだろう。そのため私は、義務教育、健康管理の義務化、そして必要不可欠な機能に関わるほかの側面を擁護してきた。（たとえば、子どもたちが好むと好まざるにかかわらず、彼らの身体的保全を守るために、法的に性交できる承諾年齢を設けることを私は支持する。）子どもの認知上の未成熟さと、大人になってからの可能力をありうるものとすることにおけるそれら機能の重要性とによって、必要不可欠な機能は正当化される。

こうした発想は、重度の知的損傷のある人びとの扱いに対して明白な示唆をもつ。これらの人びとの多くはたいていの場合、自らの健康管理について選択をなしたり、性的関係に合意したり、仕事や職業の危険性を評価したりすることができない。このことは明らかだろう。したがって、これらの人びとの多くにとっては、可能力ではなく機能が適切な目標となる領域がたくさんあるだろう。第九節ではこの問題にもっと細かく踏み込むつもりである。認知上の損傷のある人びとのニーズを充たすには、リスト、閾値の観念、そして社会目標の観念のすべてをどう調整すればよいのかを一般的な仕方で問いながら。

8　直観主義であるという論難

ロールズが単一的で直線的な人生の質の評価基準にコミットしていることには、方法論的な側面がある。彼は複数かつ多様な諸原理を釣り合わせることを、気に障るほど直観主義的であるとして、拒絶している（*TJ* 34-40）。彼はこの論難を可能力アプローチにも向けるだろうと容易に想像しうる。可能力アプローチは、社会正義にとってすべてが基本的と思われる異質な権原の複数性にコミットしているため、社会正義を気に障るほど直観主義的な基礎の上においているのだ、と。その基礎は釣り合わせを要求し、明確な順序づけを生みださないのだ、と。以下ではこの仮想的な論難を詳しく調べることにしよう。この論難はあらゆる重要な点で間違っているということが判明すると私は考えている。

私が想像する論難には二つの部分がある。第一に、基本的な政治原理の生成において、許容しえないほどの直観への依存があるということ。第二に、可能力のリストの多値的な性質が直観主義的な釣り合わせへの依存を不可避としており、政治原理を不確かで最終的ではありえないものとしてしまうだろうということ。第一の論難に対しては、可能力アプローチと〈公正としての正義〉の直観への依存度は同じであると、つまり依存がわずかに異なった場所で生じているだけであると、（すでに第一章でしたように）返答すべきである。〈公正としての正義〉では、「原初状態」の設計において、直観と熟慮された判断とに、助言が求められている。可能力アプローチでは、それらは可能力のリストの作成において、助言を求められている。この違いは驚くにはあたらない。なぜなら〈公正としての正義〉は手続き的なアプローチであり、可能力アプローチは結果指向のアプローチだからである。だが両アプローチとも、理論の構造を「熟慮された判断」という後ろ盾に照らして評価するというロールズの一般的な方法に従っており、修正を免れる点を持たないながらもひとまとまりにされた理論および判断において、整合性と調和を追求している。[13] 実のところ、この方法論的な類似が生じるのも驚くにはあたらない。なぜならロールズは、自らの方法論をアリストテレスにまではっきりと遡らせており、アリストテレスは私が可能力アプローチで用いている方法論の先駆者であるからである。

直観が果たす役割に違いがあるようにみえるのは、手続き的アプローチと結果指向のアプローチの、より一般的な違いからきていると考えられる。この一般的な違いについては第一章で論じた。手続き的アプローチの熱心な信者たちは、可能力アプローチにおける人間の尊厳の観念への無防備な訴えかけには、気分を害するのが常である――ロールズの理論における人間の不可侵性の観念と、それに関連して人びとに対する尊重という直観的観念とが果たす同様の役割については、気分を害さないのだが。彼らが気分を害する理由はとにかく、そうした直観的な観念と最終的なアウトプットのあいだには、非常に多くの可動部分があり、そうした直観的な観念がどのような働きをするのかが見てとれない、というものである。私はロールズがこのように論じているとは思わない。彼は妥当にも、政治原理が必要とされるのは、尊重と人間の尊厳の諸観念に明確な内容を与えるためであると実に主張している（*TJ* 586）。そして可能力アプローチは、権原の説明を尊厳と尊敬の諸観念から導きだされたものと見なすのではなく、むしろそれらの観念を肉づけするものと見なす限りにおいて、それら観念に明確な内容を与えるものであると私は確信している。チャールズ・ラーモアがいみじくも主張してきたように、尊厳と尊敬の諸観念が、ロールズの理論において非常に基本的であることは間違いない。[14] したがって、直観を用いることへのロールズのより重要な論難は、論難の第二の部分にあると考えられる。

一〇の目的を持つ可能力アプローチは、個々の可能力の直観主義的な釣り合わせを余儀なくされており、その政治原理はあきれるほど不明確であるのだろうか？　この論難は、誰かが想像する何らかの理論に当てはめられたさいには精確かもしれないが、可能力アプローチに当てはめられたさいにはまったくもって不精確である。私の理論が述べているのは、少なくとも閾値レヴェルまではそれらの複数かつ多様な一〇の目的すべてが正義の最低限の要求事項である、ということである。別の言葉で言えば、それらのあいだの直観主義的な釣り合わせもしくはトレードオフを理論は支持しない、ということである。（ひとたびそれらが憲法あるいはそれに類似の何かほかの一組の基本了解に取り込まれると）憲法構造は、それらすべてが一定の適切な閾値レヴェルまで一人ひとりの市民に対して保障されることを要求する。絶望的な状況下にある国では、それらのすべてを閾値レヴェルまで保障することは可能ではないかもしれない。だがそうであれば、それは正義に関する問題ではなく、つぎに何をするかという純粋な実践問題となる。正義に関する問題としては、正義は十分になされていないという解答を、すでに得ているのだから。[15]

さてもちろん、任意の可能力の閾値をどこにおくかを検討するさいには、直観が頻繁にともなわれるだろう。また私は『女性と人間開発』で、この種類の漸進的作業がなされる領域のひとつを、司法プロセスとして想像している。だが、ロールズも同じように考えている。実のところ、『政治的リベラリズム』における言論の自由に関する彼自身の議論は、司法的な論証に関してまったくもって主流の議論である。つまり、誤りのない第一の諸原理から適切な閾値を演繹しようとはしない議論である。たしかに私は、閾値を正しく設定するやり方のひとつとして、影響を受けるほかの可能力を見てみることを強調している。したがってそれによれば、自由な宗教活動の限界を定めようとする法廷は、すべての子どもが享有する教育への基本的権利なども、合法的に検討するということになるかもしれない。だがそれによって、とうてい認められないようなトレードオフなどが生じるわけがない。というのもそのやり方は、一群の可能力が相互に衝突するものとしてではなく整合的なひとまとまりとして理解されているという事実を、受けているにすぎないからである。[16] いいかえると、ほかの可能力を見渡し、一群の可能力の全体が整合的でかつまとまりを有していることを確実にしようとするのは、トレードオフの必要性を回避するためである。

ロールズの理論が可能力アプローチほど直観主義的ではないと思われる箇所のひとつは、富と所得のみを用いて相対的な社会的地位を評価している箇所である。たしかにこの評価は精確であり、自尊、政治的包摂、教育、富などをすべて見る評価よりも、はるかに簡単でわかりやすい。だが、それは犠牲を支払ったうえでの精確さである。なぜならセンが主張してきたように、そして私が本書で主張してきたように、ロールズは福利のどの解釈にも、どの相対的な社会的地位にも、実際は大いに関係している多くのことがらを、とにかく省いてしまっているからである。富と所得はそうしたことがらの代替物として適切ではない。現実の人生において、人びとはいくつかの可能力に関してはよい状態にあるかもしれないが、ほかの可能力に関してはとても悪い状態にあるかもしれないのだから。

9　可能力アプローチとロールズの正義の諸原理

これまでみてきたように、ロールズは自らの理論において独立した部分が二つあることを強調している。正義の諸原理（およびそれらが表現しかつ的確だとする尊厳、不可侵性、互恵性という直観的な諸観念）と、初期選択状況、これらである。彼が言うには、私たちはひとつの部分を受け入れ、もうひとつの部分を拒否してもよい。ロールズが障碍の問題を正義の問題として扱うためには、初期選択状況の記述を大幅に修正し、古典的な社会契約の伝統が依拠してきた一定の特性を拒絶する必要にかられるだろうと、私は強く訴えてきた。（そのようなことがなされた段階で、行なわれた修正の性質によっては、彼の理論と可能力アプローチのあいだに相当な収斂があるだろう。私が提起してきたほかの諸問題——初期選択状況における慈恵的な動機の欠如、合理的人格のニーズの観点から説明された善の理論の限界、そして選択当事者たちを正義の第一義的な主題と同一とするというより全般的な困難——が、なお可能力アプローチを選好するよう私たちを導くかもしれないけれども。この問題はこれらの修正がなされた後で十分精査しうるだろう。）私はまた、尊厳および互恵性という直観的な諸観念が、とくに目的としての各人が大きな社会的善のために犠牲にされることがないやり方を考えるさいには、素晴らしい道標を提供すると述べた。それらの観念を重度の知的損傷のある人びとにも拡張するためには、拡張を難しくしているカント的な合理主義からそれら観念が解放されるよう、それらを練り直す必要がある。直観的な中核を失わずともそうできると、私は確信している。

では、正義の諸原理の方はどうだろうか？　重度の身体的・知的な器質的損傷のある人びとに関して、ロールズは何らの原理も提示しておらず、これらの問題を正義の問題として扱おうとすらしていない。いかにも彼は、それらが基本的正義の問題であることを、つまり社会のもっとも根本的な政治原理に影響を与えるものであることを、否定している。したがって問題は、ロールズがこのケースに関して提案している諸原理をどう考えるかではありえず、むしろ彼が「正常」なケースに関して提案している諸原理を、彼が取り扱っていないこのケースに拡大適用するとどうなるか、というものであるだろう。例の有名な二つの原理は、一群の基本的自由と機会に強固な優先権を保障し、ついで格差原理（不平等はもっとも恵まれない人びとの富と所得のレヴェルを上げる限りにおいて認められるとする原理）によって経済的不平等に取り組むことを提案しているが、はたしてそれらは重度の身体的・知的な損傷のある人びとに関してよい道標を提供するのだろうか？

可能力アプローチは見晴らしの利く別の地点から出発するものの、ロールズの二つの原理とびっくりするほど多くの仕方で収斂する諸原理を提示する。いずれにおいても、人間の尊厳にもとづく生という観念を捉えかつ政治的に具体化する試みが諸原理となっているため、哲学上の動機づけが非常に似ている。だがこの点を超えての比較は精確ではありえない。なぜなら、私の理論は社会的最低限についてのみ述べるものであり、その（とても十分な）社会的下限よりも上の範囲における不平等については取り組まないからである。だが、この手立てはおそらく、ロールズ自身も講じる必要のあるものである——相対的な地位を所得と富をもって指標化することを過度に強調する基本善のリストを、非同質的な可能力のリストと取り代えるべきだというセンの提案を、もしロールズが受け入れたならば。可能力として理解されたそれら多様な善ひとつひとつの十分な量に対する権原を一人ひとりの市民が有しており、社会はそれらに対するどの市民の権利主張をもないがしろにするようなやり方で全体の有利性を追求してはならないという観念は、少なくとも二原理と密接な関係にある。

障碍のケースに関する熟考は、第一義的でかつ社会的な権原としてのケアの重要性に焦点を合わせるよう、私たちを導く。ロールズの見解とのこうした実質的な違いは、きわめて重要である。なぜなら、ロールズは市民たちが「十分に協働している」という想定をしているために、ケアに中心的な役割を十分持たせることができないからである。だがこれは、(この新しいケースに拡張された)ロールズの諸原理の内容と、このケースに関する私自身の諸原理の内容とのあいだにある、主な違いである。それ以外において両者はかなり重複している。

おそらく私たちは、可能力の観点から経済的不平等について考え直しながら、もっとも魅力的な原理のひとつであることが確かな格差原理のようなものを、支持する議論を続けることができるだろう。だが、ひとたび可能力として定義された複数の非同質的な善を認めると、そのような原理を支持する仕方には、多くの問題があることが見てとれる。格差原理はひとつひとつの可能力に適用されるべきか？　このような提案は極端に行き過ぎたもので、また概念化するのが難しいように思われる。だが、ほかのどのアプローチも可能力の総計を要求するが、諸々の可能力という観念の魅力は、善の非同質性および通約不可能性をとらえる力にある。私たちはこの新しい枠組みのなかで、すべての可能力の十分な最低限にこだわることを通じて、ロールズの諸原理の道徳的中核を少なくともある点まではとらえることになる、というのが私の結論である。そうした権原をすでに充たしている社会で、これまで聞いたことのないケースに取り組む追加的な諸原理については、おそらく後で展開できるだろう。

ロールズは二原理の辞書式の順序づけを支持する議論を展開しているが、第一原理が効力を生じる前にいくつかの基本的な経済的ニーズが充たされなければならないとも規定している。私は彼の定式のいくつかに不満を表明してきたが、ロールズが自由の問題と経済的権原の問題との相互浸透を理解していないと言うのは、もちろん間違っているだろう。選挙資金制度改革に関する『政治的リベラリズム』での彼の議論は、政治的自由の公正な価値にとって経済的問題がとても重要であると彼が考えていることを、はっきりと示している。したがって、すべての可能力は物質的側面を持ちかつ物質的条件を要求すると主張する私の可能力アプローチは、ただロールズの議論を一歩先に進めて、辞書式の順序づけを拒絶するものである。諸々の自由と機会の問題は、経済的ことがらに先立つかたちで解決しうる——こう示すには、諸問題は相互に依存しすぎているし、またそのように経済的なことがらを先立たせる提案は、ミスリーディングでもあるという理由による。けれども私の見解は、いくつかの権原は厳格な平等にもとづいて分配されるべきだが、ほかの（性質上もっと狭い意味で経済的な）権原において重要なのは十分性（adequacy）であると主張することを通じて、ロールズが提案する自由の問題と経済的権原の問題の分離を活かすものである。宗教的自由、言論の自由、および政治的自由に関する厳格な平等を私は求めるが、その理由は本質的にロールズ的であり、尊重および互恵性の考慮事項と関係している。

このようにしてみると、出発点と定式上の詳細とには大きな変化があるものの、ロールズの正義の諸原理の精神は存続している。

10　尊厳の種類とレヴェル——種の模範

可能力アプローチはあらゆる市民に対して同じリストを使用し、また各可能力の閾値レヴェルという観念を使用する。閾値とは、それ以下では市民がまっとうで尊厳のある人生を得られない最低限だと考えられている。私の哲学的説明が示すアプローチは、一般的かつ近似的なやり方においてのみ、この閾値を特定する。それは、閾値レヴェルは時間の経過とともに微細に変わるだろうという考えと、任意の可能力の適切な閾値レヴェルはその許容範囲において個別社会の歴史と状況に応じて異なる仕方で設定されるだろうという考えの双方を、私が抱いていることによる。したがって、ドイツにおいては適切であるだろう（反ユダヤ的な言論および政治組織の禁止を認める）言論の自由の権利は、アメリカ合衆国の異なる環境においては制限的すぎるだろう。両国はこれについて、それぞれの歴史を踏まえ、理にかなった選択をなしたように思われる。同様に、国家が無料で提供すべき教育レヴェルの線が正確にどこで引かれるべきかは、それぞれの国家における経済と雇用の種類に合わせて多少は異なるだろう——そのレヴェルは現実においてほど異なるべきではないとはいえ。したがって、たとえば一七歳や一九歳といった学卒年齢が適切であるか否かは、議論の対象となるだろう。現代世界における雇用機会の構造と政治活動の諸要件とを考えると、一二歳が適切であるか否かは、いまや議論の対象とはなりえない。こうしたケースで可能力アプローチが要請するのは、適切かつ精確な明細指定を編みだす最良の方法が漸進的なものであり、また議会、裁判所、および行政機関が各国の諸制度とそれら制度の権限・力量の特性に照らして適切だと思われる役割を果たすことである。

なぜ可能力アプローチは、単独の可能力のリストと単独の閾値を特定するのか？ いまやこの問題に取り組まなければならない。なぜなら、知的損傷のある人びとの可能力について考察しはじめるにさいして、この問題が明らかに重要だからである。可能力アプローチは、人間の政治的構想と人間の尊厳に見合った生の政治的構想とから出発する。すると、種（species）という観念と、ひとつの種に特徴的な活動という観念とが、このアプローチを特徴づける。だが、人間本性という観念の使用が、何を提供し何を提供しないかについて述べるさいには、細心の注意を払わなければならない。それというのも、倫理学と政治思想には、人間本性の観念をまったく異なるやり方で使用するアプローチがほかにあるからである[17]。

第一に、私の理論における人間本性の観念は、明らかにそしてはじめから評価的であり、とくに倫理的に評価的である。生の人間的形態に特有の、多くの現実的な特徴のなかから、規範的にとても根本的であるがゆえにそれらのひとつをどのレヴェルにおいても行使する可能性がまったくない生は、たとえほかのものがあるとしても、十全な人間の生活つまり人間の尊厳に見合った生ではないだろうという、いくつかの特徴が選ばれる。もしそれらの相当数が不可能であるならば（持続的な植物状態にある人においてそうであるように）、その生はもはや人間の生活ではないと判断されるだろう。その（極端な）閾値を特定した後で、ただの人間の生ではなくよい生が可能になるレヴェルの閾値が、より高い閾値つまりそれ以上のレヴェルとして、探求される。

換言すると可能力アプローチは、ある存在者の何らかの諸条件、たとえば（かつての）人間の永久的な植物状態は、まさに思考、知覚、愛着などの可能性が決定的に絶たれているため、どの意味合いにおいても人間の生とは言えないとする。（ひとつあるいはそれ以上の知覚の態様だけが絶たれた場合には、可能力アプローチはこのようには述べないことに注意して欲しい。このように述べるのは、重要な人間の可能力の一群全体が決定的かつ完全に絶たれた場合だけである。このように、この閾値と医学的な死の定義のあいだには密接な関係がある。また、もし可能力のどれかひとつが絶たれた場合にも、このように述べることはない。人間的な生の形態に特有の、なにかしらの死を構成するに十分重要な一群の可能力が、絶たれたのでなくてはならないからである。持続的な植物状態にある人と無脳症児が実例となるだろう[18]。そのつぎに、直観的かつ大雑把に、それ以上であれば人間にとってのよい生が可能になるより高いレヴェルを、その人生の社会的条件に焦点を合わせながら、探求する。そのような条件には、自然本性的な条件もあるだろう。だが、生物学が医療の可能性を変えるものである以上、私たちはつねに、かつては偶然性や自然の領域に属していた一部の可能性が、いまや社会の領域、つまり正義によって形づくられる領域に属しているかもしれないという事実を、念頭におかなければならない[19]。まっとうな社会がなすべきことは、すべての市民に対して、諸々の可能力（の社会的条件）を適切な閾値レヴェルまで与えることである。

このように、私の理論が有する人間の観念と人間の中心的な可能力の観念とは、評価的かつ倫理的である。人間が成ったり為したりすることのできるいくつかのことがら（たとえば残酷さ）は、リスト上では考慮されない。そして、リストは多元主義社会における重なり合うコンセンサスの基礎となるべく設計されているため、形而上学的ではないことがはっきりしている。魂の概念、自然本性的目的論の概念、あるいは自明の真理の概念といった、まさに人間に関するひとつの広範で包括的な形而上学上の見解あるいは認識論上の見解に属する諸概念を、回避すべく設計されているのである。人間の繁栄・開花とその可能性というきわめて一般的な観念が可能力アプローチに関係している限り、その繁栄・開花という観念は、アリストテレス自身の規範理論においてそうであるような一元的なものではなく、むしろ繁栄・開花の多様な可能性のためのスペースに関する観念である。すると、この単独リストを使用することでなされる主張は、人間にとっての繁栄・開花の種類はただひとつであるというものではなく、むしろこれらの可能力が理にかなった市民たちによってつぎであるとして合意されうるというものである。すなわち、ニーズに満ちておりかつ尊厳を有する政治的動物としての人格の政治的構想と接続する人間の繁栄・開花に関する理にかなった諸構想の重要な諸要件であり、またゆえに正義にかなった社会における基本的な政治的権原の観念にとってのよい基礎である、として。

このようにリストがただひとつであるのは、市民たちの繁栄・開花に関する観念がただひとつだからではなく、さまざまに異なる人生の支えを提供する、憲法上の基本的な権原の単一セット、すなわち人間の尊厳の観念に内在すると思われる権原の単一セットに、人びとが合意することが理にかなっているように思われるからである。だが、ここで難しい問題に直面せざるをえない。リスト上の可能力のひとつを実際には用いない市民を、たとえば政治参加は悪いことだと信じているアーミッシュの市民を、想像してみよう。この人は、リストに選挙権を一要素として含めることをなお支持しうるという期待は、十分理にかなっている。なぜなら、彼女は民主的な社会で生活することを選んだのであり、また自らは投票しないとしても、そのような社会において投票の可能性を持つことは、一般的に価値のあることだと確信しうるからである。同じ団体の構成員が大衆紙やほかのメディアにアクセスすることを禁じる宗教団体の構成員であっても、民主社会が含むべき重要な価値として、報道の自由の観念をおそらく支持しうるだろう。それが彼ら自身の繁栄・開花の構想と、ほとんど関係がないとしても。[20] 同様に、おそらく無神論者、不可知論者、そして宗教を憎み軽蔑する人びとでさえ、自由な宗教活動への可能力を、社会において重要なものとして支持しうる。というのも、宗教の抑圧はすべての社会において非常に深刻な危険をもたらすことと、そのような種類の抑圧は人間の可能性の多くを損なわせることとが、歴史研究から見てとれるからである。彼らは正当にも、無神論者および不可知論者のための平等な権利を含む宗教的自由の解釈を、強く求めるだろう。だが彼らは、人間の尊厳および実践理性へ向けた相互尊重という中核的な諸観念をひとたび受け入れたならば、強制された無神論ではなく、そのように解釈された自由な宗教活動の可能力の方を、支持するだろう。

ここで問題はつぎである。私たちがこうした市民たちに是認を求めているもののなかで、人間の観念と人間の尊厳の観念は、どのような役割を具体的には果たすのだろうか？　人間の繁栄・開花および人間の尊厳と両立する生は選挙権が無ければ不可能だと明言するよう、アーミッシュの市民に求めるのか？　アーミッシュの人はこれを信じないだろう。人間の繁栄・開花および人間の尊厳と両立する生は報道の自由がなければ不可能だと認めるよう、ユダヤ教の超正統派の市民に求めるのか？　ここでもやはり、超正統派の人はこれを否定するだろう。人間の繁栄・開花および人間の尊厳と両立する生は宗教を選ぶ自由がなければ不可能だと是認するよう、無神論者に求めるのか？　そうした権利は社会が持つにはよいことだと無神論者たちは喜んで同意するだろう。なぜなら、彼らはほかの人びとがそうした権利を用いるのを認めており、また仲間の市民たちを尊重しているからである。だが、彼らはそうした権利が人間の尊厳および人間の繁栄・開花の観念に内在的に含まれていると述べるよう、政治的構想によって強制されたくはないかもしれない。このようにしてみると私たちは、彼らに対して、先に示したことよりも何かもっと多くのことを、そしてもっと論争的なことを述べよと求めているようである。詰まるところ問題をつくりだしているのは、人間についての観念なのだろう。

私は以下のように返答を試みたい。これらの人びとは、多元主義的な民主政体のなかで生き、かつその政体の諸価値に敬意を示すことを選んだ、と。また彼らは、公共文化の諸価値を（自らの生活様式の安定と保護をもたらしてくれるという理由で）ただ我慢すべきものとは考えていないと思われる、と。彼らは実際にこれらの価値を是認しているのだ、と。その限りで彼らは、彼らの宗教団体の（想像されうる）ほかの構成員とは異なっている。(21) そのため彼らは結局のところ、関連する機能は彼らが用いないものであるにもかかわらず、それらの価値はとても重要な政治的価値だと考えている。つまり、投票するかしないかの選択肢、検閲のない出版物を読むか読まないかの選択肢、宗教を追求するか没宗教であるかの選択肢など、こうしたことがらにおいて選択肢があることには何らかのよさがあると、彼らは考えているのである。選択することがよいのは、ひとつには理にかなった多元主義の事実のためである。異なる選択をなす仲間の市民たちを尊重するということには、そうした選択がなされるスペースの尊重が含まれる。この市民たちは、選択をなすことは自分たちのためによいとも信じているだろう。選挙がない国で無投票者であることは、人間の諸価値についてほとんど何も表わさない。宗教を迫害する国で没宗教を追求することは、没宗教の人の諸価値についてほとんど表わさない。もし私たちが機能ではなく可能力にしっかりとした焦点を合わせるのであれば、人間にとって尊厳のある生はこれらの可能力を要求するという考えを、そうした人びとが自らの思考の再構築によって持つようになることもありうるだろう。もちろんそうした可能力には、それらを用いない権利も含まれる。自らの健康を台無しにすることを選択し、どの利用可能な保健医療をも活用しない人であっても、まっとうな人間の生の本質的で最低限の条件として、公共の保健医療を首尾一貫するかたちでなお支持するかもしれないように、これらの人びともまた、自らはただひとつの（消極的な）選択を正当になしうると信じているとしても、その領域における選択のためのスペースを首尾一貫するかたちで支持するかもしれない。(22)

ではここで、そのような人びとに対して、つぎのように言うと仮定してみよう。「あなたは政治参加［もしくは報道の自由］を尊重していない。なぜなら、あなたの包括的な価値についての構想では、関連する機能が禁じられているからである。ならば私たちはあなたにそれらの可能力を与え、それらをまっとうな人間の生の観念に内在するものとして是認するよう、あなたに頼むべきなのだろうか？　その代わりにあなたには、繁栄・開花した生に関するあなたの包括的構想に実際に関わっているものだけを含む異なる可能力のリストを、ただ用意すればよいのではないだろうか？」さて、複数の構想に対応する複数のリストという解決法は、どこが間違っているだろうか？

まずは実際問題として、そのような解決法は当然ながらうまくゆかないだろう。そして実際にはうまくゆかない理由のひとつそれ自体が、規範として深刻である。具体的には、そのような解決法は、ひとつの包括的構想から退出して別の構想へと移る選択肢を人びとに十分与えることができない。ブルックリンの正統派ユダヤ教徒がかりに選択によって世俗の新聞を読んでいないとしても、彼にはその共同体から退出する可能性が、報道の自由がないような州における正統派ユダヤ教徒よりも、はるかに多くある。だがこの解決法にあるなおいっそうの問題は、それによって市民たちのあいだに、基本的な権利のある人とない人がいるという、離散的な秩序が形成されてしまうという事実である。そこでは完全な平等の代わりに階層制があるだろう。アーミッシュの人びとはたぶんこの考えを拒絶するだろうし、彼らがそうするだろう理由は仲間の市民たちと同じ権利を享有したいからだろう。彼らは他者と同じ権利があることを、自分たちと自分たちの子どもたちの自尊の社会基盤のひとつとして見なすだろう。彼らもまた平等を欲しているのである。したがって彼らは、可能力レヴェルにおける基本的権原に関する社会的な意見の一致という観念を重要視するように、機能レヴェルにおける多元主義のためのスペースという観念も重要視する。

また、彼らは同一性を尊んでいると言うだけでは不十分である。それというのも、彼らは古くからある同一性であれば何でも大事にしているのではなくて、この同一性を重んじていると述べても差し支えないからである。つまりこれらの市民は、すべての人びとの選挙権を否定するような慈恵的な独裁制においては、自らの状態がよいとは考えないだろう。彼らは公共文化を、都合のよい暫定協定以上のものとして是認することを選んだ。すると、彼らはこれらの可能力が政治共同体におけるまっとうな人間の生の前提条件であると考えていると、詰まるところ言えなくもない。同様にして、宗教を憎みいつの日かそれが人間の生活から消えてなくなることを望んでいる無神論者であっても、これらのことがらにおける選択肢を人びとに認めることは、人間の尊厳を尊重することの一部であるという理由から、そうした選択肢を人びとに一切与えない国家——たとえばマルクス主義国家——よりも、宗教の自由選択の方を好むだろう。するとやはり、彼らがたとえ宗教を好きではないとしても、自由な宗教活動はまっとうな人間の生活の前提条件であると考えていると言えなくもない。可能力と機能の区別はこのようにきわめて重要である。

このようにしてみると、たとえ繁栄・開花の構想が複数であるとしても、可能力のリストが単独であることのもっともな理由があることが分かる。また、人間についての観念への訴えかけが、可能力アプローチが尊重を誓っている種類の多元主義に関して、問題を引き起こしているようにも思われない。私たちは深遠な形而上学を持たずとも、人間の生活には特有の形と形式があるという観念を受け入れることができるし、またある一定の能力、つまり選択のための一定のスペースは、人間的生の成功において非常に重要であると一般的に合意されているという観念を、受け入れることができる。たとえ問題とされている実際の機能が、個人的な理由あるいは宗教的な理由から、拒絶されるだろう場合があるとしても。

さて、この議論が向かっていた問題に、やっとたどり着いた。可能力の政治的なリストは、知的損傷のある市民たちの人生を考慮するさいにも、同じであるべきだろうか？　社会的な閾値も同じであるべきだろうか？　人間の特徴的な機能への本書のアリストテレス的な着目は、この点で困惑を引き起こすように思われる。(23) セーシャが今後も投票しない理由は、彼女が投票を禁止する包括的な価値の構想を有しているからではなく、彼女の認知能力が有意味な投票の可能性のレヴェルに達することが決してないからである。同様に、彼女にとって報道の自由は何の意味も持たない。それはユダヤ教の超正統主義のためではなく、彼女の認知レヴェルが、読むことと言語コミュニケーションとを不可能にしているためである。社会がどんなに努力したところで、問題とされる可能力をセーシャが何かしら意味のある仕方で有していると言えるレヴェルまで、彼女を引き上げることはできない。ここで、種の模範を重視する見解は、セーシャの生の形態はまったく異なると言うか、私たちの最大限の努力にもかかわらず彼女は決して繁栄・開花した人間の生活を手にすることはできないと言うかの、いずれかを選ばなくてはならないように思われるだろう。(24)

第一の〔セーシャの生の形態はまったく異なるという〕返答は、一部のきわめて極度の器質的損傷に対しては当てはまるだろう。いくつかの種類の知的喪失はあまりに深刻なため、その生は人間の生ではまったくなく、異なる形態の生であるとするのが理にかなっているように思われる。持続的な植物状態にある人、あるいは無脳症の子どもを、人間と呼ぶように私たちを導くのは、情操だけである。(25) 私たちがセーシャの生を人間的なものと呼ぶことを願うのはなぜだろうか？　そのことがどんな違いを生むのだろうか？　もちろん、彼女が人間の身体を持っておりかつ二人の人間の子どもであるという事実が、ここで大きな役割を果たしており、また私たちの思考を歪めるのだろう。彼女の生はなにかほかの種類の生であると言うのが適切である可能性は、すぐさま除外すべきではない。「人間」という言葉は単なる比喩にとどまらないものであり、彼女の生は人間に特徴的な生の形態にはあまり似ていないのだ、と。これは、持続的な植物状態と無脳症の子どもという先に私が言及した二つのケースでは、適切な物言いである。なぜなら、意識覚醒および他者とのコミュニケーションの可能性のすべてが欠けているからである。私たちがセーシャの生を人間の生であると実際に考えている限りにおいて——そのさい私たちは思い違いをしているわけではないだろう——そのように私たちが考えているのはたぶん、もっとも重要な人間の可能力の少なくともいくつかが彼女の生に一目瞭然としてあるためであり、またそれらの可能力つまり他者を愛し他者と関わる能力、知覚、動きと遊びに喜びを見いだすことが、彼女を、何かほかのものではなく、人間共同体に結びつけているためである。この意味で、彼女が人間の両親の子どもであるという事実は重要である。彼女の生は人間関係のネットワークに結びついており、彼女はすべてではないにせよそうした関係の多くに、積極的に参加することができるのである。

それでもまだ、最善のケアならばこのリストにあるすべての可能力を社会的に適切な閾値レヴェルまで生みだすとは、とうてい言えないだろう。ならば私たちは、社会目標として、彼女のために異なるリストを導入すべきだろうか? また、彼女が達成すべきことがらに関する私たちの政治目標として、そのリストの項目に異なる閾値を導入すべきだろうか?

アーサーとジェイミーのケースは、実際的な観点からして、リストをいじくりまわすことはなんであれ非常に危険だということを示している。現代のあらゆる社会では、器質的損傷のある人びとの能力と彼らの潜在的な社会貢献とを、過小評価するという傾向が根強い。それはひとつには、そうした能力を完全に支援することが非常に高くつくため、重度の損傷のある人びとが実際には多くの場合に高いレヴェルで機能しうるという証拠を、避けて通る方が容易だからである。そのような損傷の回避不可能性と「自然っぽさ」を示唆する用語の使用が、損傷のある人びとを利する目的で物事を大きく変化させるために十分な資金を投じることの拒絶を、覆い隠している。目が見えない、あるいは耳が聞こえないという理由だけで高等教育や政治生活に参加することがとにかく出来ないとか、車いす利用者という理由だけでスポーツに参加したり幅広い仕事に就いたりすることがとにかくできないとか、このような思い込みがごく最近までなされてきただろう。まったくもって社会的であった諸々の妨げが、自然本性的なものだと思われてきたのである。(26) したがって、これらの人びとに必要なものを提供するために公共施設を再設計するというお金のかかる問題は、回避可能だと思われていた。

それにともなう出費は、損傷のある人びとを永久的かつ必然的に他者に依存する人びととして特徴づけることによって、拒まれることが多かった。そのため、視覚的な損傷のある人びとのための公共空間は、彼らが目の見えるガイドと一緒に回らなければならないような仕方で描かれた。不法行為法は、あたかも目の不自由な人びとには公共空間を別個独立した成人として占める権利はないかのように設計された。(27) この状況は、私たちがケアへのニーズについて述べるさいには、時間をかけて真剣に省察するよう仕向けるはずだ。それというのも、人が（通常ではないか非対称的な）ケアを必要としているという観念は、ときに計略的であり、損傷のある多くの人びとの（公共空間が彼らを支援するよう適切に設計されたならば得られるだろう）成人としての十全な別個独立の可能性を、覆い隠しているからである。したがって、人びとがケアを欲しかつ必要とするさいにそれを得られるようにすることと、人びとを他者に依存しなくてはならない状況に押しやることとは、明確に区別されるべきである——たとえそのことが彼らの欲することではないとしても。身体障碍のある人びとは、私たち全員がそうであるように、自らのニーズのために医療上のケアを欲している。だが彼らはまた、人生におけるさまざまな代案と機能に関する選択肢のある、それもほかの市民たちと平等の選択肢のある、平等な市民として尊重されることも欲している。ここでは、適応的選好の問題を避けることもできない。したがってたとえ人びとが、依存性こそ彼らが選好するものだと述べたとしても、その事実によってほかの選択肢の提供が停止されるべきではない。

人間の能力を引きだすことの、構成された失敗。この問題は、知的損傷のある人びとのケースにおいてよりいっそう深刻である。マイケル・ベルベによるジェイミーの詳述は、ダウン症候群の子どもの変えられない認知的限界だと考えられてきた問題の多くが、実際には治療可能な身体的制約であることを示している。なかでも重要な時期に、周囲の探求を妨げる脆弱な首の筋肉。そして発話の発達を妨げる脆弱な舌の筋肉。これらの子どもたちは単に「ばか」で教育不可能だという先入観は、彼らが達成しえたことがらの正確な理解を妨げてきた。それはまさに、親たちとほかの擁護者たちが、認知上の発達を重視し、それに関する発見がなされることと、その知見にもとづくプログラムが実施されることとを、要求し続けたためにほかならない。アーサーの場合も、ほかの子どもたちとよい関係を築くことがどうしてもできない子どもであると、そして社会の構成員には決してなりえない子どもであると、時期尚早に判断されていたかもしれない。だが、両親、教育者、そして（後で議論するように）最終的には法が、教育の公共的構想において社交性に大きな力点をおいたため、アーサーはほかのアスペルガーの子どもたちと一緒に、公共の費用で学校に送られたのである。そこで彼は、優れた社会的スキルを身に付けて、友だちを作ってきた。

すると要約すると、損傷のある人びとのための適切な社会目標として、可能力の異なるリストを、さらには可能力の異なる閾値を使用することは、実際には危険だということになる。なぜならそれは、困難で高くつくとされる目標を、達成できないか、あるいは達成すべきではないと、はじめから想定することで責任逃れをするという、楽な方法だからである。戦略的に正しい道筋は、交渉の余地のない一群の社会的権原として単独のリストを何度も繰り返し示すことであり、また障碍のあるすべての子どもを、ほかの市民たちのために設定したのと同じ可能力の閾値まで引き上げるよう、根気よく努力することだと思われる。治療とプログラムは、実にすべての子どもに対してそうであるべきように、いかにも個別化されるべきである。だが、中心的な可能力はすべての市民にとって非常に重要であり、またゆえに通常ではない損傷のある人びとのために支払われるべき費用に値すると主張することは、政治目的のためには概して理にかなっている。これを主張するよい方法のひとつは、人間的繁栄・開花の言語を用いて、ジェイミーとアーサーはよい人間の生の前提条件のすべてを受けるにふさわしいということと、彼らは適切な教育とケアによってそれらを得ることができるということを、述べることである。

このようにリストの単独性を強調することは、戦略的に重要であるのみならず、規範的にも重要である。それというのも、それは私たちが知的損傷のある人びと——人間共同体の構成員であり、よい人間の生を送る能力のある十全に平等な市民たち——に対して負っている尊重を想起させるからである。それはまた、いわゆる健常者と損傷のある人びととのあいだの連続性も思い起こさせる。教育が取り組むべき妨げは誰にでもあるのであり、またそれは可能であれば、個別化された取り組みでなければならない。そして適切なケアをもってすれば、誰もがリストにある中心的な機能をなしうるようになる。損傷のある人びとをあたかも異なる（そして下級の）種類に属しているかのように区別して追いやる代わりに、彼らには諸々のよい生に必要な手段への平等な権原があるということを、可能力アプローチは強く求める。

政治目的のためにリストの単独性を主張することは、一見したところでは知的損傷のある人びとの個別状況を無視するような方略であるが、実のところ知的損傷のある人びとの個性を尊重するよい方法であるだろう。なぜなら（平等な尊重に関する本書の理論的関心に戻ると）私たちが述べているのは、知的損傷のある人びとはほかの誰もがそうであるように個人であり、分類され
る種類ではないということ、つまり

人類から区別される下級の種類ではないということだからである。そのような種類の分類は、障碍のある人びとに社会的な烙印を押すやり方としてもっとも普及したもののひとつとなっている。社会的烙印に関するアーウィン・ゴフマンの有名な研究は、社会的烙印の作用、とくに損傷や障碍のある人びとに対する社会的烙印の作用の中心的特徴は、個性の否認であるということを一度ならず示している。つまり、そのような人との出会いのすべてが社会的烙印を押すような仕方で統合的に述べられ、そのような社会的烙印のある人は完全な人間ではないか、あるいは本当の人間ではないと私たちは考えるようになる、と[28]。そのような人が人間の生活においてもっとも正常な行為をすると、「健常者」はまるで「すごい！　ある意味、あなたはまるで人間のようだ！」とでも言っているかのように、驚きを表明することがよくある[29]。もし私たちが「健常者」のために、ある可能力のリストを採択し、別のリストを「ダウン症候群の子ども」のために採択するとすれば、両者を異なる種であるかのように扱うことになり、この有害な傾向を強めることになるだろう。そこには、「健常者」は個人であり（なぜなら彼らはそのことを知っており、また誰もそれを否定しないからである）、ダウン症候群の子どもは——その類型としての特性によってもっぱら定義された——有意義な個性および多様性のない種類であるという、嘆かわしい含蓄がある。

また、種の模範に重きをおくことは、セーシャのような女性、つまり可能力のリストのすべてを自分で達成することは無理だろう、またそれらのいくつか（たとえば政治参加）は後見人が有する代理権を通じて達成する必要があるだろう、そのような人のケースを考える場合でさえも意味をなす。なぜなら、種の模範が私たちに伝えるのは、満足したチンパンジーの生が不運ではないように、セーシャの人生はその限りにおいて不運だということだからである。重度の知的損傷のある人びとは、高等動物と頻繁に比べられている。この類比は、私たちに動物の複雑な認知能力を再認識させるというように、ある意味で啓蒙的でありうる。だがほかの点ではかなりミスリーディングである。それというのもそれは、セーシャが正常な生の形態のある種に属しており彼女自身の生がそうであるということ、同様の能力のある仲間の種の構成員がいて彼らと性的関係および家族関係を築くことになるということ、同様の能力のある種の構成員に囲まれており彼らと遊び生活できるということ、これらのことを示唆するからである。しかしこれは間違っている。セーシャは、彼女の損傷には欠けている人間に囲まれている。彼女は、彼女の種の共同体のたいていの成人の構成員にはある（そしてほかの種の動物も通常は達成する）相対的な別個独立性に欠けている。彼女は、かなりの苦痛と病気とともに暮らしている。このすべてが真である限り、彼女の生がセクシュアリティと子育てにおける自発的な喜びのあるものとなる見込みは減じられたものであるし、またおそらく彼女の生が有意義な政治活動を自ら開始するものである見込みは皆無だろう。これらのすべてにおいて彼女は、平均的なチンパンジーと非常に異なっている。また、種に典型的な諸能力を有する動物の生には、人間の場合であろうと、人間以外の場合であろうと、有機体的な調和がある。不調和であるよりは調和のとれた仕方で、さまざまな能力がかみ合う。対照的に、セーシャには愛、遊び、喜びの能力があるが、それらは彼女の認知レヴェルと運動神経の能力にはあまり関連していない。また、彼女には多くの苦痛をもたらす広範な身体障碍がある。したがって、私たちがはっきりと述べるべきは、リストにあるいくつかの可能力は彼女には得られないものであり、このことはきわめて不運ではあるけれども、それは彼女が異なる生の形態で繁栄・開花しているしるしではないということだと、私には思われる。社会は、彼女にできるだけ多くの可能力を直接に与えるよう努力すべきである。そして力づけが直接的には不可能な場合には、社会は後見の適切な制度編成を通じて彼女に可能力を与えるべきである。だが、後見制度はどんなによく設計されたものであっても（これについてはすぐ後でもっと述べる）、セーシャにとっては、彼女自身で可能力を持つことのよさにはかなわない。本書がリストにある可能力を強調してきたのは、それらに人間的な重要性があるからである。機能のためのそれら選択肢の評価を踏まえれば、それらは本当に重要でありまたよいものだと言える。誰かがそれらを手にしていないとき、それが誰かのせいであろうとなかろうと、不幸な事態が生じている。セーシャが繁栄・開花しうるとすれば、その唯一の仕方は、人間としてである。

これは、セーシャの生はよいものでありかつ多くの面で成功しているとは判断しえない、という意味ではない。もし彼女の症状が治療可能で、可能力の閾値まで引き上げることができるのであれば、私たちはそうするだろうという意味である。なぜなら、人間がそのような仕方で機能しうるのはよいことであり、実のところ重要であるからだ。もしそのような治療が可能になるのであれば、社会はその経費を支払う義務を負うであろうし、その義務をないものとするために彼女には「自然によって」損傷があるなどとは言えないだろう。またさらに言えば、彼女がそれほど重度の損傷をともなって生まれてくることがなかったようにするよう、器質的損傷の遺伝子的側面を子宮内部で操作することができたならば、やはりまっとうな社会はそうするであろう。[30] だがジェイミーとアーサーについてはそうではない。なぜならまさに彼らには、人間にとって中心的であると本書が評価してきた一群の可能力を得る現実的な見込みがあるからである。したがってこの見解は、ダウン症候群やアスペルガー症候群、あるいは目が見えないことや耳が聞こえないことを遺伝子操作によって取り除くことを求めるわけではないが、それをはっきりと拒否しているわけでもない。

セーシャに対する公共政策について考えるさい、リストが果たす主な役割は、彼女がその内部で生きている公共的かつ政治的な制度編成が、はたしてリストにあるすべての可能力の社会的基盤を彼女に供与してきたのかという問題を、提起することにあるだろう。もしそうした基盤を提供してきたのであれば、公共的構想は務めを果たしたことになる――たとえ彼女が器質的損傷のために、ひとつあるいはそれ以上の領域における機能を十分に選択しえないとしても。現時点では、リストにある多くの可能力をセーシャに与えるために費やされた労力のほとんどは、明らかに彼女の両親によってなされてきた。両親は、公共的かつ政治的な構想の欠陥にもめげずにそうしてきたのである（キテイの本の第一義的な焦点はここにおかれている）。公共文化は、ジェイミーとアーサーのような子どもたちのニーズに対して、応答性を段階的に高めてきた。セーシャが受けているケアには、州とその公共政策からの支援がほとんどないままである。それでもなおセーシャの生は多くの仕方で尊厳と実りある人間的生となっているが、それは彼女の両親とほかの介護者たちの労力のおかげである。彼女の成功は、彼女の両親が高学歴で比較的裕福だという事実に、ある程度は依存している。このようにきわめて重要なことがらが、こうした運に左右されることを、正義にかなった社会は認めないだろう。

もっと具体的に言おう。リストおよびその閾値は、セーシャに関する公共政策をどう導くのか？　これについて考えるさいには、リストにある大きな項目の方を、より詳細な項目よりも、重視すべきである。したがって、たとえセーシャが潜在的な投票者にはなれないとしても、彼女に政治的な成員資格と何らかの政治活動の可能性とを与えるために、投票のほかにどのような方法がありうるかを問うべきである（彼女の完全な政治的平等のしるしとして、後見人を通じた投票も、認められるだろうけれども）。ダウン症候群の市民たちが、彼らの政治的環境に成功裡に参加してきたことは明らかである。(31) 私たちは、セーシャにもそれらの機能のいくつかを得る可能性があるようにするにはどのような制度編成をなすべきかについて、問うべきである。繰り返すが、さまざまな知的損傷のある市民たちには、雇用を受ける能力がある。セーシャが仕事を持つことができないのであれば、彼女が自らの物質的環境を管理する何らかの手段を得るようにするために、どのような方法があるだろうか？　また、もし力添えがあったとしても、セーシャが自分で子どもを育てケアすることができないということになれば（これはまんざら分かりきったことではないが）、彼女の生をより豊かなものとするために、子どもたちとの関係性としてどのような代替案がひねりだされるだろうか？　可能力の単独リストを維持することは、こうした問題のすべてを引き起こす。もし、知的な損傷と障碍のある人びとが市民として完全に平等になるべきだとすれば、これらはきわめて重要な問題である。

11　公共政策——後見の問題

哲学的な議論にできるのはせいぜい、そのようなアプローチが知的損傷のある人びとの状況に関して有しうる政策的含意のいくつかを素描することである。本節で私は後見に焦点を合わせ、つぎに知的損傷のある子どもたちの教育に焦点を合わせるつもりである。その後で、ケアと、その社会認識に関する一般的な問題への、大まかな接近方法を描くとしよう。

ほとんどの国家は、知的損傷のある人びとの（少なくともいくつかの）可能力を、さまざまな形態の後見を通じて保護している。だが後見は、可能力アプローチにおいて中心的な実践理性および社交性の強調に照らしつつ、慎重に考え抜かれる必要がある。アメリカ合衆国における後見制度は州によって異なり、一般的な手法は確立されておらず、ほかの国々のように想像力と明瞭さをもったかたちで問題が説明されたことはほとんどない。憲法上の諸根拠にもとづいて、知的損傷のある人びとが有する法の適正手続きへの権利を保護するならば、限定的な後見が支持される[32]。けれども、知的損傷のある多くの人びとは、たとえ投票を非現実的な社会目標とするであろう種類の認知的な損傷を何ら有していない場合でも、投票することができない。州がさまざまな形態の後見を部分的ないしは一時的に提供している場合でさえ、「どの選択肢が自律を最大化するかに関する」明瞭さが概して欠けているため、〔投票は〕「幾人かの障碍のある人びとの無力化を不必要に招きうる」とされている[33]。四二の州と三つの準州が、少なくとも知的障碍のある一部の諸個人の投票を禁じている[34]。

対照的に、さまざまなヨーロッパ諸国、イスラエル、そしてニュージーランドを含む多くの国々が、後見を近年見直して、人間の尊厳と選択をとくに重視する創造的な代替案を考えだした[35]。たとえば、イスラエルで一九九九年に可決された障碍者平等権法は、障碍のある人びとは「生活の主要な領域すべてに平等かつ積極的に参加する」権利と、「彼女／彼が、プライヴァシーと尊厳とにおいて、彼女／彼の能力を最大限に実現しながら、最大の別個独立性をもって生きることができるように」する仕方で人間のニーズが支援される権利、これらを享有していることを言明している。この法律はまた、「障碍のある人は、彼女／彼の願望と選好に従って、彼女／彼の生活にふさわしい諸決定をなす権利を享有する」とも明言している。この法律の条項は、重度の身体的・知的・感情的な障碍を含む幅広い損傷と障碍のある人びとに適用されている[36]。

社会福祉事業と後見の法的構造について、とくに創造的なアプローチが、スウェーデンの最近の法律に見いだされうる[37]。スウェーデンでは一九九四年以来、単独の関係性に変えて、フレキシブルでかつ複数の関係性を取り入れてきた。知的障碍のある人びとに対する支援サーヴィスとして好まれているのが、助言人制度（*god man*）である。助言人制度は、被助言人の市民的権利を変更するものではない。助言人は被助言人の同意があった場合にのみ行為し、法廷代理人の権限を有している人とほぼ同様の権利と義務を有する。助言人を指名する裁判所は、個人のニーズに合わせてその関係性を調整することもある。これらのサーヴィスへの申込みは、当の本人、親族、もしくは公設の受託者によってなされうる。こうした助言人のサーヴィスは国家によって支払われる。助言人制度の最大の利用者は高齢者である。

被助言人の障碍の性質からして、助言人制度が不十分に思われる場合には、管財人ないしは受託者の制度（*forvaltare*）により、障碍のある人の意思決定が管理される度合が少しばかり強まる。ほかの形態の支援が不十分で、障碍のある人が深刻な危機にあるように思われる場合には、受託者が指名されることがあり、また受託者は、助言人とは異なり、代理決断をなすことがある。受託者制度が用いられる第一義的な理由は、ひとつには軽率な取引の経済効果から人を守ることである。ただしその人は、選挙権を含む市民的な権利を持ち続けている。

後見および支援の種類は他にもある。ほかの社会福祉事業として「担当者」制度（*kontakt*）がある。それは公的資金によって支払われるものであり、担当者は、放っておけば孤立したり活動的ではなくなったりすると思われる人に対して、親交活動の機会をもたらす。「個人アシスタント」は、障碍のある人によって雇用されたり解雇されたりするが、政府によって支払われるアシスタントで、さまざまな取引においてその人を支援する。「同伴者」は障碍のある人を文化やスポーツ、そしてほかのレジャー活動へ同伴し、やはり自治体との共同で国家政府によって支払われる。[38]

このスウェーデンのアプローチは、ドイツの一九九二年の改正後見制度法（*Betreuungsgestez*）が活かされている。ドイツのこの法は、この問題に対する手続き的なアプローチを提供するとともに、障碍のある人の自由を保護するための一般的な諸原理を重要視している。「必要性の原理」は、その人がほかの社会福祉事業の支援によって何とかやっていくことができるのであれば、後見を禁じる。「柔軟性の原理」は、後見人の権限の範囲を限定し、制限の度合いがもっとも少ない代替手段、つまり指導者（*betreuer*）を要求する。指導者は「支援を受けている個人の願望を、そのハンディキャップのある人の福利が害されないであろう限りにおいて、聞き入れる」ものであり、また法律はその福利に「自ら決定した人生を可能な限りの最高水準まで歩む可能性」が含まれることを認めている。「自己決定の原理」は、後見の代わりとして永続的委任状を許可する。「権利保存の原理」は、実際の支後に対する助成金と「法的能力の形式的剝奪の回避」とを重要視し、知的損傷のある人の投票権、結婚権、および遺言書作成権が後見人の任命によって自動的に奪われることのないようにしている。この法律はほかにも、個人面接、不服申し立ての手続き、および期間の定めのある後見制度を含む、さまざまな手続き上の保護を定めている[39]。

イスラエルの法律にある人間の尊厳および平等に関する展望と、ドイツの法律で主張されている一般的な諸原理と、スウェーデンの法律で具体化されている法的・社会的な関係性の柔軟な構造とを一体化すると、それは可能力アプローチがこの問題領域で改革の型版として支持するだろうよい手本となる。これらのすべてをもっと具体化するために、より実際的な法的・政治的な仕事がなされる必要性があるのは、明らかである。

こうした法的な改革はすべて、完全に平等な権利へ向けた国際的な動きの高まりのなかで、知的な損傷および障碍のある人びとと彼らの支持者とによって求められてきた。それらは、障碍のある人びとは完全に平等な権利の享有者であり、またそうした権利を行使する機会を確実にもたらす広範な社会福祉事業に対する権利資格も有していると理解するアプローチの重要性を、明確に示している。こうした国際的な展開に関する新しい研究論文の序論で、メアリ・ロビンソンはつぎのように書いている。

どのような男性、女性、あるいは子どもであっても、彼らが何らかの理由で隔離され権利を剝奪された人生を歩むというのは、耐え難いことである。彼らが切り離されているのは、人種や宗教やジェンダーのようなもっと「伝統的な」、あるいは目に見える諸区分のひとつのせいではなくて、身体的あるいは知的な障碍のせいであるということが、彼らの権利の毀損を同様に深刻なものとしている。障碍者にとっての真の平等とは、建物へのアクセスや移動の手段だけを意味するのではない。私たち全員がその一部である、より大きな社会機構、これにおける態度変容が要求される——彼らが困り者として見られることがもはや絶対にないように、そして彼らが、私たちが自らの権利に与えるのと同じ喫緊さで充たされるにふさわしい権利の享有者として見られるように。平等は、私たちが個人における「欠陥」をとらえがちであることに終止符を打ち、差異に対応していない社会的・経済的な機制における欠陥へと私たちの注意を向ける。(40)

私がロビンソンと同様に支持するアプローチでは、後見制度は人の「無能力さ」を扱うものではなく、その人がすべての中心的な可能力にアクセスできるよう手助けする方法である。規範はつねに、その人にとって重要な種類の機能を選択する立場に、その人自身を位置づけるものでなければならない。それが一時的もしくは永久的に可能ではない場合には、目指すべき種類の後見は、ある人が支援を必要としているときにその人を支援することに綿密に調整されたものであるだろう——その人を意思決定および選択にできる限り多く参加するよう誘うやり方で。

12　公共政策――教育と包摂

すべての近代社会は、通常ではない知的損傷のある子どもたちを、実に不平等に扱ってきた。このような子どもたちは、必要とする医療ケアおよび療法を得ていないことが多い。（実のところ、認知的な不全という想定があるおかげで、子どもたちにはその認知的な能力を大きく高めうるさまざまな身体療法が必要であるということが、しばしば認められずにきた。たとえば、ダウン症候群の子どもたちに対する筋肉療法は、こうした子どもたちが彼らの世界を上手に切り抜けて能動的な学習を進めることを可能にする。）知的損傷のある子どもたちは、さまざまな身体的損傷がある人びとよりも、仲間はずれにされ社会的な烙印をおされることが多かった。彼らの多くは、彼らの能力を発展させる努力をまったくしない施設へと追いやられてきた。また、彼らは公共空間を占める資格がまるでないかのように、いまなお扱われている。「米国障碍者法（ＡＤＡ）」に先立って行なわれた議会の聴聞会では、この仲間はずれの実例がたくさんあげられた。あるケースは、チンパンジーを興奮させないために動物園への入園を拒否された、ダウン症候群の子どもたちに関するものであった[41]。

とくにひどい格差があるのは教育の分野においてである。知的障碍のある子どもたちは、教育のほどこしようがないとか、費用に見合う価値がないとかいうレッテルを貼られ、適切な教育へのアクセスを拒否されてきた。私の世代の大人であれば、「正常」な子どもたちがそうした子どもたちを見なくてもすむようにと、学校の地下に隠されるのが常であった「特別」な子どもたちのための教室を思いだすことができるだろう。また、知的損傷のある子どもたちは多くの場合、結局は公立学校から追いだされたものである。

初期のころの裁判は、こうした排除を支持するものであった。たとえば、マサチューセッツ州最高裁判所は、一八九二年、精神遅滞をともなって生まれてきたジョン・ワトソンを、ケンブリッジの公立学校から排除することを支持した。その判決理由は、彼の容姿と異常挙動（それは有害でもなければ反抗的でもないことが認められた）がほかの子どもたちの経験に与える破壊的な効果について言及するものであった。メリット・ベアッティの裁判も同様であり、彼の麻痺状態がもたらす症状には「教師と生徒の気分を落ち込ませ不愉快にする効果」があるとされた(42)。

アメリカ合衆国におけるこうした問題との格闘は、すべての近代社会が克服しようとしている問題を描き出していると同時に、概して有益であることが判明するだろういくつかの戦略をも描きだしている。一九七〇年代の初頭には、知的障碍のある人びとの支持者たちは、こうした子どもが教育から排除されることに対して異議申し立てをする組織的な試みを開始し、影響力の大きな二つの裁判で勝訴を勝ち取った。「発達が遅れた子どものためのペンシルヴァニア協会」とペンシルヴァニア州とが争った裁判では、知的障碍のある子どもたちに「無料の適切な教育」を提供することをペンシルヴァニア州の公立学校に強制することについて、連邦地方裁判所が同意判決を出した。原告の主張は、教育を受ける権利は基本的権利であり、したがって学校システムは障碍のある子どもたちを法的に排除するためには「やむにやまれぬ政府利益」を示す必要がある、というものであった(43)。

同年のミルズと教育委員会が争った裁判において、コロンビア特別区裁判所は、コロンビア特別区の公立学校から排除されていることに対して異議を申し立てた知的障碍のある子どもたちの集団に、有利な判決を下した。この集団はペンシルヴァニアの裁判における原告団よりも幅広く、精神遅滞だけではなくさまざまな学習障碍のある子どもたちをも含んでいた。裁判所は、公立学校における人種分離を〔合衆国憲法修正第一四条の〕法の下の平等保護条項の侵害として基礎づけた画期的な裁判であった「ブラウン対教育委員会」を応用すべく意図的に持ち出した分析のなかで、無料かつ適切な公教育を知的障碍者に対して拒否することは平等保護条項の侵害であるとした。また、本書の目的にとって非常に重要なこととして、裁判所は、この平等保護条項の侵害は、教育システムの資金が不足していることやこれら子どもたちの包摂には特別な費用がかかることを理由には正当化しえない、と述べた。判決理由ではつぎのように論じられている。「資金不足のためであろうと運営上の非効率のためであろうと、コロンビア特別区の公立学校システムの不適切さが、正常な子どもたちよりも『例外的』な子どもたち、あるいはハンディキャップのある子どもたちの方に重くのしかかることはとうてい認められない[44]」。意義深いことに、判決理由はこの段階でゴールドバーグとケリーが争った裁判に言及している。これは福祉権に関する裁判で、最高裁判所が、市民たちの福祉という政府の利害関心は、それに競合する利害関心である「財政的・運営的負担におけるどんな増加をも回避すること」を「明らかに上回る」としたものである。同様にして地方裁判所は、こうした排除された子どもたちの教育へのコロンビア特別区の利害関心は「その財源を守ることへの利害関心よりも上回らなければならないことは明らかだ」と結論づけた[45]。

ゴールドバーグ対ケリー判決とその影響を受けたミルズ判決は、私が本書で擁護しているアプローチにとってきわめて意義深い。それらは、本書が批判してきた相互有利性型の契約主義において具体化されたものとは大いに異なる社会的協働の構想と政治原理の諸目的とを明確に示しており、可能力アプローチが明確に示しているものを支持している。ゴールドバーグ対ケリー判決では、ブレナン判事によって書かれた判決理由のなかで、裁判所は以下のように述べた。

建国以来この国が基本的にコミットしてきたのは、国境内部のあらゆる人びとの尊厳および福利を促進することである。貧しい人びとの制御下にはない影響力が、彼らの貧しさに寄与していることがようやく認められるようになった……福祉は、最低限の生活への基礎的要求を満たすことによって、共同体の生活に有意義に参加することへの他者と同じ機会を、貧しい人びとの手の届く範囲にもたらすことを手助けしうる……このように、公的支援は単なる慈善ではなく、「一般の福祉を促進し、私たちと私たちの子孫に、自由の恩恵を確実なものとする」ための手段である。[46]

換言すると、社会的協働の目的は有利性を得ることではなく、市民一人ひとりの尊厳と福利を促進することである。[47] この目標は、貧困に関わる出費は高額であるが私たちの社会的コミットメントそのものがその支払いを要求している、ということを意味すると解釈されている。さて、もちろんロールズは、貧困のケースについてはこれに同意するだろう。しかし、人間の尊厳と社会的包摂に対する彼のアプローチで中途半端に思われるのはまさに、彼が基本的な政治原理において、身体的・知的な損傷のある人びとを全面的に支援する責任を国家に持たせることを拒否し、基本原理が確定した後の段階へとその問題を先送りしてしまっていることである。ミルズ判決は、そのような別け隔ては容認できないと述べており、またかりにそうすることが高くつくとしても、私たちはそうした市民を、基本的な政治原理においてまたそうした原理を通じて、平等者として支援しなくてはならないと述べている。それは私たちの基本的な政治原理が必然的にともなっていることである、と。

さて、ゴールドバーグ判決が人びとに不可能なことを求めていないのは確かである。たとえば、すべての市民に無料の大学教育を提供せよと国家に求めてはいない。要求しているのは平等にもとづく支援、つまりたとえそれが高くつくかもしれない変化を必然的にともなう場合でもなされるべき支援である。同様に、ミルズ判決が述べているのは、そのような支援は正義によって要求されるということ、また平等保護という私たちの基本的原理がそのことを必然的にともなうということである。もし正義がそれを要求するのであれば、たとえそれが高額であると判明しても、私たちはそれが確実になされるようにできる限りの努力をしなくてはならない。この判決は、行政の非効率によって費用が膨らむかもしれないということと、公衆のあいだにおける無知の広がりと教師の訓練不足とを鑑みると、その影響が大きく及ぶ先は損傷のある子どもたちの教育であるだろうことも、指摘している。私たちは、どんな稀少な財の価格も、大きな損失を出さずに変更しうる仕方で、人為的につり上げられることがよくあると、付け加えることができるだろう（アフリカでAIDSを治療するための医薬品の価格が人為的につり上げられたように）。知的障碍のある子どもたちの教育において要求されるだろう主な変化は、心構えおよび教員の訓練における変化である。それらはすべて、ひとたびカリキュラムに導入され確立してしまえば、とくに費用がかかるものではないであろう。

この基本的で本質的な理解がきちんと明らかにされた後、二つの裁判が国民的議論を引き起こし、平等なアクセスと資金調達、これらの両方が着目されることになった。一九七五年には、全障碍児教育法（EAHCA）がアメリカ連邦議会を通過した。それはミルズ判決を連邦法へと発展させ、広汎性の知的障碍[48]のある子どもたちに無料で適切な公教育を受ける法的強制力のある権利を与え、また各州が憲法上の責務を果たすことができるよう資金を用立てた。[49] この法律には若干の修正と彫琢が加えられ、一九九七年に「個別障碍者教育法」（IDEA）が成立した。

だが、この新しい教育法を検討する前に、考察すべきとても重要な関連事項がある。それは社会的烙印と排除の問題に直接関わっている。テキサス州クリバーン市とクリバーン生活センターが争った裁判では、精神遅滞の人びとのためのグループホームに認可を与えなかったテキサス州の市が問題となっている。クリバーン市は、そうしたグループホームには特別な認可が必要であるとする都市計画法に従っていた。(病後療養所、老人ホーム、サナトリウムには認可は要求されていなかった。認可は「知能の弱い精神障碍者、アルコール依存症者、もしくは薬物中毒者のためのホーム」にのみ要求されていた。) 認可の拒否が、近隣の不動産所有者によって表明された知的障碍のある人びとに対する恐れとそのほかの否定的な態度によって促進されたのは明らかだった。さらにクリバーン市は、「五〇〇年に一度、洪水が起こる平野」に位置するため、ホームの居住者が危険にでくわす可能性があると主張した。洪水のさいに彼らが建物から逃げだすのに時間がかかるかもしれないという理由で。[50]

最高裁判所は非常に驚くべき判決のなかで、この認可拒否には合理的な根拠がなく、「不当な差別」、「精神遅滞者に対する不合理な先入観」、「曖昧で未分化の恐怖」だけに依拠していると述べた。[51] この判決が驚くべきものであるのは、それまでは実質的に、どこで通過したどんな法律も、合理的な根拠があると理解されていたからである。合理性基準の効力はきわめて弱かった。[52] このように裁判所は、少なくともこのケースにおいては、この基準に大きな威力をもたせたのである。単に社会的烙印を押したいとか、人気のないマイノリティを排除したいとかいう欲求は、理由として認められない。ここでは、可能力アプローチの中心にある尊厳の平等な尊重の観念がはっきり述べられている。やはり社会契約の相互有利性モデルに内在している諸価値との、重要な決別をなすように思われる仕方で。それというのも、見てとれるように、そのモデルの「理由」の意味では、クリバーンの居住者には認可を拒否するとてもよい理由があったからである。彼らの不動産価値はもちろん下がっただろうし、彼らが感情的にも苦しんだであろうことは間違いない。知的損傷のある人びとを政治社会の周縁に追いやっておくこと、あるいは少なくとも派生的な二流の市民権の地位に格下げすることは、このような考慮事項に照らしてみると、経済的な意味ではごもっともである。そのような考慮事項は、正義および尊重に関する独立の考慮事項が立ち入らない限り、どの相互有利性アプローチにおいても非常に重要視されるに違いない。裁判所は、そうした理由は公共的選択の諸目的の理由としては有効ではないと判断したのである。(53)

社会的協働に関するこうした構想が確立されたことは――あるいは少なくともそれが目立って検討中であることは――教育の分野におけるいっそうの発展のための機が熟したことを意味した。一九九七年には「個別障碍者教育法」(ＩＤＥＡ)がアメリカ連邦議会を通過した。ＩＤＥＡは人間の個性という、シンプルだが深遠な観念から始まった。この観念は、交渉の伝統を批判するなかで保つべき、リベラルの核となる諸観念のひとつである。こう私は先に述べた。それがこの分野でなしうることを、いまやより明確にすることができる。この法律は、障碍のあるさまざまなタイプの人びとを、顔のない人びとの一群として見なすものではない。彼らが現に多様なニーズを持つ個人であるということと、したがって集団としての彼らに対する処方はすべて不適切であるだろうこととを、想定するものである。この法律の基本観念は「個別教育プログラム」(ＩＥＰ)、すなわち「障碍のある子ども一人ひとりのために書かれた、展開され、見直され、修正される声明」という観念である。ＩＤＥＡは、対処されていないニーズのある障碍児すべてを特定し位置づけることを、州に積極的に引き受けるよう要求する。子どもたちの評価および処遇に関して決定を行なうさいの情報を親に提供するための手続上の広範な安全策に加えて、記録へのアクセスの確立と、適法手続きに関する公聴会および司法審査に参加する権利を確立することも、行政区に要求する。(この法律のほかの部分は、幼児および就学前の子どもたちのための初期介入事業や、研究および専門教育に要する資金に関するものである。）
一般にＩＤＥＡは、州に対して、障碍児を彼らのニーズ充足に適した「最小限に制限的な環境」で教育する義務を課している。そのためそれは、そうした子どもたちの「メインストリーム化」を促している。この実践は知的障碍児にとっての便益となるため、擁護しうる。彼らには認識の発達を促すためのより多くの契機が与えられるだろうし、彼らが切り離されたタイプとして社会的烙印を押されることも減るかもしれない。それはいわゆる健常児に対して提供される便益のためにも擁護しうる。彼らは通常ではない損傷のある子どもと一緒の教室にいることによって、人間性とその多様性について学ぶ。彼らは新しいやり方で、自らのことや自らの弱さについて、そして人間の可能力の多様性について、考えることを学ぶ。公立学校でジェイミーがたどった途について、ベルベの説明が雄弁に示しているように。

だが法律の目的上、個性の根本的な認識が最重要である。したがって、子どもがメインストリーム化よりも特別教育からより多くの便益を受けると思われる場合には、州はそのような特別な処遇を支援するよう要求される。これはどのような場合だろうか？　第一に、子どもの認知レヴェルが彼または彼女の年齢のほかの子どもたちのレヴェルとあまりにも異なるために、特別教育を通じての方がよりたくさん向上しうる場合があるだろう。第二に、子どもの問題に社会的烙印化や排斥につながりそうな行動上の諸困難が含まれる場合である。ダウン症候群の子どもたちは、典型的に優しくて一緒にいて気楽である。対照的にアーサーのアスペルガー症候群は、トゥレット症候群のチック症と合わさって、理解を助長された子どもたちにとってさえも気がかりとなる。

アーサーの場合、差別の撤廃がこれほど難しい理由のひとつは、彼が異なって見えないことにある。そのため人びとは彼に「正常」な行動を期待する。そして彼の社会的な障碍は、正常に見えるそのくらいの年齢の男の子にしては不適切だと思われる行儀の悪さや不機嫌さという形態をしばしばとっている。いかにも彼には認知的才能があるため、彼がなにか無作法に思われる発言をすると、人びとは、彼が悪い子どもに違いないと容易に考えてしまう。アーサーの認知上の発達と行動上の頑さの組み合わせを例にあげてみよう。二〇〇〇年の選挙後、アーサーはブッシュが正当に選ばれたのではないと、したがって「大統領（President）」ではなく「ただホワイトハウスに住んでいる人（Resident）」と呼ばれるべきであると決意した。このかなり巧妙で印象的な冗談を思いついてから彼はそれにこだわり、教師がブッシュを「ブッシュ大統領」と呼ぶたびに彼女に修正を求めた。そのような行動は、どちらかというと保守的な州にある公立学校の教室では、明らかにあまり受けがよくない。そのように考えることができる人に障碍があると信じるのは、子どもたちだけではなく、教師にとっても難しい。彼の性格も彼の両親も悪いと考えるか、あるいは彼の両親が悪いと考えるかの方が、容易である。

公立学校システムで、特別な監視があったにもかかわらずうまく行かないことが何年か続いた後、州はアスペルガー症候群の子どもたちのための特別な私立学校におけるアーサーの教育を支援することに同意した。彼はいま、認知的および行動的／感情的に急速に発達している。彼はパーティを催し、そして友だちもいる。もはや社会的烙印をまったく押されていない。彼の認知的才能も急速に発達している。彼は日本の文化に強い関心を持ち、日本語を勉強しはじめようとしている。（彼がそこへ行ったら、そのような尊重と包摂には出くわさないかもしれないが！）[1]

要するに、可能力アプローチに内在する諸目標が実現されるためには、個性の尊重が最優先でなければならない。また、市民たちに対するこの尊重は、とても強い意味で平等な尊重である。つまり法律は「拒絶ゼロ」の方針を含んでいるのである。ティモシー・Wとニューハンプシャー州ロチェスター学区が争った重要な一九八九年の裁判で、第一巡回区控訴裁判所は、ＩＤＥＡが、教育から便益を得るだろうことを示しうる子どもたちだけではなく、障碍のあるすべての子どもたちの包摂を要求していることを強調した。「法律の言語は全体として、「拒絶ゼロ」の方針が法律の中枢にあることをはっきり示している」[54]。このように、包摂それ自体がＩＤＥＡによって要求される種類の尊重であり、また究極的には市民たちの平等という観点から理解される種類の尊重である。実際には、ティモシー・Ｗのような（彼にはセーシャ・キティと同じ程度だと思われる知覚上、運動上、認知上の重度の損傷があった）重度の損傷のある子どもたちは、親によってつねに学校へ行かされるわけではない。セーシャは異なる種類のケアのなかで繁栄・開花してきた。だが重要なのは、ほかのどの市民とも同じように教育を受ける権利資格を有するために、一揃いの特定の技能や能力を示すことができなければならないという要求事項はない、ということである。（尊厳は特定の一揃いの技能にもとづくものではないという、私が用いている意味での）人間の尊厳が、根底に認められればそれでよいのである。

理論あるいは実践において、ＩＤＥＡは完璧からはほど遠い。実践においては何より資金不足に苦しんでいる。法律では連邦政府の資金が言及されているが、想定された金額が実際には一度も充当されていないためである[55]。さらにその実施は、あるべき程度までは滅多に個別化されていない。一般的な障碍に対してはすでに処方がなされている、というのが常套である。アーサーは、アスペルガー症候群が近年になって認められた症状であり、そのためあまり記録がないという事実から得をした。このようなケースでは、教育者には特定の子どもにとって何が効果的であるのかを見て理解したいという意欲がある。そして、法律の実施は不平等であることが多く、子どもの障碍についてよく勉強しており、地元の学校システムを突くことに精力的な親の方に、よい結果をもたらしている。そのため、多くの親が成功していないなかで、両方ともが大学の教授であるベルベ夫妻と、大学院の学位のあるプロミュージシャンである私の妹が、彼らに有利となる仕方でシステムを利用することに成功したのは偶然ではない。インターネットは障碍のある子どもの親にとって非常に価値のある情報源であり、またやりとりの場である。したがって「情報格差」もまた、結果の不平等に関する当然の懸念を引き起こしている。

ＩＤＥＡには理論においても深刻な問題がある。それは本書で取り上げてきた、広汎性の認知障碍だけでなく、病因や性質があまり理解されていない多種多様な「特定学習障碍」も、受け入れの射程に含めているためである。「特定学習障碍」は、生徒の真の能力を典型的に隠蔽している特定の妨げとして概念化されたという点で、ダウン症候群および自閉症とは大いに異なる。よって「学習障碍」（ＬＤ）の診断は、「真の能力」（たいていはＩＱテストによって測定される）と、ひとつあるいはそれ以上の教科における学業成績とのあいだの相違という証拠にもとづいてなされる。

原則としては、そうした相違に注目するのはとてもよいことだろう。そのような戦略はまさに可能力アプローチが推奨するもののようである。だが実際には、学習障碍のある子どもと、多くの子どもよりただ遅れていたりあるいは才能が劣っていたりする子どもを、区別するのは非常に難しい。学習障碍の概念枠組みも確定していない。つまりその理論は、特定の妨げの器質的原因を示唆しているけれども、認められている広範囲の妨げにそうした原因が存在するかどうかは明らかではないのである。それにもかかわらず、ＩＤＥＡが創出した金銭的な誘因は、学区が連邦政府資金を得るために、急いで子どもたちを学習障碍として分類する理由となっている。そのような分類は必ずしも子どもを助けるとは限らないだろう。それ自体が社会的烙印化でありうるのであり、また有用な治療の方向につねに向かうわけではないからである。また、学校では問題があるけれど、学習障碍者としてまことしやかに分類することはできない子どもたちに対して、不公平になる傾向がある。すべての子どもが各自の認知上の能力に達するよう支援されるべきだとも思われるが、このシステムは多少の横暴どころではないやり方で、一部の子どもたちの発達をほかの子どもたちよりも促進する(56)。実際には、学区ができるだけ多くの子どもを資金授受資格のある層に含めようとするため、この欠陥は、分類システムのルーズさによって、いくばくかは緩和されている(57)。

　これら法律の最大の問題点は、構想としてみた場合に、知的損傷のある子どもたちをなお別枠として切り離し、そのうえでつぎのように述べていることだと思われるだろう。教育は彼らのために個別化されるべきであり、また人間の可能力の助長を達成目標とするべきだ、と。これが実際には一人ひとりの子どものためのよい学校システムの目標であるべきなのは明白である。そのため、学習がうまくいっていないにもかかわらず、分類しうる障碍のない子どもの親たちのいらだちは理解しうる。法律は分類しうる障碍のある子どもの教育を保護しているにもかかわらず、自分の子どもは十分注目されずに苦しんでいるからである。すべての学校システムは「正常」な子どものために設計されているため、知的損傷のある子どもたちは間違いなく特別な配慮を必要としている。それでもなお、もし私たちが「健常児」などというものは本当には存在しないことを承認できるとすれば、前進であろう。代わりに多様な可能力と多様な妨げのある子どもたちが存在し、全員がその可能力の展開において個別化された配慮を必要としている、と。

　しかしながら、今日では個人として理解されるのが通常であり、またさまざまな個性を有する「正常」な子どもたちも、これまでは著しい個性のない、顔のない人間以下の階級の構成員としてたいていは理解されてきたということを指摘することで、ＩＤＥＡを擁護することもできる。人びとはダウン症候群について考えるさい、顔の特徴が同じで著しい人間的な違いのない一群の人びとを思いがちである。自閉症について考えるさいには、頭を壁にぶつけている人のイメージが浮かび上がり、そのような子どもであっても彼または彼女自身の人柄があるだろうという発想は含まれない。ゴフマンが述べているように、社会的烙印は個性を沈めてしまう。つまり、その人との交流すべてに社会的烙印の痕跡が残る。この状況では、もっとも早急に保護を必要としていることがらに、つまり個人として見られかつ教育を受けたいという社会的烙印を押された子どもたちの権利主張に、法が焦点を合わせるのは理にかなっている。

こうしたすべての問題点などをもってしても、法律には大きな成果があった。それがいま危機に瀕している。二〇〇四年の春、下院と上院が共にＩＤＥＡの再承認を支持したが、それは非常に異なる修正案をともなうものであり、各案は一九九七年の法律の諸目標からの、少なくともなにがしかの撤退を意味した。上院の法案であるＳ・一二四八は一九九七年の法律に比較的近いもので、九五対三の票決で可決された。残念ながら、強制的な全額出費を規定する修正案は、必要な六〇票に四票足りなかった。新しい法律にあるほかのいくつかの規定は厄介である。たとえば、ペンシルヴァニア州の上院議員のリック・サントラムによって提案された修正案は、ＩＤＥＡの運営に関連する「事務処理仕事を減らす」ための免責を、最大で一五の州が得ることを許可するものであった。この修正案は、法律を成功裡に運営するために必要な管理を、著しく蝕むかもしれない。もうひとつの修正案は、障碍のある子どもが不適切な学校教育を受けたと主張する親が「根拠のない」訴訟を起こしたさいには、学区がその弁護士費用を回収することを許可するものである。「根拠のない」の定義に明確さが欠けているため、この修正案も法律の実施を妨げるだろう。そしてこの上院の法案は（下院の対応案のように）、「関連サーヴィスの人材」（学校のカウンセラーを含む）に関する州の基準は「特定の専門職あるいは分野に適用される、州でもっとも高度な要求事項」にもとづくべきであるという一九九七年法の要求事項を削除している。しかし全体的としてみると、上院の法案はそこそこよい。二五一対一七一で可決された下院の法案であるＨ・Ｒ・一三五〇は大きな失敗となるだろう。(アメリカ合衆国の障碍者団体のほとんどはその法案に反対したし、また近年の特殊教育に関するどの法案よりも反対投票が多かった。)子どもの校則違反が子どもの障碍の結果であるのか、あるいは学校が「個別教育プログラム」(IEP)の実施に失敗した結果であるのかを決定するために、上院の法案が行動評価を要求している一方、下院の法案はこの安全策を省略している。校則に関わる理由による転校に関する安全策も省略している。IEPの短期目標の省略についても不安がある。二〇〇四年一二月には、上院の法案にある、障碍をおった生徒のための保護のいくつかを——とくに校則違反による退学処分に関するものを——保持し、また二〇一一年までに連邦資金を四〇パーセントまで引き上げるという目標をふたたび主張するという妥協案に、大統領が署名した。しかしながら、IDEAが依然として政治の影響を受けやすく、適切な資金を受けているとはとうてい言えない状態であることは確かである。

13　公共政策——ケアの仕事

さて、ここでケアの一般的な問題に戻り、可能力アプローチがどのような政策を提案しているのかを問わなければならない。本書は、ケアはケアされる側とケアする側の両方の中心的な可能力のすべてに多かれ少なかれ影響するということと、可能力のリストは私たちがどのような政策を採択したいのかを検討するさいに非常に有用な一群の社会的基準を提供するということとを、論じてきた。すると政策問題には二つの面があることになる。ケアされる側の人びと(障碍のある子どもと大人)[58]と、彼らをケアする人びとの人生(通常は大人で、そのほとんどは女性であり、血縁関係がある場合もない場合も、報酬がある場合もない場合もある)、これらである。そして政策問題には三つの「場」、すなわち公共部門、教育システム、そして職場が関わっている。

すでに指摘したように、可能力アプローチは公共的領域と私的領域というよく知られたリベラルな区別を拒絶し、家族を社会の基礎構造の一部であるひとつの社会的・政治的な制度としてとらえる。[59] そのため家族内の資源および機会の分配に強い関心を向ける。国家による家族生活への干渉が相当に制限されている理由はなお、成人による結社の自由にある。したがって、夫と妻がケア労働を平等に分けるようとにかく命じるというのは、国家にはできない。だが、家族制度の政治的な本質を認めることは、前進のはじまりを意味する。なぜならそれによって、ここで私たちの目前にある諸問題にはどのような法律が関わっているだろうか、また法律はその任務をどうすればよりよくこなせるだろうか、という問いがただちに生まれるからである。

現在の法的状況にある明らかな欠陥のひとつは、家族における女性の仕事が仕事として認められていないことである。この状況を改善する最良の方法はケアの仕事をする家族の構成員に直接の支払いをすることだと、エヴァ・キテイは提案してきた。そのような支払いを給料のように扱い、当該の仕事に社会的な尊厳および承認をもたらすことがそもそもの発想であることから、そのような支払いは収入調査にもとづくべきではないと彼女は主張している。[60]

このような方策ははじめは非現実的に聞こえるかもしれないが、実際には類似の政策が多くの国で採用されてきた。いくつかの実例に限ってあげてみよう。フィンランドとデンマークでは、自治体が特定のサーヴィスを提供するためにケア提供者と契約しており、また(在宅の)ケア提供者は自治体によって支払われている。フランス、オーストリア、ドイツそしてオランダには、少なくとも一部のケアサーヴィスに対して現金払いを提供するプログラムがある。[61] アメリカ合衆国のいくつかの州は、こうした方向性にある実証プログラムを採用している。ほかの国々は、障碍のある親族のためのケア期間において発生した逸失所得を補償している。ほかの国々はいまなお、家族に対するケア仕事のために所得が低い人びとに、収入調査にもとづく支援を提供している。（後者のアプローチの実例は、イギリスの病弱者介護手当および介護者加算制度と、アイルランドの介護者手当である。）

現金払いと所得支援といえば、本書は公共部門の役割についてすでに述べてきた。だが、ここでの公共部門の役割はもっと大きい。ヨーロッパでは有給の育児休暇を支援するプログラムが一般的であり、アメリカ合衆国ではそれに関連するプログラム（未成年扶養世帯給付金）は削減されてしまったが、きわめて限られたものとはいえ類似のプログラム（一九九三年家族医療休暇法）がある。もっと多くの研究に値するほかの領域は、若者による国への奉仕である。たとえばドイツでは、若者は二年間の兵役か三年間の兵役以外の奉仕かの選択肢が与えられている。兵役以外の奉仕としてなされるのはケアの仕事がほとんどである。アメリカ合衆国（とほかの国々）は、このようなプログラムから、精力的な若者によって比較的低いコストで多くのケアの仕事がなされるという明白な便益に加えて、多くの便益を得ることができると私には思われる。若者は男性も女性も、この仕事がどのような仕事であり、どれだけ重要であり、どれだけ難しいかを学ぶだろう。この経験は彼らの政治討論および家族生活における構えを形成すると期待しうるかもしれない。彼らはまた、国のほかの地域や、異なる社会階級、そしてお互いをみるだろう――これは徴兵の廃止によって、たいていのアメリカ人にとっては非常に稀な経験となったものである。もし国への奉仕に兵役という選択肢が含まれるならば、軍に対する文民統制の回復にもつながるだろう。人びとは道徳的・宗教的な諸価値の重要性を喧伝するのにやる気満々だが、このような政策――彼らの諸価値が唱える基本的かつ最小限のものであるように思われるのだが——の支持には気が進んでいない。これは、社会契約の伝統の遺産に関する、悲しい所見である。それに代わり、若者と彼らの親は「他人より先んじる」ことに頭がいっぱいで、人生の二年か三年が、実質的に他者に与えられるという考えは馬鹿げているとしている。この仕事が日々、通常はそれに費やされる時間とエネルギーに中流階級の若者ほどの余裕がほとんどない人びとによって、行なわれているという事実にもかかわらず。

同時にきわめて望ましいのは、公教育が、男性と女性の両方の人生の一部としてのケアの仕事の重要性を強調し、このような仕事をすることについて男性が感じる不本意さの打破に努めることである。この不本意さは明らかに生まれつきのものではない。それは男らしさおよび成功に関する社会的構想のなかで教えられたものである。教える内容は別様でありうるのだから、もし私たちが可能力アプローチを採用するのであれば、その人格の政治的構想は——そこにおいてケアへのニーズは突出した特徴である——あらゆる年齢の子どもたちに教えうるものであり、また教えられるべきものである。そのような教えは、男らしさの構想を、多くのそれとない仕方で変えるものでなければならない。そうした構想が頻繁に、男性がケアの仕事につくことやさらにはケアについて真面目に考えることさえをも、不本意とさせているのだから。この変化は、ケアに関わる仕事に対するより多くの尊重と、またゆえにそれに資金を費やすことおよびそれを公共問題として真剣に熟慮することに対するより多くの公共的意欲とを、もたらすものに違いない。また、この仕事の一部を家庭内で引き受けることへの不本意さの減少につながるものに違いない。

しかし、これらのいずれかが何らかの重大な効果をもつためには、もうひとつの変化が、つまり職場の変化が必要である。家族休暇に関する諸々の政策、そしてそれらと職場における規範との関係に関する最近の研究のなかでジョアン・ウィリアムスが強調しているように、もしキャリアの構造が、家族休暇や育児休暇のような政策を利用すると二流の労働者として見なされるというメッセージを人びとに送るものであるならば、よい公共的な制度編成ですら、効果はほとんど期待できない。ウィリアムスは比較データを通じて、国家政策の見通しが明るい国々（たとえばスウェーデン）でも、依存者をケアするという仕事のほとんどの担い手がいまだに女性であることを示している。[62] 彼女の説得力のある主張によれば、その理由は、男性が、彼らの出世を危うくしたり取るに足らないパートタイマーとして見なされたりすることを望まないことにある。彼らは家庭内の責任の分かち合いを嫌がってはいないが、そのような意思決定が同時に要求する経歴の面での代償を払いたがらない。いまのところ、多くのさまざまな種類の仕事で期待されているのは、労働者はフルタイムで働いて標準的な昇進のための機会を持つか、あるいはパートタイムで働いて著しく減じられた昇進のための機会を持つかの、いずれかである。一部の職場（たとえばアメリカ合衆国の大きな法律事務所）では状況はもっと悪い。仕事にかける時間の長さをめぐるマッチョな競争があり、残業を拒む人は誰もが競争を降りた人だと思われている。

これは先進国と途上国の両方において、またあらゆるレヴェルの名声と給料において、遍在する問題である。それは利潤を得るために募るプレッシャーと、多くがグローバルな勢力圏をもつ巨大複合企業体の下で高まる仕事の集中とによって、ますます悪くなっているようである。ローカルな雇用者が、親や子どもや障碍のある親類の世話をしている被雇用者に共感していたとしても、現在ではその多くが、この問題における選択肢を有していない。彼らは遠く離れた会社組織の規範に囚われている。[63] 新しい技術は仕事の時間と場所の柔軟性を高めうるが、そうした可能性が人道的なやり方で利用されることはほとんどない。公共政策の重要な達成目標は、新しい柔軟性と新しい倫理的な規範を通じた職場の変化であるべきだと、可能力アプローチは提案する。こうした変化と、私が公教育に関して提案している変化とは、かなり補完的である。若い労働者たちは、自らの人生の一部としてケアを考えるようになるにつれ、柔軟性のない職場を受け入れにくくなる。そしてフレックスタイムやパートタイムといった選択肢を提供する雇用者たちが、技術力においてもっとも長けた労働者たちを引きつけるだろう。このことはある程度はすでに生じていると、またアメリカ合衆国の非常に柔軟性に欠く職場環境においてさえも生じていると、ウィリアムスは論じている。

14 リベラリズムと人間の可能力

本書はこれまで、実践理性と自らの政治的・物質的な環境の管理を含めたすべての可能力が重要な人間的・政治的な目標であると論じてきた。また私の可能力アプローチは、各人を目的とする原理という基本原理をずっと主張してきた。(64) いいかえると本書の主張は、政治的正義の第一義的な主題は集団ではなく個人であり、集団の取り分を増大させる政策はそれが一人ひとりに中心的な可能力をもたらすものでない限り拒絶されるべきだ、というものである。ケアの諸問題に対する私のアプローチは、このような仕方で、リベラルな伝統にきちんと位置している。

可能力アプローチは、リベラルな伝統におけるいくつかの系譜を批判するが、その理由は、それらが正真正銘の自由の物質的・制度的な前提条件に十分な関心を向けていないことにある。またこのアプローチは、自由を万能な社会的善としてやみくもに崇拝することもない。重要な自由もあれば、そうでない自由もある。いくつかの自由（富裕層が選挙運動に多額の献金をする自由、産業が環境を汚染する自由、職場で男性が女性に嫌がらせをする自由）は間違いなく有害であり、法によって規制されるべきである。[65] そしてこのアプローチは、柔軟で変化に富んだ自由の構想、つまり諸々の自由を享受する能力の真価を知的損傷のある市民たちにおいても認めることができる構想を用いており、理想化された合理性に基礎づけられた人格の政治的構想を拒絶するものである。このようにして、その新アリストテレス主義は、リベラルな伝統のいくつかの系譜からは離れている。けれども、リベラルではない新アリストテレス主義や、さらには反リベラルな種類の新アリストテレス主義も、たしかに展開しうるだろうし、また一部の哲学者たちはそうしてきた。[66] けれども私の可能力アプローチは断固としてリベラルである。そこにおいて個性、自由、そして選択はなお善であり、そのうえとても重要な善となっている。

しかしながらキテイによれば、私たちが障碍とケアについて熟考する場合には、支配的となっている正義のリベラルなモデルをもっと根本的に批判することが避けられないはずであり、最終的にはその伝統それ自体から離れるしかない。西洋の政治理論は、依存の事実を中心とするよう根源的に再構成されるべきであるというのが、彼女の提案である――私たちは誰もが「ある母親の子どもであり」、依存の絡み合った関係性のなかに存在しているという事実が、政治思想を導くイメージであるべきだ、と。[67] 彼女の考えでは、リベラルな伝統は別個独立性と自由という目標に深くコミットしているため、彼女が考えるようなケア基底的な理論はどのリベラルな理論ともきわめて異なる可能性が高い。キテイはこの違いの実践的意味を詳細に明かしてはいないが、ケア基底的な理論は、福祉国家に関するよく知られたいくつかの理想がそうであるように、あらゆる市民の生涯にわたってのニーズを包括的に支援する種類の政治を支持するだろうというのが、彼女の考えだろう。ただし彼女の考える政治では、自由の重要度が、安全および福利よりもはるかに低いということはないだろう。

この点についてキテイは完全に首尾一貫しているわけではない。彼女はときに古典的リベラルが用いる論証を用いて、私たちにはケア提供者に本人の生活があることを思いだし、彼らにより多くの選択肢を与える政策を支持する必要があると述べている。[68] しかし全体的にみると、彼女は自由を中心的な政治目標として強調する解決策を、理論上は拒絶している。しかしながら彼女が支持する具体的な政策は、見境がないような反リベラルな含意は有していないと思われる。未成年扶養世帯給付金の復元と拡充。一九九三年家族医療休暇法の拡充。「メインストリーム化」と分離教育の思慮深い組み合わせを通じた、器質的損傷と障碍のある人びとの尊厳を促進するさまざまな教育政策。[69] これらはすべてよく知られたリベラルな政策であり、重要な社会目標としての選択および自由の強調と組み合わせうるものである。家庭内で依存者をケアする人びとへの収入調査にもとづかない直接払いという、キテイのもっとも論争的な提案は、明らかにリベラルな論拠を持っているし、あるいは持ちえただろう。その論拠は、そうした人びとが受動的な非貢献者としてではなく、能動的で尊厳のある労働者として理解されることを確実にするものである。

けれども彼女の理論的な提案は、ジェイミーとアーサーのような子どもたちの扱いに対する具体的な政策的含意をも有する仕方で、たしかに反リベラルな方向に向かっている。おそらくキテイの国家は、別個独立性、政治参加、そして職業および生き方に関して選択をなす能力の促進に対して、リベラルな国家に比べるとはるかに少ない重要性を与えるだろう。市民と国家の関わりの中核的イメージが世話を受けることである限り、別個独立性あるいは能動的機能のためのさまざまな選択肢を、十全で平等な市民権が要求することはない。対照的に私の見解は、人間が必然的に依存的でかつ相互依存的であることを主張しており、また尊厳は依存の関係性にも見いだしうるとするものであるが、市民たちについては、全範囲の可能力を行使できる場合にのみ完全な平等を享受すると理解する。ときには後見を通じてなされなければならないことであるが（先の第一一節を参照）、目標はつねに本人自身を十全な可能力の状態におくことである。そのため社会に与えられた指令は、人びとがリストにあるすべての可能力を持ちうるようにすることである。それは社会的生産性のためではなく、人間的によいことだからである。すべての市民には、それぞれの条件が許すレヴェルであらゆる人間の力を発達させるための好機と、本人の条件が許す種類の自由と別個独立性を享受するための好機とが、あるべきである。

この目標を否定し、キテイの考えを支持する方が、よいのだろうか？　別個独立性を重要な社会目標とすることを否定し、国家を普遍的な母親として思い描きながら。なるほど、誰もいちども自己充足していない。私たちが享受している別個独立性はつねに、一時的でかつ部分的である。またこの事実を、依存時のケアの重要性も強調する理論によって再認識させられるのは、よいことである。だが「ある母親の子どもである」であることとは、正義にかなった社会の市民のイメージとして十分なのだろうか？（そしてケアは母親であることのイメージとして十分なのか？）私はもっと多くが、つまり自由と機会、人生の計画を立てる好機、自分自身で学び想像する好機、そして自分で選んだのであり単に与えられたのではない友情とほかの政治的な関係性を形成する好機が、必要だと考えている。

これらの目標はほかの人にとってと同様に、知的損傷のある人びとにとって重要である。達成ははるかに困難だとしても、そうである。キテイの娘セーシャが一人で生きてゆくことは決してないが（そして別個独立性は知的障碍のあるすべての人びとにとっての尊厳の必要条件だと見なされるべきではないと言うキテイは正しいが）[70]、セーシャですら、両親による直接のケアをつねに受けているわけではない。彼女は家の外の新しい環境で喜びを見つけた。[71]知的障碍のあるほかの多くの人びとも、仕事を持つこと、投票すること、そして自らの体験を語ることをたしかに切望している。マイケル・ベルベは、ダウン症候群の二人の大人が最近なしたようにジェイミーもまた彼自身のことについて本を書くだろうという希望とともに、彼の息子の人生に関する説得力のある説明を終わらせている[72]。ジェイミーが大人になったら何になりたいかと尋ねられたとき、消防士、バレリーナ、バスケットボールのスター選手といった普通のことを言わなかったことを思いだしてみよう。彼はただ「大きく」なりたいと言ったのだ。そして教師によれば、彼の文字どおりの答えが、その問いにおいて重要なことすべてを全員に教えてくれたのだった。ただ「大きく」なっていくことが、社会において大人になってゆくこと自体が、達成なのだと。ベルべも、彼の子どもが「大きく」なれる社会を、ただただ望んでいる。子どもが健康で、教育があり、愛情があり、能動的で、「精神遅滞児」ではなく独特の何かを提供できる特定の人であると見なされる、そのような社会を。

それが実現されるためには、ジェイミーの依存性が理解され支持されなければならない。だが彼のニーズもまた、別個で個性的なものとして理解され支持されなければならない。この点でベルべは、リベラルな伝統に共感をもって言及している。彼は、ジェイミーを普通の公立学校の教室に包摂することにつながった教育改革の中心にある観念が、突き詰めてゆくとリベラルな観念、すなわちすべての市民にとっての個性と自由の重要性についての観念であると主張している。知的障碍のある子どもたちが必要とする、もっとも重要な種類の支援のひとつは、各自が彼もしくは彼女自身のやり方で自由に選択できる大人になるために必要な支援である。ベルべはつぎのように記している。「いまの私の仕事は息子の代弁者として行動することだ。家族の食卓に彼の居場所をきちんとこしらえることだ。だが私がしていることは、彼が彼自身の居場所を整える日のための準備を精一杯していることにすぎない。ジェイミーがいつか彼自身の擁護者となり、彼自身の作家となり、彼自身の最高の代弁者となることを、美学的に（aesthetically）倫理的にそして親らしく想像するだけで、私は満足なのだから」[73]。だからこそベルべは、彼の子どもの人生の物語を、活動と個性に関する幅広い記述からはじめているのである。個人としての彼らしいやり方で、彼の大好きな食べ物を運んでくるウェイターを真似るジェイミー。キテイが国家をその「子どもたちの」ニーズの母的支援者とする構想を支持するために、このようなリベラルな観念を軽視したり過小評価したりすることを提案する限りにおいて、彼女はやり過ぎだと、つまり障碍のある人びとと高齢者の両方にとっての正義がなんであるかを思い違いしていると、私は考えている。投票したり執筆したりすることが決してないセーシャにとってさえ、十全な人生とは、ある種の自由と個性を、つまり監禁と嘲りのない、愛を交換し光と音を楽しむためのスペースを、ともなうものではないだろうか？

私の議論は、リベラルな理論にはそのもっとも伝統的な出発点のいくつかを問題視する必要があることを示してきた。そのような出発点には、カント的な人格の観念、ヒューム的な「正義が生じる情況」の説明、および社会的協働の目的としての契約主義的な相互有利性の観念が含まれている。リベラリズムにとっては、相互有利性のための契約という観念に依拠していることに、非常に深刻な問題がある。このようなモデルをカント自身が是認していることは、彼の道徳理論の中心的な洞察、つまり各人が目的として扱われるべきであり誰も他者の目的の単なる手段として扱われてはならないという洞察と、ある意味でひどく食い違っているだろう。ロールズは、カント的な倫理学をカント自身がしている以上に多く政治理論に組み入れている。そのため彼の理論では、目的としての人格という観念が、ロールズ的な構造を導く諸観念のひとつとなっている。にもかかわらず、この洞察を、障碍という問題領域に成功裡に貫徹させるためのロールズの手腕は、結局のところ、ヒューム的な「正義が生じる情況」の説明とそれが必然的にともなう社会的協働の諸目的についての貧弱な図式とへのコミットメントによって、損なわれている。また、かなり理想化された合理性の強調が、知的損傷のある人びとのニーズと能力の適切な政治的扱いをいっそう困難にすることを考慮するならば、ロールズがカント的な倫理学を用いるやり方自体も問題となる。

しかし、リベラリズムのもっとも重要な洞察は人びとの平等な真価と彼らの自由に関わるものだとするならば、私の批判はリベラリズムを不可とするものではないと結論づけるべきだろう。そうではなくて、リベラリズムのもっとも深遠でもっとも重要な諸目標のために、一般的なリベラリズムのいくつかの戦略の拒絶を求めているのである。新しいリベラリズムの形式を生みだすことが求められており、それは古典的リベラリズムよりもはるかに徹底したやり方で封建制と階層制を拒絶し、家庭における男性と女性のあいだの階層制と、すべての社会における「正常」な市民たちと通常ではない障碍のある市民たちとのあいだの階層制とを、拒絶するものである。そのような説明は社会的協働の基礎を複雑かつ多元的なものとして理解し、有利性の探求に加えて、愛、人間性の尊重、そして正義への情熱を含むものとする。その政治的な人格の構想においては、人間は脆弱で束の間の生き物であり、能力がありニーズにも満ちており、さまざまな仕方で障碍をおっており、そして「生命活動の豊かな多元性を必要としている」。

このように修正されたリベラリズムは、知的損傷のある人びとと彼らの擁護者たちに、たくさんのことを申し出る。リベラリズムの中核的な諸目標は、「健常者」よりも知的損傷のある人びとの方にとってより切迫した重要性を有しているだろう。なぜなら、持続的に否定されているのは、「健常者」の個性ではなく、知的損傷のある人びとの個性なのだから。偏見、教育の欠如、そして社会的支援の欠如を通じて特徴的に縮減されてきたのは、知的損傷のある人びとの自由である。また、社会が社会的協働の便益と負担に関する貧弱な理解を追求するなかで無視されてきたのは、知的損傷のある人びとが有する繁栄・開花した生の前提条件への平等な権原である。

知的損傷のある市民たちおよび彼らをケアする人びとの人生は、引き続き著しく困難であるだろう。それというのも、私が論じてきたように、これらの人びとは繁栄・開花の途上で通常ではない妨げに出くわすからであり、また必ずしも賢明な社会的行ないがそれらすべてを取り除きうるわけではないからである。そのような子どもや大人をケアする人びとの人生には、例外的な障碍をおった誰かをケアするという日々の苦労に加えて、自らの器質的損傷がもたらす悲しみもが、含まれるだろう。高齢者のケアの場合には、死の見通しというかたちで、悲しみがつねに待ち構えている。だが障碍のある人びとの生も、彼らにケアを提供する人びとの生も、かつて遍在的に含んでいた（そしていまなお含まれていることが多い）社会的烙印、侮辱、そして過大な苦労を、含む必要はない。まっとうな社会は、そのような人生を支援し、また彼らを十全に包摂するために、公共空間、公教育、そしてほかに関連のある公共政策の領域を整備し、ケア提供者たちに本書のリストにあるすべての可能力をもたらし、障碍者にもできる限り多くの可能力をできる限り十全なかたちでもたらすだろう。

そもそも人びとはなぜ、このような社会をつくりだそうとするのか？　私がこの章の題辞として引用したベルべの問いは、彼が気づいているように、すべての「正常」な子どもたちの十全な人間的発展ですら支援していない世界においては、十分意味をなす。その答えはつぎではありえないと、すなわち、そのような社会をつくりだせば狭義の経済的あるいは私利私欲的な「利得」という意味において私たちに得が生じると考えられるためではありえないと、私は論じてきた。その答えは、私たちに正義へのコミットメントと他者への愛とがあるから、つまり私たちの人生は他者の人生と結びついておりまた私たちには他者と諸目的を分かち合っているという感覚があるからというものでしか、ありえない。そしてこのことは、私たちの手もとにある支配的な社会契約の理論が、私たちに間違ったメッセージをもたらしていることを意味する。なぜ人びとは社会を形成するために集うのかについて、それら理論は何世紀にもわたって、欠陥のある物語を私たちに伝えてきた。私たちがベルベの問いに苦労するのは、私たちがその間違ったメッセージを受け取りそれを自らの自己理解のなかに深く混ぜ込んでしまっているためである。社会契約の理論は、人びとが考え感じたことがらをかねてから表明してきたが、成功と威信を通じて、そのような社会の見解を大いに強化し、以前はそうした見解を抱いていなかった人びとのうちにもそれらを生成してしまった。理論は人びとの生に影響を与えるもののひとつにすぎないが、たしかにひとつの影響である。私たちは誰でありなぜ集うのかに関するイメージは、私たちの企てを形成するさい、実際に力を発揮する。そうであるならば、人間の生活でもっとも困難な領域のひとつにおいて正義の探求を前進させるために社会的協働とその諸目的に関する新しい説明は何をなしうるのかを、いまこそ確かめるときである。

第4章　相互有利性とグローバルな不平等——国境を越える社会契約

所得におけるグローバルな不平等は、かつて経験したことのない規模で二〇世紀に増大した。もっとも豊かな国ともっとも貧しい国の所得の隔たりは、一八二〇年には三対一、一九五〇年には三五対一、一九七三年には四四対一、一九九二年には七二対一であった。

——国連開発計画『人間開発報告書　二〇〇〇年』

1　不平等に満ちた世界

今日、スウェーデンで生まれた子どもの出生時平均余命は七九・九歳であり、シエラレオネで生まれた子どもの出生時平均余命は三四・五歳である。(1) アメリカ合衆国の一人あたり国内総生産（ＧＤＰ）は三万四三二〇ドルであるが、シエラレオネでは四七〇ドルである。国連開発計画が調査した一七五か国中、二四カ国の一人あたりＧＤＰは二万ドル以上であり、一六カ国の一人あたりＧＤＰは一〇〇〇ドル以下である。八三カ国は五〇〇〇ドル以下で、一二六カ国が一万ドル以下である。上位二〇カ国における成人識字率は約九九パーセントであるが、シエラレオネでは三六パーセントである。二四カ国で成人識字率は五〇パーセント以下となっている。

世界には道徳的に憂慮すべき不平等があり、比較的豊かな諸国と比較的貧しい諸国の格差は広がっている。ほかの国ではなくその国で生まれるという運命的な出来事が、誕生する子ども一人ひとりの人生の見通しをすべてにわたって決定する。グローバル市場の力と多国籍企業の力が、諸国の権限と自律を著しく侵食している世界において、人間の基本的な権原を定める政治原理を提案する正義の理論はいずれも、こうした不平等とそれがもたらす課題とに、取り組みうるものであるべきである。

総計であるこうしたデータは、世界でもっとも貧しい人びとの状態がどのようなものであるかを知るために必要なことのすべてを、伝えていない。たとえば女性が、教育、雇用機会、そして人生の基本的な好機においてすら、男性に立ち遅れていることはよく知られている。(2) 階級、カースト、人種、宗教、民族性における不平等、そして地方人口と都市人口のあいだの不平等も、基本的な機会に影響を及ぼしている。こうした不平等がもたらす欠乏は、ある程度、一般的な貧困とは別である――一般的な繁栄は通常、教育、医療ケア、およびそのほかの基本的機会、これらへの権原の最低水準をたしかに高めはするけれども。まっとうな生の好機および機会の基盤をすべての人間に提供することを達成目標とする正義の理論はどれも、各国内部の不平等と諸国間の不平等の両方を考慮に入れなければならず、また同時に、グローバルな相互接続が増し、そしていまも増している世界におけるこうした不平等の複雑な交差という問題に、取り組む構えをもたなければならない。

私たちの世界では、グローバル市場、多国籍企業、そしてグローバル経済システムの本性が、各国で子どもたちの人生の好機に広範な影響を及ぼしている。ほかの新しいグローバルなアクターも目立っており、その多くが多国籍である非政府組織と社会運動や、国際条約と国際文書、そして国際的なあるいは多国籍の機関と制度がある。この問題領域においてもやはり、現在の世界を対象とする実行可能な正義の理論は、影響力と有利性の中心が変化しつつあることに――それによって私たちの世界は、カントが『永遠平和のために』で描いた一群の自由な共和国からなる世界とは、きわめて異なっているのだが――何とかして真剣に取り組まなければならない。

道徳を完全に超越した現実主義が席巻していない場で、グローバルなことがらを考えるために現在用いられている有力な正義の理論は、何らかの形式の社会契約論、すなわち人びとが相互有利性のために自然状態を出て自らを法によって律するために交わす契約の産物としてグローバルな合意を理解する理論である。そのような理論は、カントの時代から、グローバルな正義に関する思考において影響力をもってきたし、近年ではジョン・ロールズの影響力のある仕事のおかげでかなりの注目を集めてきた。正義に関する思考において社会契約の理論には大きな強みがあるけれども、構造的欠陥があるがゆえに、世界全体に適用する場合にはきわめて不完全な結果が生じる。私はまず、契約主義者たちが諸国間正義の問題に取り組むために用いている二種類の戦略――私はそれぞれを二段階契約の戦略とグローバル契約の戦略と呼ぶ――について詳しく述べるつもりである。私は前者のもっともよい事例としてジョン・ロールズの『諸人民の法』を取り上げ、この戦略はグローバルな正義に関する適切な説明を提供できないと主張する。グローバル契約の戦略の方がより有望だと思われるが、それは契約主義的アプローチから大きく離れることなくしては、豊かな諸国から貧しい諸国への再分配を擁護することができない。

私の議論は、グローバルな正義への社会契約アプローチと反対の方向にある。にもかかわらず、私がそうしたアプローチを取り上げるのは、それが私たちの手もとにあるほかのアプローチ、とくに現代の経済的功利主義にもとづくグローバルな開発のモデルよりも、説得力があるからである。私が支持する「人間開発アプローチ」は、このお粗末なアプローチに抗して、ある点までは契約主義者と同盟を組みうる。私が本書で関心を寄せるのは、この二つの好敵手のあいだの精緻な論争である。そして私の主張は、国際協力を、自然状態で同様の位置づけにある当事者間で相互有利性のためになされた契約として思い描くことでは、グローバル正義の適切な説明には到達できない、というものとなるだろう。私たちがそのような説明をなしうるのは、あらゆる人間が豊かな人生を送るために要求するもの——つまりすべての人間にとっての一群の基本的権原——について考えることと、相互有利性に加えて交友を重視する社会的協働の目的という構想を展開すること、これらによってのみである。契約主義的な思考方法、なかでも他者との協働から有利性を期待すべきであるという観念は、公共の議論に底知れぬ影響を及ぼしてきた。本書の達成目標は、古くて新しいものを提供し、グロティウスおよびほかの自然法の伝統の提唱者に見いだされる、国境を越えた人間的交友に関する、より豊かな諸観念を復活させることである。

その前に、社会契約の諸構想がグローバルな問題の分析において明らかにしている、それら構想の三つの特徴をきちんと明らかにする必要がある。(それは第一章および第二章の議論の一部の繰り返しをともなうが、新しい問題群を文脈とする場合には、再度言及される必要がある。) そうした特徴はすべて、ロールズが彼の仕事を通じて依拠し続けたものである——これまでみてきたように、彼のハイブリッドな理論は、カント的な道徳的要素と社会契約の観念とを混合させているという事実があるにもかかわらず[3]。私たちは第一に、社会契約は誰ひとりとして他者を支配しえないよう力および資源においてほぼ同じ当事者間で交わされるという観念をロールズが支持していることに、批判的な目を向けつづけなければならない。ロールズはこの考えを、「正義が生じる情況」に関するヒュームの説明と古典的な社会契約説とに関連づけている。グローバルな地平に目を向けるときには、ロールズが想定するこの当事者たちのだいたいの平等性が、古典的な社会契約説における自然状態の観念と類比的であることを忘れてはならない（*TJ* 12を参照のこと）。

第二に、第一の点と密接に関連することであるが、社会契約は相互有利性のために交わされるものとして想像されており、有利性は例によって、よく知られた経済的観点で定められている。「無知のヴェール」は当事者たちが自らの利益を得る仕方に道徳的制約を課すものであるが、それでもなお、当事者がそもそも自然状態から出るのは、そうすることが彼らの人生計画を促進するという利益にかなうからだと、想像されている。このように当事者たちが「原初状態」にひとたび入ったならば、「無知のヴェール」が利害関心の働きをきつく制限するけれども、自らの善の構想を促進するという当事者たちの利害関心は、初期段階に誰が含まれ誰が含まれないかを決定するさいに大きな役割を果たし続ける。相互有利性のための契約は、ほぼ平等である者たちのあいだでのみ意味をなすと、ロールズは考えている。そのカント主義にもかかわらず、ロールズはこうした二つの決定的な点で契約主義をとっている。

そしてまた、社会契約の理論は国民国家を基本単位としており、想定する契約当事者たちはそうした国家のために諸原理を選んでいるとされている。このことはそうした理論の出発点によって決定づけられている。すなわちそれら理論は、法の下での協働的な人生を共に送ることを可能にする諸原理を見つけた場合にのみ、自然状態から離れることを選択する人びとを想像している。後でみるように、この出発点は、国境を越える合意に関する考察をひどく制限している。

第二章で着目したロールズ理論の別の二つの特徴は、ここでは関係してこない。第一に、ロールズが相対的な社会的地位を指標化するために富および所得を用いていることは——相互有利性についての彼の説明にとっては重要ではあるが——彼によるグローバルな諸問題の扱いを論じる場合には、相互有利性のための契約という一般的な観念ほどには重要ではない。第二に、ロールズが政治目的のために理性基底的でカント的な人格の構想を用いていることは、彼の国際関係の分析に何の影響も及ぼしていない。

議論をはじめる前に直面しなければならない問いが、もうひとつある。カントとロールズの両者ともが、第一段階契約と第二段階契約の対称性を強調しており、また両者ともが、国際関係にとって本質的な道徳的基礎は諸国間の契約によって確立されると、明らかに考えている。しかしながら、ロールズの企てはグローバルな正義一般について考えようとするものでは決してなかったと、論じようとする人がいるかもしれない。そうではなくて、彼の達成目標は、まっとうでリベラルな諸社会にとっての的確な外交政策を説明することにすぎなかったのだ、と。たしかに彼は『正義論』と『政治的リベラリズム』の両作品で、自らの達成目標をそのように説明している。そのためこの問題提起者は、つぎのように言うかもしれない。国内の制度編成が固定的なものとして扱われており、また研究が戦争と平和のことがらにのみ焦点を合わせるものであるのは、驚くべきことではない。ロールズはグローバルな正義について語ろうとはまったくしていないのだから、と。

ロールズ理論のこうした側面は、リベラルな社会の外交政策を示すという発想から本当にきているのかどうかついて、いくつか疑問があるだろう。それというのも、リベラルな社会のためのまっとうな外交政策は、包括的でしっかりした仕方で、他者の福利について考えるべきものだろうからである。もっと大まかに言えば、リベラルな社会の外交政策を説明することと、グローバルな正義を説明することは、この問題提起者が示唆するような仕方で、区別しうるのかどうか。これは不確かであるだろう。現代の契約主義者のように、外交政策は道徳原理に正しくもとづいているのであって、国の安全および力に関する（ホッブズ的な）留意事項にのみもとづいているのではないということを、ひとたび仮定するならば、国内の制度編成が精査を免れうるというのは、おかしいと思われるだろうからである。他国の人びとはその制度編成のせいで、まっとうに暮らすことができないかもしれないのだから。国境を越える義務に含まれるのは、戦争と平和のことがらだけであって経済的正義のことがらは含まれないとする発想そのものが、不適切でかつおそらくは（グローバルな平和の適切な追求がほぼ確実に経済的再分配をともなうという意味で）一貫性に欠けるとして、疑問に付されるだろう。まっとうでリベラルな社会にとっての正義にかなった外交政策が、薄っぺらな説明を採用するものであり、また国内の制度編成の精査を阻むようなものであるとは、絶対に想定してはならない。

ロールズの企ては、外交政策は何に関するものであるのかについての非常に狭い定義の下、リベラルな外交政策だけについて論じた、薄っぺらな企てなのだろうか？『正義論』におけるこの主題に関する議論は、この解釈を示唆するものであるだろう。だがロールズの企てをもっとよく精査すれば、それはある国の外交政策を詳述するだけのものではなく、彼自身の規範的構想、つまり〈公正としての正義〉を国際的な地平に拡張するものであることが明らかに示される（*PL* 21にある要約を参照のこと）。ロールズは、「無知のヴェール」が国際関係に道徳的な諸制約を課すことを、そしてそうした制約は国内のケースにおける公正の諸要求と類比的であることを、明確にしている。すなわち、第二段階契約は「歴史的めぐり合わせという偶然および偏向を無効にする」（*TJ* 378）よう、設計されているのである。たしかに、『諸人民の法』で第二段階契約がより詳しく論じられるようになると、国際正義がロールズのテーマであることがきわめて明白となる。つまり「国際的な法および慣習の諸原理と諸規範に適用される、正と正義に関する特定の政治的構想」が、『諸人民の法』の最初の一文でロールズ自身がなしている「諸人民の法」の定義であり、またその企ては「現実的なユートピア」――ある一定の道徳的な諸条件を充たす世界――を叙述するものとなっている。『諸人民の法』が人権に焦点を合わせていることもまた、全員にとってある重要な意味で公正な世界という観念に、ロールズが関心を寄せていることを示している。このように、たとえロールズが自らの企てをリベラルな社会の外交政策について思考するものとして描き続けるとしても、彼がその企てをもっと広い意味で理解していることは明らかである。あらゆる人にとって公正な、もっと言えばユートピア的な、一群の了解事項をともなうものとして。

2 『正義論』——二段階契約の導入

古代ギリシアおよびローマのストア派と、フーゴ・グロティウスやサミュエル・プーフェンドルフといった初期近代の後継者たちによって表わされる契約主義以前の自然法の伝統によれば、諸国家のあいだの関係は、人間世界のほかのことがらと同様、「自然法」、つまり諸国家に規範的な諸制約をかける、拘束力のある道徳的諸法によって統制される。そうした命令が、実定法の何らかのシステムに組み込まれていようと、いなかろうとも、そうである。このアプローチのグロティウス版は、グローバルな諸原理に関する思想の歴史に甚大な影響力を及ぼしてきた。グロティウスにとって、国家主権を含む国際共同体におけるすべての権原は、人間の尊厳と社交性に究極的に由来している。これこそが私が最終的に支持するアプローチである。

対照的に、社会契約の伝統では、国家間に存在する状態が自然状態として理解され、また想像上の正義の諸原理が、あたかも実際上の諸人格のあいだで交わされたかのように、契約として交わされる。主要な社会契約の思想家はみな、自然状態が何らかの自然本性的な権利と義務をともなうと理解している。これら権原が不確かであるため、契約が必要とされるのである。そのため彼らの思想は、グロティウスとプーフェンドルフの思想と多くの点で連続している。しかしながら、現代の契約主義者は自然本性的（前政治的）権原を何ら説明しておらず、権原は契約手続きそのものによって生成されるとしている。このように彼らの思想は、彼らの初期近代における先達たちの思想よりも、はるかに根源的に、グロティウスとプーフェンドルフの思想から離れている。二段階契約という発想を詳しく調べるにあたっては、この違いをしっかりと念頭におくべきである。

この二段階アプローチを採用しているのがもっとも明白で、かつロールズにとってもっとも重要であるのは、カントである。カントは『法論の形而上学的原理』（『人倫の形而上学』の第一部）のなかで、国家は隣同士に並んだ家庭のようなものだと書いている。カントは続けて、国家は「諸国民の法」のもとで「自然本性的な自由の条件下でほかの国家と共に生きかつ敵対している道徳的人格であり、このことが絶え間のない戦争の条件となっている」と述べている。この状況が国家に対して「戦争状態から離れかつ永遠平和を保証する憲法を確立するよう互いに強いる」権利を与えるのだ、と。自然状態における「公法の公準」によれば、「もしあなたが他者と否応なく共に在る状況におかれているならば、自然状態を捨て、あらゆる他者と共に、法的状態すなわち分配的な法的正義の状態に入るべきである」[4]。この公準はまず第一に人びとに適用され、彼らは自然状態を離れて政治的に構成された状態に入るよう命令される。そしてそれは第二に諸国家に適用され[5]、諸国家は何らかの法的状態に入るよう命令される[6]。

その状態に関するカントの見解は時間とともに変化している。カントは「世界公民的見地における一般史の構想」と「理論と実践」において、世界の連合国家群を拘束する強制力のある法システムを支持している。彼は『永遠平和のために』においてもなお、この観念の合理性について言及しているが、人びとと諸国家の類比についてはそれほど強調していない。諸国家は「すでに国内に合法の憲法を持っており、またゆえに自らの正の構想と合致するより広範な合法的憲法に他国を服従させるという、ほかの諸国家の強制権力から、逃れてきた」と述べている。カントは*foedus pacificum*つまり平和に全力を傾ける連合(しかしながら公法の力や強制権力をもたない連合)に入るための、自由意志にもとづく合意を支持している。(7) けれども、正しさに関する国際的な諸原理は、拘束力のある法として描かれようとも単なる連合の道徳上の諸ルールとして描かれようとも、やはりまず第一には諸国家に適用されるものであって、その居住者に直接適用されるものではないとされている。またその諸原理は、諸国家が相互のあいだに存在する自然状態から離れる限りにおいて、その手段となるものとして理解されている。

『正義論』のロールズは、このカント的なアプローチを継承している。各社会に適用される正義の諸原理はすでに確定していると想定されている。各社会には「基礎構造」があり、こうした諸原理がその構造の形態をすでに決定している(*TJ* 377)。社会の「基礎構造」は「社会の主要な諸制度が基本的な権利および義務を分配しかつ社会的協働から生じる有利性の分割を決定する仕方」(*TJ* 7)として定義されている。基礎構造は「人間の生におけるはじめの好機」を左右する「重大でかつスタート地点から存在する」影響力のある構造に相当すると言われている(ibid.)。

ここで「原初状態」の第二段階が想像される。そこでの当事者たちは「諸国家のあいだで衝突している権利要求を裁定するための根本的な諸原理を共に選ばなければならない、諸国民の代表者たち」(*TJ* 378)である。(当事者たちは「諸国家の代表者たち」とも呼ばれている。)彼らは自らが「人生の通常の状況下で暮らしている」各国民を代表していることを知っているが、自らが代表する国民をとりまく特殊状況について、つまり「ほかの諸国民と比べた場合の力と強さ」については、何も知らない。彼らは「自国民の利害関心を守るための合理的選択をなすには十分ではあるが、代表者たちのうちより恵まれた者がその特別な状況に乗じることがない程度にしか」知ることを許されていない。この第二段階契約は「歴史的命運の偶然性および偏りを無効にする」よう、設計されている（ibid.）。

この状況で選択されるであろう諸原理について、ロールズはほとんど何も語っていない。だが彼は、それらが現行の諸国民の法のよく知られた諸原理の大半を含むだろうことを指し示している。すなわち、条約の遵守、各国の自決および不干渉の権利、各国の自衛および防衛同盟結成の権利、正戦は自衛戦争に限定されていること、戦争行為は戦争法の伝統的な諸規範によって律せられていること、戦争の達成目標はつねに正義にかなった恒常的な平和であること、これらである（*TJ* 378-379）。

さてここで、諸国家と（カントの用語である）「道徳的諸人格」の類比について考察してみよう。ロールズは、諸国家の代表者たちを「原初状態」の当事者たちと類比的なものとして扱うことで、この類比を再現している。この類比の問題点のひとつは、世界の諸国民の多くが、国民全体の利害関心を代表する政府を戴いていない、ということである。国民が政府を有しておりそれが専制的ではない場合でも、人口の大部分（女性や人種的マイノリティ）は統治から完全に排除されているかもしれない。したがってロールズが用いている代表装置は正確ではない。このような場合、（ロールズが強くほのめかしているように）もし代表者が国家およびその基礎構造を代表しているならば、まさにその事実によって、その代表者は人民の大部分の利害関心を代表していないだろう、ということになる。もし代わりに、その代表者は人民の真の利害関心をどうにかこうにかして代表していると想像するならば、それはその度合いからして、現実との有用な接点を失った理想主義となる。それというのも私たちは、正義にもとった国家の基礎構造をしっかりと維持しながら、人民の真の利害関心を本当に代表しうる代表者がどうにかこうにかして現われることを、想定しなければならないからである

この類比のもうひとつの問題点は、国内の基礎構造の固定性に関するものである。ロールズは、たとえ基礎構造の現状が人びとに対して十分な説明責任を負っていない場合でも、それに正統性を与えているように思われる。人びとが国際関係の成果として実際に望むであろうことのひとつは、正義にもとる政権を転覆することへの支援や、自らを排除する基礎構造への十全な参加を勝ち取ることに対する支援である。（そのためたとえば女性は、国内改革の探求において、国際的な機関や協定に支援を求めることが多い。）こうした希望への配慮は、ロールズの初期の枠組みには存在しなかった。

だがこの類比にある、もっとも深刻な問題は、諸国家の自給自足が想定されていることである。第一段階における諸原理の設計にさいして、社会は「ほかの社会から孤立した閉鎖システム」（*TJ* 8）であると想定されている。（したがって諸国家の関係が、きわめて薄っぺらな領域、つまり戦争および平和に関する伝統的な法の領域に限られるものとして描かれているのは、何ら驚きではない。）

諸国家の孤立と自給自足というロールズの想定は、私たちが生きる世界の真の姿とあまりにもかけ離れているため、まったく役に立たないだろう。ロールズが示す構造は、現在の世界全体を特徴づけている複雑な相互依存はおろか、ヨーロッパ連合のような超国家型の政治的／経済的構造でさえも、含める余地をもたない。一部の諸国家はほかの諸国家よりも「外部の」ことがらに影響されており、最強の諸国家はまるでフロンティアにいる孤独なカウボーイであるかのように行為することがたしかにある。しかしながら、どの国家も、自給自足の状態からはかけ離れている。より貧しい諸国にとっては、ＩＭＦ（国際通貨基金）と世界銀行の経済政策、国際的な貿易協定、つまり一般的にはグローバルな経済秩序といったものすべて

が、福利に関して決定的な影響力をもたらしている。ほとんどすべての国で、多国籍企業が、経済生活と政治生活の両方に影響を及ぼしている。ＩＬＯ（国際労働機関）のように政治的だが非政府系の団体、国際的な女性運動を構成するさまざまな組織、そしてほかにも多くの国境を越えるつながりが、各国で、市民たちが自らの権利のために闘うさいの突出した手段となっている。ある特定の国内紛争では、国際法廷が犯罪者に対処している。必要に迫られた環境問題は、国境を越えている。こういった理由から、諸国家の基礎構造を固定的でかつ外部からの影響に対して閉ざされているものと見なすことは、役に立たない。それは理想化のための装置だとしても、現実の世界からあまりにもかけ離れてしまうため、世界の重要課題がうまく構成されえないのである。

諸国家の固定性と完結性という想定は、第二段階契約を、きわめて薄っぺらで制限されたものとしてしまい、より豊かな諸国からより貧しい諸国への経済的再分配や、さらには実質的な援助といったものさえ、真剣に考察することをできなくしている[8]。いかにもロールズは、当事者たちはほぼ平等であるという契約主義的な想定によって、この問題をはじめから除外している。すなわち、他国を支配しうるような国はひとつもないと想定されているのである。言うまでもなく、私たちの世界ではこうした条件は充たされておらず、一国が他国のすべてをおそらく支配しうる。ともかくＧ８は残りの諸国すべてを実効的に支配している。当事者たちはほぼ平等であるという想定は、この世界については甚だしく誤った想定であり、結果として生じる理論は、世界でもっとも切迫した諸問題に取り組めなくなっている。

かりにロールズが、当事者たちのだいたいの平等性を想定していなかったとしても、まさに固定性と完結性という想定そのものが、国家間での基本善の分配に関する真剣な考察をすべて、除外してしまっただろう。国家内部では、自由、機会、所得、富、そして自尊の社会的基盤を含むあらゆる種類の基本善を、当事者たちは欲しまた必要とすると想定されている。契約はこの幅広い善の分配に関わる。諸国民のあいだの契約もこうした資源を話題にするだろうと考えるのは、もっともだろう。それというのも、諸国民の代表者たちは自らが代表するのはどの国民であるかを知らないため、諸国民のあいだでの基本善の分配が公正なものであることと、貧困にあえいでいたり他国民からの侮辱を受けていたりする国民がないようにすることとを、まちがいなく確実にしたいと望むだろうからである。ロールズが契約の題目を戦争と平和という伝統的課題に限定しているのは、単なる間違いにすぎないかのように、はじめは思われる。その契約は第一段階のように基本善の全領域に関わって然るべきだろう、と。しかしながら、ひとたびこの問いに向き合うならば、第二段階において第一段階のように基本善の全領域に関心を寄せてしまうと、国家を固定的で閉鎖されたシステムとしてとらえることができない、ということが判明する。所得と富をほかの諸国に再分配することは、国内の優先事項の再考を余儀なくするだろう。ロールズはこの再考の可能性をあらかじめ除外しているのである。

このように、ロールズは自らの構想の出発点として諸国家の固定性を想定することで、諸国家のあいだの経済的不平等と力の不平等とに関する真剣な考察を、実効的に回避してきた。彼は世界の強国が、なかでもアメリカ合衆国がとにかくしたいことを、哲学的に批准してきた。世界の強国は、自国のシステムが固定でかつ完結したものであるかのようにふるまっており、国内の変化に対する要求をすべて、全力ではねつけている。人権問題、環境問題、あるいは経済政策問題においてであろうと、ほかの諸国家への応答においてであろうと、国際的な条約および協定への応答においてであろうと。国内の優先事項を変更せよとの要求は、不法な押しつけだと通常は論駁される。わが国の内政を変更せよとは、貴国は何様のつもりなのか、と。それらはわが国の問題であり、貴国との関係や話し合いに入るに先立って、すでに解決ずみなのだ、と。しかし、現実の世界では、この戦術はありのままに現われている。すなわち、重大な諸問題に対する、非難に値するほど無反応な、傲慢な心的傾向として理解されている。それに哲学的な面目を与えるべきではない。

諸国家の実存と完結性という想定から出発すると、なぜ国家は重要だと考えうるのかという問いや、なぜ経済のグローバル化の力によって国家主権がひどく損なわれることがないようにするのが肝要でありうるのかという問いに対して、興味深い答えは何も得られない。このことにも言及しておこう。ここでもやはり、問題は、諸国家と諸個人の類比にある。ひとつの正義の理論が、個人から出発しかつ個人に注目し続けることには、十分な理由がある。私たちの一人ひとりが個人として誕生し人生を送る。ひとつひとつの身体はその誕生、死、栄養の摂取、痛み、そして快楽において、ほかのすべての身体と切り離されている。功利主義はリスクを承知のうえでこの分離を無視しており、生は満足の在り処にすぎないかのように、また倫理学にとっての著しい事実はシステム全体における満足の総計であるかのように、見せかけている。そのため、ある個人の大いなる苦痛と窮乏は、複数の人びとの幸運がそれに超過することで相殺されうる。ここでは各人の人生は一度きりであるという、もっとも重要な道徳的事実が、ぬぐいとられている。

同様にして、国家は必要不可欠な道徳的出発点だとも言えない。各人はどんなときも何らかの国境の内部で生きているというのは真実である。だが、人びとは身体から身体へと移動することがなく、またそうすることはできないが、国家から国家へは移動できる。また先に論じたように、国家以外の諸々の構造が人びとの生に根本的な仕方で影響している。近代の国民国家は歴史的にみて有限な現象であるとも付け加えてよいだろう。したがってロールズ自身の論証で言えば、歴史上のどの時期に自らが属するのかを知らない「原初状態」の当事者たちが、初めから国民国家の観点で思考しなければならないというのは、まったく明らかではない。ともかく、諸国家がなぜ人びとにとって重要であるのかと、それらの適切な役割は何であるのかとについての、説明が必要である。なぜ人びとは、自らの人生にかかわる基礎構造の大部分を提供するものとして、企業や国際機関ではなく国家を欲するというのだろうか？　ロールズは国家を固定的な出発点としてあっさりととらえることで、この問いに対する解明的・啓蒙的な答えをすべて不可能にしている。

ロールズによれば、「政治哲学は、実践における政治的可能性の諸限界であると通常は考えられていることがらを拡張するさい、現実的にユートピア的である」（*LP* 6）。私が叙述してきた諸々の欠陥は、通常の実践における思想を今日の世界のために拡張するさい、二段階の契約主義的アプローチは役に立たないということを示している。しかしながら、この疑念が確かであることを証明するためには、ロールズの『諸人民の法』における国際問題への詳細な取り組みが、吟味されなければならない。この作品ではいくつかの問題に関して多少の前進が見られるが、そのほかの問題に関しては何の前進も見られず、またこの作品それ自体が独自の問題を新たに生じていると思われる。

3　『諸人民の法』——二段階契約の再確認と修正

『諸人民の法』は「国内レジームに関する正義のリベラルな構想を、「諸人民からなる社会」に拡張したものである」（*LP* 9）。その目的は「無理なく正義にかなったリベラルな人民の外交政策の理想および原理」（*LP* 10）を考案することである。[9]　ロールズにとってこの達成目標は、もうひとつのより幅広い達成目標である「現実的なユートピア」――〈公正としての正義〉の拡張を通じてまっとうに正義にかなった国際構造が生じる世界――の叙述を阻むものではないということも、きわめて明白である。このようにこの作品は、『政治的リベラリズム』で提起された問い（*PL* 21）、すなわちロールズの政治的構想を拡張して国際関係の領域における正義の問題にうまく答えることができるのか否かに関する問いに、答えようとするものである。彼の企てが外交政策に関するものであるとしても、外交政策は戦争と平和の問題に専念すべきであると考える必要はない。『諸人民の法』において、ロールズ自身がそのような狭い定義を用いていないのは明らかである。

ロールズは『正義論』の場合と同様に、リベラルな諸社会内部の原理および政策が、経済政策を含め固定的なものであると考えており、それら社会の外交政策を単純に調べようとしている。国内の「基礎構造」の固定性と基本的な重要性とが出発点におかれている――後でみるように、ロールズが諸国家と諸人民を区別していることが、この出発点に関して相当の曖昧さを生んでいるのだが。国際法の伝統的な関心事が『諸人民の法』の中心課題となっており、グローバルな経済秩序の配置図が変化していることや、多国間および国家間の諸々の協定、諸々の制度および機関が担っている役割、もしくは超国家的な仕方で政策に影響を頻繁に及ぼしている非政府組織、政治運動、およびそのほかの機構が担っている役割については、何の議論もなされていない。

しかしながら同時にロールズは、自分の分析が現実的であることを読者に確実に知ってもらおうと、特別な配慮も行なっている。彼は柄にもなく、作品のかなりの部分を〈理想的ではない理論〉の諸問題に割いているし、またユートピア的あるいは理想的な理論は、それが「現実的にユートピア的である」限り、現代世界の実践にとって価値ある指針となりうるのだとも主張している。懸案事項は、国内の基礎構造をまずは固定的なものとし、ついで第二段階において諸国民間で生じている諸問題に取り掛かるという手続きを通じて、本当に解決しうる——ロールズはそう述べている。けれども、二段階構造が論証の負担になりそうになると、ロールズはつねに、この主張を維持することに苦労している。

そのためロールズは、すべての諸国民が内的にまっとうな政治的構造を有していれば、移民の必要は「消え去る」（*LP* 9）ことを読者に保証するためにのみ、移民について言及している。移民の原因として彼があげているのは、宗教および民族性への迫害、政治的抑圧、飢饉（彼はこれを国内政策だけで回避しうると考えている）[10]、そして人口圧迫（彼はこれも国内政策の変更によって管理しうると考えている）などである。

こうした原因は「リベラルな諸人民とまっとうな諸人民からなる社会」には存在しないだろうとされている。しかし彼のリストからは、ほとんどつねに貧困に付随している栄養不良や不健康、そして教育の欠如に加えて、移民の最大の原因のひとつである経済的不平等が抜け落ちている。

同様にしてロールズは、貧困であるがゆえに「諸人民からなる社会」の構成員とはなれない「重荷を背負った諸人民」について論じる場合にも、極度の貧困は理にかなった国内政策を通じて解消されうると断言することによって、諸国民間の経済的不平等を検討しないことを正当化している。

私が思うに、ある人民の富とその富の形態とは、彼らの政治文化と（彼らの政治的・社会的な諸制度の基礎構造を支える）宗教的・哲学的・道徳的な諸伝統とに起因している。それらはその人民の構成員の勤勉さおよび協働に関わる才能にも起因しているだろう。これらはすべて彼らの政治的諸徳によって支えられている。さらに私は、わずかな事例を除いて［ここでは「北極圏のエスキモー」が注で言及されている］、道理的かつ合理的な仕方で組織され統治されているにもかかわらず、資源があまりにも少ないがゆえに「よく秩序づけられた社会」となることができない社会は世界のどこにもないとも考えたい。歴史上の実例は、資源の乏しい諸国が大成功を収める可能性（たとえば日本）と、資源の豊かな諸国が重大な困難を抱える可能性（たとえばアルゼンチン）を、示しているだろう。このような違いをもたらす決定的な諸要因には、政治文化、その国の政治的諸徳と市民社会、その構成員の誠実さおよび勤勉さ、彼らの革新能力など多数ある。［彼は人口管理に言及している。］（*LP* 108）

この分析は一部真実を述べているが、多くの重要な問題を等閑視している。かりに植民地政策が、資源と現代の多くの諸国民の経済的・政治的な文化とに与えた損害を無視するとしても、国際経済システムと多国籍企業の諸活動が、比較的貧しい諸国に過度の負担かけていることは、承認されるべきである。これらの国は、賢明な国内政策だけでは、自らが抱えている諸問題を解決できない。国内のケースでかりに基礎構造が貧しい人びとに不公正な不利益を課していた場合に、貧しい家族は節約の美徳によってどうにかやっていけることを指摘すればよいなどとは、ロールズは考えないだろう。このことは明らかである。節約の美徳でそうした障害物を乗り越えうることが真実である場合があるとしても、その事実が正義の問題に決着をつけることはない。

ここでロールズの論証の中心部を吟味することにしよう。『正義論』の場合と同様、「原初状態」という装置は、まずは個々のリベラルな社会の内部で、ついでそれら社会間でというように、二つの段階で適用されている。しかしながら、『諸人民の法』において新しい重要な特徴は、まっとうな「諸人民からなる社会」には、その優良構成員として、「まっとうな位階性の諸社会」である、ある一定のリベラルでない諸人民もが含まれると、ロールズが考えていることである。だが、これらの社会はリベラルではないために、国内では「原初状態」が適用されない。彼らには政治原理を確立する別の方法があるからである（*LP* 70）。よって「原初状態」の装置は、まずはリベラルな諸人民によって国内で、ついでリベラルな諸人民によって国際的に、そしてそのつぎの段階において「諸人民からなる社会」へ加盟することを決定したリベラルではない諸人民によって国際的にというように、三度にわたって適用されている。

なぜ第二段階の「原初状態」の適用は、二つに分かれているのだろうか？　なぜひとつの第二段階契約に、まっとうな社会のすべてを一緒に含めないのだろうか？　その理由は、諸原理が〈リベラルな第一段階の契約〉の拡張として導出されており、ついでまっとうな位階制の諸社会によって（同様に導出されるのではなく）批准されるためだと思われる。このように、リベラルな諸社会は、自らがリベラルな諸社会であることを知っており、また同様に、まっとうな位階制の諸社会も、自らがリベラルではないがまっとうな諸社会であることを知っている——そのほかの点に関しては、自らの状況についてほとんど何も知らないけれども。リベラルではないがまっとうな諸社会が、リベラルな諸原理を、国内のリベラルな手続きから導出すると予期するのは無理であると、ロールズは明らかに考えている。何しろ彼らはリベラルな諸社会ではないのだから、と。リベラルではないがまっとうな諸社会は、まずはほかの類似の諸社会と、なにはともあれ彼らのあいだで支持される諸原理を用いて契約するよう求められる方が、リベラリズムから実質的に導出された構造に直接に放り込まれるよりも、より尊重されることになる。こうロールズは考えているのだろう。だがすると、それらの社会がリベラルな諸社会によって選ばれた「諸人民の法」と同じ諸原理に実に合意するだろうとロールズが考えている理由が、ちょっとよくわからない。この論証部分にはいっそうの取り組みが必要である。ロールズも同じ認識を共有しているのだろう。私たちは「何らかの地域連合や連邦に一緒に参加する場合には、リベラルな諸人民とまっとうな諸人民がひとつの原初状態に共にあると考える」（*LP* 70）こともありうると、結論づけているのだから。

『正義論』においてもそうであるが、伝統的な外交政策の関心事が、二つの第二段階契約の焦点となっている。またなかでも熱望されているのは恒久平和である。そのため「諸人民の法」の八つの原理のうち六つが（*LP* 37）、独立および自決、不可侵性、条約の拘束力、不干渉、自衛権、戦争行為の制限など、国際法のおなじみのテーマを扱うものとなっている。だがロールズは、いくつかの本質的に重要な人権に関する合意と、「正義にかなっているかもしくはまっとうな政治的・社会的な体制を敷くことを妨げている」（*LP* 37）好ましくない条件下で暮らしている諸人民を支援する義務とを含めるために、自身の説明を拡張している。協働の長期目標は、カントが思い描いた種類の「民主的平和」である。そこでは、まっとうで民主的な政権があらゆる社会でしだいに権力の座に就くようになり、宗教的迫害、戦争（民主諸国は決して互いに戦争しないとロールズは断言している）、および近代におけるそのほかの最大の悪事が取り除かれることになるだろう。自由な共和国からなる連邦を確立することの結果として恒久平和は描きうるとしている点で、ロールズはカントに従っている。

このように叙述された目標は、『正義論』で描かれた相互有利性の理解よりは、いくぶんか豊かであるだろう。後でみるように、その目標に関するロールズの理解は、彼が国境を越える物質の実質的な再分配の検討を拒否していることによって、制限されているとはいえ。だがその目標は、相互有利性のための公正な契約という契約主義的な観念から、実際どれだけ離れているだろうか？　民主的平和は明らかに各社会に大きな有利性をもたらすだろう。だからこそ、ロールズがこの目標をどの程度まで、（公正な条件下にある）当事者たちの有利性を超越する善を体現するものとして理解しているのかが、そしてすべての当事者を新しいグローバル社会に結びつけているのかが、とてもわかりづらいのである。このことをさらに理解するためには、『諸人民の法』が国家と個人の類比をどう扱っているかを吟味し、ロールズの基礎構造の扱いが従前のそれとどれほど異なっているのかを問う必要がある。

ロールズは『正義論』においてと同様に、リベラルな諸人民およびリベラルではない諸人民の国内正義の諸原理を、固定的なものであり、また第二段階の契約でどうこうできるものではないとしている。そのため第二段階の契約では、諸々の自由と機会の割り当てに関して、なかでも国内の経済的な制度編成に関して、いずれの国家も何ら問われることがない。したがって、諸国民が重んじていると想定される人権の希薄なメニューを超えた領域では、それら諸国民の国内制度編成に影響を及ぼし、基礎構造を変更することになるような国際条約は、認められないだろう。しかしながら、今日の世界における国際条約の多くは、諸々の社会の基礎構造にかかわることがらにおいて、諸国民の国内制度編成に実際に影響を及ぼしている。(たとえば夫婦間レイプ、国籍判定、そして婚姻および離婚に関する女子差別撤廃条約(CEDAW)の諸規定は、多くの諸国で国内法の修正を要求しており、またそれらの変更は家族にかかわるものであるため、基礎構造に関係するものとなっている。)するとロールズの立場は、諸国民はそのような条約を批准すべきではないし、また実際に批准しないというものだと、見受けられるだろう。そのような条約が明記する人権の諸規範は、諸国民によって国内ですでに充たされていると保証することについては、ロールズはこれみよがしに避けている。国境を越える諸規範には、人権に関する少数の規範が覆う限定領域においてのみ国内構造に影響する力があることについて、ロールズも認めている(これについてはすぐ後で論じる)。だが、関係するすべての諸国民は、そうした人権の諸規範をとっくに取り入れているとの想定が、すでになされている。諸国民は人権思想の拡張を通じて、国際的な議論への応答として、自国の構造の変更を決めるのものである。だが、どんな人権思想の拡張も、ロールズの想定からは除外されてしまっている。

『正義論』では固定性と完結性という想定があるがために、なぜ国家とその基礎構造とが重要であるのかに関して、興味深い説明がなされていない——私はこのように主張してきた。この問題は『諸人民の法』においても変わらないが、ロールズがその論証の中枢で諸国家と諸人民を区別していることによって、その問題はいっそう深刻なものとなっている。この区別は国際的な領域について考える場合によく浮上するものであるため、紙幅を割いた検討に値する。ロールズは論証の出発点に諸国家とそれらの基礎構造とをおいているよう当初は見受けられるが、実際には彼はそうしていないことが、さらなる吟味によって判明する。その代わりにロールズは、国際関係の諸原理は第一義的に「諸人民」のあいだに適用されるのであり、諸国家のあいだに適用されるのではないと、言い張っている。「人民」とは何であり、ロールズはなぜこのような区別をしているのか？　もし「人民」が〈善の包括的構想〉[11]あるいは少なくともそれに近似する一群の伝統を共有する人間集団であるならば、それは理解しうる概念である。だが、人民は国境によって囲まれていることが多いなどとは、考えるべきではない。イタリアのようにひとつの宗教的伝統の支配が濃い国においてでさえ、宗教上のマイノリティや宗教をもたない市民たちが存在する。宗教それ自体もただならぬ内的差異を含んでいる[12]。さらにどんな集団であっても、その内部の女性がその内部の男性の包括的教説のあらゆる側面を共有しているということは、ないだろう。ある集団の伝統あるいは教説として大手を振っているものの大半は、男性によって構築されたものであり、女性は当初から排除されてきているのだから。

　さて、小規模で比較的同質的な諸国家から、インド、ペルー、トルコ、そしてアメリカ合衆国のような大規模な諸国へと視線を移せば、国の内部に包括的教説の非常に著しい分裂が見いだされる。それは『政治的リベラリズム』でロールズが描いている国内社会においても、まさに見いだされるものである。ロールズの見解では、この異質性は予期しうるものである。なぜなら、包括的教説に関する理にかなった意見の不一致は、思想の自由という条件下で近代性の特徴となっているとするチャールズ・ラーモアに、ロールズは同意しているからである（*PL* 54-58を見よ）。『諸人民の法』では、少なくともある程度の思想の自由は、「諸人民からなる社会」に参加するすべての社会において守られていると想定されているため、包括的教説に関する理にかなった多元主義が、参加するすべての社会で予期されることになる。そのため、もし人民であるための条件のひとつに共有された包括的教説があるとされるならば、そうした社会のどれもが人民であるための条件を充たしているとは考えられない。

しかしながら、ロールズの示唆によれば、人民であるための要件は、包括的教説を共有するための要件よりもいくぶんか弱い。要求されるのは「共通の共感」のみであり、この「共通の共感」は、共通の言語と歴史をともなう共通の文化を要求しない――もちろんそれらは人民を構成するうえで役立つのだが――とロールズは述べている（*LP* 24）。彼が考えている諸社会は、そのように定義された諸人民を構成するだろうか？　現段階では、この概念は曖昧になりすぎてしまっており、何の手引きも提供できないだろう。世界中の女性はほかの諸国の女性に対して、男性上位の位階制を特徴とする諸国の女性が同じ国の男性に対して抱くよりもはるかに多くの「共通の共感」を、抱いているだろう。いかにも、人びとが不平等な状態で身近に住んでいる場合には、人びとが離れて暮らしておりほとんど顔を合わせない場合に比べ、憤りと、互いへの共感の欠如とが、とくに生じやすい。ある任意の国の人びとには「共通の共感」があると私たちが考えがちであるのは通常、私たちがどうにかこうにかして従属などの諸事実に目をつぶり、また支配集団の言葉を鵜呑みにしているからである。こうした事実をロールズがよく知っていることは、他の作品からして明らかである。『政治的リベラリズム』では、彼の国家概念と、国家内部の共同体に関する概念とが、多元主義と意見の不一致についてのそうした事実の上に構築されている。正義の理論の適切な主題は個人だけであると、ロールズが繰り返し主張しているのは、そのためである[13]。

かりに「共通の共感」を片側におくとすると、人民であるためのロールズのもうひとつの必要条件、すなわち〈同じ民主的諸制度の下で共に生きる意欲〉が残される。だが、それでは国家に逆戻りであり、グロティウスとその伝統にある著述家たちであれば根本的な絆（市民たちと、彼らがそのなかで生きる基礎構造とのあいだの、根本的な絆）としたであろうものを、ほのめかすことになる。この絆についてきちんと語るために私たちは追加の概念を必要としていないし、「人民」という概念は社会的同質性を漠然と示唆するものであって、役立つ説明を何らしてくれない。それなのになぜロールズは、国家の概念に対して疑念を表明し、国際関係は第一義的に諸国家の関係ではなく諸人民の関係として理解されるべきだと、しているのだろうか？

ここで彼の論証はおかしな方向へ進む。それというのも、彼は無条件の国家について語っているのではなく、「伝統的に思い描かれてきたものとしての国家」（*LP* 25）について語っているのであり、（戦争をはじめる権限のように）諸国家が有していると伝統的に信じられてきたある一定の権限を盛り込む仕方で国家を特徴づけているからである。彼は、うまく機能している国際社会においても諸国家がそのような権限を正当に有しているということを否定したいがために、国家は国際正義の理論の主題ではありえないと結論づけているのである。なぜその代わりに、国家に関する伝統的な構想は、つまり正しい解釈を付された諸国家であればほんとうは有していないある一定の権限を国家に帰するような構想は、部分的に誤りであると結論づけないのだろうか？ そのような論証の流れの方が、ロールズの目的全体によりかなうだろう。

さらにロールズは、諸国家は自己利益のみを追求する合理的な主体だと論じている（*LP* 28）。またそのさい、伝統的な現実主義者の外交政策の諸構想にも言及している。だがその場合もやはり、そのような国家の構想は人格に関する狭義の経済的構想のように誤りであると、つまり諸国家は自己利益を追求すると同時に道徳的でもあると、なぜ言わないのだろうか？　そうした論証の流れは、ロールズの目的全体に利するものであっただろう。もしロールズが国家に関する伝統的な構想を批判して、グロティウスの構想に類似の、もっと道徳化された構想を提示していたならば、内的同質性が想定される諸人民を尊重するという観念、つまりそれ自体が混乱しており私たちをも困惑させる観念にもとづいて、論証を組み立てる必要はなかっただろう。

このように、ある意味で『諸人民の法』の組み立ては、『正義論』の組み立てよりもややこしく、また適切さにも欠けている。

しかしながら、『正義論』から受け継がれたいくつかの頭の痛い問題に関しては、『諸人民の法』は前進している。諸国家と諸個人の類比は、国家がその内部の人びとの利害関心をどうにかして代表していることを示唆しているということを想起しよう。だがこのことは、先に指摘したように、世界の多くの国に関しては当てはまらない。いまやロールズはこの事実をはっきりと承認し、それに構造上の重要性を与えている。第二段階の「原初状態」には、人権を尊重し、かつ、リベラルで民主的な憲法か、もしくは「正義に関する共通善の構想」と「まっとうで協議的な位階制」を含む「まっとうで位階的な」制度編成か、これらのいずれかを持つ諸国家のみが含まれている。「諸人民からなる社会」の外部には、人権を尊重しない「無法者の諸国家」と、貧しいのみならず政治的なまとまりもひどいものとして定義された「重荷を背負った諸社会」が存在する。ロールズによれば、「諸人民からなる社会」の重要な課題のひとつは、「無法者の諸国家」を抑止することである。彼の論証は少なくともこのようなやり方で、そうした社会によって抑圧されている人びとの諸々の機会に、多少なりとも配慮している。また「諸人民からなる社会」のすべての構成員には、「重荷を背負った諸社会」を支援する義務がある。ロールズの考えでは、そうした支援が主にともなうのは、「重荷を背負った諸社会」が安定した民主的諸制度をつくり上げるのを助長することである。主としてそれが、そうした社会のゆくゆくの繁栄につながる。このことは、私たちが他国に対して負っているものに関する理解としては限定的であるけれども、重要であることに変わりはない(14)。

『正義論』のアプローチを超えた展開のうち、もっとも重要であるのは、国境を越える人権の効力をロールズが認めていることである。「諸人民からなる社会」の成員資格は、それら権利からなるリストの遵守を要求するが、そうした権利は国家主権を制限する。各国はそれら権利を遵守してさえいれば、他国による力ずくの介入を排除することができる（*LP* 80）。このリストにある権利は、リベラルな諸社会が通常内的に保護している権利の一部にすぎないと、つまり「奴隷および隷従からの自由、良心の（平等な自由ではない）自由、大量殺人およびジェノサイドからの民族集団の安全といった特別に緊急性の高い権利」（*LP* 79）だと理解されている。この人権へのコミットメントは明らかに『正義論』を超えた前進を特徴づけるものであるが、権利のリストの薄さに留意することが重要である。というのもそのリストからは、法の下の完全な平等（というのも不平等な自由が認められているためである）、言論および意見表明の自由、集会の自由、職業選択の自由、同等の仕事に対して同等の支払いを受ける権利、そして教育を受ける権利を含め、世界人権宣言で列挙されている権利の半分以上がきっぱりと省かれているからである(15)。また基礎構造が固定化されていることは、この人権の薄っぺらなメニューを超えた領域におけるどの国際的合意にも、国内の諸制度を変更する効力がないことを必然的に含意している。

したがって、国際社会に関する構想の豊饒化へ向けて、ロールズは少ししか進んでいない。ここでは、彼が進んだ限りにおいての向上は、契約主義というアプローチによってではなく、それからのきわめて劇的な離脱、つまり私が支持するアプローチにむしろ近いアプローチへと向かう動きによって可能となった、ということが言える。私が支持するアプローチでは、人びとは実際に何ができて何になりうるかという、ある一定の有益な結果の達成という観点から、社会正義の最小限の構想が規定される。「諸人民からなる社会」の構成員は誰であり誰でないかの判断において用いられる規準には、倫理的で結果指向の規準、つまり人権の遵守が含まれている[16]。そうした人権を実現しようとする向きによって、契約主義のアプローチの使用は制限されることになる。この意味で『諸人民の法』は、ある重要な仕方で、契約主義のアプローチではなくなっている。契約が開始する前の段階ですでに、とくに重要ないくつかのことがらが、別の仕方で定められているからである。

　さらにロールズは、似たような経済的状況という意味で理解された、伝統的でヒューム的なだいたいの平等性という規準を、捨ててしまったのかもしれない。それというのも、十分明らかなことだが、人権を遵守しておりかつリベラルであるか「まっとう」であるかのいずれかである諸国は、まったくもってほぼ平等ではないからである。契約は、アメリカ合衆国、カナダ、ヨーロッパ諸国、そしてオーストラリア（日本と韓国も入っているだろうか?）といった、ほぼ平等であるとの主張が少なくとも通りそうな諸国のあいだで交わされるのだと、ロールズは想定しているだろう。だが、インド、バングラデシュ、トルコ、そして南アフリカ共和国のような諸国、つまり基本的な経済的優位の点ではオーストラリアやほかの諸国とひどく不平等な地位にあるけれども、リベラルであり権利を重んじている民主主義の諸国は、どこに位置づけたらよいのだろうか?　アメリカ合衆国の一人あたりGDPは三万四三二〇ドル、バングラデシュでは一六一〇ドル、インドでは二八四〇ドル、トルコでは五八九〇ドル、南アフリカ共和国で一万一二九〇ドルである（実質的な格差はこれらの数字が示す以上に大きいだろう）。このようにこれらの国は、北アメリカ、ヨーロッパ、オーストラリア、東アジア（の一部）の諸国ととうていほぼ平等ではなく、また相互に対してもまったくほぼ平等ではない。

要するにロールズは、諸社会が第二段階契約を交わすよう仕向ける諸々の原理と状況は、だいたいの平等性と相互有利性とを重視するヒューム的な「正義が生じる情況」ときわめて異なるということを認めざるをえないか、あるいはそうしたヒューム的条件を断固として維持し続けるかの、いずれかである。もし彼がヒュームから離れて、だいたいの平等性とそれに関連する当事者たちの動機に関する条件（全員が協働から得ることを期待しうること）とを緩和するならば、私がいましがた指摘した驚異的な不平等の関係にあるすべての国を含むことができる。だがそうすると、彼はなぜ諸国が協働するのかに関する新しい説明を提示しなければならないだろう。なぜなら契約はもはや、相互有利性のためのものとは、見なせないからである。もちろん平和はすべての人間の関心事であるが〔したがって平和のための契約という説明もありうるかもしれないが〕、「無法者国家」の場合のように、平和は言ってみれば対外的に促進しうるのであり、契約そのものに貧しい民主主義諸国を含めることで、促進される必要はない。そのため私たちは、このようにひどく異なる諸国が共に追求する諸目標に関して、より豊かな説明をしなければならない。他方でもし彼が、ヒュームと古典的な社会契約の教説とに断固として依拠し続けるならば、彼は、インド、バングラデシュ、トルコ、南アフリカ共和国は、第二段階契約には入っていないと言わなければならないだろう。彼が用いているほかの規準は、これらの国が含まれていることを大いに支持しているとしても。これらの国は、より富裕な諸国が、何かを得るためのほぼ平等な相手とするにはとにかく貧しすぎるため、「重荷を背負った諸社会」と一緒にされるしかない。とはいえ、この分類それ自体が、この範疇の問題点を明らかにするだろう。なぜならそうした社会が必要としているのは民主的な諸制度を作るための支援であるという主張に、説得力がなくなるからである。

もしロールズがこの理路を取り、比較的貧しい諸国を第二段階契約から除外するならば、彼の議論は現在の世界秩序にぴったり即していることになるだろう。現行の世界秩序では、重要な経済的ことがらに関するほとんどの決定が、比較的貧しい諸国の意見投入がほぼない状態で、下されている。そうした意見が聞かれるときでさえ、平等者の意見としてはもちろん聞かれていない。[17] ロールズはこのことについて考え抜いていない。この点に関する彼の不明瞭さが『諸人民の法』を不出来な作品としているのである。

比較的貧しい諸国の状況と障碍のある人びとの状況とには著しい類似がある。両方のケースで、基本的な諸原理が選ばれる政治的契約というきわめて重要な段階で、十分人間らしい人びとの人間の尊厳が切り捨てられている。なぜなら、そうした国／人は、力と能力のある契約当事者たちの「だいたいの平等者」ではないからである。この理由から、相互有利性のための契約には、そうした国／人が平等な参加者として含まれえないのである。彼らはシステム全体にとっての足手まといであり、彼らに対応するために別の諸原理が選ばれなければならない。さらに、契約主義のアプローチは契約の作成者と正義の第一義的な主体を融合してしまうため、「だいたいの平等者」ではない人びとを正義の第一義的な主体としては数え上げることができない。

そのような戦略は、人びとのために反対すべきであるように、諸国のためにも反対すべきである。諸国（もしくはその市民たち）は平等な人間の尊厳の保有者であるのだから、もし彼らが特別な問題を抱えているならば、そうした問題はグローバルな正義のシステム全体の設計において、後からの思い付きや慈善の問題としてではなく、当初から取り組まれるべきである。だが、彼らを当初から完全に含めるとなると、社会的協働の目的に関して別の説明が必要になる。ロールズは人権の要求事項を含めることで新しい説明の方向に転じているが、それはおずおずとしたもので、必要となっている根底的な契約枠組みの再考にまでは到っていない。

『諸人民の法』にはもうひとつ、看過できない不適切な点がある。先に述べたように、ロールズの「諸人民からなる社会」は「まっとうな位階制社会」を認めている。[18] このことをロールズは寛容原理を持ちだすことで正当化しているのだが、その原理は国家と個人の類比を非常に疑わしいやり方で用いている。ロールズの議論はつぎである。

もちろん専制や独裁制は、理にかなった「諸人民からなる社会」の優良構成員として認めることはできない。だが、すべての体制が等しくリベラルであることを、理にかなった仕方で要求することもできない。さもなければ、諸人民の法それ自体が、社会を秩序づける理にかなった別のやり方に対するリベラリズム独自の寛容原理を表現することにならないだろうし、理にかなった人びとのあいだでなされる合意の分かち合われた基礎を見つけるというその試みを、推し進めることにもならないだろう。リベラルな社会の市民が、ほかの人びとの宗教的・哲学的・道徳的な包括的教説を——それらが理にかなった正義の政治的構想に沿ったかたちで追求されているとして——尊重しなければならないように、リベラルな社会もまた、包括的教説によってまとめあげられたほかの諸社会を尊重しなければならない。理にかなった諸人民の法に従うよう社会を導く一定の諸条件を、それら社会の政治的・社会的な諸制度が充たすならば（"LP" 42-43）。

換言すると、ちょうどアメリカ人がローマ・カトリック教徒や仏教徒、そしてイスラム教徒の包括的教説を――それらが『政治的リベラリズム』で擁護されている理にかなった正義の政治的構想を重んじているとして――尊重するよう要求されているように、リベラルな社会もまた、ほかのリベラルな諸社会とまっとうな位階制の諸社会の両方とを――これらの社会が諸人民の法に明記された制約と基準に従うとして――尊重するよう要求されているのである。寛容は、ある特定の人民に対する軍事的、経済的、あるいは外交的な制裁措置をとることを控えるよう要求するのみならず、非リベラルな諸社会を「諸人民からなる社会」の平等な構成員として認めることも要求する、と。こうロールズは述べている。

この類比をここで吟味しよう。実のところ、ここには類比と、類比の失敗との、両方がある。リベラルな社会の内部には、善に関する位階制的な構想が多数ある。それらの支持者たちが自らの社会の基礎構造を形成する正義の諸原理を、彼らの包括的教説の構成要素としてあるいは「モジュール」として受け入れるならば、そうした階層的な構想は理にかなったものとして重んじられるだろう[19]。逆に言えば、宗教的な諸構想は、たとえ本来はそうでなかったとしても、ロールズの正義の諸原理を含んでいなければならないのである。ロールズの諸原理と衝突する教えを広めている包括的教説は、ロールズがその〈政治的言論の自由に関する説〉で特定している例外的状況（憲法に関わる重大局面）を除いて、自分たちの構成員の言論が抑圧されているとは考えない。とはいえ、そのように道理的ではない包括的教説と衝突する諸原理が、国の憲法において揺るぎないものとなっているという意味で、それら教説が社会の憲法構造において重んじられることはない。そのため、善に関する位階制的な構想の支持者の提案が、過半数に直接結びつくようなことが認められることはない。

国境を越えるケースでは、ロールズの議論は非常に異なる。宗教的あるいは伝統的な教説は、ある一定のかなり要求度の低い諸条件が充たされるだけで諸人民の共同体の優良かつ平等な構成員として認められるという意味で、容認されている。人権の狭量なリストはなおも重んじられなければならない。だが、所有権[20]、投票権、および宗教の自由が、ある人民の社会内部の異なる行為主体――たとえば男性と女性[21]――に不平等に割り当てられているとしても、その人民が諸人民の共同体で等しい尊重を獲得しうるだろうことは明らかである。政治的な民主制、平等な自由、および普通選挙権[22]という要求事項は、「理にかなった諮問位階制」という、ハードルの低い要求事項に取って代わられている[23]。ある種の「結社と組合」(“LP” 62)が人びとに何らかのやり方で異議を表明する余地を与えており、また彼らの意見を真剣に受け止めている限り、政治的言論の自由でさえも全員に認められている必要はない。まっとうな社会はまた、職場における差別について、異なる集団を別様に処遇するかもしれない[24]。

国内のケースでは、ロールズの寛容原理は個人を中心に据えた原理である。それには諸個人と彼らの善の諸構想とを尊重することが含まれる。国境を越えるケースでは、ロールズは同じ原理を適用していると述べているけれども、その原理は根本的に異なっている。つまり、重んじられているのは個人ではなく集団であり、諸個人に対する尊重は不十分なもので、彼らの諸々の権原がその辺の支配集団によって勝手に決定づけられることが認められている。ロールズは緊急度の高い人権の狭量なリストを主張しているという限りでなお諸個人に焦点を合わせてはいるけれども、国際的なケースでは、国内に関する理論においては存在していない力を諸々の集団に持たせてしまっている[25]。

『正義論』におけるロールズの功利主義批判の主眼は、功利主義が諸個人を十分重視していないという点におかれているという事実に照らしてみると、この非対称性はとくに奇妙である。功利主義は共同体をひとつの超人格として扱うことを通じて、またこの単一構造内におけるあらゆる満足は代替可能なものであると見なすことを通じて、諸個人と彼らの生が根本的に別個であることを無視しており、それらを「権利と義務がそれに従って割り当てられることになる数多くの系列」として扱っている。これがロールズの主張であった（*TJ* 27）。[26] ロールズの国際正義論は、彼の国内理論にとっては鍵となっている、各人の不可侵性を無視してしまっている。だが、どこであろうと諸個人は諸個人であり、侵害は侵害であるだろう。

さらに国内のケースでは、集団に対して与えられるいずれの容認も、退出という選択肢を背景にしている。つまり諸個人には、ある宗教から離れてほかの宗教に入るという、あるいは何の宗教も持たないという、自由がある。ある国の基礎構造は退出の選択肢をいっさい（もしくはほとんどまったく）提供していないということを、ロールズはよくわかっている。[27] だからこそ彼は、基礎構造を部分的に形成する諸制度が正義にかなっていることがとても重要だと、考えているのである。基礎構造は、人びとの人生の可能性を、広範にそしてはじめから方向づける。それにもよらず、国境を越えるケースにおいてロールズはこの洞察を失っており、ローカルな伝統が人びとの人生の可能性を広範に方向づけることを、正義の諸原理から離れる仕方で、許してしまっている。ローカルな伝統の教説を支持しない人びとに退出の選択肢がないにもかかわらず、である。いかにも、ロールズは移民の可能性を否定することで、現実がしばしばもたらしている退出という選択肢さえをも、自らの理想理論から取り除いてしまったのである。（ここで、移民に関するロールズの議論では適切に扱われていない、もうひとつの移民の理由が思い起こされる。）

彼の類比に対するこのような反論は、とくに個人に関する西洋的な関心を前提としていると、ロールズは返答するかもしれない。たとえば論文「諸人民の法」で彼は、「多くの社会は、さまざまな形態のある西洋的個人主義とは異なる政治的伝統を有している」（"LP" 69）と述べている。[28] さて、諸々の権利に関する協調組合主義的な（corporatist）見解あるいは結社主義的な（associationist）見解が特殊西洋的ではないように、一人ひとりが一定の基本的権利を有するという観念も特殊西洋的ではないと、本書ではすでに論じてきた。これはロールズが『諸人民の法』のなかで、そうした見解の一例としてヘーゲルに言及することで認めていると思われる点である。たとえばインドでは、立場が逆転していることが多い。つまり、(たとえば有力な教会に政治権力を与えるなどの)協調組合主義的な要素を色濃く含んでいた西洋の植民地主義の伝統は、個人とその尊厳についての長きにわたるインドの思想的伝統に由来する人間の尊厳という観念によって、しだいに抑制されてきている。そうしたインドの観念は、いくつかの西洋的観念と、どこか似ているだろうけれども、裁判所の見解は、そうした観念の起源が多元的であることを明らかにするために、土着の起源を引証することが多い。こうしてみると、ロールズの論証に生じているのは、まさに(西洋的であろうと非西洋的であろうと)同じ伝統が、有機的統一体や普遍的合意といったより深遠な現象のどれかによってではなく、別個の国家としての成立という偶然性を理由として、別様に取り扱われているということである。もし協調組合主義的な伝統が、ある国家でたまたま支配的であるならばそれが優勢となるが、もしその伝統がリベラルな国家の一要素にすぎないならばそれは優勢とはならない、という具合に。

だが私たちは、これよりましなことが言える。つまり、従属を余儀なくされた構成員あるいはマイノリティの構成員が、提供された下層の暮らしをただ支持するような伝統は、どこにも存在せず、またこれまでも存在しなかったということ。このことはほぼ確かだと思われる。たとえば女性はしばしば脅され、孤立させられ、実効的に抵抗することができない状態におかれているが、彼女たちの「日々の抵抗」は、世界中で数多く記録されている。[29] このように、女性(あるいはほかのマイノリティ)は一緒に暮らす男性(あるいは支配集団)の人生とは別個の、計画すべき人生を有する個人だと自らを見なしていないという考えそのものが、確証がひどく困難であるだろう考えであり、またおそらく確証しえない考えである。

ロールズの類比には深刻な欠陥があるというのがここでの結論である。少なくとも彼の論証には、はるかに拡張的な、そして単一系列の、諸々の人間的権利あるいは人間的可能力を、すべての個人にとっての根本的な規範として正当化することに対する道徳的な妨げは、何もないだろう。

4　正当化と導入

しかしながら、ロールズを煩わせている問題はもうひとつあり、それは私たちをも煩わせるはずである。明らかにロールズは、もし私たちがほかの国の諸規範に欠陥があると結論づけるならば、私たちは何らかの仕方で――軍事的にであろうと経済的・政治的な制裁を通じてであろうと――介入することになると考えている。彼は通常、「この国は「諸人民からなる社会」の構成員として尊重に値するのか」という問いを、「われわれ自身の道徳基準の導入をねらってその国に介入することを、われわれは自制すべきか」という問いと、等しいかのように扱っている。実のところ、その理由は主に、彼が（カント的な諸理由のために）ほかの共和国の主権にかかわることがらに介入することは道徳的に問題であると確信しており、また位階制の諸国を「諸人民からなる社会」の優良構成員として尊重してもよいと結論づけたがっていることにある。

だがもちろん、この二つの問いがそのように結びつけられる必要はない。私たちは、ある国の諸基準には欠陥があると、そしてその国には現在認められているものよりももっと拡張的な基本的権利と自由の一覧表が適用できることを正当化しうると、考えることがあるだろうし、またしたがって私たちは、その国のことがらに——軍事的にであろうと経済的・政治的な制裁を通じてであろうと——介入する権利を有しているなどと考えずとも、その国に対して理にかなった批判を行なうことがあるだろう。もしほかの国への介入を自制することについて、ある一定の条件下では独立の諸根拠が（つまりその国の社会編成が内包している位階制は尊重されなければならないという信じ込みには依拠しない諸根拠が）あると考えるのであれば、そうすることができるだろう。

そうした独立の諸根拠とはいったい何だろうか？　私が思うにそれらは、まさにカントが『永遠平和のために』で示唆した諸根拠であり、具体的には植民地支配に対する道徳的嫌悪と、またそれに関連することであるが、十分な応答説明がなされうる仕方で編成されたどの国家主権も（その諸制度が完全に正義にかなっていようとなかろうと）尊重されるべきだという道徳的信念と、である。人間的自律の現われとしての国家には、道徳的な重要性がある。このことの承認は、『戦争と平和の法』のなかでグロティウスがなしている人道的介入の議論において、すでに突出した特徴となっている。人間は主権国家を形成し、自らに法を与えることを通じて、自らの道徳的自律を強く求めている。(30)ある国の市民たちは尊重されるがゆえに、またその国は——かりに多くの点で完璧ではないとしても——包摂性と説明責任性の所定の閾値を充たしていると信じられているがゆえに、その国のことがらへの軍事介入は自制され、またその正当に選ばれた政府が正統な政府として交渉相手となるのである。

正当化と導入のあいだの際だった区別をこのように認めることは、現代の人権活動において一般的である。たいていのケースでは説得が用いられており、ごく限られた数のケースにおいてのみ武力介入が要請されている。アメリカ合衆国は死刑を容認していることで国際的に激しく批判されているが、それを理由にアメリカ合衆国へ軍事的あるいは経済的に介入すべきだとする主流派の組織的運動は存在していない。

ジェノサイド、拷問、その他きわめて深刻な人権侵害のケースは、武力介入や経済制裁に関する議論を実際に生んでいる（たとえば南アフリカ共和国におけるアパルトヘイトのケースがそうであった）。

もし、全員を拘束する何らかの道徳原理が正当化されうると確信している人がいるならば、その人にとって、国家に対して支払われるこうした敬意の論理的論拠はなんであるだろうか？　もちろん、広範囲にわたる人道的介入の容認に対しては、力強くまた思慮深い反論があるだろう。そのような介入は世界を不安定にするかもしれないし、また力がある国家はおそらく、道徳心の高い介入がどれほど堅調になされようとも、そうした介入は力のない国家を圧制するための口実だと見なすだろう。カントはすでに、彼の時代の植民地支配が、道徳的向上という仮面の裏で進められていたことを指摘していた。

だが、国家主権に関するグロティウスの省察は、広範な介入に対するより深遠な反論を示唆しており、その論証は個々の人間の尊厳に由来している。相互に法を与え合うために他者と集う能力は、人間的自由の根本的な側面である。この意味で自律していることは決して些細なことではない。なぜならそれは、十全な人間の生を生きる機会を持つことの一部だからである。グロティウスの時代と同様に、私たちの時代においても、人びとがこの人間的自由の根本的側面を行使するさいに用いる基本単位は、国民国家である。国民国家は、そこで生きる人びとに対してまっとうな説明責任を果たす何らかの可能性をいまなお備えた、もっとも大きくてもっとも根本的な単位である。国連のような国際的な機関や団体は、そのような仕方では説明責任を決して（あるいはいまだ）果たしていない。現在のかたちのEUでさえ、説明責任に関して深刻な問題を提起している。市あるいは村あるいは州といったローカルなレヴェルでの自律の行使でさえ、ロールズによって与えられた理由によって、つまり国民国家の「基礎構造」が人びとの人生の機会に広範にそして当初から影響を及ぼしているという理由によって、満足のゆくものとはなっていない。グロティウスがすでに論じたことであるが、このように国民国家とその基礎構造とが、諸個人がおのれの自由を行使するさいの重要な場となっている。

この議論は、国家とその基礎構造を形成する諸制度とに関わるものである。それは、法と制度についての議論であるから、「共通の共感」を有する「諸人民」――本書の諸問題という文脈においてはあまり役立たないとしてすでに私が批判した観念――という不可解なものとはなんの関係もない。この議論は、非同質的で多言語であるインドにも当てはまるように、はるかに小規模で何にせよもう少し同質的なバングラデシュにも当てはまる。

私たちはグロティウスとカントの後を追いながら、契約主義アプローチが提供しえなかった途、つまり国家主権の重要性を支持するための道徳的／政治的な議論への途へと、苦労しながらも向かっている。ロールズは自らの議論をとにかく国家からはじめている（しばらくのあいだ「人民」という概念を通じた彼の回り道を脇においておこう）。しかしながら今日の世界では、国家主権はさまざまな方向からの脅威に――なかでも多国籍企業とグローバルな経済構造の影響に――さらされているため、（かりにかつてはできたとしても）国家を単純に所与のものとすることはできない。ロールズの議論からは、私たちが国家主権を大切にするだろう理由や、その競争相手とそれを対抗させようとするだろう理由について、何の洞察も得られない。本書のグロティウス的な議論には、少なくともそのような洞察の萌芽がある。

この議論に照らして、たとえば女性に平等な所有権を与えることに失敗している国の事例を考察してみよう。（インドはそのような国の実例のひとつである）[31]。この国家の憲法下で女性が受けている不平等はとても遺憾に思われるかもしれないが、その国が民主的正統性に関して一定の閾値を充たしている限り、威圧的な仕方で介入するのは正しくないだろう。そのような閾値の条件は、「諸人民からなる社会」のなかで完全かつ平等に正義にかなった社会として重んじられるために必要とされる条件よりも、弱いものだろう。今日の世界におけるたいていの諸国は、ひとつあるいはそれ以上の点で、正義にもとっている。そして、そうした国は正義にもとっていると主張することと、それらの国に適用可能なものとして推奨しうる完全な平等および尊厳の基準をそれらの国に要求することとは、国際社会の議論に適している。だが、はるかに弱い説明責任のテストにそれらの国が合格している限り、軍事的制裁はもちろんのこと、経済的制裁を課すことさえも正しくないだろう。たとえば今日のアメリカ合衆国と今日のインドは、私たちが正当化することが可能でかつ正しく推奨しうるような完全な人権保護の基準をとうてい充たしていないけれども、そのテストには合格する。アパルトヘイト下の南アフリカ共和国の場合は、人口の大多数が統治から完全に排除されていたため、説明責任のテストには合格しなかった。このようなインドの位置づけは、二〇〇二年三月のグジャラート州におけるジェノサイドと集団レイプの後で、そして二〇〇四年五月におけるヒンドゥー教右派の選挙敗北の直前に、厄介なものとなった[32]。人道的介入のもっとも狭隘かつもっとも伝統的な根拠をもってしても、グジャラートは人道的介入が当てはまる事例であった。介入反対論の一部は慎重に考慮されていた。つまり、たしかに介入は、それによって解決されたであろう問題よりもはるかに多くの問題をつくりだしたであろうし、また振り返ってみれば、国内の選挙プロセスはとてもうまくいっていた。だが、市民的自律の観念にもとづいてなされるべきさらなる議論があり、それによれば、インドにおける民主主義のプロセスが従来および現在と同様に堅調である限り、そうしたプロセスそれ自体とそれに関与している市民たちへの敬意を表して、そのプロセスの成り行きに任せることの方が選ばれるべきであろう。二〇〇四年五月の選挙後に生じているように、正当に選出された当局者と正当に任命された法廷とが、そのうちに犯人を逮捕し追加的な犯罪を阻止することを期待しつつ。このような事例では、介入は、外交上の努力と公衆による説得とに、適切に限定しうる。インドの事例では、実際にはそれらの多くが、知られられている以上になされていたかもしれない。

正統性の閾値とは何か？　それは、政府が人びとに道理的な説明責任を果たすことである。そしてここでは「理にかなった諮問位階制」というロールズの構想が、よい手引きとなるかもしれない。しかしながら、そこでは女性の問題がきわめて難しいものとなっていることが、指摘されるべきである。もし南アフリカ共和国のアパルトヘイトが介入の規準を充たすものであったならば、世界には女性に関して類似のケースが数多く存在している。女性は平等な投票権を与えられていないことが多く、投票権がまったくないこともある。所有権も男性のそれと平等ではない。そのような人権侵害は、経済的制裁を正当化する理由として十分だろうか？　力強い道徳的な支持理由が必要であるが、これに関して国際的な議論がほとんどなされていないのは衝撃的である。[33]人種にもとづく残忍で抑圧的な差別は、グローバルな共同体において受容しえないと理解されているが、性別にもとづく残忍で抑圧的な差別は、文化的差異の正統な表現であるとしばしば理解されている。私たちが同じ規範をすべての国のために正当化しうるのは明らかだが、政治過程からの女性の完全な排除、もしくはほぼ完全な排除は、どれもまた経済的制裁、もしくはほかの何らかの形態の強制の対象となるかは、私たちの道徳が試される問題である。そのような政策への反論は、主に慎慮にもとづくものとなるだろう。

もし私たちがある国家とその人びとを批判し、またすべての人に関して正当化しうる重要な道徳規範を彼らが破ってきたことを示すならば、私たちは彼らに対して本当に敬意を表していることになるのか、と問う人がいるかもしれない。この問いには、現存する国家で完全に正義にかなっているものはないと、はじめから強く主張しつつ接近することが重要である。重要な道徳原理の侵害は、あらゆる国家でなされている。国家の諸々の行為主体あるいは関心をもった市民たちが、他国のみを批判し自らの国を批判し損ねている場合には、他国を尊重しているとはもちろん言えない。たとえばもしアメリカ合衆国が、海外における人権侵害を咎め続ける一方で、死刑に関する自国の姿勢は国際共同体にとって受容しえないものであるという事実と、社会的・経済的な権利に関する自国の状況はたいていの先進国のそれよりもかなり劣っているという事実とを認識し損なうならば、そのふるまいは無礼であるだろう。他方で、自国は正義の諸原理に完全に従えていないという自認がある場合には、他国に対する批判をなすのは申し分なくありうることである。

私たちがすべての人に関して道徳的に正当化しうるものと、私たちが導入する資格を道徳的に有しているものとのあいだに隔たりがある場合、どうするべきなのか？　明らかになしうることでかつなすべきことのひとつは、正当化しうるとの確信がある人間の権利、これを保護する国際条約を編みだし、ついで世界の諸国がそうした条約を採択し実施するようにすることである。それ以上については、諸国には、それぞれが重要だと考える大義を促進すべく援助する権利資格があることが多い。そう私には思われる。したがって、アメリカ合衆国がインドを援助するにあたって、教育、保健医療、および（クリントン前大統領がしたように）貧しい女性のエンパワーメントに的を絞り、また援助が核爆弾をもっと製造したり教科書を「ヒンドゥー化」したりするためにではなく、これらのことに確実に用いられるようにすることは、正当であるだろう[34]。これらの問題に注目を集める方法として、外交上のやりとりを用いることも正当であるだろう。クリントンがインド訪問の機会を用いて、信用取引と所有権を求めて闘っている地方の貧しい女性たちの窮状に人びとの関心を集めたように。インドの場合、女性のエンパワーメントおよび平等という大義がインド憲法の伝統それ自体の深部にあることをもってすれば、そのようなやり方が正当であることに異論はない。国がそのような目標を公共的かつ立憲的に支持し損ねている限り、私たちがより慎重なやり方で事を進めるのは正しいだろう。だがなお、道徳的に善いと私たちに思われる企てに、援助を集中させる権利資格が、私たちにはおそらくある。また当然ながら、諸個人にはつねに、自らが支持する企てに自らの援助を集中させる自由がある。(35)

ここでロールズは、彼が提示した基本的な点を、すなわちリベラルな社会の内部で要求されるよりもかなり弱い水準のリベラルな自由および平等が見てとれれば、諸国は「諸人民からなる社会」の優良かつまっとうな構成員として扱われるべきであるという点を、私が認めたと言うかもしれない。そしてたしかに、一群の実践的な原理に関して、ロールズと私はある意味で収斂している。私は実際のところ、ある人民と彼らの伝統への尊重から、諸々の強い要求を自制すべきであると、認めているのだろうか？

そうではない。第一に、私の議論は人民という概念の真価を認めていない。私が論じているのは、国家つまり一定の人びとの集団が受け入れてきたものであり、かつ彼らに対して説明責任を負っている社会の基礎構造の諸制度は、尊重されるべきだということである。国家が道徳的に重要だと思われるのは、それが人間の選択および自律の表現だからである。そしてもちろん、自らが自らに与えた法の下で生きたいという人間の欲求を表現するのは、国家であって「人民」ではない。国家の居住者がロールズの意味での人民を構成すると言えるかどうかは、つまり伝統と比較的広範な善の構想を共有していると言えるかどうかは、私の議論にとっては何ら重要でない。また私の議論は、ロールズの議論が明らかにそうしているように、他国における不正行為に関する道徳的判断をとにかく寛大なものとすることを要求するものでもない。どうやらロールズがしているようには、集団的権利のどのような承認にも依拠していない。また、正義の理論の基本的な主題は個人であるとも主張し続けている。市民たちと彼らのものである国家の基礎構造とのあいだの根本的な絆を率直に認めており、諸個人を尊重するやり方としてその絆を尊重してもいる。もっと簡単に言えば、それは正当化ではなく導入についての議論であり、これら二つの問題のあいだに根本的な区別があることを強く唱えるものである。

5　二段階契約の評価

ロールズの二段階契約を綿密に吟味したことで、いまや私たちは、社会契約の二段階構造の展望と欠陥を、より一般的に評価することができる。このアプローチは、グローバルな正義の諸問題への接近方法としては、重大な問題を抱えている。それは国民国家を基本単位として出発するため、グローバルな経済秩序とそれがより貧しい諸国に課している不利益とを考慮に入れることに失敗している。諸国はあたかも、自らの安寧に対する国境を越えた構造的な妨害物が何もないかのように、それぞれの問題を、倹約と性質のよさとを通じて解決するとされている。国内の基礎構造は固定的で完結しているとの想定が、国境を越える経済的再分配に関する真剣な考察を妨げており、また条約と国際合意が国内の政治変化を促すうえで果たす役割も否定してしまっている。さらに二段階契約は、国家主権を出発点として単純に受け入れているため、なぜそれが道徳的に重要だと考えられるべきであるのかについて、魅力ある説明を提供することすらできていない。

さらにまた、ロールズによる個人と国家の類比は（それは第二段階の寛容原理によって強められている）、各国内部の恵まれない諸集団に対して十分に敬意を払っていない。寛容に関する彼の議論は、国際秩序が現在認めている人権の多くを毀損しているシステムを、十分かつ平等に正義にかなったものとして正当化するものである。個人を正義の基本的な主題とする、もっと豊かでもっと深みのある一群の規範は、世界のすべての人びとに関してなぜ正当化されえないのか。これについて説得力のある議論はなされていない。[36] 諸々の人権がロールズの理論に入り込んでいる限りで言えば、理論におけるそれらの役割が表わしているのは、結果指向のアプローチへと向けた、契約主義アプローチからの離脱である。

さらにもっと根本的なこととして、相互有利性の観念にもとづいている契約主義のアプローチは、自然状態を離れて契約を結ぶことで何かしら得るものがあるということを、すべての当事者が確信していることを要件としている。（ロールズがなおこの要件を受け入れていると想定するならば）彼らはヒューム的な「正義が生じる情況」下のだいたいの平等者でなければならない。すべての他者を支配できる人は一人もいないのであり、協働の企図を妨げるほどの障碍のある人も一人もいないのでなければならない。だがこれは、世界の現状ではない。ロールズは、契約を結ぶ諸社会と「重荷を背負った諸社会」を区別することで、この問題に取り組もうとしているが、それもまた契約主義のアプローチからの離脱を表わしている。なぜなら、当事者たちが契約の中身を作成するさい、グローバルな不平等に関して経験にもとづく情報を用いることを、認めているからである。さらに言えば、この離脱という表現さえも十分ではない。というのも、リベラルで民主的な諸国家のあいだで生じている不平等はきわめて深刻であり、なかには一人あたりＧＤＰが他より約三四倍も大きい国家が存在するからである。そのため、南アフリカ共和国、バングラデシュ、インドなどは「諸人民からなる社会」の優良構成員ではないと、したがって契約の参加者ではないのだと、恣意的な判断によってとにかく規定しない限りは、問題は取り除かれない。だがなぜそう言わなければならないのか？　そうした国々を排除するもっともな理由は提示されていない。それらの国々を包摂することには問題があると承認することですら、契約主義者が契約者集団をまとめあげるために相互有利性に依拠していることに、背くものである。

6　グローバルな契約——ベイツとポッゲ

契約主義のアプローチをロールズよりもはるかに魅力的に用いているのが、チャールズ・ベイツとトマス・ポッゲである。[37] この二人の論者にとって、グローバルな正義の理論をつくるさいにロールズ的な洞察を正しく用いる方法は、「原初状態」を世界全体に直接に適用されたものとして考えることである。どの国で生まれるかは、出身階級や親の財産、人種、および性別のような偶然的事実、つまりそれによって人生が歪められることがあってはならない個人に関する偶然的事実のようなものだという洞察によって、こうした戦略は導かれている。[38] 不公正な階層・序列が、人種や性別もしくは階級にもとづくものであろうと、あるいは特定の国での誕生にもとづくものであろうと、人びとの人生における基本的な機会はそうした不公正さによって妨害されてはならないとされる。

ポッゲとベイツは、ロールズ的な枠組みのなかで個人を正義の主題として十分尊重する唯一の方法は、グローバルなシステム全体が存在すると想像することであり、また当事者たちは正義にかなったグローバルな構造へ向けて諸個人として契約を結んでいると想像することであると、説得的に論じている。異なるやり方によってではあるが、二人ともが、結果的な構造はもっとも不遇な人びとの地位を最適化するものになると論じている。ベイツの場合、天然資源はもはや、それを領土内に収める国の所有物としては見なされないだろう。代わりに、それら資産に対する権利を律するために、グローバルな再分配の原理がつくられることになる。ベイツにとって天然資源は生来の才能のようなものであるし、また彼の解釈におけるロールズは、諸個人には自らの生来の才能に対する所有権が備わっていないと考えている（Beitz 136-142）。だがロールズの見解は精妙に異なると、ポッゲは正確に指摘している。つまりロールズの考えでは、諸個人は自らの生来の才能を保持しかつ使用してよい一方、他方でそのような才能から導かれる利益に対する絶対的な権利は有していない。またそうした才能から導かれる有利性が、もっとも不遇な人びとの地位を最適化するような仕方で用いられることを、システム全体が確実にする。

さらに進んでポッゲの見解（彼はそれを「単なる説明のための思弁」（Pogge 1989: 273）と呼んでいる）は、人権のリストに関する原初的でグローバルな合意を描いているが、その合意は時間をかけてより堅固なものとなり、グローバル経済の諸制約に関するシステムを含むようになる。この人権のリストは、ロールズによって擁護されているものに比べてかなり濃密であり、世界人権宣言の全部に加えて、移民に対する実効的な権利も含んでいる（Pogge 1989: 272）。天然資源も再分配の対象となっている。すべての諸国は、世界でもっとも不遇な人びとの立場を最適化している限り、国内でロールズの格差原理を充たす必要はないと、ポッゲは主張している。

このポッゲ＝ベイツの提案は、ロールズの二段階契約に比べると、大きな前進である。グローバルな「無知のヴェール」は洞察力のある仕方で、正義にかなったグローバルな秩序は既存の権力の諸階層にもとづくものではなく、全員が道徳的平等者として数え上げられるすべての人間にとって公正なものとなるだろうという考えをもたらす。この提案は他方で、人間の自由という魅力的な観念を具現化しており、すべての当事者をグローバルな秩序の平等な選択者として描くことで、人間の自由を確実なものにしようとしている。

こうした提案が抱える深刻な困難のひとつは、それらが漠然としておりかつ思弁的であることである。グローバルな「原初状態」という設計がどううまくゆくのかについて、私たちは詳しく知らされていない。たとえば、当事者たちはどのような種類の一般的情報を持っており、また持っていないのか？　彼らは自らの国がどれであるかを知っているはずはない、というのは明白である。だが、ロールズの考えを文字どおりの正確さで本当に最後までやり通すならば、彼らは自らの生きる世紀をも知らないはずである。そしてそのことが意味するのは、彼らは自らの世界に科学技術があるのかどうか、国民国家があるのかどうか、多国籍企業とグローバルな貿易協定があるのかどうかをも知らないはずだ、ということである。だがそれではあまりにも漠然としすぎている。多国籍企業の存在を知らなければ、それをグローバルな正義の理想的な構造の一部として想像することも多分ないだろう。だがそうであれば、そのような存在をどのように統制するのか、それらを国民国家とどう関連づけるのか、そしてそれらがほかの存在との取引において何らかの重要な道徳的関与を引き受けることをいかにして確実にするのかについて、有益なことは何も言えないだろう。インターネットについて知らなければ、それを想像するのは容易ではないだろう。だがそうであれば、インターネットへのアクセスの格差が生む不平等に取り組むことはできないだろう。こうした問題はほかにもある。

要するに、私たちが生きる世界は、基礎構造のレヴェルで変わりゆく力の配置図を呈している。そうした構造がどのようなものとなるかは、一〇〇年前ですら予想が難しかったであろう。この新しい構造は、人びとの人生の機会を広範にはじめから律している。あまりに多くの無知を要求することは、非現実的かつ悪い意味で、企てをユートピア的にすることでもある。差し迫った正義の諸問題が無視されることを確実にもしてしまう。だが、もしそれらのような一般的な社会的事実が当事者たちに知らされているべきならば、翻って、彼らが知っていること及び知らないことに関する説明が必要とされる。

この不幸な曖昧さは、国民国家の役割に関する議論にも及んでいる。ポッゲとベイツは、国家の内部構造の完結性と閉鎖的性質とに疑問を投じようと試みている。だが、彼らは実際どの程度まで議論を展開したいのかを、明らかにしていない。私たちは国家という概念そのものをつくり直されなければならないほど、そして人びとの生活を編成するためにほかの選択肢に照らしてそれを熟考しなければならないほど、現在の出来事から遠ざかるべきなのだろうか？　だが、完全な空白のなかで人間の生活を編成することは難しい。国家が生活のほかの側面と、たとえば貿易、情報の流れ、国際的な機関や合意の存在などとどのような関係にあるのかをまず評価することをせずに、国家はよい仕組みだとかよい仕組みではないだとか、どうしてわかるだろうか？　国家を人間の自律の重要な表現として高く評価する諸々の道徳的議論は、空白において生じたのではない。またそうした議論を空白において成功裡になしうるかは明らかではない。さらに、国家を弱体化するかもしくはその代替物をもたらすかの可能性のある実際の勢力が何であるかが知られていなければ（そして知られるまでは）、国家を正当化するのは無駄な努力であるだろう。なぜならその知識がなければ、私たちはうまく選択できないからである。もし当事者たちがそのような歴史的知識を本当に自由に使えるとすれば、ポッゲはこの点でロールズから離れていると、自らはっきり述べなければならない。

さらにまた、当事者たちが追求していると想像されているのはどの基本善であるのかについて、私たちはもっと知る必要がある。ポッゲは自らがロールズに綿密に従っているとしているが、彼は他方で、彼の想定上の当事者たちが人権の長いリストに合意するとも考えている。それはロールズ的な基本善のリストよりもずっと長く、また『諸人民の法』で認められている希薄な権利のリストよりも長い。世界人権宣言に準拠するポッゲは、『正義論』におけるロールズと『諸人民の法』におけるロールズの両方に反論するかたちで、自由の領域と経済の領域とをきわめて密接に結びつけ、主要な諸々の自由には物質的側面があることを主張している。またポッゲは、世界人権宣言と同様に、所得と富によってではなく権利の実現具合によって、相対的な社会的地位を評価しているように思われる。ここでもやはりポッゲは、ロールズの観念から実際どこまで離れるつもりであるのかを、私たちに伝える必要がある。もし彼の考える基本善が、自由をその物質的基盤とつなぐやり方で理解した人権であるならば、彼の見解はロールズ自身の見解から引き離されるだろう仕方で、可能力アプローチに大きく収斂するだろう。

これらはすべて返答が可能な問いである。だが適切な回答は、情報の領域と基本善の構想とにおいて、ロールズ的な枠組みからの離脱をおそらく要求するだろう。しかしながら、ここで私たちはポッゲ＝ベイツ提案が抱えるもっとも深刻な困難、すなわち契約には一体どんな意味があるのかという難問に出くわす。ロールズ的な社会契約は、ヒューム的な「正義が生じる情況」で交わされる、相互有利性のための契約である。ポッゲは、ロールズの「無知のヴェール」に埋め込まれた公正さの要求事項に焦点を合わせているため、ロールズが契約のための出発点としてヒューム的な「正義が生じる情況」を支持していることを、無邪気にも言及し忘れている。ロールズがはっきりと主張しているように、当事者たちの平等性という要求事項は、古典的な社会契約説における自然状態を強く意識したものである。そのため、ポッゲは自然状態を省略してしまったようにも思われるだろう。彼は少なくとも自然状態には言及していない。だがもし自然状態が省略されているとすれば、それは社会契約の伝統からの大幅な離脱となる。ポッゲはもちろん、自らがその伝統から離脱しているとは述べていない。彼はたとえばスキャンロンの純粋にカント的な契約主義を、あるいはバリーによるその政治的ヴァージョンを、支持していない。ポッゲはロールズに着目しており、またロールズの理論をバリー／スキャンロン型の純粋にカント的な契約主義の方向で修正することを明白に拒絶している。[39] 明らかにポッゲは、ロールズの「無知のヴェール」とそれが課す道徳的平等とを支持している。だが彼は、だいたいの平等性とヒューム的な「正義が生じる情況」の問題については、それが彼の理論を解釈するうえできわめて重要であるとしても、とにかく態度を決めていないかのようである。

諸国間で交わされるものとして契約を描く場合、リベラルでない諸国家を切り捨てるのみならず、G8を除くほぼすべての諸国家をも切り捨てない限り、契約を標準的な社会契約の形式に成型することはできない。このことは先に確認したとおりである。だが、諸個人間で交わされるものとして契約を想像するならば、まったく違うものとなる。なぜなら、世界の諸個人は少なくとも道徳上は平等であり、また彼ら（少なくとも障碍のないすべての人びと）は、人生の偶然性が作用しはじめる手前までは、基本的な経済的生産性および人生の機会においてほぼ等しいと、何とか主張しうるだろうからである。だがそれはいつだろうか？　もちろん誕生以降のいつかではない。一人ひとりの子どもは、栄養の異なり、認知的刺激の異なり、そして優しさあるいは暴力との出会いの異なり等を通じて、人生の機会に直接に著しく影響しはじめる世界に、生まれ落ちるからである。先にみたように、もっとも貧しい諸国における出世時の平均余命は、もっとも豊かな諸国の半分以下である。こうした統計値は、個々の生のレヴェルにおけるあらゆる種類の異なりにもとづいている。

諸個人は誕生以前の人生の機会において平等だろうか？　もちろん平等ではない。胎児をどう説明しようと、ひとりの人間が生まれるまでに、母親の栄養、保健医療、身体的保全、および感情的福利における異なりや、そして言うまでもなくＨＩＶの状態における異なりが、すでに胎児の人生の機会に影響を及ぼしていると言わざるをえない。今日のアフリカでは、ＨＩＶの出生前感染が、膨大な数の人びとに影響を与えている。その問題に関して言えば、生まれる機会を得ることでさえも、ほぼ平等ではない。多くの途上国（およびいくつかの先進国）では、性別選択による堕胎が驚異的に増えているが、このことは世界のある場所で受胎された女児は、世界の同じ場所で受胎された男児と、世界の別の場所で受胎された女児および男児とに対して、人生の機会の面で著しい不平等を被っていることを意味している[40]。するとと残念なことに、諸国間の不平等は（それは二段階契約がヒューム的な「正義が生じる情況」になじむよういくつかの国を排除することにつながる）、基本的な人生の機会における諸個人間の不平等に変換されてしまっている。人間、さらには生まれくる人間が生きているときにはつねに、そのような不平等が生じている。

基本的な人生の機会におけるこのような不平等を、ポッゲとベイツは憎悪している。それらに対処するためにグローバルな再分配への壮大なコミットメントを哲学的に基礎づけることが、彼らの企ての核心である。だが、このコミットメントとロールズ的な枠組みとの折り合いをつけるのは容易ではないし、改良された非ロールズ的なやり方——彼らはそのなかでロールズ的な枠組みを用いているのだが——においてさえもそうである。「原初状態」は公正に関するいくつかの重要な問題を実に劇的に表現してくれるため、その観念をグローバルなレヴェルに適用するべきだとするのは、一向に構わない。だが、彼らが提案するグローバルな契約は、それについてひとたび詳細な議論をしようとするならば、ロールズ的枠組みからの大幅な離脱を要求することがわかる。それというのも、それは契約の舞台としてのヒューム的な「正義が生じる情況」を放棄することと、現状は力において平等ではないすべての人をはじめから包摂することとを、要求するからである。なによりそれは、契約の目的が「だいたいの平等者」のあいだの相互有利性ではないことと、またそれではありえないことを、はじめから認めることを要求している——契約の目的は人間の交友のはずであり、より広がりのある意味では人間の尊重のはずであるとして。

ポッゲがこうした問題に照らして、最近の作品では本格的な人権アプローチへ転向したことは、驚くにあたらないだろう。それは私が支持する可能力アプローチにきわめて近いものとなっており、またロールズ的な手続き主義から離れたものとなっている[41]。

7　国際的な契約主義の展望

国際的な領域では、カント的な型の契約主義が安定した人気を誇っている。そもそもそれは国際関係への規範的で倫理的なアプローチである。そうであるからしてそれは、諸国と諸国のあいだの空間を、拘束力のある道徳的要求事項が存在しない空間（つまり諸国が好き勝手に権力および安全保障に関する利害関心を追求してもよい空間）とみなすホッブズ的／現実主義的アプローチよりも、優れている[42]。ホッブズ的／現実主義的アプローチは近年、グロティウス以前の時代において明らかにそうであったように、国際的な領域を支配してきたし、また国際関係の悪化ももたらしてきた。私たちが用いうる倫理的アプローチのなかでは、経済的功利主義よりも契約主義の方がはるかに優れているだろう。契約主義は人間一人ひとりの生の平等な尊厳を真剣に受け止めているが、それは総計に全力を傾ける功利主義には十分になしえないことである。また契約主義は、選好と欲望は正義にもとった背景的条件によって歪められうるという考えも、真剣に受け止めている。このように契約主義は、人びとの選好だけにもとづいて、基本的正義の政治的説明をつくり上げようとはしていない。契約主義はこうした点すべてにおいて、私が究極的に支持するアプローチと一致している。

また、契約主義の中心的観念である公正な協働条件は、「原初状態」という手続き的装置において優雅に捉えられた、力強くかつ必要な観念である。国内的な領域もさることながら世界的な領域においては、人びとの人生の機会を律する基本原理が全員にとって公正であることと、それら原理が誰ひとりとして道理的には拒否することができないような仕方で選ばれること、これらが強く主張されることは、非常に有益でありかつ解明的である。こうした観念も、私自身の規範的なアプローチにおいて、役割を担うことになる。

ロールズ的な契約主義が抱えるもっとも深刻な困難は、ここでもやはり、私が本書のはじめから問題をはらんでいると指摘してきた契約主義の諸要素から生じている。それらは初期契約状況を設定するさいに力のだいたいの平等性にコミットすることと、それに関連して契約目標としての相互有利性にコミットすることとである。契約主義者は相互有利性へのコミットメントを自然状態という観念そのものとあわせて放棄することができるのか？　社会的協働の諸目的に関する別の説明がない限り、また当事者たちが追求するだろうはどの善であるかに関する別の物語がない限り、放棄するのは無理であろう。ここでもやはり、第一義的な諸善に関する適切な政治理論を取り入れたスキャンロン的な理路の契約主義が、重要な哲学的任務を遂行しうる。またそのような理論は、私が提供するたぐいの権原基底的な理論の重要な代替物のひとつであり続けるだろう。そのようなアプローチと私のアプローチのあいだには大幅な収斂があるだろう。なぜなら、そのようなアプローチは善の説明を必要とするからであり、私のアプローチは国際的な領域における潜在的な重なり合うコンセンサスの説明において合理的な受容可能性を必要とするからである。

契約主義アプローチはまた、ロールズの理論がグローバルな領域で新たに抱えている困難、つまり国内の基礎構造の固定性と完結性へのコミットメントを放棄しうるだろうか? これについても先と同様に、自然状態で諸原理を選ぶという古典的な着想（当事者たちは何らかの種類の国家のために諸原理を選んでいるとする古典的な考えを強く示すもの）を捨てる準備がひとたびそのアプローチに整えば、可能だと思われる。基本的正義に関する思想において、諸国家に加えて多国籍企業と国際機関をも見据えつつ、今の世界における権力の構造および中心の変化に対応している契約論アプローチが目下のところひとつも提示されていないのには、強固な理由がある。だが、スキャンロン的な型の契約主義はおそらくそうした団体を含みうるだろうし、また国内の基礎構造を国際合意によって修正可能なものとして扱うこともできるだろう。

公正な協働条件（道理的に拒絶しえない条件）という観念は、スキャンロン流に表現されたならば、人間は不平等な世界において幅広く異なる状況下にあるにもかかわらず道徳的平等者であるという考えを、力強く直観的にとらえるやり方となる。この観念はグローバルな正義を論じるうえで重要ではあるけれども、善に関する政治的な説明、とくにすべての人間の基本的な権原を特定する説明がなければ、政治思想においてほとんど役に立たない。可能力アプローチは、そのような権原に関する説明から出発する。

第5章　国境を越える諸々の可能力

だが人間に共通の特徴のなかには、友との交際への居ても立ってもいられない欲求がある。それはただどんな人生でもよいのではなく、平和的な人生のものであり、彼の知性の大きさに従って彼に似通った種類の人びとと共にまとめ上げられた、共同生活への欲求である。したがって普遍的な真実として述べられた、動物はすべてそれ自身の善のみを探求するよう自然によって迫られているというこの主張は、認めることはできない。

——フーゴ・グロティウス『戦争と平和の法』

1　社会的協働——権原の優先性

公正な諸条件にもとづく他者との協働は、全員にとって有利となる——このことは私たちが生きる世界では決して真ではない。本書が焦点を合わせてきた基本的な機会をすべての人間に与えるには、より豊かな諸個人と諸国からの犠牲が、たしかに要求されるだろう。そのため古典的な社会契約論は、その道徳化されたカント的な形式においてでさえ、すべての人間を平等な尊重をもって処遇する包摂的な社会的協働の形態を、十分基礎づけることができない。だが、協働の理解にこのような欠陥があるからといって、私たちは失望すべきではない。社会契約説が生みだされる以前は、人間の協働に関するもっと豊かでもっと包摂的な諸観念が存在し、また用いられていた。少なくともアリストテレスを始源として（そしてキケロとローマのストア派によって国際的な文脈で展開されたものとして）、私たちは、倫理的推論をなしうる存在者としての人間、また他者と共に生きることを欲しかつそれを必要とする存在者としての人間の政治的構想を抱いてきた。倫理的推論と社交性という二つの特徴は、人間は共通善を持ちかつ「［人間の］知性の尺度に準じてまとめ上げられた共同生活」を探求する存在者であるというグロティウス的な観念において、結合している。

この知性は道徳的な知性であり、人間についての三つの重要な事実をとらえている。それらはまず倫理的存在者としての人間の尊厳、つまり人間がどこにいようとも完全に平等な尊厳である。つぎに人間の社交性。これによれば、人間の尊厳のある生は、この平等な尊厳を尊重するようにまとめ上げられた他者との共同生活を一部に含んでいる。そして人間のニーズについての複数の事実。これが示すのは、人間の尊厳が、飢えや暴力的な攻撃、あるいは政治領域における不平等な処遇によって損なわれることのない点までニーズを充たしながら、全員のために、この共同生活が何かをなさねばならないということである。社交性の事実をほかの二つの事実と組み合わせると、私たちの善の中心にあるのは（私たちが、まっとうでかつ重んじるべき諸条件で他者と共に生きることを欲するということに同意する限りにおいて）道徳的にまっとうな世界、すなわち人間の尊厳に見合った生を送るために必要な事物をあらゆる人間が有する世界をつくりだし、かつそこで生きることである、という観念にたどりつく。

可能力アプローチは結果指向のアプローチであり、基本的な社会正義を部分的に説明する。換言すると、このアプローチによれば、人びとがリストにあるすべての可能力を有している世界が、最小限に正義にかなったまっとうな世界である。このアプローチは国内的なケースにおいてつぎのように考える。社会的協働のひとつの中心的なねらいは、すべての人間がリストにある可能力を有することを保障する諸原理と諸制度を、あるいはそれらを有していないならばそれらに対して実効的な権利要求をなしうることを保障する諸原理と諸制度を、確証することである、と。このようにこのアプローチは、制度および憲法の設計に密接に関わっている。

このアプローチは国際的なケースでどう進むべきだろうか？　ここでもやはり選択肢がある。私たちは、第四章の終わりで想像したスキャンロン的な希薄な契約主義のように、公正な手続きの設計からはじめうるし、あるいは結果すなわち実現すべき基本善からはじめることもできる。スキャンロンの理論は善に関する政治理論を究極的には必要としているということを、本書は示してきた。だが、他方で私の善基底的な理論には、準契約主義的な構成要素が平等な尊厳という観念によってすでに組み込まれており、どのような基本善の分配もすべての人に平等な尊重を示すものでなければならないという規定を、最初から含んでもいる。本章の第四節では、もうひとつの契約主義的な観念、すなわち理にかなった合意という観念が、私たちの理論においても国際的な重なり合うコンセンサスという観念の明確化において役割を果たすこと、これを踏まえることにしよう。可能力アプローチは、こうした重要なただし書きを携えて、人間の基本的な権原の観点からつくられる善の理論から出発する。

このアプローチをさらに明確にするには、直面しなければならない別の難問がある。それは、権原からはじめることが結局のところ整合的であるのか、それよりむしろ義務の観念からはじめるべきではないのか、という難問である。グローバルな正義への影響力のあるアプローチのひとつは、（カントに従っている）オノラ・オニールによってもっとも顕著に表わされているが、それによれば私たちは、義務からはじめなければならない[1]。このアプローチでは、人間に対して、また人間のために、どのような義務があり、またないのかについて、私たちは思考する。またこの反省によって、受け手には何を受け取る権原があるのかを知ることになる。オニールに代表されるこのアプローチの反対側には、セネカとキケロによって、グロティウスによって、近代の人権運動によって、そしてヘンリー・シューやチャールズ・ジョーンズなどの人権指向の思想家たちによって代表されるアプローチがある[2]。このアプローチでは、私たちは権原からはじめなければならない。人びとには何に対して受け取る権原があるのかについて考察し、また誰に義務があるのかを述べうる以前の段階ですでに、そのような義務が存在することと、人びとが受け取るべきものを確実に受け取れるようにする何らかの集合的責務があることとを、結論づけていることになる。可能力アプローチは国内と国際の両方のケースにおいて権原から出発するものであるがゆえに、本書はこの義務論と対峙しなければならない。

純粋に義務基底的なアプローチは、現実的なアプローチではない。それというのも、カントの〈善行は施しではなく義務である〉という格率の例題が周知のとおり示しているように、私たちは人びとのニーズについて考えない限り、誰に対して何を負っているのかについて、とうていわからないからである[3]。善行のない世界は、行為主体が意志しうる世界ではない。なぜなら、その世界では自らが必要とする事物と自らには権原があると感じる事物とに欠くだろうことが、その行為主体には反省を通じてわかるからである[4]。同様にして、ロールズのカント的な手続き主義は、人生における基本善に対する人間のニーズを含む「正義が生じる情況」から始まっている。また、正義にかなった分配に関する彼の説明は、すべての人間が自らの企てを追求するために必要とする「第一義的な諸善」に関する説明に、大幅に依拠している。先に述べたように、グローバルな正義の根拠としてロールズの契約主義よりも好ましいと思われるスキャンロン的な契約主義も同様に、しっかりとした善の理論を必要とするだろう。要するに、義務が真空において生成されることは、決してないのである。ニーズの観念、またニーズにもとづく権原の観念が、なぜ義務が義務であり、なぜ義務が重要であるのかを告げるために、必ず入り込むのである。

義務基底的な伝統は、権原基底的な説明にはあるはずのない明確性と完結性を携えた政治思想を提供しているという主張においても、成功していない。オニールは、もし人びとの食糧およびシェルターへのニーズを議論の出発点とするならば、国境を越える諸々の義務を割り当てるための明確な方法は存在しないと述べている。だがもし、攻撃してはならない、嘘をついてはならない、他者を手段として利用してはならないというカント的な義務からはじめるならば、（彼女の主張では）そうした義務を全員に割り当てるうえで何ら問題は生じず、また全員がそれらの義務を果たしうる。しかしながら、この区別は、最初に思われるほど明らかではない[5]。第一に、少なくともキケロにはじまるグローバルな正義に関する熟考という少なくともキケロにはじまる西洋の伝統はすべて、攻撃してはならない義務といったものには不正に攻撃された人びとを保護する義務もが含まれると理解してきた。この攻撃してはならない義務はひどく骨の折れる要求事項を課すものであり、また養う義務と同じように、個人や制度に割り当てるのが難しい。いかにもシューが論じてきたように、人びとを攻撃や拷問などから保護するために必要とされる軍事費は、世界中のすべての人びとに十分な食糧を与えるために必要とされる費用よりも大きいのである。

第二に、人びとを手段として利用してはならない義務を、グローバル経済とその機制の批判的精査と関係のないものとみなすことはできず、またゆえに考えうるグローバルな再分配とそのほか関連性のある社会的・経済的な権原との考慮から切り離すことも、もちろんできない。人びとは奴隷化されること、レイプされること、あるいは拷問されることを通じて、手段として扱われうる。だが、企業が利潤を最大化するために人びとを標準以下の条件下で働かせる場合にも、たしかに人びとは手段として扱われている。人間を諸目的として扱うという観念は、少なくともマルクス以降、労働条件に関する批判的熟考の突出した部分であり続けている。人間の尊厳を保護するという重要な観念は、近代の立憲思想および法思想で用いられているが、それは経済条件と労働条件に対して明らかな含意を有すると理解されている。これらの懸念事項は可能力アプローチにおける権原の説明の中核にあり、その起源は初期マルクスの真に人間的な機能の構想にまで遡る。現行の資本主義および利潤獲得のグローバル化によって、こうした懸案事項は増している。多くの人が手段として利用されているのは明らかである。このことを阻止する義務が誰にあるかは、十分明らかとはなっていないけれども。

さらに、オニールのカント的な義務の説明の中心にある、人間を手段として利用するという考えは、人間の尊厳とそれに見合った扱いという関連概念がなければ、とうてい明らかにしえない。だがそれは権原アプローチの側に属する概念である。すなわち、もしどのような扱いが人間の尊厳に反するのかを私たちがはっきり理解しているべきならば、人間の尊厳を尊重するとはどういうことかについて、つまり人間の尊厳は世界からのどのような扱いを要求するのかについて、私たちは何かしらの考えを持っていなければならないのである。

明確さに関する限り、立場はまさに逆転している——実のところ私はこう論じたい。義務の割り当てという難題の解決に先だって、そしてある程度はその解決とは無関係に、すべての世界市民が持つべきものは何であるのか、つまり彼らの人間の尊厳が彼らに権原としてもたらすものは何であるのかについて、権原アプローチはかなり確定的ではっきりとした説明を提供しうる。その権原の説明には、実際に何をどのようになしうるのかがわかるまで、一般性の段階があるに違いないことは明らかではあるが。グローバルな正義に関する説明が取り組まなければならない制度的・個人的な主体の多様性に鑑みれば、人間の尊厳にふさわしい生という観念から導かれた諸々の可能力のリストの方が、対応する義務のどのような割り当てよりも、考案と正当化において、はるかに容易である。さらに、人間のニーズは比較的安定したことがらであるから、長期的に無理なく一定した人間の基本的ニーズを説明しうるという望みが、少しはある。グローバル経済における力の配置図の変化は、どのような義務の説明も（諸制度を無視しない限りは）柔軟かつ時間制約的であり続けなければならないことを、必然的にともなっている。

権原アプローチは、人間の尊厳とそれが要求することがらについて考える。それをアリストテレス的／マルクス的な仕方で行なうのが、人間以下の生ではなく十分に人間的な生、つまり人間の尊厳にふさわしい生を送るための前提条件について考える、私のアプローチである。この観念には、社交性の観念と、さらにはマルクスの言葉では「豊かな人間のニーズ」のある存在者としての人間の観念とが、含まれる。ニーズおよび能力と合理性および動物性とが十分に織り合わさっていることと、人間の尊厳はニーズを有する質量化された存在者の尊厳であることとが、強く求められる。また人間の「基本的な諸々の可能力」は、人間が見いだされるところではどこでも、道徳的な権利要求の源泉となる。人間は、基本的な諸々の可能力が育成されるべきであり、また妨げられた生ではなく繁栄・開花した生を与えられるべきだという、道徳的な権利要求を行使するのである。

政治設計は、人間の生活のさまざまな領域で、人びとの生に基礎的なレヴェルで影響を及ぼす選択を行なっている。そうした領域を踏まえて、私たちはここで、この十全な人間の生は世界から多くの事物（適切な栄養、諸能力の訓練、身体的保全の保護、言論および宗教的自己表現の自由など）を要求すると主張する。これら権原のそれぞれが十分なレヴェルに達していない生は、とても減弱したものであり、人間の尊厳と両立するものではないという直観的な議論が、それぞれのケースでなされなければならない。

そうした議論は、現行の選好ではなく、ある種の独立の反省的直観にもとづくものである。たとえば初等・中等教育への平等なアクセスは基本的な人間の権原であるという議論は、人間がその生得的な身体的・知的な能力を、教育によって発達させる機会がないことで妨げられ、かつ（まさにそのような議論を展開したアダム・スミスの言葉を用いれば）「損傷を受ける」という直観的観念にもとづいている。私たちがこの結論にいたるのは、人びとに聞き取り調査をし、彼らの従来の選好は何であるかを問うことによってではない。教育のことがらに対する従来の選好（おそらくとくに女性の選好）は、適切な情報の欠如や、脅し、そして教育への権原を男児は有するが女児は有さないという人生観への適応によって、歪んでいることが多い。けれども、私が『女性と人間開発』で、情報づけられた欲求アプローチを批判するさい論じたように、[6]こうした議論と、情報づけられた欲求アプローチのなかでも情報的・倫理的な制約を組み込んだ最善のアプローチの判断とが収斂するならば、よい兆しとなる。したがって、たとえばもし支配や脅しにはよらない手続きに従って組織化された、適切な情報にもとづく女性グループが、そのような権原を強く求めているならば、あるいはもし（インドや南アフリカ共和国の憲法裁判所のような）最善の憲法裁判所が、世界中の憲法で徐々に目立つようになってきた人間の尊厳という観念を解釈しつつ、そのような権原はこの観念に潜在していると宣言するならば、よい兆しとなる。

もしそうであれば、私たちの全員が、可能力のリストにある中心的な諸善のそれぞれの最小限に対して、正義にもとづく権原を有することになる。これまでのところ、抽象性と一般性のレヴェルは高いとはいえ、要点はとてもはっきりしている。すなわち、十全な生のために人間が必要とすることがらに関する観念は、私たちが分かち合っているもっとも鮮明な直観的諸観念のひとつなのである。

だが、かりに人間がそのような権原を有しているとするならば、世界の人びとに彼らが必要とするものを供給する集合的責務をも、私たち全員が負っていることになる。そのため「義務は誰にあるのか」という問いへの第一の答えは、私たち全員にある、というものである。この責務を一部の人間に委任することの、なにかよい理由が後で見つかるかもしれないが、これまでのところそのような理由はひとつも出されていない。私たちの想定では、私たち全員が、共に生きるためのまっとうな方法を見つけようとしている。するといまのところ、すべての人間の生がまっとうであるように共に生き協力するための方法を見つける集合的責務を、人類は負っていることになる。

このように私たちは、大きな力と広がり（文化横断的な力も含む）のある直観的な構想から出発する。（このことは独立の論証がどこでもなされうることを意味するが、選好がどこでも同じであるということは意味しない。先に述べたようにこの独立の論証は、憲法裁判所や国際的な人権運動などの似通いからたしかに確証を得ているのだけれども）。この領域における普遍的な意見の一致を見込みうる観念はないが、近現代の人権の諸構想がまさにそうであるように、可能力の観念はきわめて広範囲にわたる意見の一致を見込むことができる。人間は道徳的義務を割り当てることについてよりも、人間の機能について、また人間の尊厳が侵されていると言えるほど衰弱した生とは何であるのかについて、思考するのに適しているだろう。問題をまず義務の面で位置づけ、他国の人びとに対する義務は何であるのかを問うことは、解決が難しい問題に直面する場合、私たちの倫理的思考を停止させてしまうだろう。

たとえば私たちはグローバルな飢餓という大問題について考えるさい、インドの貧者全員を養う義務を負うことは無論とうていできないと言うかもしれない。あるいは、どうやったってアフリカの子どもたち全員が文字を読めるようにはできないのだから、アフリカにおける教育に関する義務はどんなものでも負うことはありえない、と。もしくは、アフリカのＨＩＶ／ＡＩＤＳという深刻な問題は私たちの管理能力が及ぶ領域から相当隔たっているようだから、アメリカ合衆国の人びとはどう足掻いてもそれを解決する義務を負うことはできない、と。義務と権原は究極的には相関しているが、義務から出発すると、手に負えないように見える問題に直面する場合、私たちは匙を投げたくなるだろう。権原から出発するならば、私たちは（キケロやカントを先達とする）オニールのように思考を急停止させるのではなく、より深くかつよりラディカルに考えるよう促される。もし人間の尊厳が尊重されるべきならば、この問題は解決されるべきものであることがわかる。したがって、ここには集合的義務が存在する。もし「ここで私は何をなすべきなのか」と単に問うことから出発したならば、私たちはこの義務を見逃していたかもしれない。この見逃されていたかもしれない義務を私たちは目の前にしており、それらの配分問題を解決する強い意欲を自分たちに掻き立てている。端的に言えば、一〇の可能力を世界中のすべての人びとに対して適切な閾値レヴェルまで保障し終えない限り、私たちの世界はまっとうで最小限に正義にかなった世界とはならないのである。

2　なぜ可能力なのか？

可能力アプローチは結果指向のアプローチである。それは正義（あるいは部分的な最小限の社会正義）の程度を評価するものであるが、それにあたっては、中心的な可能力のリストを何らかの適切な詳細指定の下で適切な閾値レヴェルまで市民たちに保障することにおける、国の能力に着目する。そこでこの段階で、選ばれるべき評価基準が富裕や効用、あるいは諸個人に対する資源の分配ではなく、なぜ可能力であるのかを問うことが重要だろう。これはなじみのある問題である。いかにも可能力アプローチがそもそも導入されたのは、それまで有力であった諸々のアプローチに対する諸々の批判とのつながりにおいてであるし、標準的な功利主義のアプローチよりも可能力アプローチの方を推奨する議論が本書の第一章第六節で展開された。けれども、可能力という観念が根付きつつあるとはいえ、現行の国際的な論争は、いまなおほかの諸観念をあちらこちらで用いている。そのため本書の論証には、この問題の簡単な要約が必要である。ここでは、資源基底的な諸構想に対する批判も加えることができるだろう(7)。

可能力アプローチの導入以前、任意の国において福利あるいは生活の質(QOL)を測定する方法(つねに明示的に結びつけられているわけではないが、正義の問題に関連する争点)として有力であったのは、単純に一人あたりGNPについて調べることであった。言うまでもなくこの粗末な評価基準は、分配を考慮に入れすらしなかったため、GNPが増大した諸国は、たとえ赤貧や極端な不平等を含んでいたとしても、褒めたたえられた。チャールズ・ディケンズの小説『ハード・タイムズ』のなかで、シシィ・ジュープが経済学の授業について述べているように、有力なアプローチは「お金を持っているのは誰で、その一部は私のものであるのか否か」について語らなかった。またGNPアプローチは、分配への関心を織り込んだ場合でさえ、経済的有利性とそれほど相関していない生活の質のほかの側面、つまり健康、教育、政治的・宗教的な自由、ジェンダー、人種に関する正義などを考慮に入れることができなかった。

適切さの点で多少はましなのは、選好充足として解釈される福利を、総効用ないし平均効用の観点で測定するという一般的な戦略であった。社会的結果に関するこの説明は、多くの点でとても説得的であり、また国境を越えた再分配を促進する重要な作品を、たしかに生みだしてきた。(8) だがそれには多くの問題があり、長いあいだ可能力の擁護者たちの批判対象となってきた。(9) 第一に、この戦略は個人を社会的計算への投入物のように扱っており、各人の生の個別性に対する敏感さに欠けている。最下層の一握りの人びとの窮状は、原理上、最上層の多くの人びとの超過的な福利によって、相殺されてしまう。一般的に言って、総効用もしくは平均効用について考えるというのは、社会正義について考えるのに適した筋道ではないと思われる。それというのも、社会正義においては、一人ひとりが目的として扱われるべきであり、誰ひとりとして他者の目的のための手段として扱われてはならないからである。可能力論者と契約主義者は、この批判点について、意見を完全に一致させている。

第二に、功利主義のたいていの形式は、人間の生において重要な善のすべてを、相互に共約可能でかつ代替可能なものとして扱っている。(10) そしてここでもまた、このアプローチは社会正義について考える筋道としてあまり適切ではないだろう。言論および報道の自由の否認は、人びとに余暇や何かほかの社会的善を単により多く与えることでは、償いえない。重要な権原のひとつひとつは、それら自体の正しさのために、他と区別されるものである。

第三に、人間の選好はきわめて適応的であり、なかでも何を期待しうるかについてと、どんな選択肢があるかについては、適応しやすい。人びとは慣習と政治的現実によって、手の届かないところに置かれたものを欲しないようになることが多い。経済学者たちはこれを「適応的選好」の現象と呼んでいるが、それはとくに、女性の適切な役割とか女性の身体的弱さとかいった時間拘束的なものに関する描写に慣れさせられた女性の希求において、よく観察されている。よりましな事態が見込めなければ、基礎的な健康と体力の面においてでさえ、女性は劣悪な事態に満足するようになるかもしれない。このようにして、選好基底的なアプローチは結局のところ、正義にもとる現状を支持し、かつ真の変化に反対することになりやすい(11)。

最後に、満足の状態に着目する功利主義は、主体性（agency）への関心に欠けていることを示している。人間の生において重要なのは満足だけではない。積極的な努力も大事である。

GNPアプローチおよび功利主義アプローチよりもはるかに適切であるのは、分配における正義へのアプローチ、つまり正義が要求する分配に関して何らかの説明を採択し、資源の観点で社会的地位を測定するアプローチである。ロールズ正義論の経済に関する部分を一例とするこのアプローチは、分配に関する説得力のある説明と混成された場合には、かなり適切なものとなる。しかしながら、ロールズが相対的な社会的地位の指標として所得および富に依拠していることには問題がある。社会的地位は、富および所得と同じものさしでは測れない多様な善によっても影響を受けるからであり、そうした善の代用物として富および所得は相応しくないからである。さらに人びとは、異なる種類の資源に対するニーズにおいてさまざまであり、また資源を実際の機能に変換する能力においても多様である。車いすを利用する人びとが十全に移動できるようになるためには「正常」な人びとよりも多くの資源が必要とされる。関連する諸々の資源のいくつかの分配には、諸個人に金銭を少しずつ与えるだけではなく、社会の再設計がどうしても、ともなわれるだろう。一般に、伝統的に剥奪されてきた諸集団の人間的発展を促進するには、有利な立場にある人びとの発展を促進するよりも多くの金銭が必要とされ、費用のかかる構造的変化が要請されることも多い。したがって、資源基底的なアプローチも、現状を強化しかねないのである。

3　可能力と権利

これまでの議論を通じて明らかになったと思われるが、可能力アプローチは人権アプローチと密接に関連している。実のところ可能力アプローチは人権アプローチの一種であると、私は考えている。私が可能力のリストに含めている諸々の可能力は、アマルティア・センが彼のアプローチを説明するさいに言及する諸々の可能力のように、人権運動においても重視されている権原の多くを、すなわち政治的自由、結社の自由、職業選択の自由、さまざまな経済的・社会的な権利を、包含している。また可能力は人権と同様に、マルクスの実に的を射た表現で言えば「経済学者たちのための富と貧困」に代えて、道徳的で人間的に豊かな一群の開発目標をもたらす。一群の可能力は、いわゆる第一世代の権利（政治的・市民的な自由）およびいわゆる第二世代の権利（経済的・社会的な権利）の両方が占める範囲を、実際に対象とする。そして可能力と人権は、国内における憲法思想と国際正義に関する思想の両方の基礎として用いうる、きわめて重要で根本的な権原を説明することにおいて、同様の役割を果たす。

しかしながら、センと私が共に展開してきた可能力の言語は、権利の言語に重要な精密さと補足とをもたらすと、私は論じたい。人権という観念は、決して明々白々な観念ではない。権利はさまざまな仕方で理解されてきたし、権利の言語の使用によって、哲学上の根深い相違があるところでも合意がありうるという幻想が生まれ、難しい理論的な諸問題が曖昧模糊となることがよくある。人びとは権利の主張の基礎について意見を異にしている。合理性、感覚性、ただ生きていること、これらすべてが基礎として、それぞれの擁護者たちによって主張されてきた。権利は前政治的なものであるのか、あるいは法や制度の所産であるのかについても、意見は分かれている。こうした論争の的となっている問題について明確な立場をとることができるという利点が、可能力アプローチにはある。またこのアプローチは、動機づけとなっている利害関心が何であり、また目標が何であるかをも、はっきり述べることができる。先の第三章で示した分析から見てとれるように、可能力アプローチの主張の基礎にあるのは、人が人間として実在していることである。すなわち、一群の未発達な「基本的な可能力」を現に保有していることだけではなく（このことは社会的責務のより精確な描写には適していないけれども）、人が人間共同体のなかにまさに誕生することをも基礎としているのである。したがってセーシャの権原は、彼女が保有する実際の「基本的な可能力」だけにもとづいているのではなく、人間という種に特徴的な基本的な能力にもとづいているのである。そのため、かりにセーシャ自身に言語の能力がないとしても、政治の構想には、適切な後見の形態を通じて、彼女のために表現の媒体・手段を制度編成することが要求される。可能力が個人的な天賦の資質にのみもとづいており、種の模範にもとづいていないならば、そのような権原は存在しないであろう。こうした問題に対する明確な回答を、ほとんどの人権アプローチは提供し損なっている。

またここでもやはり、センと私が共に展開した可能力アプローチは、重要な諸々の権原は前政治的なものであって単なる法や制度の産物ではないということを、明確に示している。そのため、そうした権原を認めていない国は、その限りで正義にもとっていると考えられる。今日の世界における人権アプローチのほとんども、そう考えている――権利についての思想において影響力のあるひとつの伝統は、そのことに反対しており、諸々の権利は政治的な人工物だとしているけれども。このように可能力アプローチは、いくつかの当面の急務に明確な回答をもたらす権利アプローチの一種である。

権利の言語に加えて可能力の言語も必要とされる理由を考えるにあたって、権利の言語にある曖昧さのなかでとくに検討すべきと思われるものが二つある。ひとつは「消極的自由」の問題に、もうひとつは第一世代の権利と第二世代の権利の関係に、それぞれ関わっている。権利についての幾人かの思想家たちは、人に権利を保障するということは、国家の行ないによる干渉を禁止することだけを要求すると考えている。基本的な権原はそのような国家の行ないを禁止すると、しばしば理解されてきた。もし国家が干渉しなければ、そうした権利の安全は守られていると考えられる、と。国家にはそれ以上の積極的な職務がない、と。実際、アメリカ合衆国憲法を読めば、この構想を直に理解することができる。憲法修正第一条をはじめとして、政府活動に関するつぎのような消極的な言い回しが目立つ。「議会は、国教を樹立することに関する法律、宗教の自由活動を禁止する法律、言論の自由または出版の自由を縮減する法律、人びとが平和裡に集会して政府に対して不平不満の救済を請願する権利を縮減する法律を、制定してはならない」。同様にして、憲法修正第一四条が定めるきわめて重要な保障は、州政府がしてはならないことの観点から述べられている。「いかなる州も、合衆国の市民の特権または免責特権を縮減する法律を制定したり執行したりしてはならない。いかなる州も、法の適正手続きによらずして、人の生命、自由もしくは財産を剝奪してはならない。またいかなる州も、その管轄権のなかで、法の平等な保護を何人にも否定してはならない」。消極的自由という、啓蒙の伝統から導かれたこの自由に関する言い回しは、〔政府ではなく〕市場あるいは私的な行為主体によってなされた妨害が、市民たちの基本的権利の侵害に相当するのかどうかを不確定にしていることで、知られている。アメリカ合衆国は、この権原の希薄な構想からある程度は抜け出すことができたが、その憲法解釈の伝統を通じて、この希薄なアプローチはいくつかの領域でなお顕在である。

対照的に可能力アプローチは、権利の保障を積極的な職務として理解している。この理解はセンと私のそれぞれのアプローチにとって重要である。政治参加への権利、自由な宗教活動の権利、自由な言論の権利——このような権利はすべて、機能するために適切な可能力がある場合にのみ、人びとに保障されていると考えるのが最善である。いいかえれば、これらの領域で市民たちに権利を保障するということは、それらの領域で機能するための可能力がある立場に、彼らをおくことである。社会正義の定義において権利が用いられる範囲で、諸々の可能力が実効的に達成されていないならば、その社会は正義にかなっていると認められるべきではない。もちろん、人びとはこれらの領域における適切な扱いに関して、まだ認められていないか、あるいは導入されていないかの、前政治的な権利を有しているかもしれない。もしくはそのような権利は、形式的には認められているが、まだ導入されていないかもしれない。だが、権利保障を可能力の観点で定義することによって、明らかにできることがある。すなわち、C国の人民は、たとえば政治参加への実効的な権利（それは、社会が正義にかなった社会であるという判断にとって重要という意味で、当然の権利である）の言語が紙の上にただ存在するだけではその権利を本当には有していない、ということである。その権利は、人びとが真に政治活動をなしうるようにするための実効的な方策がある場合にのみ、人びとに実質的に付与されている。多くの国では女性が政治参加の名目上の権利を有しているけれども、可能力の意味でこの権利を有しているのではない。たとえば彼女たちは、家を出るならば暴力をともなう脅しにあうかもしれない。要するに、権利を誰かに保障することの実際の意味について考えるさい、可能力の観点で考えると、何が基準であるかがわかる。つまり、権利を誰かに保障するということは、単に妨害しないことではなく、積極的な物質上・制度上の支援をともなうということが、明らかになるのである。

アメリカ合衆国憲法と異なり、インド憲法は、権利を積極的な仕方でおおむね明記している。一例はつぎである。「全市民は、言論および表現の自由への権利、平和裡に武器を持たずに集会する権利、組合あるいは連合を結成する権利を有する」(第一九条)。こうした言い回しは、非国家的な行為主体によってなされた妨害も、憲法上の権利の侵害として見なされうるということを含意すると、通常は理解されてきた。また、低いカーストおよび女性を支援するための積極的差別是正プログラムは、憲法が保障する自由や権利と両立しないものではないことのみならず、実際はそれらの精神に則ったものであるということについても、インド憲法はきわめて明確である。そのようなアプローチは、行き届いた正義のために、非常に重要だろう。もし伝統的に周縁化されてきた集団が公平に扱われるべきならば、国家は措置を講じなければならない。国に成文憲法があろうとなかろうと、基本的な権原はこのように理解されるべきである。可能力アプローチは、インド憲法の側の立場をとり、アメリカ合衆国憲法のネオリベラルな解釈には反対の立場をとると、ここで述べてもよいだろう。誰かに権利を保障することは、国家によるネガティヴな行ないの不在以上のことを要求するということを、可能力アプローチは明らかにする。最近のインドにおける憲法改正(それは地元の「パンチャヤット」もしくは村落議会で女性の代表が三分の一を占めることを保障するものである)のような措置を強く提言する可能力アプローチは、あらゆる市民の十全かつ実効的なエンパワーメントを妨げているものは何であるかについて当初から考える方向に、またそうした障害物に取り組む方策を編みだす方向に、政府の目を向けさせる。

権利の言語の伝統における曖昧さは他方で、第一世代の権利と第二世代の権利の関係性にも関わっている。政治的・市民的な自由は、社会的・経済的な権利の保障に先行して、また独立したかたちで、保障されうるのか？　リベラルな政治哲学の伝統のなかで大きな影響力のある一潮流と、さらには国際的な人権論におけるこれらの語彙の使用それ自体とが、保障されうるということを示唆している。ロールズの正義論はそのような影響力のある伝統の一部である。彼の正義の構想は、経済原理よりも自由の方に辞書式の優先権を与えている――経済発展が比較的低い段階では、「然るべき時期に平等な自由が全員によって享受されうるよう文明の質を向上させるために」（*TJ* 542）、平等な自由の拒絶が認められうるとも考えられているけれども。ロールズに代表されるリベラルな政治哲学と国際人権論は、第一世代の権利と第二世代の権利という二つの領域の概念的独立を強く示唆しており、また辞書式の順序づけは、ある一定の発展段階の後で、自由が経済的再分配から因果的に独立することを示唆している。しかしながら、言論の自由の適切な説明には、経済的な分配（たとえば教育の分配）に関する議論が含まれると考える人もいるというように、別様に考える人もいるだろう。この二つの領域が概念的に相互依存関係にあるとは考えないとしても、言論の自由および政治的自由には、発展した社会においてでさえ、物質的な前提条件があると考える人がいるだろう。たとえば、文字が読めない人びとが他者との平等を基礎として政治的言論をなしうる可能性は低いという理由から、教育へのアクセスが不適切あるいは不平等であった人びとには言論の自由が十全には与えられてこなかったのだと、主張する人がいるかもしれない。そのため、不平等な教育資金に関する裁判でマーシャル判事が反対意見のなかで書いたように、「教育は、情報および思想の源泉であると同時に保全管理者として、子どもがその憲法修正第一条の権利を行使する能力に直接的に影響する」(12)。影響力のある人権思想家たちは、この相互依存性を頻繁に強調してきた。だが、公文書やその周囲の言説は、（私にはミスリーディングに思われる）第一世代／第二世代の区別に依拠することが多いため、この相互依存性に関する理解はまったくそれらに組み込まれてはこなかった。『政治的リベラリズム』でロールズは、舌足らずな表現においてではあるが、この点を認めているように思われる。彼は「少なくとも、市民たちが基本的な権利と自由を理解しかつそれらを実りある仕方で行使しうるようになるために、基本的ニーズの充足が必要な限りで」（*PL 7*）、市民たちの基本的ニーズが充たされるべきことを要求する辞書式に先行した原理の後に、平等な基本的自由を扱う第一原理がおかれる可能性があると、示唆している。ロールズは、この先行原理によって課される要求事項を詳細に述べてはいないが、少なくともこの箇所では、自由が経済的諸要因と相互依存の関係性にあることを承認している。

可能力アプローチは、人びとが実際に何ができて何になれるかという問題に私たちの注意を向けさせることで、すべての人間的善の物質的側面に徹頭徹尾こだわり続けている。すべての基本的自由は、何かをする能力として定義されている。もし人びとが経済的剝奪あるいは教育的剝奪により、紙の上で保障されている自由に合わせて実際に機能することができないとすれば、そうした自由が彼らに保障されてきたとは言えない。そのため可能力アプローチは、自由と経済的な制度編成の相互依存性を強調するのである。

可能力アプローチのさらなる利点は、人びとが実際に何ができて何になれるかに最初から着目することで、資源と機会における不平等、教育的剝奪、仕事が仕事として認められていないこと、身体的保全に対する侮辱など、女性が家庭内部で被っている不平等を、表面化しまた問題化することに適していることである。伝統的な権利の言語はこうした問題に関心を示してこなかったし、また権利の言語は公共的領域（国家の統制対象）と私的領域（国家が放っておくべき対象）という伝統的な区分に強く結びついていることから、この軽視は偶然ではないと私は主張する。比較的最近になって、フェミニストたちが、女性の重要な人権の国際的承認を、数多く勝ち取ってきた。だがそうするためにフェミニストたちは、権利に関する伝統的なリベラルの思考に根強いこの公共的／私的という区分に、立ち向かってこなければならなかったのである。(13)

権利の言語は、その不出来な特徴にもかかわらず、公共的言説においてなお重要な役割を果たしている。

そしてその役割は、正義にもとづく喫緊の権利要求という観念を強調することである。人びとは何かに対する権利を有していると述べることは、人びとはその権利に対する喫緊の権原を有していると述べることである。可能力という観念だけでは、正義にもとづく喫緊の権原という観念を、まだ表現できない。しかしながら可能力アプローチは、人間の中心的な可能力がただ望ましい社会目標であるのみならず正義にもとづく喫緊の権原でもあると論じることを通じて、この基本的な権原という観念を明らかにするものではある。

可能力アプローチは人権アプローチと同様に、社会正義を部分的に説明する。私のアプローチでは、一〇の中心的な可能力からなるリストのみならず、世界共同体によって充たされるべき最小限な閾値レヴェルもが（一般的に）特定されている。人権アプローチと同様に、世界における一人ひとりの人間がこうした重要な善に対する権原を有していることを強調し、またそうした権原を現実のものとする義務をあまねく人類に割り当てている。人権アプローチと同様に、一面では国を中心に据えており、可能力のリストが憲法上の基本的な権原に関する説明として各社会内部の社会正義の規準として用いられることを推奨している。[14] だがそれは、人権の公文書がしているように、国際共同体全体の諸目標と、人類全体の諸目標とを、提供しもする。後でみるように、これら二つの側面は同時に存在するものであり、また補完的なものである。つまり世界共同体と諸々の国民国家は、そうした諸目標に向けて共に努力すべきなのである。

したがって可能力アプローチは、人権アプローチの競争相手として見なされるべきではない。とくに人権アプローチは国際的な言説において（たとえば国連開発計画（ＵＮＤＰ）の『人間開発報告書』において）用いられているように、可能力アプローチの強調点とぴったり適合するのだから、可能力アプローチを人権アプローチの一種としてとらえるのがもっともよいように思われる。だが可能力は、公共的領域が有する積極的な職務と、自由と経済的適切さとが相互依存の間柄にあることとを、際だたせる。そのため可能力の強調はなお重要であり、とくにアメリカ合衆国と、「消極的自由」に関するアメリカ合衆国の伝統的な思考から影響を受けた諸国において、重要である。

4　平等と適切性

可能力アプローチは閾値という観念を用いる。重要な権原のひとつひとつには、それ以下では当該の権原が保障されてこなかったと言うことが正しいだろう、何らかの適切なレヴェルがあるからである。人間の尊厳のある生という直観的観念がすでに、人びとは単に生きることに対してだけではなく、人間の尊厳と両立する生に対しても権原を有しているということを示唆しており、またこの権原は、それに関連性のある諸々の善が十分に高いレヴェルで手元にあるのでなければならないことを意味するということを、示唆している。だがこれまでのところ可能力アプローチは、適切性あるいは十分性という観念だけにこだわってきた。この最小限の閾値よりも上の水準で生じる不平等をどうするかという問いは、可能力アプローチがまだ答えていない、さらに進んだ問いであると述べてきた。この点で、可能力アプローチはまだ完成していない。

しかしながら、閾値についてもっと述べることが重要だろう。平等が、まさに閾値という観念それ自体の一部をなすのはどこにおいてであり、またどの程度においてであるかを、指し示さなければならないからである。不平等が容認されない場合がいくつかあることは、リストそのものが示唆している。たとえば可能力の七Bは「自尊および非屈辱の社会的基盤を持つこと。他者と真価の等しい尊厳のある存在者として扱われうること」について述べ、閾値という観念と差別禁止の観念を結んでいる。ここでさらに進んで、可能力アプローチにおける平等な権原という観念の役割を明確にすることが、非常に重要だと思われる。[15] 本書でこれまで言及してきた圧倒的な不平等に鑑みれば、この問題への取り組みは国際的な文脈においてとくに切実であるだろう。

私の考えでは、人間の尊厳の観念と、それに密接に関連する自尊および非屈辱の社会的基盤の観念とが、目安となるべきである。可能力の平等はきわめて重要な社会目標であり、それがないところでは尊厳と自尊に欠損があるだろう。尊厳の観念が平等という観点で最初から明確にされていることについては、先にみたとおりである。承認が要求されているのは人間の平等な尊厳である。このさい、平等という観念がきわめて重要であるからして、目標を適切な仕方で明確に示すために、平等の観念を、尊厳というがらんとした観念に、加えなければならない。だが平等の観念は、本書が提示するリスト上の多くの可能力に対しても、重要な意味を持つ。政治的・宗教的・市民的な自由のすべては、平等に保障された場合にのみ、適切に保障されうるのだろう。一部の集団に不平等な投票権もしくは不平等な宗教的自由を与えることは、彼らを他者と比べて従属的で屈辱的な立場におくことであり、彼らの平等な人間の尊厳を認め損ねることになる。

他方で、適当だと思われるもので十分であるとする、特性あるいは道具的諸価値の観念と密接につながっている可能力もある。たとえば人間の尊厳の観念には、適切な家かほかの種類のシェルターが、内在しているように思われるし、また世界中の憲法が、南アフリカ共和国の創造的な法律に倣って、住居への権利を憲法上の権原として認めはじめているのは、正しいように思われる。人間の尊厳という観念それ自体によって──あるいは平等な人間の尊厳という観念それ自体によってさえ──平等な家が要求されるということは、まったく明らかではない。質素な家よりも大邸宅がよいとは実に限らないからである。ある一定の閾値以上においては、家の大きさが平等な尊厳と内在的に関係しているということはないだろう。羨望と競争心に煽られた人びとが、家の大きさの不平等は尊厳の不平等の標であると感じている場合、そのような判断は物質的価値の行き過ぎた評価にもとづくものではなかろうかと思われるだろうし、正義にかなった社会は、そうした判断は尊重せずとの意思決定を下すかもしれない。この問題ははっきりしていない。アダム・スミスが観察にもとづいて述べたように、人間の尊厳と両立するものそれ自体は、社会毎に異なるかもしれない。イギリスでは、公衆の面前に恥ずかしい思いをすることなく現われるためにシャツが必要であるが、ほかの諸国ではそうではない。バスの一番前に座ることができることは──時代を超越してではないにせよ──一群の社会規範と習慣を通じて人間の尊厳と関連していると、付け加えてもよいかもしれない。したがって、家の大きさは社会規範を通じて尊厳とつながっているという事実をもってしても、そのような判断は物質的価値の行き過ぎた評価にもとづくものかもしれないという可能性は否定できない。しかしながら、いっそうの探求が求められているのは確かである。社会規範の背景には、競合財の過度の評価があるということが、少なくとも時に見てとれるだろう。正義にかなった社会は、そのような評価を尊重しないという判断を下すことができる。これは間違いなく、それぞれの伝統を有するそれぞれの国が、十分な公共の熟議を通じて、自分たちで問題を解決しなければならない領域である。

しかし、物質面を有するだろういくつかの領域では、取り分の著しい不平等によって、適切性の条件が充たされない。このことは明らかだろう。たとえば教育を取り上げよう。現在のアメリカ合衆国では、裕福な学区の生徒に費やされる予算は、貧しい学区の生徒に費やされる予算の七五倍から一〇〇倍となっている。このように予算を配分する教育制度は実に、平等な尊厳および平等な政治的自由という規範を本質的に侵害するものだろう。[16] 少なくとも初等・中等教育に関しては、適切性は平等に近い何かを、あるいは少なくとも非常に高い水準の最小限を、実に要求すると思われる(おそらく教育のなかでも、基本的な機会や政治参加と堅固な結びつきのない側面における開きは、認められるだろう)。基礎的で不可欠な保健医療に関しても同様である。高等教育と不可欠ではない保健医療に関しては、それらの取り分が不平等であっても適切性の閾値は充たされるかもしれないが、それは各社会が答えを叩き出さなければならない問題である。国際社会の場合には、平等な人間の尊厳の観念ともっとも密接につながっている諸々の可能力(初等・中等教育と基礎的な保健医療へのアクセスとを含む)における諸国間の平等が、積極的に追求されるべきである。教育システム上と保健医療システム上のそのほかの面における不平等や、それ以外の物質的な不平等が、平等な人間の尊厳の承認と両立するか否かは、国を越えた進行中の論争にふさわしいテーマであるだろう。

ハリー・フランクファートの影響力のある主張では、平等は、単にそれ自体では、明確な政治的価値ではない。平等は、何かほかの能力、たとえば言論、自尊、尊厳のある人生のための能力、あるいは階層制に基礎をおかない関係性のための能力などに影響を及ぼすさい、重要となる。[17] こうした価値の内容との結びつきから離れると、平等はただの形式的な観念にとどまる。この問題について考えるのはとても困難であり、またすべての言明は暫定的なものであるべきである。ともかく可能力アプローチにとって平等は、まさに理論の規定部分において重要である。それというのも、尊重されなければならないのは単なる人間の尊厳ではなく、平等な人間の尊厳だからである。しかしながら平等に与えられたこの役割は、すべての中心的な可能力に関して、平等が道理的な目標であることを含意するものではない。中心的な可能力のすべてに関して平等を求める立場は、ロナルド・ドゥオーキンやほかの理論家たちの理にかなった批判対象となってきた[18]。いくつかの可能力は、平等を基礎として市民たちに保障されなければならない。そうでなければ平等な尊厳は尊重されたことにならないからである。しかしながらほかの可能力には、尊厳とのこのような本質的な関係はないように思われる。そうした可能力について、可能力アプローチは適切性の閾値を用意する。それらの可能力についても、より平等主義的な解決策を好む諸国や諸個人が存在するだろう。だがもし、倫理上・宗教上の包括的な教義において異なる人びとのあいだで重なり合うコンセンサスを達成しうる政治的構想を手に入れたいならば、すべての個々の中心的な可能力における平等にこだわる構想よりも、適切性の観念を取り入れた構想の方が、広範に認められる可能性が高いことが判明するだろう。とくに国境を越える富の移転について考察する場合にはそうだろう。自らの包括的教義が比較的多くを要求する諸個人でも、この政治的構想が——彼らが望むすべてのものを調達してくれるわけではないけれども——彼ら自身の教義と両立するものであることを、少なくとも認めうる[19]。

5　多元主義と寛容

これまでみてきたように、ロールズは、国内のケースで受け入れることを厭わないとした範囲よりも広い範囲にわたる伝統的見解や習慣を、国際領域で受け入れるために、非常に問題のある寛容原理を採択している。可能力アプローチは正義の究極的な主題として個人に焦点を合わせるものであり、それゆえに可能力のリストそのものの正当化に関して妥協することを拒んでいる。けれども、(国内と国際の両方における）文化の多様性への気遣いは、私のアプローチの突出した部分であり続けている。この気遣いは、宗教の自由や結社の自由などをしっかり保護することを要求する可能力のリストそのものに内在している。

文化の多様性へのこうした気遣いもやはり、尊厳というきわめて重要な観念とそれに関連する尊重の観念とを理論的な根拠としている。現代ではすべての国が、人間の生活に関する幅広い宗教的見解とほかの見解をその内部に含んでいる。また国際共同体は、どの国よりも多くの多様性を含んでいる。そのため、市民たちが選んださまざまな生き方が、中心的な可能力の関連領域において他者を害するものではないという条件で尊重されることが肝要である。そのような尊重は、人間の尊厳が要求するものである。したがって多元主義は、リストの内容と使用法とにおいて、六つの異なる仕方で保護されている。以下ではそれらを簡単に要約して、可能力アプローチを諸国のあいだにある空間に拡張適用することに対して、どのような影響があるのかを示すことにしよう。

第一に、リストは可変的で継続的な修正と再考を免れないものだと理解されている。可能力アプローチを国際共同体に拡張適用するさい、この可変性の重要性はさらに増す。なぜなら、拡張適用を行なう議論においては、かつては耳にされることのなかった優れた諸観念について、あるいはそれまでは真剣に受け取られてこなかった私たち自身の生活様式に対する批判について、耳にする可能性が高まるだろうからである。

第二に、リストの項目は、まさに各国における市民たちおよび議会と裁判所による明確化や熟議といった活動の余地を残すために、やや抽象的で一般的な仕方で定められている。特定化に関してもやはり、国際領域でそのような余地を残すことはとくに重要である。各国の歴史に留意しつつ、任意の可能力を詳細に定める仕方が国によって異なることを尊重することは、人間の自律を尊重することである。人間の自律の尊重は、世界という舞台で国が大きな役割を果たすことの承認と関係している。諸個人を尊重するために諸国が尊重されるのであるから、〔諸国がなしうることの〕許容範囲は限定されている。そのため私は、諸国が宗教的自由を不平等に制限することや一部の集団に投票権を与えないことを認めてしまうような、許容範囲がはるかに広いロールズの寛容原理を、支持してこなかった。他方で、問題となっている可能力を詳細に定める方法として認めうるものが複数ありそうなグレイゾーンでは、諸個人を尊重することが実に、諸国間の異なりを尊重することを要求するだろう。

第三に、リストは独立の「不完全な道徳的構想」を表わすものであり、政治目的のためだけに導入されている。また、人びとを文化と宗教に沿って線引きし分離するような形而上学的な諸観念（たとえば不死の魂の観念や、神や神々の観念など）には、何ら基礎をおいていない。リストは重なり合うコンセンサスのための基礎を提供している。重なり合うコンセンサスに関して言えば、リストの明確さそのものが実際プラスであってマイナスではない。相手に同意してもらいたい項目を明確でかつ公衆の知るところとするとき、私たちは相手に対して尊重を示していることになる。さらにリストが比較的短いという事実それ自体も、尊重を示すものである。というのも、本書は人びとに一〇の基本的な権原に同意するよう求めるけれども、それ以外については人びとに一任するからである。こうした理由から、私はセンの「自由のパースペクティヴ」の大まかな擁護よりも、私自身の明確なリストの方を好む。センのそれは、ジョセフ・ラズやジョン・スチュワート・ミルのようなリベラルな思想家たちに見られる、自由あるいは自律的な人生への包括的な選好めいたものを示唆する恐れがあり、その選好は通常、権威主義的な宗教を忠実に守っている人びとに対しては平等な尊重を示さないものとなる。センのアプローチと対照的に私のアプローチは、「この短いリストを承認して下さい。しかしながら、人生を全般的にうまくいかせるものについては、何も言いません」と述べる。このようにして、アーミッシュの人びと、ローマ・カトリック教徒、ほかに信心深い人びとは、毀損されたと感じることなく、国際的なコンセンサスに加わることができる。[20]

第四に、適切な政治目標は可能力であって機能ではないことを強く主張するならば、国際領域においても多元主義は保護される。[21] 任意の可能力を基本的な権原として支持することを厭わない人びとの多くは、それに関連する機能が基本的とされたならば、侵害されたと感じるだろう。今日の世界における文化の多様性に直面するときにも、この細やかさ・気配りが、とくに大事だと思われる。イスラム教の女性はヴェールを着用し続けることを望むかもしれないが、可能力アプローチは、その選択が選択であることを保証するに足る政治上や教育上の可能力があるという条件で、彼女たちがヴェールを着用することに反対しない。

第五に、言論の自由、結社の自由、良心の自由という、多元主義を保護する重要な自由が、リストの重要な項目となっている。これらの自由を保護しない国は、多元主義について本気でないか、あるいはそれ以下である。

そして第六に、すでに述べてきたように可能力アプローチは、正当化の問題と導入の問題を厳格に区別する。中心的な可能力のリストは世界中の政治原理の優れた基礎として正当化しうると私は確信しているが、このことはそのような政治原理を承認しない国家のことがらに介入することも許可されるということを意味しない。リストは説得のための基礎である。

可能力アプローチはこれらのすべての仕方において、各人の基本的な権原に関して妥協することなく、多元主義と差異を尊重するものであると主張しうる。

6　国際的な「重なり合うコンセンサス」？

ロールズの『政治的リベラリズム』の特徴のひとつで、読者の多くを困惑させているのは、文化相対主義のようなものへの方向転換、つまりリベラルな立憲民主政体の諸伝統に潜在していると理解される特定の諸観念の観点から政治的構想は正当化されるべきだという立場への、明白な方向転換である。ロールズがヨーロッパと北アメリカの歴史を頻繁に論じていることは、これら西洋の伝統がある意味で独特だと彼が考えていることを指し示しており、また彼が宗教改革と宗教戦争の余波・影響を頻繁に論じていることは、それらを特殊な文化形成だと彼が考えていることを指し示している（*PL* xxiii-xxviiiを参照）。するとロールズは、自らの政治的構想はこの伝統を継承した民主政体のためだけに正当化されると考えているのかもしれないし、あるいはその構想はこの伝統に属する諸観念の観点から定められるとも考えているのかもしれない。

ロールズの政治的リベラリズムのようなものは、世界中の国々にとって優れたものであるとして（さらには国境を越える合意の基礎として）正当化しうると考えている人びとにとって、この成り行きは残念であるだろう。[22]ロールズ的な政治的リベラリズムの諸観念は、諸国間の平和と和解に関する国際的な議論のあちこちに登場している。イスラエルとパレスチナの安定的平和の基礎として、アラブ世界における民主化の安定的展開の基礎として、そしてインド憲法の伝統における多元主義の継続的な追及の基礎として、それら観念が擁護されるのを私は耳にしてきた。もちろんロールズが何と言おうと、彼の諸観念が役に立ちそうであるならば、それらをそうした目的のために用いることは可能である。だが、はたしてロールズは、自らが課している適用制限に関する十分な論証を、つまりヨーロッパおよび北アメリカの外部にある諸国はロールズ的な理路では政治的リベラリズムを理にかなった仕方で追求しえないという考えに説得力をもたせるほどの論証を、提出しているだろうか。これを問うことが重要だろう。

まずはいくつか個別の問いを立てることからはじめなければならない。

一、(『諸人民の法』ですべてのまっとうな諸国のために擁護されている人権の諸規範を越える範囲で)ロールズは政治的リベラリズムの正当化を本当に西欧の伝統に関連づけているのか? それとも彼はすべてのリベラルな立憲民主政体を承認しているのか? そしてもし前者であるならば、彼は自らがそれら西欧の民主政体に特殊な歴史だと考えているものを、十分に分析しているのか?

二、彼の政治的構想を受け入れているロールズ主義者は、その構想をこうした限界から切り離して、世界の諸社会にとっての優れた規範として推奨することができるのか? またそのようなロールズ主義者は、正当化と安定性に関するロールズの当然の懸念に、どう対応するのか?

三、ロールズ主義者はロールズの規範のようなものを、国境を越える社会の優れた規範として、道理的に推奨することができるのか?

政治的な正当化についてのロールズの考えは、つねにホーリスティック (holistic) で「内的」である。『正義論』における反照的均衡の探求は、「熟考された諸判断」から出発し、そうした確信がどのような構想を認めうるかを体系的に考察し、一群の判断および理論がひとまとめにされた場合の調和と、最善の全体的な首尾一貫性とを、目指すものである。『政治的リベラリズム』における新たな展開は第一に、一対一の「ソクラテス式の」正当化の構想から公共的な政治的構想への移行であり、そこでは「すべての市民が互いの目前で、自分たちの政治的・社会的な諸制度は正義にかなっているのかどうかを吟味することができる」(*PL* 9)。そして第二に、正当化されるべき構想は「民主社会の公共的な政治文化に潜在的であるとされる特定の根本的な諸観念」(*PL* 13) によって築かれたものでなければならず、またそれらの観点で表現されなければならないということが強調されている。ほかの箇所ではほとんどの場合、民主制は「立憲主義的である」ということを、ロールズは付け加えている。「あまねく市民たちの教養ある常識に馴染んでおり理解されやすい」内容を持つ「民主的な思想の伝統」は、「暗黙裡に分かち合われた諸観念と諸原理の蓄え」として役立つ (*PL* 14)。その意味において構想は「特定の政治的伝統の内部から出発する」。

こうした二つの変化は、安定性という重要な問題と明らかにつながっている。正しい諸理由にもとづく構想は、時間軸上で安定的でありうるということが示されない限り、正当化されえない——ロールズがこう考えているのは明白である。その構想が政治的な伝統に事実上すでに含まれている素材を用いているのでないならば、それが安定的でありうることを示せないとも、彼は考えているようである。伝統に埋め込まれているのはこうした観念 (「自由で平等な市民たち」や「協働の公正な条件」など) だけでは決してないことを、彼はもちろん知っている。彼が考慮に入れている諸国には、そうした観念とは緊張関係にある観念も数多く存在している。だがそれでも彼は、自らが構想の基礎としている諸観念が長期にわたり顕著なものであり続けていることに依拠している。

ロールズは『政治的リベラリズム』の増補版に収録された「ハバーマスへの返答」において、正当化の種類ないしは段階を三つに区別している。〔第一に〕政治的構想が正当に提示され、またそれが広範な政治問題に対してどう答えるかが示され、政治的構想として完結しているようになると、ある程度の正当化が生じる（*PL* 386）。第二に、完全な正当化は「［政治的構想を］真実であるか理にかなっているかのどちらかであるとして、市民の包括的教義に何らかの仕方で埋め込むこと」を通じて「市民社会の構成員としての個々の市民」によってなされる（*PL* 386）。正当化プロセスのこの部分は『正義論』におけるソクラテス式の正当化の説明にもっとも緊密に対応している。この段階では人びとはまだ、他者が政治的構想を受け入れているか否かを問わない。第三に、政治的構想は政治社会によって公共的に正当化されなければならない。この最終段階の正当化が生じるのは、相互を考慮に入れるプロセスにおいて「政治社会のすべての道理的な構成員が、彼らの理にかなった複数の包括的見解のなかに埋め込む作業を通じて、共有された政治的構想の正当化を行なうとき」だけである（*PL* 387）。社会が政治的構想によってすでによく秩序づけられていることが、この段階が生じる条件となっている。正当化は重なり合うコンセンサスの存在を要求し、またその存在の事実を記録する。

するとロールズの見解では、西洋であろうと非西洋であろうと、現存するどの国も、正当化の第三段階をまだ果たしうるものではない。というのも、彼の政治的構想に沿ってよく秩序づけられた国は、ひとつもないからである。したがって、ロールズの諸観念に関する重なり合うコンセンサスが、ある社会にいまのところ存在しないという事実によって、その社会においてもそのような構想がいつかは完全に正当化される可能性が否定されるわけではない。ロールズがはっきりと述べているように、「政治的リベラリズムによって統制された社会で、道理的な宗教上、哲学上、道徳上の諸々の教義の重なり合うコンセンサスによる支持を獲得することが望まれる、政治的な正義の構想。これを政治的リベラリズムは探求している」（*PL* 10）。これは言うまでもなく、その社会にはそのようなコンセンサスがあらかじめなければならないという主張とは、きわめて異なる。要求されていると思われるのは、必要とされる諸観念が、その社会に何らかの形で埋め込まれていることだけである。

しかしながらロールズは、政治的構想の中核的な諸観念は立憲民主政体の政治的伝統から取りだされるべきだと折に触れて述べており、さらなる適用制限があることを示唆している。つまり、すでに立憲民主政体となっている国だけがそうした観念を用いることができるのであって、立憲民主政体への移行をまだ果たしていない国ではそのような観念が存在しても意味がない、ということである。宗教改革とその余波・影響について論じるさい、彼はしばしばつぎのように、さらなる適用制限を指し示している。「政治的リベラリズム（より一般的にはリベラリズム）の歴史的起源は、一六世紀および一七世紀における宗教的寛容をめぐる長い論争をともなった、宗教改革とその余波・影響である」（*PL* xxvi）。彼は宗教改革が何か「新しいもの」を、つまり「妥協の余地のない超越的要素」の観念をもたらしたと論じている。ギリシア・ローマ世界にも、中世世界にも、この観念は存在しなかったと彼は論じている（*PL* xxiii-xxviii）。すると、こうした歴史的熟考がもし政治的リベラリズムの定義と緊密に接続されたならば、政治的リベラリズムは、宗教改革が始動させたある特定の種類の衝突を経験した諸国の諸伝統から構成されているに違いないということが、示唆される。この限定は、彼の説明が西洋の立憲民主政体に関してのみ正当化しうるということのみならず、宗教改革および宗教戦争の経験を通じて著しく運命づけられた民主政体でのみ正当化しうるということを、意味する恐れがある。そのため、おそらく北欧諸国、イタリア、ロシア、東欧諸国、あるいはギリシャでは、正当化されえないだろう。これら諸国の歴史はすべて、ドイツ、フランス、オランダ、イギリス、アイルランド、カナダ、そしてアメリカ合衆国といった、ロールズの歴史的見解にとって重要な事例となっている諸国の歴史と、大幅に異なるからである。

ヨーロッパとアメリカ合衆国の歴史についてのロールズの解釈には、多くの難点がある。ひとつには、彼がギリシア・ローマ世界においてどれだけの衝突が包括的教義をめぐってなされたかを、低く見積もっていることがある。だがこの問題は、政治的リベラリズムの拡張適用に関する本書の問題関心にとっては重要ではないため、脇においておこう。より深刻な問題は、寛容と和解の伝統を独自に持つ非西洋の立憲民主政体――インド、バングラデシュ、南アフリカ共和国、トルコ、日本、そして現在ではほかの多くの国を付け加えることができるだろう――が実在することを、ロールズが完全に無視しているように思われることである。衝突と和解の歴史は、トルコとインドではそれぞれ長くて複雑である。インドにおける宗教的な尊重および寛容の諸観念は、いわゆる西洋の伝統におけるそれら観念よりもはるかに古いと、説得的に論じることもできるだろう。西暦紀元前三世紀にヒンドゥー教から仏教に自ら改宗したアショカ王の諸々の布告は、相互尊重および寛容の規範を周知させるものであった。そのずっと後のムガール帝国の幾人かの優れた皇帝による諸政策も同様であった。トルコの場合、オスマン帝国の時代には、よく知られた宗教的和解の諸々の政策があった。これらのいずれも、ロールズが支持している諸規範と同一ではない。とはいえ、それだけ古い規範で、ロールズの規範と同一のものは存在しない。ウェストファリア講和条約でさえ、諸国のあいだの宗教的な多元主義を確立したにすぎないのであって、各国内部における抑圧は認められていた。アメリカ合衆国が建国されたときも同様であった。各州は、特定の宗教を州の宗教としほかの宗教を冷遇し続けることが許されたのであった。すべての州の憲法は信仰の自由の観念を支持していたが、信仰の自由を保護する合衆国憲法の条項は、南北戦争の後まで、諸州には適用されなかった。

要するに、もし政治的リベラリズムに必要不可欠な基礎を、関連性のある諸観念の政治的伝統とするならば、この条件はインドとトルコによって、そしておそらく世界に現存する立憲民主政体のほとんどではないにせよ多くによって、充たされているとしなければならない。これら諸国のすべてが、寛容の観念それ自体のみならず、平等、尊重、そして人間の尊厳といった諸観念をも含めた類似の諸観念にコミットするという伝統を、期間の差こそあれ、有している。実に可能力の平等について言えば、アメリカ合衆国の憲法秩序においてよりも、インドや南アフリカ共和国の憲法秩序においての方が、はるかに突出した特徴となってきたと論じることもできるだろう。

現在はリベラルな立憲民主政体ではない諸国についてはどうだろうか？　ロールズの諸観念はそれらにとっても優れていると論じることはできないのだろうか？　どのみち今日の世界において、人間の権利、人間の尊厳、人間の平等、公正な協働の条件といった諸観念が広まっていないところはない。リベラルな立憲民主政体がまだ成立しておらず、伝統がロールズの構想における主要な諸観念といくつかの点でそぐわない中国においてすら、そのような観念の種はずっと昔からある。そして現代の論争はそうした種を引き合いに出しており、リベラルな諸観念を政治思想の最前線に押しだしている。(23) こうした観念に立脚して、それらがまだ行きわたっていない諸国において行きわたるべきはそれらの観念であるという公共的な議論を国際領域で提示することは、考えられないわけではないだろう。

この段階で安定性という重要な問題に直面する。任意の社会内部で認められている構想が過激であればあるほど、ロールズの構想は時間の経過とともに重なり合うコンセンサスの対象となりうるとの主張を維持することは、ますます難しくなる。だが現代世界では、人権の諸観念がすでに深く根付いておりまた広範囲に渡っているため、時間をかけてもそのようなコンセンサスを達成することができない国があるとは言えない——こう私には思われる。(アメリカ合衆国のような国が反対の方向に進むことはありえないと、自信を持って断言することもできないだろう。実際、ロールズが関心を寄せている問題の多くに関して、アメリカ合衆国はコンセンサスのようなものからどんどん遠ざかっている。）そのため、ロールズが導入したコンセンサスの望みというしなやかな要件は、人権という世界文化によって特徴づけられた世界で、現代的な諸条件の下で生活しているどの国民にとっても、十分よいものである。こう私は述べたい。人びとは自分の国がリベラルな立憲民主政体の構造を現に示しているか否かによらず、この世界文化に固有の諸観念を引き合いに出しさえすればよいのである。

国境を越える合意については何が言えるだろうか？　人間の中心的な可能力を基底とする国際社会の構想は、ロールズ的な型のコンセンサスを時間の経過とともに達成しうると期待してよいだろうか？　実のところ、政治的リベラリズムの諸観念は、国内設定よりも国際領域においての方が、よりよく確証される。まさにそのような観念を参照しつつ、世界人権宣言は組み立てられたのであった。ロールズ的な「政治的リベラリズム」の観念が通用するようになったずっと以前に、世界人権宣言の設計者のひとりであるジャック・マリタンはこう主張していた。すなわち、形而上学的なことがらについて意見を異にする人びとも、実践上の政治目的のためには人権のリストに合意しうる、と。[24]　また、宣言の実際の組み立てにおいては、宗教的伝統においてさまざまに異なる参加者たちが互いの差異を尊重しようと努めるにつれ、実際的な合意と形而上学の領域との区別が、きわめて重要であることが判明した。[25]

世界人権宣言は、人権保障を国際共同体全体の問題としてではなく、個別国家の行ないの問題としてなお描いているという点で、国際社会の基礎としては希薄なものしか提供しなかった。だが、施行における協働および相互性への趨勢は、国際的な合意、制度、そして組織の基礎として、人権が徐々に中心的な存在となりつつあることを示唆している。

結論に移ろう。人間の中心的な可能力を、各国の諸目標、そしてまた国際社会の諸目標として追求することに反する、原理や論証といった障壁は存在しない。実際、この文脈でロールズの構想をとくに魅力的なものとしているのは、それが宗教的な諸伝統に心からの敬意を示していることと、共有された政治的構想の領域と包括的諸教義とを注意深く区別していることとである。西洋の伝統的な包括的リベラリズムのようなものは支持しないだろう多くの人びとも、形而上学的なことがらを政治的なるものの外部、すなわち各人の包括的教義の側に残すことを認めるコンセンサスであれば、支持しうる。そう期待したい。そのようなコンセンサスの可能性は、教育、保健医療、居住、労働条件といった、国際共同体で議論の中心となってきた項目の多く（それらはすべてロールズの構想では取り上げられていない）を含む可能力アプローチの内容そのものによって高まるものである。

7　可能力アプローチをグローバル化する——諸制度の役割

可能力アプローチがこれまで示してきたのは、世界のためのいくつかの意欲的な目標と、多元主義および国家主権に関するいくつかの一般的な原理である。しかし明らかに、今日の世界に関する政治原理を生成するためにこのアプローチをどう的確に用いうるのかについて、もっと語らなければならない。この問題はある程度、実践的な課題であり、経済学者、政治科学者、外交官、政策決定者の課題である。哲学に向いているのは、規範的な理由づけと、思想の全体構造の設定とであるからだ。だが急速に変化する世界においては、導入に関するきわめて具体的な処方箋はすべて、ほかの専門分野との連携において作成される必要がある。

こう述べるからといって、哲学は急を要する実践には役立たない、ということではない。諸々の観念は政策決定者たちが仕事をするやり方を形成する。可能力アプローチが当初から「人間発展」の観念にこだわりながら、発展を経済成長とする観念と競合してきたのは、そのためである。発展を「人間発展」として捉え直すことは、政策決定者たちが追求する目標と彼らが選択する戦略とに、たしかに影響する。同様にして、相互有利性を社会的協働の目標とする観念への挑戦には、緊急の実践的な重要性がある。可能力アプローチは、社会的協働に関する諸観念を再考するよう私たちを促すさい、よそよそしくて非実践的なものではなく、急を要する実践に役立つものとなっている。それというのも、よく知られているように、発展に関する分野や、さらには国際金融政策の分野における多くの近視眼的な政策は、発展を経済成長と見なしたり、社会的協働の諸目標を相互有利性としたりする考えに、もとづいているからである。[26] 諸々の多国籍企業とそれらの運営に組み込まれている原動力とが勢いを増す世界において、おそらくもっとも喫緊の課題は、人間的に豊かな発展のための一群の目標と、そのような目標の追求において人びとを支えるために必要な協働の諸目的に関する一般的な構えである。

しかしながら、哲学的で規範的な思考の領域が終わり、より経験的な専門分野の領分が始まるのは、どこなのか。この当然の疑問が残っている。哲学にもっとも適しているのは、基本的な政治原理をむしろ抽象度の高いレヴェルで明確に示すことだろう。そうした原理を、諸制度およびそれらの配置との変化に合わせてどう実現しうるかを考えることについては、ほかの専門分野に任せるのがよいだろう。

けれども、今日の世界における諸々の可能力の実現について論じるさい、これまでよりも少しばかりは、確実に前進することができる。取り組まれなければならない問題のひとつはもちろん、諸々の国、国境を越える経済的な協定および機関、そのほかの国際的な協定および機関、企業、NGO、政治運動、そして個人、こうしたものを含む世界において、可能力を促進する義務をどう配分するかという問題である。「私たち全員」が義務を有していると述べるのは誠に結構であり、また真実である。だがもう少し進んで、せめて諸個人と諸制度のあいだにおける義務の適切な配分、そしてさまざまな種類の制度のあいだにおける義務の適切な配分について何か言えるならば、それに越したことはないだろう。

制度は人びとによってつくられているし、また人間の可能力を促進する道徳的義務を有していると見なされるべきは究極的に人びとである。けれども、義務は諸々の制度構造に派生的に割り当てられるものだと考えるべき理由が四つある。まず第一に、集合行為の問題がある。国の場合を考えてみよう。もしその国の市民たちに所有権制度、租税構造、刑事司法制度などを維持する義務があると言うならば、それはある意味で、何かしら真実で重要なことを述べていることになる。国家にはその人民以外に人間はおらず、義務を引き受けてくれる魔法の力をもった超人もいない。とはいえ、もし各人が、なされるべきことを別個に考えようとするならば、大変な混乱と失敗がもたらされるだろう。まっとうな制度構造をつくり、ついで諸個人は彼らの個人的な倫理的責任をその構造に委ねたのだと考える方が、ずっとましである。国際領域でもほとんど同様だろう。後でみるように、その類比は的確ではないけれども。

第二に、公正の問題がある。もし私が自国の貧者を大いに気にかけており、個人的な金銭の多くを彼らのニーズを満たすために提供するとしたら、私と同じ国で人生をスタートしながらも貧者のために何もしない人びとに比べて、私は自分と自分の家族を貧しくしていることになる。この問題は自主的な慈善活動のシステムのどれにも存在する。他者が、彼ら自身の公正な負担を何であれこなすようになっていない限り、現に支払っている人びとは（貧者のニーズを充たすという問題を解決するために）負担をもっとこなさなければならない。また、システムが全員に比例的な負担を課していたならば被らずに済んだ相対的不利益を、被らなければならない(27)。

第三に、能力の問題がある。諸制度には、諸個人にはない認知能力と因果関係を示す能力との両方がある——こう説得的に論じることはできる。それら能力は責任の配分において重要である。地球温暖化のような危害について考えるならば、各個人によってなされた危害は小さすぎて因果的には取るに足らないかもしれないが、国あるいは企業には認識しうる因果的役割があるだろう。さらに国や企業には、孤立した個人にはない予測能力と洞察力がある。人間の可能力を促進する責任は、個人的なものというよりは制度的なものであると考える理由が、このような事実によっても、もたらされるだろう(28)。

第四に、個人の生についてもう少し深遠な問題——あるいは一群の問題——がある。すべての道徳的責任を、総福利ないし平均福利を最大化するという個人的責任として理解する古典的功利主義は、個人はどうなるのかについて、また個人には人生があるということの意味について、大きな問題を抱えている。人びとは最大化の機動力にすぎないものとされている。彼らのエネルギーのほとんどすべてが、なすべき正しいことは何であるかを計算するために、ついでそれを為すために、注ぎ込まれなければならない。彼らは総福利ないし平均福利を最大化するような職業、友情、そして政治的なコミットメントを選ばなければならない。本当に彼らしいものがあるとか、彼ら自身のものがあるといった感覚は、保ち難い(29)。この憂慮は実に、緊密に関連した一連の憂慮である。なぜなら、功利主義における無限の責任感覚は、人格の統一性、主体性、友情と家族、人生の意味の源泉、そして政治的主体性の性質について、諸々の問題を提起するからである。

そうした関心事が相当複雑であることを理解するために、それらのすべてをここでさらに詳しく説明する必要はない。また、可能力アプローチそれ自体の観点からしても、それらは相当複雑である。可能力アプローチは、人びとに真に人間的な生の必要条件をもたらすことを達成目標としている。もしこのアプローチが、人間の諸々の可能力を促進せよとの命令によって各人の生を破滅させ、個人的な計画、関心事、そして空間を、真に人間的な生を送る機会が誰にもまったく無くなるに至るまで取り除くものとして理解されたならば、それはたしかに自滅的な理論であるだろう（可能力のリストが示唆するように、個人的な計画、関心事、空間といったものは、真に人間的な生の一部である）。

こうした憂慮は集合行為の問題と公正の問題とに密接に関連していることが見てとれる。功利主義の計算には、とても多くのコストと時間がかかると思われる。その理由のひとつは、予想される他者の行動に相当の不確実性がある計算がともなわれることである。功利主義による個人的自由の取り除きがこの上なく極端に思われる理由のひとつは、功利主義の行為主体は、たいていの人びとが自分勝手に生きている世界において、善を最大化するという重荷を背負っていると、通常は想定されているからである。

この問題にとって、またそれに関連する諸問題にとって、よい解決策としてありうるのは、他者の福利（可能力）を促進する責任を諸制度に割り当て、諸個人には——諸制度によって義務が要求される領域を別にして——自らの人生の使い道について大幅な自由裁量を与えることだろう。[30] 諸制度は、適切かつ公正な仕方で、すべての個人に、全員の諸々の可能力を最低限の閾値レヴェルまで支援する責任を課す。（根本的な権原に関する限り）それ以上のレヴェルでは、人びとは自分の金銭、時間、そしてほかの資源を、自分の包括的な善の構想が指示するとおり自由に使える。（正義のすべての要求事項がひとたび明確になったならばこの図式は変わるかもしれないが、これに関して結論はまだ出ていない。）各人は制度によって要求されること以上のことをなす責任を、倫理的にどこまで有しているのか。これを決定する倫理的な諸規範は、それぞれの宗教上ないし倫理上の包括的教義に内在しているだろう。だが、諸々の可能力の閾値そのものを支えるという政治的な任務は、第一義的には諸制度に割り当てられている。

この〈制度的なるもの〉と〈倫理的なるもの〉という区分は、リベラルな（そしてとくに政治的にリベラルな）理論における〈政治領域〉と〈人びとの個人的な（あるいは分かち合われた）価値の包括的構想の領域〉という、よく知られた区分に対応していることがわかる。(31) 実際リベラリズムは、つまり宗教やほかの種類の価値の包括的構想の幅広い多様性を尊重することにコミットしている政治的リベラリズムとして理解されたリベラリズムは、そのような区分を要求する。市民たちが政治領域に関して支持する諸原理は、彼らが自らの人生全体において支持する倫理的な諸原理の一部にすぎない。そうでなければ、システムには複数性と多様性の余地が十分ないことになるだろうし、またそのシステムは人びとの包括的価値へのコミットメントの多様性を尊重するものではなく、むしろ独裁的なものとなるであろう。こうして政治的リベラリズムの一般構造は、政治的に義務づけられた領域の外部に、倫理的選択の領域を要請する。政治的諸価値と広範な社会的諸価値のこのような分岐は、結社の自由、職業選択の自由、宗教の自由、移動の自由といった、可能力アプローチの中心に存在する幾つかのより具体的な指針によっても要請される。

8　可能力アプローチをグローバル化する——どの諸制度か？

以上からすると、人間の諸々の可能力の促進においては、諸制度が大きな役割を果たす必要がある。だがここで、国内の状況とグローバルな状況の類比が破綻しはじめる。国内のケースでは、その国の市民たちの人間的な可能力を支援するという責任を有する諸制度について、かなり多くのことが容易く言える。このような責任を引き受ける構造は、ジョン・ロールズが国の「基礎構造」と呼んできたものであり、人びとの人生の機会を人生の開始時から広範に規定する一群の制度である。この構造には、議会、裁判所、政権、そして少なくとも何らかの行政機関と、家族制度を規定しまた家族内部の権利の配分を定める法律、租税および福祉のシステム、国の経済システムの全体構造、刑事裁判システムの一般的な輪郭、そしておそらくほかの制度もが含まれるだろう。行政機関のある部分（たとえば環境保護庁や教育省）は、ある時点においてよりも別の時点においての方が、人間の可能力の促進においてより根本的で基礎的だと考えられるようになるだろう。この意味で、「基礎構造」に属するものは、時とともに変化する。けれども、諸制度からなる構造に何が含まれるかは概して明らかであり、またどの義務がどの部分に属するかも多少は明らかである。

　もう少し議論を進めることができる。人間の諸々の可能力の促進にとってきわめて重要なものとして、諸制度とそれら相互の関係性に関するいくつかの一般的な諸原理が、擁護しうる。[32] 司法審査と並んで、権力分立が、時間の経過とともに、市民たちの可能力の保護にとって決定的に重要な構造として現われてきた。（これがもっとも鮮明であったのは、一九七五〜一九七七年のインドの非常事態においてであった。そのときインディラ・ガンディーが司法審査を弾圧したことで、多くの基本的権利が留保された。インドの現行システムは司法の役割を大いに保護するものであるが、それはこのひどい失敗への応答である。）統治構造が人びとの声に応答するものであり、かつ彼らの可能力を保護するものであるようにするためには、ちょうどよい程度の連邦主義あるいは地方分権化も重要だろう。人びとの自律を表わす構造として国を支持するよう導く論証そのものが、とくにインドやアメリカ合衆国のようにとても大きな国において、連邦主義あるいは地方自治に関する特定の方策を支持するようにも導く。しかしながらそうした方策に、市民たちの平等性を危うくしたり、根本的な権原を無効にしたりする力があってはならない[33]。現代国家が有するもうひとつの重要な特徴であり、また人間の諸々の可能力の保護に関わるのは、独立した行政諸機関であるだろう。それらが有する専門知識や技能は、健康、環境、そしてほかの領域における可能力の保護にとって、不可欠である。またそれらが党利的な支配から独立していることは、可能力を保護するよう適切に設計された国家の重要な構造的特徴となる。現代国家では、人間の可能力をもっとも深刻に脅かしている問題のひとつが汚職であるため、政府およびビジネス界の両方において汚職を発見しかつ防止する機制が、諸々の可能力とそれらにもとづく構想の安定性とにとって絶対に不可欠である。法に関する教育と法の執行官の訓練もまた、市民たちの可能力の保護を念頭に行なわれるべきだろう。したがって、人種、宗教、あるいは性別にもとづく差別が喫緊の社会問題となっているところでは、教育に、人種とジェンダーの問題に重点を絞り込むことが盛り込まれるべきである。

最後に、もっとも一般的なこととして、公共の秩序全体がアクセスと力における甚だしい不平等を防ぐよう設計されるべきことも、要求されるべきである。ある国は素晴らしい憲法を有しているかもしれないが、富裕な個人や集団によってメディアと選挙運動が不当に支配されているならば、日常生活で金権政治が行なわれている可能性がある。今日のアメリカ合衆国がそうである。この国で人間の諸々の可能力が深刻な危険的状況にあるのは、そのせいである。

このように可能力アプローチは、人間の尊厳にもとづく人びとの権原を構想の中核に据えており、また諸制度の構造的特徴の善悪を権原に関連させて判断するという意味で、権利中心的である。だがそれは、可能力アプローチが構造について何も言えないという意味ではない。実際、人間の諸々の可能力の促進が中心目標であるという事実がまさに、構造に関する議論に意義と重要性を与え、またある構造の方がほかの構造よりも望ましい理由をはっきりさせるのである。

しかしながら、グローバルな地平に目を移すと、明らかなことはひとつもない。もし世界国家が望ましいものであるならば、少なくともその構造がどのようなものとなるかについては、述べることができるだろう。だがそのような国家はとうてい望ましいものではないと思われる。国内の基礎構造と異なり、世界国家がその市民たちに対してまっとうな水準の説明責任を有する可能性は、きわめて低い。それは広大すぎる事業であり、文化と言語の違いが、必要なコミュニケーションを——少なくとも現在においては——手に負えないほど難しいものとする。そのような国家をより有効なものとするであろう種類の文化的・言語的な同質性が促進されるべきであるかも、明らかではないだろう。多様性はこの世界の価値のひとつであるが、すでに脅威にさらされている。非常に説得力のある理由がない限り、多様性はさらに損ねられるべきではない。

世界国家は危険でもあるだろう。もしある国家が正義にもとるとなれば、その国の（自国の市民たちに対するものであれ他国に対するものであれ）凶悪犯罪は、他国からの圧力によって防がれるだろう。もし世界国家が正義にもとるようになったとしても、それに対処するための頼みの綱は何もなさそうである。唯一の望みは内部からの反乱だろうが、歴史上、その望みは必ずしも頼りにできるものではなかった。近現代史において最悪の種類の専制は、外部からの圧力なくしては崩壊してこなかったのである。

さらに、かりにこうした問題が克服しえたとしても、制度と要求事項とにおいて画一的な世界国家という観念には、重大な道徳的問題がある。国家主権には、人びとがそれぞれの自律を主張するために、つまり自分たちに自分たちで制定した法を与える権利を主張するために、道徳的な重要性が付与されている。こう本書は述べてきた。この道徳的重要性を歴史的に捉えるならば、この自律のきわめて重要な部分をなしているのが、周辺諸国の人びととは異なる仕方で物事をなす権利であったことがわかる。なるほど各国内部では異なる宗教や生活様式が尊重されていなかったため、この自律という自由はことさら重要であった。そのようにして、プロテスタント教徒が宗教的自由を享受するにはプロテスタントの国に住むことしかない、といったことが生じていた。各国の国内構造が多元主義を尊重するものである限り、諸々の国が相互に異なっているという意味での多様性を支持する議論は、いくぶんかは弱まる。とはいえ、そのような多様性は消え去るものではない。なぜなら言語、文化、そして歴史の異なりのなかには、いまなお重要であるとして、正当に擁護されるだろうものがあるからである。可能力アプローチは、ある一定の中核的な権原が、すべての国の国内基本法の不可欠な要素であるべきことを強く求める。だが、中核的な権原の解釈とそれに関する制度構造の多様性と、中核的な権原以外の領域における多様性とには、かなりの余地を残している。多元主義の世界における国家主権の保護は、人間の自由の保護において重要である。その意味では、どのような世界国家も、まさに世界国家であるという事実によって、専制的である。

もしこうした議論が有効であれば、グローバルなレヴェルにおける制度構造は、薄くかつ分権化したものであり続けるべきである。端的に言えば、各国の基礎構造がグローバルな制度構造の一部を構成し、各国にはそれぞれの富の一部を他国に再分配する責任が割り当てられるだろう。グローバルな制度構造の一部は多国籍企業によって構成され、各企業には事業展開先の国々で人間の可能力を促進する一定の責任が割り当てられるだろう。グローバルな諸々の経済政策、機関、協定もそうした構造の一部を構成し、それには世界銀行、国際通貨基金（ＩＭＦ）、および貿易に関するさまざまな協定が含まれるだろう。国際連合（ＵＮ）、国際労働機関（ＩＬＯ）、国際司法裁判所（ＩＣＪ）および新設の国際刑事裁判所（ＩＣＣ）などの諸々の国際機関と、人権、労働、環境などの多くの領域におけるさまざまな国際協定も含まれるだろう。

グローバルな制度構造の一部は多種多様なＮＧＯによって構成され、（ＯＸＦＡＭのように）大規模で多国籍のものから、小規模でローカルなものへと、多岐にわたるだろう。

　このグローバルな制度構造がこれまで築き上げてきた形態は、慎重になされた規範的な熟考の結果というよりは、歴史上の諸要因が組み合わさった結果である。このように、規範的な政治哲学と、このように思いがけず取り揃えられた諸制度全体の詳細とのあいだには、意外なかみ合いがある。グローバルな構造のさまざまな部分への責任の配分は、暫定的かつ非公式なものとして、また変化と再考の対象として、理解され続けなければならない。このことは明らかである。だが、この責任の配分は倫理的な配分であり、またそれは希求の対象であり、実現が目指されるべきものだという意味においてのみ政治的であるということにも、注意したい。それというのも、明確に定まった一群の任務をいずれかの部分に押しつけるような、全体を射程に収める強制力を備えた構造は、存在しないからである。その意味で私のアプローチは、古い自然法のアプローチをつくり変えたものである。世界レヴェルでの要求事項は道徳的な要求事項であって、強制力のある政治構造のどれにおいても、十分にとらえられるものではない。

　それでもなお、このような世界秩序へ向けた少なくともいくつかの原理は、明確に示しうる。それらは少なくとも、不平等な世界において人間の諸々の可能力をいかに促進しうるかについて考えるのに役立つ。

９　グローバルな構造のための一〇の原理

一、責任の所在は重複的に決定され、国内社会も責任を負う。きちんと誠実に運営されている諸国の大半は、人間の諸々の可能力の多くあるいはほとんどを、かなり妥当な閾値レヴェルまで促進しうる。アマルティア・センが強調してきたように、飢饉は報道の自由と民主政治に加えて、権原に関するまっとうな制度によって回避しうる。比較的豊かな諸国には比較的貧しい諸国に対して経済支援を与える必要性があるが、ジョン・ロールズがこのことを否定するためにセンの理論を用いていることに、私は反論してきた。もし正義がグローバルな不平等の削減を要求するならば、比較的貧しい諸国が諸々の可能力を国内的に促進しうるとしても、正義は果たされたことにならない。倹約的な貧しい家族であれば、最小限に認めうる生活を辛うじて営むことができるだろうという理由で、再分配が行なわれないような国内では、正義が果たされていないように。比較的貧しい諸国が、彼らの最重要事項を達成するために、豊かな諸国が直面するよりも多くの深刻な障害と直面しなければならないとすれば、それは不正義であると言える。ロールズ流の格差原理のような特定の再分配原理を何ら支持しなくとも、可能力の閾値において示される社会的最小限という観念だけをもってすれば、そう言えるのである。それでもなお、比較的貧しい諸国はできることをすべてやるべきだと、主張することはできる。世界的な経済構造に責任が割り当てられるからといって、国内構造の責任が免除されるわけではない。諸々の可能力を充足する責任を重複決定できるならば、その方がはるかによい。

二、国家主権は、人間の諸々の可能力を促進するという制約の範囲内で、尊重されなければならない。本書では、正当化と導入に関する節（第四章第四節）で、この原理の後ろ盾となっている諸観念の輪郭をすでに示した。総じて言えば、強制的な介入が正当化されるのは、限定された範囲におさまる状況においてのみである。国際的な条約および協定も強制的な役割を担いうるのであり、これは以下の第六原理のところで論じるとおりである。だが説得と、説得目的の資金提供とは、つねに好ましい。これはつぎの原理につながる。

三、豊かな諸国はGDPのかなりの部分を比較的貧しい諸国に供与する責任を負う。世界の豊かな諸国は、第一原理が明言するように、自国の市民たちの人間の可能力を支援する責任を負うが、追加的な責任も有している。これほど多くの人間が中心的な人間のニーズのどれにも該当しない贅沢品を持っており、またそれよりももっと多くの人間が彼らの必要とするものを剥奪されている世界においては、相互のための協働という観念と人間の尊厳の尊重という観念にもとづく世界が、非常に意義深い再分配にコミットすべきではないというのは、不条理だろう。比較的豊かな諸国は、比較的貧しい諸国を支援するために、現在供与しているよりももっと多くを供与することが、無理なく期待しうる。GDPの二パーセントという数字は、独断ではあるが、道徳的に適切なことの始まりを予感させる。（アメリカは現在、GDPの〇・一パーセントを海外援助に充てている。ヨーロッパ諸国はだいたい一パーセントよりも少ない割合を充てているが、デンマークやノルウェーを含めいくつかの諸国は一パーセントに近い割合を充てている。）正確な数字には議論の余地があるが、この一般原理に議論の余地はない。

こうした援助がとるべき形態はそれほど明らかではない。援助はまずもって政府に渡されるべきなのか？　あるいはNGOにも渡されるべきなのか？　この場合もやはり、文脈に応じた意思決定がなされるべきである。この一般原理は、被援助側が民主的である場合には、国家主権を損なうものとはならないだろう。だが、効率的な援助と、リストにある可能力への尊重を示すやり方とが、同時に要求されるだろう。この民主的な国に深刻な政府汚職の問題がある場合には、政府ではなく

NGOを通じて援助するのがもっともであるかもしれない。政府が、剥奪されたマイノリティを不公正に取り扱っている場合にも、政府をすっ飛ばすもっともな理由があるだろう。したがって、二〇〇三年の段階で、インドにおける教育に資金を提供しようとしていた諸国は、もしインド教育省が、たとえば基本的な諸機会を全員にもたらすことではなく、カリキュラムのヒンドゥー化の方を重視していたならば、政府にではなくNGOに渡す方がよかったかもしれない[34]。効率性、リストにある諸々の可能力への関心、そして不利を負った人びとおよび排除された人びとへの配慮はすべて、女性やほかの放置された集団に対して教育を提供する団体を、重視すべきことを指し示している[35]。

四、多国籍企業は事業展開先の地域で人間の諸々の可能力を促進する責任を負う。企業は何のためにあるのかに関する理解は、これまでのところ、利潤という動機によって占められてきた。そうはいっても企業は、相当な金額を国内の慈善事業に費やしてきたのだが、一般的に受け入れられた道徳的な責任の基準はない。まっとうなビジネスは、利潤の相当部分を事業展開先の地域における教育と、適切な環境条件の促進とに費やすことを含むという明確な公共的理解が、新しいグローバル秩序には不可欠である。このことは、効率性の観点からの説得力のある複数の議論によって支持されている。たとえば、教育のある安定した労働力は企業業績を高めるとか、教育は健全な民主政体にとって決定的に重要な政治的関与も促進するとか、政治的安定という条件は企業業績を高めるとか、いうものである。けれどもこうした論拠は、企業が事業展開先で教育や適切な環境条件を促進すべきであるのはまっとうさによる要求であるという、一般的で公共的な理解を、補足するものであるべきである。同時に企業は、事業展開先の国の法律が要求する基準を超えて、適切な労働条件の促進にも取り組むべきである。

企業は、各国の国内法により、ある程度は管理しうる。だが問題は、あらゆる国が企業を誘致したいがために、競争相手よりも安価な労働力と負担の少ない環境規制とを提供しようと、底辺を目指す競争をしばしば繰り広げていることである。そのため主たる責任は、企業の構成員たち、その弁護士たち、そしてとても重要なこととして、その消費者にあるべきである。消費者は企業に圧力をかけ、企業が従来よりもよい行ないをするよう、仕向けることができる。

場合によっては、企業もしくはある種の企業が、自社で取り扱っている財・サーヴィスに付帯する特別な責任を抱える場合がある。そのようなわけで、今日では製薬会社が、エイズの感染がもっとも進んでいる諸国で自社製品を購入可能な価格で流通させることを通じて、また自社製品の受け渡しを可能にする保健衛生インフラの発展に寄与することを通じて、グローバルなエイズ危機に取り組む特別な責任を抱えている。この責任が遵守されることの鍵を握っているのも、消費者である。したがってここでは、(本書の倫理的な論証において)すでに配分された企業責任を引き受けさせるための圧力の源泉として、個人的責任の問題が実に再浮上している。

五、グローバルな経済秩序の主要構造は、貧困諸国および発展途上中の諸国に対して公正であるように設計されなければならない。多くの国が自分たち全員を養うことができるからといって、いくつかの国に追加的な障害物があってもよいわけではない。この原理が具体的に何を要求するかは、経済学者たちが議論していることがらであり、その議論は今後も長く続くだろう[36]。だが、ＩＭＦやさまざまなグローバル貿易協定のこれまでの営みが、こうした問題についての入念な倫理的熟考を十分に反映してこなかったことについては、かなり一般的な合意がある。近年の世界銀行は、それ以前よりもいくばくかは倫理的問題と貧困問題について熱心であり、その方向へと発展的に進んでいる。この問題はひとつには、どの官僚構造にも存在する問題である。もっとも思慮深い人びとが有する諸々の規範は、官僚がすぐ導入に取り掛かれるよう、明瞭かつ迅速な政策的処方箋を出せるほどには、単純なものではないと、しばしば考えられている[37]。またひとつには、倫理規範は「ソフト」であり、合理的で冷静な政策立案者が考えるべきことではないという、根強い意見もある。剝奪された人びとの声が聞き届けられるようにするにあたっては、抵抗の声がとても重要なものとなっているため、世界共同体は、ＩＭＦやさまざまなグローバル貿易協定に圧力をかけ続けなければならない。とくに貿易の領域では、喫緊の道徳規範への配慮を成功裡に促す機制は、抵抗と公衆による圧力だけだろう。

六、薄く分散化しているが力強いグローバル公共圏が涵養されなければならない。世界国家は適切な希求ではないが、少なくとも何らかの強制権力をともなう薄層のグローバル・ガバナンスのシステムならば、個々の国家主権および自由と両立しうるだろう。このシステムには以下のことがらが含まれるべきである。深刻な人権侵害に対処するために、現在取り組みがはじめられている種類の世界的な刑事裁判所。実施のための機制をともなう一群の世界的な環境規制と、南における汚染防止を進めるための北の工業先進諸国への課税。グローバル化の圧倒的な力を（可能力のリストで示された）人間発展へ向けた道徳目標につなげるための、一群のグローバルな貿易規制。フォーマル・セクターとインフォーマル・セクターの両方における一群のグローバルな労働基準と、それらを遵守しない企業に対する諸々の制裁措置。より豊かな諸国からより貧しい諸国へと富を移転させるための、グローバルな租税のいくつかの限定的な形態（トマス・ポッゲが提案しているグローバルな資源税のようなもの）[38]。そしてまた、ひとたび批准されたならば、司法上・立法上の行ないを通じて各国の国内法体系に組み込まれうる、広範な国際協定および条約[39]。世界保健機関（WHO）、国際労働機関（ILO）、国連開発計画（UNDP）、ユニセフ（UNICEF）、ユネスコ（UNESCO）といった、現存するグローバルな制度のすべてが、重要な役割を果たしうる。だがこれら制度からなる現在の構造がこのままであり続けると思い込むのはよくないだろう。それというのも、新たな諸問題に取り組むために、多くの場合は新たな諸制度が経験上出現してきたからである。

七、すべての制度と（ほとんどの）個人は各国と各地域で、不遇な人びとの諸問題に集中しなければならない。国家主権は道徳的に重要ではあるが、各国内部の女性やほかの不遇な集団の状態を批判し変化させることを遮ってしまう危険性がある。これについては先に述べた。（任意の時点の誰であろうと）可能力のリストに照らして生活の質が特段に低い人びとの状態は、世界共同体全体によって持続的に注視されるべきである。諸制度のみならず、特別な重荷を背負っていないすべての諸個人によっても、そうされるべきである。（国際的な女性運動においてそうであったように、不遇な集団の構成員たちは世界規模の行動を起こすにあたって、きわめて創造的な役割を頻繁に果たしている。けれども、深刻な諸問題を解決する義務は、人生が絶望的な状況にはない人びとによって、第一義的には負われるべきだろう。）強制力のある制裁が妥当性を有するのは、ほんの少しのケースにおいてとなるだろうが、より豊かな規範群を正当化するという私たちの能力は、女子差別撤廃条約（CEDAW）をもたらした取り組みのように、説得および政治的動員へと向けた不断の努力へとつながるに違いない。資金の選択的な使用は、こうした人びとおよび集団の生活水準を高めるプロセスを、とてもうまく支援しうる。

八、病人、老人、子ども、障碍者のケアには、突出した重要性があるとして、世界共同体が焦点を合わせるべきである。人口が高齢化し、HIV／AIDS保有者が増加している今日の世界では、依存状態にある人びとをケアするニーズが問題となりつつある。ケアに関して現在は不適切な議論が提起している男女平等の問題については、第三章ですでに論じた。国家、職場、そして家族はすべて、女性の福利と願いを損なうことなくケアへのニーズが満たされるよう、変わらなければならない。この課題もはやり、国内と国際の両方における取り組みを要求するのであり、またより豊かな諸国に対して、より貧しい諸国を支援する義務を負わせる。たとえばHIVの危機的蔓延に対処するために必要な看護と保健衛生のインフラを作り上げることを通じて、そうした支援はなされうる。

九、家族は大切だが「私的」ではない領域として扱われるべきである。社会契約論は長いあいだ、世界を「公共的領域」と「私的領域」に分割してきた。そしてそのような理論は例によって、家族を政治的正義の立ち入り禁止区として扱ってきた。この問題に対するロールズの取り組みが複雑で入り組んでいることによって示されているように、家族内部の資源および機会の不平等がもたらす問題の解決は、この問題にもっとも関心を寄せている社会契約論者にとってすら難しい[40]。世界共同体は、結婚および家族づくりの権利[41]と、それに関連するいっそうのさまざまな権利（子どもに関する親の選択上のいくつかの権利を含む）とを含めて、人びとの個人的な自由を保護すべきである。だが、家族の構成員たちの人間の可能力を保護することが、つねに最優先である。ほったらかし、そして必要不可欠な食糧およびケアの欠如とで、無数の女児が命を喪っているのは、国家が彼女たちを迫害してきたからではない。彼女たちが死んでいるのは、親たちが女児の食扶持（そして支払わなくてはならない花嫁持参金）を増やしたくないからであり、また国家が女性の人生を十分に保護してこなかったからである。女児と男児のケアには格差があるという問題への世界共同体の対応が非常に遅れているのは、まさに西洋と非西洋の伝統の両方において、家庭が、ある特定の人びとの個人的特権からなる不可侵の領域として構築されてきたからである。[42] 結社の自由を尊重しかつ子どもの諸々の可能力を保護する家族への新しいアプローチを見つけることが、各国内部でなされる政治議論においても最優先の事項であるように、グローバルな公共圏においても、最優先の事項であるべきである。

一〇、すべての制度と個人は、不遇な人びとをエンパワーメントするさいの鍵として、教育を支持する責任を負う。あらゆる人間の可能力の鍵は教育である。[43] またこれまでみてきたように、教育は世界でもっとも不平等に分配されている資源のひとつである。だいたいのケースでは、各国で教育を促進するために、国内政府がもっと多くのことをなしうる。だが企業、(諸個人による寄付や諸政府による海外援助などを資金源とする) NGO、そして (国際的な公文書やフォーラムを通じた) グローバルな公共圏も、普遍的な初等・中等教育を促進するために、いまよりはるかに多くのことをなしうる。民主主義にとって、人生の享受にとって、自国内部の平等および社会的流動性にとって、そして国境を越える実効的な政治活動にとって、教育よりも重要なものはない。教育は役立つ専門技能を与えてくれるものとしてのみならず、同時にもっと重要なこととして、人間を適切な情報、批判的思考、そして想像力を通じて全般的にエンパワーメントするものとしても、理解されるべきである。

これらの原理 (およびそれらの背後にある可能力アプローチ) をひとまとめにすると、本書のロールズ批判の部分の終わりで示した基準を、とてもよく充たすように思われる。諸個人の平等な尊重は、一人ひとりの人間の諸々の可能力を促進することと、人びとからまっとうな人生の機会を奪う世界システムの構造的特徴を除去することとへのコミットメントによって、示される。また、いくつかの重要な人間的ことがらを富の追求手段にすぎないものとして取り扱う代わりに、ひとつひとつの可能力を促進することにコミットするということによっても、示される。この理論は明らかに国家主権の道徳的重要性を認めている。正義は複数の関係性において、すなわち人間の可能力を促進する責任が別個のグローバルな構造と国内構造に広範に割り当てられていることにおいて、実現される。もっとも貧しい諸国の人びとの福利を促進するために、すべての諸国はもっと多くのことをなすべきだという要求によって、国内の諸制度における柔軟性の高まりが、求められている。この要求を充たすには、各国が自国の国内構造を変革する必要があり、またゆえに各国は、それぞれの国内構造が固定的で完結しているとは主張できず、また主張すべきでもない。そして先にみたように、国際協力の諸目的に関する新たな説明が、この取り組み全体の精神に活力を与え、それとともに人間発展とグローバルな人間的交際という諸観念が、相互有利性という希薄な観念に取って代わる。

こうした原理のリストに自然な終わりはない。一〇ではなく二〇の原理からなるリストを作成しえたかもしれない。またこうした原理はきわめて一般的であるから、それらを導入しはじめるやいなや多くの難しい問題が待ち構えていることになるだろう。その段階で哲学は、その職務をほかの専門分野に引き渡さなければならないが、探求の哲学的部分は、無駄にはならない。諸観念は公共政策を深部で方向づけ、どの選択肢が議題に上り真剣に検討されるかに影響する。(44) こうした原理とそれらを支持する理論的な分析とは、諸々の目標および権原から、まっとうなグローバル社会の構築へと議論を進めるさい、可能力アプローチが何を提供しうるのかを、少なくとも示している。もし私たちの世界が未来においてまっとうな世界であるべきでならば、いますぐ承認されなければならないのは、私たちが相互依存的なひとつの世界の市民であり、相互有利性の追求に加えて相互交流によって、また自己利益に加えて同情によって、そしてあらゆる人びとにおける人間の尊厳への愛によって、まとまっているということである。あらゆる人びとと協働することから得るものが何もない場合でさえ、このように承認すべきである。むしろこう述べよう。あらゆる人びとと協働することから得るものがあるとすれば、それはほかでもなくもっとも重要のもの、つまり正義にかなっていて道徳的にまっとうな世界への参加である、と。

第6章　「同情と慈愛」を超えて——人間以外の動物のための正義

結論として私たちは以下のように考える。サーカスの動物は窮屈な檻で飼育され、恐怖、飢え、苦痛を与えられている。尊厳のない生活を余儀なくされていることは言うまでもなく、休息もない。そして人間の生活の諸価値や憲法哲学に準拠して、異議申し立ての通知が出された。ホモサピエンスではないが、動物もまた、残酷さと拷問のない、尊厳のある生活と人間的扱いとに対する権利資格を有する生き物である。ゆえに、私たちの友人である動物たちに同情を示すのみならず、彼らの権利を認めかつ保護することも、私たちの基本的な義務である。もし人間が基本的な権利への権利資格を有するならば、動物も有するのではないだろうか。

——ナイール対インド連邦、ケララ州高等裁判所、一五五／一九九九号、二〇〇〇年六月

1　尊厳のある生活への権利資格を持つ存在者たち

西暦紀元前五五年、ローマの指導者ポンペイは、人間たちと象たちの戦闘を興行した。競技場で囲い込

まれた動物たちは、逃げる望みがないことを理解した。プリニウスによると、動物たちはそこで「群衆に懇願し、言葉では言い表わせない身振りで人間たちの同情（compassion）を得ようとし、自分たちの苦境をある種の深い悲しみで嘆いた」。象たちの苦境を見て、哀れみと怒りを覚えた観客は、立ち上がってポンペイを罵り、象たちが人類との共同関係（*societas*）にあることを感じていた――こうキケロは書いている。(1)

私たち人間は、知能の高いほかの生き物と、世界とその稀少資源を共有している。人間とこうした生き物は多くの点で異なるが、たくさんの共通点も持っている。彼らは鈍感なやり方で扱われることがほとんどだが、そうした共通点は共感と道徳的配慮をしばしば引きだしている。また人間は、ほかの種の構成員たちと、応答性、共感、卓越における喜び、そして気遣いのある交流のみならず、操り、無関心、そして残酷さをともなうさまざまな関係にある。現在成立している関係性の大半は生き残りと権力へ向けた闘いであるが、そうした関係性はむしろ正義によって統制されるべきだと、無理なく考えられるだろう。

インド・ケララ州の高等裁判所が述べているように、人間以外の動物は、尊厳のある生活をなしうる。(2)尊厳のある生活という言い回しの意味を正確に理解するのは難しいが、それが意味しないことは相当はっきりしている。窮屈で汚い檻に詰め込まれ、飢えさせられ、怯えさせられ、叩かれ、翌日リングに出せる程度の最小限のケアだけをなされている、この実例にあるサーカスの動物たちの状態がそれである。尊厳のある生活には、栄養摂取および身体的活動への適切な機会、苦痛・不潔さ・残酷さからの自由、その種に特徴的な仕方で行為する自由（閉じ込められたり、またこの実例のように馬鹿げていて下劣な曲芸を強制されたりしないこと）、恐怖からの自由、同種そして別種の生き物と実りのある交流をする機会、そして静穏のなかで光と空気を楽しむ好機が、少なくとも含まれるように思われるだろう。人間が、動物たちの尊厳のある生活を否定するかたちで行為しているという事実は、正義の問題、しかも喫緊の問題のように思われる――このことを否定するような人びとに対しては、もっと多くを説明しなければならないとはいえ。また、このように提起された問題は、本書がこれまで直面してきた問題と多くの点で異なるけれども、基本的正義、権原、そして法といった既存の機制は（インドの裁判所が大胆になしているように）種の壁を越えて拡張適用できないとすることに、十分な理由は何もないだろう。

しかしながら、この拡張適用がなにかしらの成功の見込みを持ってなされうる前に、適切な理論的アプローチを明確にする必要がある。この領域における構想のための材料は初期段階にあるため、哲学的な諸観念の精緻化を同時に求めずに一足飛びに結論を出すのは時期尚早だろう。そうした結論は喫緊のものであり、また多くにおいて明白であるけれども、そうである。

可能力アプローチは動物の権原に関する問題について、ほかのどのアプローチよりも優れた理論的道標を提供する。可能力アプローチは、さまざまな種類の動物の尊厳とそうした尊厳に対応する繁栄・開花のためのニーズとを認めることができるため、また多種多様な生き物が追求するさまざまな活動および目標を注視することができるため、さまざまな種類の生き物の根本的な権原を含んだ、捉えにくいが要求度の高い、種間正義の諸々の規範を生みだすことができる。この課題に取り組むために、可能力アプローチは変形され拡張されなければならないが、そのアリストテレス的な要素がこの困難を乗り越えさせてくれる。

これまで繰り返し強調してきたように、カント的な社会契約論には大きな強みがある。しかしながら、とくにこの領域では、その強みはそれほどでもないことが明らかである。カント的な社会契約論は、尊厳の根拠として合理性にコミットしているため、また、だいたいの平等者のあいだの契約から政治原理の構想を導きだしているため、人間が人間以外の動物に対して正義の責務を有していることを否定してしまう。人間が有しているかもしれないそのような責務は、同じ人間に対する責務の派生物としてか、あるいは単純に種類が別のもの、つまり正義の義務ではなく慈善の義務としてかの、いずれかとして見なされている。このような見解は二つのやり方によって批判されるべきだというのが、本書の主張である。第一に、人間以外の多くの動物における知能の広がりを認めることによって。第二に、だいたいの平等者として契約に参加できる者たちだけが正義の理論の第一義的で非派生的な主題であるという考えを却下することによって。

2　カント的な社会契約の見解——間接的な義務、同情の義務

動物に好意的で、もっとも思い切った法的判断のひとつが、インドの裁判所でなされた。これは驚くにはあたらない。インドのヒンドゥー教の伝統は多くの動物に対する崇敬を少なくとも説いており、また菜食主義を重要な道徳上の理想としている。対照的に、近代西欧の伝統のなかで著述する哲学者はすべて、宗教的信念を何においていようと、人間には動物および植物の支配権が与えられていると説くユダヤ＝キリスト教の伝統から深い影響を受けている。ユダヤ教とキリスト教の著述家たちは、ギリシア人とローマ人を研究し、彼らの観念の多くを取り入れてきた。にもかかわらず、動物の問題に関する彼らの思考に最大の影響力を与えた古代の倫理思想の学派はストア派であった。これもそれほど驚くべきことではない。ストア派は古代ギリシア・ローマのあらゆる見解のなかでも、動物が倫理的な立場にあるかもしれないという発想からもっとも縁遠い学派であった(3)。後期プラトン主義の著述家たちは、入念に練られた菜食主義の倫理と動物的生の尊重とを擁護したが、彼らはユダヤ教徒とキリスト教徒が拒絶した（動物の身体への魂の輪廻を含む）形而上学的な諸々の教義にそれらを基礎づけた。アリストテレス派は、自然はすべて連続

していることと、あらゆる生き物は尊重とさらには驚嘆にさえも値することとを主張した。しかし、アリストテレス主義とキリスト教を両立させるためには、アクィナスやほかのキリスト教的アリストテレス派がしているように、アリストテレス派の主張を見直し、人間とほかの種のあいだにはっきりした境界線をつくる必要があった。エピクロス派は、人間はほかのすべての動物と同じように、死を免れない身体と死によって崩壊する物質的な魂とから構成されていると主張した。だがそのような教義は、人間の生活を取り囲む比類のない神聖さの感覚を少なくとも破壊するため、典型的な無神論であり神を認めない唯物論であるとして、ユダヤ教徒とキリスト教徒から拒絶された。

けれどもユダヤ教徒とキリスト教徒は、ストア派との自然な結びつきは見いだした。それというのも、ストア派の見解はユダヤ＝キリスト教の見解と同様に、どの自然本性的な存在者においても、理性と道徳的選択へ向けた潜在的な能力が固有の尊厳の源泉となっていると説いたからである。そのような尊厳の源泉を欠く存在者は、重要な意味で、倫理的共同体の外部に存在する。だがなお、キリスト教徒、ユダヤ教徒、そしてストア派は、人間には動物を虐待しない義務があると述べうる。実際、人間には無生物に対する義務があるという考えでさえ、彼らは維持しうる。しかし動物たちは、倫理的共同体の参加者としては、つまり生活様式を互いに調整すべき人間のパートナー的な生き物としては、見なされていない。

したがって私たちは、社会契約の理論が、より一般的なストア派／ユダヤ＝キリスト教文化の内部で生じたことと、古代ギリシア・ローマ世界において一度は重要な倫理的問題であった動物の扱いが、少なくとも一八世紀になるまでふたたび問題とならなかったことを認めつつ、社会契約の理論の精査をはじめるべきである。それら理論のどの欠陥が社会契約というかたちを原因としており、またそれらのより一般的な背景を原因としているのかが問われなければならない(4)。

カントは、道徳・政治哲学に関する彼の主要な作品のなかで、動物については述べていない。彼は自らの社会契約論に動物を結びつけるようなことは何も言っていない。しかしながら、彼は初期の『倫理学講義』[5]のなかで、人間以外の有生の存在者たち、つまり「動物と精霊」への義務という主題には、たしかに取り組んでいる。[6]カントがその講義で教科書として用いていたバウムガルテンのテキストは、「人間の下にいる存在者たちと上にいる存在者たちに対する義務」について述べている。だがカントは、人間が動物に対して何らかの義務を直接的に負っていることを否定している。道徳的義務は自意識のある存在者に対するものでなければならない。動物には自意識がない。したがって動物は、「ただ目的への手段としてのみ存在する。その目的とは人間だ。人間の動物に対する義務は人類全体に対する間接的な義務にすぎない」。

間接的義務を支持するカントの論証は、類比的相似という観念から出発する。彼の主張では、動物は人間のふるまいに類比的な仕方でふるまう。たとえば動物は忠義に類比したものを見せている。もし人間が、動物がこのようなふるまいをしたときに親切に扱うことを習慣化すれば、人間が同じようなふるまいをしたときに親切にふるまおうとする動物の傾向性は強められる。より一般的に言えば（カントはここで類比的相似についての主張を引っ込めているように思われるのだが）、人間が動物に対して親切なときには、人間自身の親切さの傾向性を強め、人間が動物に対して残酷なときには、人間に対して残酷になるという動物の傾向性が助長される。カントはここで、動物を虐待し、続いて人間に対して冷酷で悪意に満ちたさまざまな行為をなし、ついには殺人を犯すにいたる若い少年を描いた、ホガースの有名かつ影響力のある銅版画『残酷の四段階』をほのめかしている。ホガースの着想は子どもたちに重要な教訓を与えると、カントは考えている。カントはまた、死の光景に慣れ「無感覚となった」肉屋や医者は陪審員にしないというイギリスの習慣にも、賛成の意を表わしている。[7]

このようにしてみると、カントは動物への親切を支持する議論のすべてを、心理学についての根拠のない実証的な主張に依拠させているように思われる。(彼の見解では) 自意識と道徳的互恵性の能力とを欠く生き物が、道徳的義務の対象になりうるかもしれないなどとは想像できない。(「彼が犬に対して義務を果たし損ねたということはない」、「なぜなら犬には判断できないのだから」、こうカントは書いている。) より一般的に言えば、彼はそのような存在者が尊厳を、つまり内在的な真価を持ちうるとは考えていない。彼にとって、そのような存在者の価値は、派生的で道具的なものに違いないのである。

動物に関するカントの見解は、カントが生きた時代のユダヤ=キリスト教の文化でさえ、有していなかった。なぜなら、人間には動物に対する正当な支配権があるとしながらも、人間には動物をまっとうに扱うことを要求する、よい世話役であることの義務があるとも考えうるからである。バウムガルテンは明らかにそう考えていた。カントの見解は、彼独自の道徳的義務の構想とヒューマニティの構想を表わしており、倫理的な地位を有するためには道徳的理性の能力が必要不可欠であるとするものであった。

しかしながら、人はこうした狭い見解を取り入れずとも契約主義者でありうるだろうし、また実にある意味ではカント主義でありうるだろう。ロールズにとって正義は「社会制度の第一の徳」ではあるものの、それが唯一の道徳的な徳ではないことは言うまでもなく、政治領域においてさえ唯一の徳ではない。動物に関するロールズの所見は長くはないが、彼が「同情 (compassion) と慈愛 (humanity) の義務」(*TJ* 512) とする、動物に対する道徳的義務が存在することは、躊躇なく述べられている。動物が快苦を感じるという事実がそれらの義務を課している。

だが、ロールズにとってこれらは正義の問題ではない。また彼は、動物に「自然なやり方で」取り組むために契約論を拡張適用することはできないとはっきり述べている。「たしかに、動物を残酷に扱うことは不正である……快苦を感じる能力と、動物が営むさまざまな生活様式にかかわる能力とは明らかに、動物に対する深い同情と慈愛の義務を人間に課す。私は、こうした熟考された信念を説明することを試みようとは思わない。そうした信念は正義の理論の範囲外にあり、無理のない仕方でその信念を包含すべく契約理論を拡張することが、可能であるようには思われない」（*TJ* 512）。

同様に、右で引用した文章がある「平等の基礎」という重要な節で、ロールズは、動物には「人間が正義の原理にしたがって扱われるべき理由である」人間の特性が欠けている、と論じている（*TJ* 504）。道徳的人格であることは、他者との平等という基礎にもとづいて正義をもって扱われる権利資格を有するための十分条件である、と。ロールズは後年、（『政治的リベラリズム』で）二つの道徳能力と呼ぶことになる二つの特徴に触れながら、道徳的人格を定義している。少なくとも「ある一定の最小限な程度までの」善の構想に関する能力と正義感覚に関する能力とである（*TJ* 505）。同様に『政治的リベラリズム』では、この『正義論』での議論にふたたび触れながら、「人が社会で十全に協働する構成員であるために必要とされる最小限な程度までこうした能力を有していることが、人びとを平等にする」と述べている（*PL* 19）。厳格でかつ平等な正義を当然に受けるための必要条件は、道徳的人格性に関する能力であるとは、ロールズは決して主張していない。だが彼は、動物に関する議論において、その主張への共感をたしかに示している。「〔相手に対して〕正義の義務を負うためには〔その相手に〕正義感覚の能力が必要であると、本書は主張してこなかった。だが、この能力を欠く生き物に対して厳格な正義を何としても与えることも、私たちは要求されていないだろう……動物に対する私たちの行動は、こうした原理によっては統制されていない。また一般にもそのように考えられている」（*TJ* 512, 504）。

ここでふたたび、ロールズの立場が彼の契約主義によってどの程度まで説明されるのか、またそれが彼のカント的で政治的な人格の構想によってどの程度まで説明されるのかを、問わなければならない。明らかにロールズの理解では、カント的な人格の構想は、正義の諸々の原理を編みだしかつそれらによって縛られている共同体の構成員から、人間以外の動物を排除するものである。ロールズのみるところ、二つの道徳能力は人間だけに属するが、人間のすべてに属するものではない。知的障碍のある人間と同じく、動物はこの意味での人格ではない。同様に人格の政治的自由は、これまでみてきたように、理想化された合理性（それには「正当な権利要求の自己証明的な源泉」であるための能力が含まれる）の観点で捉えられている。また人格の尊厳と不可侵性も、道徳的共同体における成員資格という観点で理解されている。動物には何らかの種類の尊厳あるいは不可侵性があると、かりにロールズが認めうるとしても、それは人格にある種類のもの、すなわち「社会全体の福祉でさえも覆すことのできない、正義にもとづく不可侵性」ではない（*TJ* 3）[8]。

ロールズの間違いは哲学的であるというより実証的なものだと、反論しようとする人がいるかもしれない。彼はどれだけ動物の知能が高いのかを、どれだけ動物が（人間と、また動物相互と）複雑な互恵性の形態をともなう関係性を結ぶ能力を有しているのかを、理解していないだけだ、と。もし動物の豊かさと複雑さがよく理解されたならば、動物を含めた社会契約という観念は十分ありうると、彼はやがては気づくだろう。少なくとも啓蒙的な仮説として、と。だが、この反論は不十分である。たしかにロールズの理論は実証的に不完全である。彼は動物の知能について調べる努力をまったくしておらず、動物には互恵性の能力がないということを何ら論証していない。動物の多くは実際のところ、少なくとも何らかの形態の互恵性の能力を有しているだろう。しかしながら、こうした事実を承認すれば、ロールズ的な理論に動物を申し分なく包摂しうるかと言えば、おそらくそうではない。第一に、互恵性の能力は一部の動物だけに見られるが、不公正で残酷な扱いの問題はとても広範である。もし、人間と犬ないしは類人猿とのあいだに互恵性があるとしても、人間と鳥もしくはライオンのあいだにも互恵性があるかははっきりしない。それでもなお、これらすべての動物の扱いが正義の問題を提起すると思われる。また第二に、人間と一部の動物のあいだに互恵性がある場合に限っても、その互恵性は、複雑で内省的な、合理的および道徳的な能力があることにもとづくロールズの理論において説明される種類の互恵性ではない。

だが私たちは、契約説とそのカント的要素を原理的に分離し、森羅万象の多種多様な生き物に尊厳を与える準備のある、よりアリストテレス的な精神の人格の政治的構想をロールズにもたらすことができるかもしれない。私たちはすでにそうしてみたと仮定しよう。それによって契約説は、動物に関する問題を適切に扱えるようになるだろうか？　動物は、現に侵害されている尊厳と、現に否定されている正当化可能な道徳的権原とを有していると思われるという意味で、そうした問題は正義の問題のようであるのだが。たぶん無理だと私は思う。ここでもやはり、知的障碍のある人間の場合においてと同様に、契約説の構造そのものに問題がある。

ごく基本的に言えば、人間と人間以外の動物による契約という観念は空想的であり、私たちの思考の助けとなるだろう明確なシナリオを何ら提示しない。自然状態は実際の歴史的条件としては想定されていないものの、私たちがよく考えることの助けとなりうる整合的な虚構として想定されてはいる。このことは、少なくとも当事者たちの諸々の力とニーズ、そして彼らの基本的な状況に関して、自然状態が現実味を持たなければならないことを意味する。ほかの動物と取引するという人間の意思決定については、同様に整合的で役に立つような、比肩しうる虚構は存在しない。ヒュームの「正義が生じる情況」は、人間のことがらにおいて正義が必要となる仕方を理解しうる唯一の方法ではないとしても、そうした状況は少なくとも人間のほとんどが実際に暮らしている状況、つまり馴染みのあるもっともな状況である。そしてもしそのような状況（もしくはロックとカントが仮定したのと類比的な状況）に置かれた人びとを想像するならば、彼らが相互有利性のために契約をどう結びたがっているだろうかを理解することができるし、また彼らが結ぶだろう契約の種類を大まかに想像することもできる。

対照的に、私たちは資源の乏しい世界を動物と共有しており、また自然状態における競争と比較しうる、種間の競争状態がある意味ではあるけれども、人間と人間以外の動物のあいだにある力の非対称性が大きすぎるため、人間がどんな契約を本当の契約として動物と結べるのかは想像できない。その契約が本当に相互有利性のためだとは、とうてい考えられない。もし恐ろしい動物による襲撃から身を守りたいのであれば、いつもしているように、彼らを単に殺すことができる。人間が「野獣」の力によって一般的に脅かされていたのはずいぶん昔の話である。したがって、契約の一当事者がほかの当事者すべてを支配するか殺害するかの力を十分に持つことはないという、ロールズ的な条件は、充たされない。さらに動物は契約を結ばないため、やはり、社会契約がどのようになるのかをもっともらしく想像することはできない。動物の知能の種類は、契約プロセスを想像するさいに仮定する必要のある知能の種類とは異なっている。

そのため「正義が生じる情況」との十分な類比はなく、社会的協働の目的に関する契約主義的な説明との十分な類比はなく、契約を可能とする当事者たちの能力に関する説明との十分な類比はなく、「自由かつ平等かつ別個独立」した当事者たちの状況との十分な類比もない。重度の知的障碍のある人間とは異なり、動物の独立度は高く、その動物に見合った仕方で自由でありうる。一部の動物は人間に依存しているが、多くの動物はそうではない。だがもちろん動物は、力と資源において人間と平等ではない。この非対称性が意味しているのは、相互有利性のために契約を結ぼうとしている人間は、動物を単純に切り捨てるという

ことである――私たちの手もとにある契約論のすべてにおいて、当事者たちはそうすると想像されている

ように。確実に管理され支配されている生き物と、取引する必要があるのか？　社会的協働の目的を社会契約の観点で理解するならば、答えはひとつも出てこない。

動物を正義の主題として見なすやり方がほかにあったとすれば、契約のプロセスから動物を切り捨てることは、あまり問題ではないかもしれない。たとえば、動物は設計予定の社会の当事者たちの一員であると仮定して、人間が動物の利害関心を代表しうるかもしれない。しかしながらここで、これまでしばしば注意する機会のあった、例の融合問題にぶつかる。社会契約の枠組みを設定する当事者たちは、まさに彼らが共に生きるさいに従うことになる諸原理を設定している。それら原理は、彼らが相互の取引を統制するためのものとして選ばれている。彼らの熟議にほかの当事者たちの利害関心が含まれうるとすれば、それは派生的な仕方において、そして後の方の段階において、含まれるべきものである。動物は契約の枠組み設定者にはなれないのだから、正義の第一義的な主題にもなりえない。

くわえてロールズは、障碍のある人びとの場合には、彼らの利害関心に後の方の段階で取り組むつもりでいるが、動物の場合にはそうではない。私たちの目前にある問題が正義の問題であるということを、要するに否定しているのである。

このように、ロールズが正義論から動物を切り捨てているのは、彼のカント的な人格の構想と社会契約的見解の構造のためである。ロールズはカントとは違って、人間には動物に対する多少の道徳的義務があるとしている。(9) しかしながら正義は、人間の領域に限定されている。

動物に対する残酷で非道な扱いは正義の問題を提起する。こう本書は述べてきたけれども、その主張をロールズ的な選択肢に対抗するものとして擁護してきたのではなかった。これらは「同情と慈愛」の問題ではなく正義の問題だと述べることは、厳密には何を意味するのか？　同情の感情というのは、ほかの生き物が相当に苦しんでいて、またその苦しみの責めを負っていない（もしくはほとんど負っていない）という考えをともなっている[10]。その苦しみの責めが誰かにある、という考えは含まれない。人は犯罪の犠牲者に対して同情を覚えるだろうが、病気で死にかけている人に対しても同情を覚えるだろう（その病気に対するその人の脆弱性が誰のせいでもない状況において）。私は「慈愛」も同様の観念としてとらえている。したがって同情は、それ自体によって、悪事の責めという本質的な要素を切り捨ててしまう。これが第一の問題である。人間が動物に加えている危害を同情の義務の観点だけで分析することは、誰のせいでもなく病気で死ぬ動物に対して私たちが覚えるだろう同情と、人間によって残酷に扱われている動物の苦しみに対して私たちが抱くだろう反応とのあいだにある重要な区別を、必然的に曖昧にしてしまうだろう。だが、その悪事の責めという要素を加えて、動物を苦しめるのは邪であるという考えが同情の義務にはともなわれる、と述べることにしよう。その苦しみが邪の行為によって引き起こされる場合、同情の義務はその邪性の承認をともなうだろう。つまり、同情の義務はただ同情を覚える義務ではなく、同情を引き起こす苦しみの原因となる種類の行為を控え、禁じ、罰するという、（同情の結果生じる）義務となるのである。ロールズはおそらくこの要素の追加をなすだろうと私は思う――彼は、同情の義務が何であるべきかについての自らの考えを、もちろん述べていないけれども。さらに議論を進めよう。動物の虐待はただ道徳的に邪であるのみならず、特別な仕方で道徳的に邪であり正義の問題を提起していると述べるという決定において、まさに何が問題であるのだろうか？

　これは答えるのが難しい問題である。正義は多くの論争を経てきた観念であり、また正義には政治的な正義、倫理的な正義といった多くの種類があるからである。しかしながら、悪い行為を不正と呼ぶのが一般的にどういう意味なのかといえば、その行為によって傷ついた生き物には、そのような扱いを受けない権原と、特別に喫緊のもしくは基本的な種類の権原とがある、ということのように思われる。（なぜなら、人びとには親切に扱われるといった権利があると実際に考えられているとしても、不親切、思慮のなさといったもののすべてが不正義の実例だとは考えられていないからである。）正義の領域は基本的な権原の領域である。動物の虐待は不正であると述べるさいに私が意味しているのは、人間が動物をそのように扱うのが邪であるということだけではない。動物にはそのような扱いを受けない権利、すなわち道徳的な権原があるということも意味している。虐待は動物に対して不公正なのである[11]。

　喫緊の権原を有するものとして動物を理解することに、概念的に結びつく観念はほかにあるだろうか？私は、善を有する活動的な存在者として動物をとらえることが、動物にはその善を追求する権原があるというさらなる考えへとおのずとつながると考えている。もしそうであれば、動物に重大な害が加えられていることや、動物の善の追求が阻まれていることは、不正として理解されるだろう。ロールズの説明に欠けているのは（より微妙にではあるが）カントの場合と同じで、行為主体および主題としての動物という理解、つまり権原を有している生き物でありまたそのもの自体が目的である生き物としての、動物という理解である。これからみるように、可能力アプローチは動物を、繁栄・開花した生活を探求する行為主体として扱う。この基本的な構想がこのアプローチの最大の強みのひとつであると、私は確信している。

　動物に対する人間の義務について精確に考えるにあたって、同情が非常に重要であることは、もちろん否定されてはならない。同情は正義感覚と重なり合っている。また正義への全面的な忠実は、不当に苦しんでいる存在者への同情を要求する。ちょうど不当な苦しみを加えている犯罪者への怒りを正義が要求するのと同じように。だが、動物の扱いが邪であることに関する私たちの感覚は、同情だけでははっきりととらえられない。動物虐待への適切な反応には、特別な種類の同情が、つまり邪の行為に焦点を合わせかつ動物を行為主体および目的として理解する種類の同情が、ともなわれるのである。

3 功利主義と動物の繁栄・開花

一般に、可能力アプローチは契約主義アプローチと友好な同盟関係にあり、また功利主義を契約主義がしている以上に強く批判するものである。だがこの動物に関わる分野においては、事情は異なるようだ。歴史的にみて、動物の苦しみが悪であるという認識にどの倫理理論よりも貢献したのは功利主義であることを、誰も否定できないだろう。ベンサムとミルは彼らの時代に、ピーター・シンガーは私たちの時代に、真価と権原に関する種中心の限定的な構想の足かせから倫理思想を自由にすることにおいて、先導的な役割を果敢に果たしてきた。この成果が、創始者たちの全般的なラディカリズムと慣習にもとづく道徳性への懐疑主義とに、つまり倫理的な論証がどこへ向かおうとその道筋に従おうという意欲に、発するものであったことは間違いない。それらは功利主義において偉大な美徳であり続けている。

また、功利主義は正義の結果指向的な見解を有しているが、その見解は本書の三問題のすべてに適切に取り組むために必要だと思われる。社会契約の伝統における手続き的な見解は、手続きには誰が含まれ、ある種の合理性を有するとか、立ち位置がだいたい平等であるとかいった、手続きへの参加を制限する条件を誰が定めることになるのかを尋ねるとき、困難にぶつかる。なぜなら、社会契約の伝統における手続き的な見解は、「原理の骨組みを作るのは誰か」という問いと「(少なくとも第一義的には) 誰のために原理の骨組みはつくられるのか」という問いとを融合しているため、契約プロセスに参加できない存在者に対する責務を、派生的かつ事後的なものとして考慮しなければならないからである。対照的に結果指向の見解は、無力で、障碍があり、言葉を持たない存在者の利害関心について、何の困難もなく、第一義的かつ非派生的な仕方で考慮する。こうした見解は二つの問いを融合しないため、はるかに広範囲の存在者のために、直接的な仕方で、正義の原理の骨組みが人間によって設定されると想像するだろう。

また功利主義は、人間とほかのすべての動物とを結びつける感覚性と、苦痛の悪さとに、焦点を合わせている。このことは動物に関する正義の問題を考えるさい、とくに魅力的な出発点となる。この分野における中心的な正義の問題は、間違いなく、不当に与えられた苦痛の問題だからである。

したがって、本書が功利主義の見解にいくつかの批判を加えるのは、同盟の精神においてである。一般的に、すべての功利主義の見解には三つの局面があり、それらは帰結主義、総和主義、そして善に関する実質的な見解である。[12] 最善の総合的な帰結を促進するのが正しい行為であるとするのが、帰結主義である。総和主義は、複数の生を越えて帰結を足し上げる方法を、つまり別個の生の諸々の善を加算、もしくは合計するやり方を提示する。功利主義における善に関する見解は、二種類ある。ベンサムの功利主義は純粋な快楽主義で、快楽が最高の価値を持つことと苦痛が悪いことを強く主張する。[13] ピーター・シンガーの現代的な功利主義は若干異なる。彼が「選好功利主義」と呼ぶものによれば、達成目標とされるべき帰結は、詰まるところ「その帰結から影響を受ける関係者の利害関心（つまり欲求ないし選好）を促進するもの」である。[14] 殺害が邪であるのは、殺害された個人が生き続けることを選好している場合だけであり、その殺害はその個人にとって邪となる。[15]

どちらの種類であっても、功利主義の見解にはいくつかの困難がある。それらのいくつかは本書の第一章と第五章で取り上げた。ここでは批判を要約し、拡張しなければならない。帰結主義が単独でもたらす困難はほとんどない。それというのも、帰結主義における福利あるいは善の説明を調整し、多元的で非同質的な諸々の善、諸権利の保護、さらには個人的なコミットメントや行為主体にとっての諸善といった、功利主義が通常は光を当てない多くの重要なことがらを承認することが、つねに可能だからである。どんな道徳理論も多少は「帰結主義化」されうるのであり、その道徳理論によって価値づけられることがらが、もたらされるべき帰結の説明に登場する――このようなかたちが取られうるのである[16]。しかしながら、全体として最善の帰結をもたらすことを促す見解が、政治的正義に関する議論の正しい出発点と言えるかは不明である[17]。

これまで本書では、可能力アプローチにおいて正義の原理を枠づけるさい、少数の中核的な権原に焦点を絞ってきた。可能力アプローチはロールズのアプローチと同様、これら権原には、ほかに追求される善が何であるかに制約を課すという、政治目的のための別格の優先性または重要性があると主張する。ジョン・スチュワート・ミルが『功利主義論』の第五章で正義についてこのようなことを述べて以来、哲学者たちは、ミルのように基本的正義に政治的な優先性を与えることが、帰結主義と両立するのかどうかを、議論してきた。帰結主義は、政治目的のために、正義の要求事項に十分な重要性を与えうるのか？　もしこの問題が解決しうるとしても、制約や倹約に関するより深遠な問題が残っている。

政治は（ほかの）善について意見の異なる人びと、つまり宗教上の構想や価値の構想の異なる人びとの生を律するための原理を選ぶものであるという意味で、人生のほかの側面とは違う。私が（ロールズとラーモアによって展開された政治的リベラリズムの観念に同意しながら）第五章で論じたように[18]、善について意見の異なる人びとを尊重するということは、彼らに他者の包括的な善の見解を押しつけないことを意味する。リベラルな国家では、政治的な行為主体に望まれるのは、基本的正義の面倒を見ることだけであり、全体的な善の最大化に手を染めることではない。全体的な善の最大化を追求しないことが強く望まれるのは、政治的な行為主体に、善が何であるかを包括的な仕方で定義して欲しくないからである。リベラルな社会における正しい分業は、政治制度が正義の面倒をみることであり、また諸個人が正義以外の領域で自らの善の包括的構想を自由に追求できる状態にあることである。

このような視座からすると、政治的な行為主体に対して帰結主義者になるよう求めるのは、リベラルではないように思われる。なぜなら人びとは、何らかの包括的な善の構想をもたずして、帰結主義者のような選択を為すことはとうていできないからである(19)。だがそのような包括的な構想は、正義によって設定された限界内部で市民一人ひとりが当人自身の善の構想を有しかつ追求するのがよいという理由から、まさに政治的な行為主体には用いて欲しくない構想であるだろう。正義にもとづく中核的な権原として、中心的な可能力の短いリストを作るということは、内容に関して立場を明確にするやり方である。だがそれは、異なる包括的構想を持つ人びとに対する私たちの制約を宣告するやり方でもあるということは重要である。そうして私たちは、「私たちの社会の基礎構造の要として、この部分的な善の構想だけを支持してください。それ以外については、あなた自身の宗教的、もしくは世俗的な構想がなんであれ、自由に追求してください」と述べていることになる。

ほかの種類の功利主義よりも、シンガーの選好功利主義の方が、この問題にうまく対応していることは明白である。それというのも、シンガーの選好功利主義は、人びとが実際に選好しているものを尊重する点で、リベラルだからである。だがそれによって、政治的教説の側で、この行き過ぎた野心の問題が解決されるかは不明である。市民たちの包括的教説の多くは、選好充足を、善の精確な見解として支持するわけではない。たいていの宗教上の教説と、多くの道徳上の教説は、この点でシンガーと意見を異にする。すると政治的な行為主体は、満足を目標として追求することにおいてすら、リベラルが諸個人の選択のために取っておきたい領域を侵害することになる。くわえて選好功利主義は、本書の第一章と第五章で論じたように、周知の問題をいくつか有している。[20] 選好という観念そのものの曖昧さ。無知、貪欲、恐怖によって形成された選好の存在。さらには、人が予期するようになってしまった低い生活水準にともかく適応してしまうという選好である「適応的選好」の存在。こうした問題である。

　したがって私たちは、帰結に焦点をあわせる政治原理をたしかに欲しているけれども、そうした原理には帰結主義者が課しているものよりも限定的な役目を、つまり基本的正義のことがらに限定された範囲における帰結に取り組むという役目を課す必要があると、暫定的に結論づけるとしよう。この範囲の外部では、社会全体とその基礎構造は、誰のものであろうと――たとえ選好功利主義のものであろうと――善に関する単一の包括的構想によって律せられるべきではないのだ、と。

　つぎに総和主義を取り上げよう。結果指向の見解は、関連するすべての善をとにかく足し合わせる必要性をもたない。結果指向の見解は、諸々の善にほかのやり方で比重をかけるだろう。たとえば人間を対象とする可能力アプローチにおいてそうであるように、そうしたほかのやり方は、各人にはある一定の重要な善の閾値を上回ることへの剝奪できない権原があると、容易く主張するだろう。くわえてそのような見解は、ロールズの理論が実にそうしているように、もっとも恵まれない人びとの状況に焦点を当て、そのような人の立場を高めることのない不平等の容認は拒むだろう。福利に関するこうした考察は、人びとを目的として扱うことを求める。いわば他者の不利益を通じて一部の人びとの極端に高い水準の福利が獲得されることは、認められない。社会全体の福利をもってしても、個人の毀損は認められないのである。

　人びとの個別性と不可侵性にこのようにこだわることを功利主義が拒んでいることは、よく知られている。功利主義はすべての関連する快楽と苦痛（もしくは選好充足とフラストレーション）を足し上げることにコミットしているため、任意の階級や集団に対する極端に苛酷な結果を、まえもって排除することができない。あらゆる満足を単一システム内で交換可能なものとして扱う功利主義理論の中心的な正義の構想は、ある人びとがほかの人びとに生涯を通じて服従する制度である奴隷制を認めてしまう。第一章と第五章でみたように、奴隷制のような結果が、かりに除外されることがあるとすれば、それは総福利もしくは平均福利に関する経験的な考慮事項によってのみである。こうした問題はよく知られているように明瞭でない（とくに関係する個人の数もはっきりしない場合にはそうである。この点については後で取り上げる）。たとえそうではないとしても、奴隷制、拷問、そして生涯にわたる服従に反対する最良の理由は正義の理由であって、総福利や平均福利に関する経験的な計算ではない。かりにこの問題が避けられたとしても、不当な扱いは虐げられた者たちの同調者を生みだすことがよくあるという事実に鑑みれば、適応的選好の問題にふたたび直面せざるをえないだろう。

動物に眼を向けると、こうした問題のすべてが深刻であることがわかる。効用の種間比較は、ひとつの種の内部における個体間の比較よりも、いっそう難しくかつ不確定である。動物たちの選好の解釈には曖昧さと困難さが満ちている。だが、たとえこうした問題が解決されえたとしても、より一般的な困難が待ち受けている。なぜなら功利主義の総和主義は、基本的正義を理由としては、少なくとも一部の動物に対する大きな苦痛と残酷さをともなう扱いを、除外できないだろうからである。インドの裁判所の事例で説明したサーカスの動物たちが、残酷に扱われている唯一の動物だと仮定してみよう。彼らのパフォーマンスが多くの人間の観客に与える快楽が、少数の動物が味わう苦痛を上回りえない理由は、明白ではない。それでもなお、インドの裁判所のように単刀直入に、「これは容認しえない。これは道徳的な毀損である」と言えないのは、残念なことだろう。基本的な倫理上の権原を、このように他者の悪意ある快楽しだいとすることは、権原の位置づけを貧弱で脆弱なものとしてしまい、残酷な慣行に反対するための直接的な道徳上の理由を無視することになる。

選好功利主義の方が〔ただの功利主義よりも〕ましだろうか？ 第一に、そこにも概念上の不明瞭さがある。動物に選好があるとするのは、明らかにとても難しい。本書はこれまで、選好功利主義には人間のケースで、誤った情報にもとづく選好、悪意ある選好、そして恐怖によってもたらされた選好といった問題や、酷かったり不正であったりする背景的条件の下で形成された適応的選好の問題など、複数の深刻な問題があると論じてきた。これらは動物の選好に関しても問題である——歪んだ選好の多くは、動物と人間の病的な関係性においてのみ出現するとはいえ。動物も、従順な選好や、恐怖によって引き起こされた選好を、身につけうる。学習性無力感の精神状態へと調整された犬には、(そもそもできるとすれば、であるが) 自発的な運動をはじめることの学習において多大な困難があると、マーティン・セリグマンの実験が示している。[21] 監禁状態に慣れてしまった生き物は、野生で生きることを二度と学べないかもしれない。こうした歪んだ選好のすべてを、不正な背景的条件による産物としてふるい分けることなく単に総計することは、人間のケースと同様に、不正な現状を支持するための方策でしかない。

帰結主義も総和主義も、功利主義者に難題を与えている。そこで最後に、功利主義の内部でもっとも広く行きわたった善に関する諸見解、すなわち快楽主義（ベンサム）と選好充足（シンガー）について考察しよう。快楽は定義しにくい観念として知られているが、それはベンサムが考えたように、単一の感情であり、また強度と持続時間においてのみ異なるものなのだろうか？ それとも諸々の快楽は、それらが関連する活動と同じくらい、質的に異なっているのだろうか？ ミルはアリストテレスに倣って、後者であると考えた。だが、ひとたびその点を認めると、善の均一性や質的単一性と固く結びついている標準的な功利主義とは、大いに異なる見解に目を向けることになる。

善の均一性や質的な単一性へのコミットメントは、動物の権原に関する基本的な政治原理を検討するうえで、とくに深刻な誤りであるだろう。人間と同じく動物にとっても、基本的な権原のひとつひとつが、別個の機能領域に関連している。言ってみれば、ある権原をきわめて量の多い別の権原によって買収することはできないのである。動物は人間と同様に、複数の別個の善を追求する。友情と関係性、苦痛からの自由、可動性、そしてほかにも多くの善。こうした別個の領域と結びついている快楽と苦痛を総計することは、早計でミスリーディングだと思われる。それらすべてのことがらに対する別個の権原が、動物には、正義に立脚して、あると言えるのだから。

単一の量的尺度で共約することのできない複数の善を認めるよう、快楽主義者にひとたびお願いするとしよう。するとさらに、動物の権原を考慮する場合に注視すべきは快楽と苦痛だけでよいのかどうかが、おのずと問われる。動物が追求する善のなかには、それらの欠如が痛みやフラストレーションとしては感じられないものもあると、考えられるだろう。たとえば自由な移動や身体的達成、そして血縁者や集団のための利他的な犠牲。動物の苦痛の一部には価値があるとさえ言えるかもしれない。亡くなった子や親に対しての、もしくは人間の友だちの苦しみに対しての動物の悲しみは、本質的な善である愛着を、構成する要素なのかもしれない。困難な活動を習得するために必要とされる努力にともなう苦痛が、本質的な善でありうるように。

さらに、功利主義の見解はすべて、数の問題に関してきわめて脆弱である。食肉産業界は、そのためにしか存在しえなかった無数の動物をこの世に送りだしてきた。ジョン・クッツェーの『動物のいのち』の架空のキャラクター、エリザベス・コステロにとって、このことは食肉業界の道徳的残酷さの最悪な面のひとつである。それはナチス政権下のドイツを「ちっぽけなものにする」。なぜなら「私たちの道徳的残酷さは終わりを知らず、自己再生的で、ウサギやネズミや家禽や家畜を、殺害目的で絶え間なく、この世に送りだしているのだから」[22]。功利主義者にとって、こうした動物が新たに誕生することそれ自体は悪いことではない。なるほど、新しい誕生は、社会的効用の総計を増すと期待しうる。それぞれの動物に生きるに値するいのちがわずかにでもある限り、それがどんなにわずかであったとしても、生を経験する動物の数が少ないよりも多い方が明らかによいのである。

このように、功利主義には大きな利点があると同時に、深刻な難点もある。帰結主義は包括的な善の構想の複数性に対するリベラルな尊重と緊張関係にある。総和主義は一部の動物をほかの動物の目的のための手段として扱う。快楽主義と選好功利主義は善の非同質性と別個独立性を消し去り、感覚性に宿らない善を無視し、また不正な背景的条件の下で生じた選好および快楽を批判することに失敗している。

これらのすべての点において、ミルの功利主義は、本書でいましがた考察した主流派の功利主義的見解よりも明らかに好ましい。ミルはその社会的福利に関する思想において、正義と諸々の権利をたしかに重視している——そのことが彼の功利主義とどれだけ首尾一貫しているかについては、多くの議論があるけれども。ミルはいくつかの作品、たとえば『女性の隷従』において、社会的選択のために悪意ある快楽を数えることを拒否している。また彼は、一人ひとりの不可侵性にかなりの重要性を与えている。さらに彼は快楽の質的な非均一性を強く主張しており、また快楽は活動の形態としてもっともよく理解しうるとさえ時に示唆している。実際ミルの見解は、アリストテレス的な活動および繁栄・開花の重視と、功利主義的な快楽および苦痛の欠如との重視との、興味深いバランスを取っている[23]。可能力アプローチを人間と動物の関係性の領域に拡張しようとするさい、ミルが重要な同調者として立ち現われるのは、その見解の複雑さゆえである。

4 尊厳の種類と繁栄・開花の種類——可能力アプローチの拡張適用

現行の可能力アプローチは、人間の尊厳およびそれにふさわしい生活という観念から出発しているため、人間以外の動物に関する正義の問題を取り上げていない。それでもなお、これまで議論してきたどの理論よりも、可能力アプローチの方がはるかに容易に人間以外の動物への拡張適用に役立つと、私は論じたい。このアプローチの基本的な道徳的直観は、諸々の能力と切実なニーズの両方を備えた生命の尊厳を気遣うものである。このアプローチの基本的な目標は、生命活動の豊かな多元性の必要性に取り組むことである。このアプローチはアリストテレスとマルクスとともに、（重要かつ善いものとして評価されるいくつかの機能のための）生得のもしくは「基本的な」可能力のある生き物が、そうした機能を果たす機会をまったく得ることがない場合、そこには無駄と悲劇があると主張する。女性の教育の失敗、適切な保健医療の促進の失敗、言論および良心の自由のすべての市民への拡張の失敗——これらはすべて、早すぎる死のようなものを、つまり尊重と驚嘆に値すると判断されてきた繁栄・開花の現われの死を引き起こしていると理解される。したがって、このアプローチが基本的な政治的権原を正当化する仕方の奥底には、人間は他者に危害を加えないという条件で人間独自の仕方で繁栄・開花する好機を有するべきだという発想がある。（ある種として生まれた子どもは誰も、その種に関連する「諸々の基本的な可能力」を有しているだろうとなかろうと、その種に関連する尊厳を有しているということが、忘れられてはならない。尊厳という理由から、その子どもは個人として、あるいは後見を通じて、その種に関連するあらゆる可能力をも有しているべきなのである。）

本書が主張してきたように、種の模範は評価的なものである。諸々の模範は、自然の実際のあり方からただ単純に読み取られたものではない。だが、人間の尊厳のある生活にとって可能力が必要不可欠であるという判断がひとたび下されたならば、そのような生活の繁栄・開花を促進し、またそのような生活への障害を取り除くことについて、非常に強固な道徳的理由が存在することになる。

このアプローチを人間のケースで導く自然本性的な諸力への構えと同じ構えが、このアプローチを人間以外の動物のケースでも導く。なぜなら可能力アプローチの根底をなす人間の諸力への尊重の背後には、より一般的な構えがあるのであり、またそれはカント的な倫理に息吹を与えている種類の尊重とは異なるからである。カントにとって、人間性（humanity）と合理性だけが尊敬と驚嘆に値するのであり、自然界の残りは一式の道具にすぎない。可能力アプローチはそれとは異なり、生物学者としてのアリストテレスと共に、自然界のすべての複雑な生命の現われには、何か素晴らしくて驚嘆の念を生じさせるものがあるとする。(24)

アリストテレスは『動物部分論』で、あまり高等ではないように思われるものも含めて動物を研究するという考えに「苦い顔をする」べきではない理由を、生徒たちに講義している。（アリストテレスの主要な研究分野は、海洋生物学であった。そのためこの作品の大半は、海と海岸の生き物に焦点を合わせている。）彼は、すべての動物は有機物質で作られているため同族であると主張する。人間は自分たちが特別であることを鼻にかけるべきではない、と。「動物の研究はさもしいと考える人がいるならば、それがどんな人であろうと、自分自身についても同様に考えるべきである」。理解することに関心のある人にとっては、すべての動物は驚嘆の対象となる。

動物の自然本性について、比較的尊いこともあまり尊くないことも、できる限り省略せずに語ることである。というのは、気持ちの悪い諸々の動物でさえも、研究に従事すれば……それらの動物を作り出した自然本性が、諸々の原因を知る力を持ちかつ生まれつき知を愛する者たちに、並外れた快さを与えるからである。それゆえ、あまり尊くない諸々の動物に関する探求を子どものように嫌がってはならない。なぜなら、自然本性的なものにはすべて、何かしら驚嘆すべきものがあるからである。そしていかにもヘラクレイトスはつぎのように述べている。彼に会うことを望む人たちが家のなかに入ったところ、かまどのある炊事場で暖をとっている彼を見て立ち止まったので、彼はその客人たちに声をかけたのだと、つまり「ここにも神々がいるのです」と、恐れず入ってくるよう促したのだと。ちょうどこのように、すべてのものには自然本性的で善なる何かがあるということを理解して、とまどうことなく動物の各々の種についての探求へとおもむく必要がある。[25]

ヘラクレイトスは炊事場にも（あるいは便所に――ギリシャ語の言葉の意味は論争中である）神々がいることを訪問者たちに思い起こさせた。アリストテレスもまた彼の生徒たちに、動物を軽蔑ではなく驚嘆と好奇心を持って見るよう促している。

可能力アプローチが具象化しているのはアリストテレスの科学的な精神だけではない。このアプローチはまた、生の諸々の機能が妨げられないこと、つまり生き物の尊厳が侵されないことという倫理的な関心事も含んでいる。プラトン主義の伝統にあるギリシャの思想家とは異なり、アリストテレスはそのような関心事を追求しなかったように思われる。彼は、菜食主義を支持する道徳的な理由づけについて、あるいはより一般的に人間的な動物の扱いについて、何も述べていない（もしくは何か述べていたとしても、何も残されてない）。だが、もし私たちが複雑な生き物を見て驚嘆を覚えるとすれば、その驚嘆は少なくとも、その存在者がそのものの種類らしく存続しかつ繁栄・開花するのは善であるという観念を示す。この観念は少なくとも、ある生き物の繁栄・開花がほかの生き物の有害な作用によって妨げられている場合にはそれは邪であるという倫理的判断に、親密に関連している。この複雑な観念は可能力アプローチの中心に位置している。

このようにして私は、契約主義と功利主義の双方の見解を超えるには、直観的に可能力アプローチが適していると確信している。それは出発点において、生き物に対する素直な驚嘆と、生き物の繁栄・開花への願い、そして多種多様な生き物が繁栄・開花する世界の希求において、契約主義の見解よりも優れている。またそれは、快楽と苦痛だけではなく、生命の複雑な形態と機能に関心を寄せるため、功利主義の直観的な出発点を超えている。個々のものがそのものの種類として繁栄・開花するのを見届けること、これが可能力アプローチの願いである。

諸々の法と政治の諸原理は、人間によってつくられる。では、正義原理の骨組みづくりの参加者ではない動物は、どうすれば正義の完全な主題になれるだろうか？　このような問いの立て方は、正義に関する契約主義の観点に由来するものであり、可能力アプローチにはなじまない。これまで幾度となく指摘してきたように、社会契約説は、可能力アプローチが慎重に区別している二つの問題を一緒くたにしている。契約主義者にとって、「誰が法や原理を作るのか」という問題は、「誰のために法や原理はつくられるのか」

という問題と、必然的にそして構造的に同じ答えを有しているものとなる。そうなるのは、契約主義者が描く社会的協働の全体像のせいである。人びとは相互の有利性を確実なものとするために集うことを余儀なくされ、交渉の相手方に対する平等な尊重によって決定づけられた制約を受け入れる。この初期の仕組みによって、当事者たちがおのれ自身を、続いて設計する正義原理の唯一の主題ではないにせよ第一義的な主題として考慮することが保証される。ほかの存在者たちは、配慮と受託者の関係性を通じて派生的にのみ、契約関係に入ることができるのである。

だがここでもやはり、これら二つの問題が、このように一緒くたにされなければならない理由はない。正義の核心部分は、多種多様な存在者たちに尊厳のある生を確保することにある。ひとたびこう理解すれば、原理を作る人びとは、自らが選ぶ原理のれっきとした主題として、人間以外の存在者も含むはずである。これまで人間のケースに関して展開されてきた可能力アプローチは、ここで世界に目を向けて、その世界において人間以外の存在者も含む正義をどのように編成しうるかを問う。正義は、可能力アプローチが追求する本質的な諸目的のひとつである。人びとは、世界のすべての残忍さと悲惨さ、善良さと親切さを見つめ、また人間の尊厳という観念に内在するきわめて重要な諸権原の中核的まとまりが保護される世界を作る方法を考えようとしているものとして、想像される。彼らは自分と似た資源や力のある人びとだけでなく、人間世界の全体を見つめているため、知的障碍のある人びとの善に対しても、直接的かつ非派生的に取り組むことができる。彼らが欲しているのは、そうした生が挫かれない世界、あるいは少なくともその挫きの度合いができる限り小さい世界である。一部の知的障碍のある人びとは原理選択の当事者になれないという事実だけでは、法が他者と同様に彼らのためでありまた彼らについてであってはならない理由を、可能力アプローチの使用者にきちんと示すことはできない。

換言すると、社会的協働の目的は、「自由、平等、別個独立」の人びとの相互有利性に求められるのではない。社会的協働は（やはりこれまで展開されてきたのが人間のケースであるため人間に関して述べるが）もっと包括的でかつ広範な諸目的を有するものとして理解される。そうした目的には、正義と正義にかなった相互依存性の追求が、多種多様な人びとのために含まれる。なかには自由な人びともいれば、それほど自由でないか若しくは異なる仕方で自由な人びともいる。なかには相対的に別個独立の人びともいるが、少なくともある意味では全員が依存的であり、なかには能力において平等な人びともいれば、能力においてまったく平等ではない人びともいる（このことは彼らが道徳的に平等ではないということを意味するわけではない）。協働それ自体も、契約を結ぶために集った多くの類似の「正常な」人びとのことがらとして、見なされているわけではない。代わりに、協働には多様な種類の依存性と相互依存性を含めて、たくさんの様相があると考えられている。協働の諸目的において顕著であるのは、そして可能力アプローチによる基本的正義の説明に固有であるのは、重要な自然本性的諸力が挫かれることの防止であるだろう。こうした特徴が、人間と動物の関係性をとらえるために可能力アプローチを拡張適用することを容易にする。

それでは拡張適用をはじめよう。類比と拡張適用による社会的協働の目的は、多くの種が繁栄・開花に努めている世界で共にまっとうに生きること、これである。（ここで協働それ自体が、生命の複数かつ複雑な形態を引き受けることになる。）人間と動物の関係性を形成するための政治原理を導くにあたって、可能力アプローチの一般的な達成目標は、その理論の直観的観念に従うならば、感覚のある動物はどれも繁栄・開花した生活――それぞれの種に関連する種類の尊厳のある生活――を得る好機から断ち切られるべきではないというものであり、また感覚のあるすべての動物は繁栄・開花するための一定の積極的な機会を享受しなければならないというものであるだろう。私たちは生命のさまざまな形態を含む世界へしかるべき敬意を払いながら、それぞれの種に特徴的な種類の繁栄・開花に対して倫理的に配慮し、またそれぞれの種が繁栄・開花した生活から断ち切られたり無駄になったりしないよう努力することになる。

可能力アプローチは契約主義と異なり、動物に対する直接的な正義の責務をともなう。そうした責務は、人間が仲間の人間に対して有する義務から派生するものでなければ、そうした義務に劣るものでもない。動物は同情の対象としてだけでなく、主題および行為主体として扱われる。可能力アプローチは功利主義と異なり、個々の生き物を尊重し、別個の生命や別種の善を総計することを拒む。他者の諸目的や社会全体の諸目的のための手段として用いられる生き物はひとつもない。可能力アプローチはまた、個々の生命の多様な構成要素とさまざまな生命の種類とを超えて総計することも拒む。そのため可能力アプローチは功利主義と異なり、各々の種には異なる生活形態と異なる諸目的とがあるという事実に、焦点を合わせ続けることができる。さらにまた、任意の種の内部では、各々の生命に複数かつ非同質的な諸目的があるとも理解される（感覚のある生き物に着目する理由は、以下で説明される）。

可能力アプローチは、人間のケースにおいて、完全に包括的な善の構想を用いていない。それは、人びとが多元的な社会で自らの生活を選ぶ多様なやり方を尊重しているためである。可能力アプローチは、尊厳のある生活という観念に内在するとされるいくつかの中核的な権原を確実なものとすることを達成目標としているが、機能ではなく可能力が達成目標であり、短いリストに焦点を絞っている。人間と動物の関係性というケースにおいては、より大きな制約が必要である。なぜなら、動物は実際のところ政治原理の骨組みづくりに直接参加しないからであり、またゆえに動物には自らは選ばないだろう生活形態が押しつけられるリクスが高いからである。そのため本書で尽くせる最善は、善い動物の生活に関する包括的構想を得ようとすることではなく、可能性を与えることや保護を与えることに重点をおいた、限定された一群の政治原理を探求することである。

5　方法——理論と想像力

しかし議論を進める前に、適切な哲学的方法について、いくつか難しい問題に対峙する必要がある。可能力アプローチは、ジョン・ロールズが「反照的均衡」を達成目標とする方法とした方法に、したがっている。[26] ロールズは的確にも、この方法をシジウィックに加えてアリストテレスにまでたどっている。ソクラテス式の内省のプロセスでは、私たちはアリストテレスであれば言うだろう「もっとも深遠でもっとも基本的なもの」はどれで、ロールズであれば言うだろう「熟考された判断」はどれであるのかを問いながら、自分自身の諸々の道徳判断と直観を注意深く吟味する。つぎに、これらやほかの判断をまとめあげると主張する、さまざまな理論を詳しく調べる。ひとつも固定的なものはない。理論と、ひとまとまりにされた諸々の判断とのあいだで、首尾一貫性と適合性が追求される。私たちの熟考された判断は見直されるかもしれない——その判断を除けば説得力のある理論が、結論としてその見直しを必然的にともなう場合には（判断の修正が生じるのは通常、ほかの判断が、おそらくはより一般的な判断が、そのように説得力のある理論を支持する場合だけであるが）。熟考された判断に照らして、理論が修正あるいは却下される場合もある。簡潔さや首尾一貫性といった形式的な諸原理の比重も含めて、あらかじめ確定されたものは何もない。[27] 最良かつ唯一の判事は各人であり、また関係する判事たちの共同体である。[28]

ロールズの議論では強調されていないが、アリストテレス的な方法では、想像力が用いられている。私たちはよく、政治原理のさまざまな選択肢について、それらがどのような生活形態を構築するだろうかを想像し、そうした原理が律する生活にはどのような苦痛や繁栄・開花があるだろうかを自問している(29)。ロールズの「原初状態」はそのような思考実験を要求するものであるが、それは当事者たち自らが、人びとのために構成する諸々の社会的立場における生活の機会がどのように異なるかを見定めなければならないためである(30)。そのような想像力は無批判に使用されるものではなく、つねに諸々の理論と熟考された判断とに照らして使用される。だがなお、理論に従うか熟考された判断のひとつを修正するかの選択において問題となっていることがらを考慮するさい、想像力は私たちに情報を与えてくれることが多い。

人間以外の動物に関する倫理的な主張を調査するさい、このようなアプローチはどう進展するのだろうか？　人間のケースでも、程度は比較的小さいとはいえ、想像力の使用について困難がある。ピーター・シンガーとほかの功利主義者が強調してきたように、想像力はかなり都合のよい道具になりうる。動物の生活についてのすべての文芸的描写は人間によってつくられたものであるし、動物の経験についての人間の共感的な想像はすべて、おそらく生命に関する人間的な感覚によって形成されている。こうした理由から功利主義者たちは、原理に純粋に依拠することを好む傾向にある。ひとたび精確な理論の命令を示したならば、それを動物のケースに単に適用すればよいため、動物の苦しみを想像するという滑りやすい思考実験は必要とされないからである。

もちろん実際には、そのような議論を現にしている功利主義者はいない。なぜなら、熟考された判断に多少なりとも依拠せずには、また生き物の苦痛を多少なりとも想像せずには、なぜ功利主義が実のところ精確な理論でありうるのかが理解し難くなるだろうからである。もしこのことが一般に当てはまるならば、それは動物のケースについても二倍に当てはまる。というのも、動物は彼ら自身の判断や理論を提示することができず、また彼らの生活は、私たちの不完全な人間的観点から、どうにかして評価されなければならないのだから。このようにしてみると、動物の生活と彼らの苦痛を想像する以外に、進む方法はない。ジェレミー・ベンサムは動物と間近に暮らし、彼らと頻繁に交流し、そうした陽気な交流を楽しんだが、そこでは彼の想像力がひときわ目立っていた。[31] ピーター・シンガーの作品では、動物の苦しみを想像することへの誘いのいくつかが、これまで描かれた誰のどの作品よりも力強く描かれている。想像力への依拠が理論的に不利に働く人びとでさえ、たとえ批判的にであっても、かりに実際に想像力に助言を求めているとすれば、ほかの出発点に立つ理論家たちも想像力に助言を求めているのだと、明らかに言える。動物に対する残酷さへの反対を引き起こすうえでは、想像力に富んだ優れた作品が、重要な役割を担ってきた。

動物の行動に関する人間による記述はすべて、人間の言語によるものであり、人間の経験を媒介している。シンガーが強調するように、擬人化された投影では、過ちを犯しかねない。だが、私たち人間の関係性も同じ問題によって悩まされているということが再認識されるべきである。プルーストが言うように、真の人間は「私たちの感受性が取り除くことのできない重荷[32]」を課されている。つまり、もっとも磨かれた他者の心によってでさえ決して完全には理解することのできない不可解で不透明な領域が、真の人間にはあるのである。私たちは自らの想像力においてのみ他者の精神生活を経験できる。この所見からプルーストは、文学的な芸術的才能だけがほかの人間の心へのアクセスをもたらすという、驚くべき主張を導きだしている。もし私たちが、別の輪郭に生命を与えるべきであるならば、私たちが小説を読むときにすることが私たちがつねになすべきことである、と。[33] この意味で、私たちの倫理的な生活はすべて、投影の要素を、つまり与えられたものとしての事実を超える要素を、ともなっている。もし私たちが自らを促し、自らの想像力がよくあるお決まりのもの以上であることを求めるならば、共感的な想像力が種の壁を越えることは不可能ではないだろう。J・M・クッツェーの架空のキャラクターで、動物のいのちについて講義をしている小説家エリザベス・コステロが述べているように、「心臓が共感という能力の宿る場所であり、それを通じて私たちは、他者の存在をときに分かち合うことができる」[34]。

そのため可能力アプローチは、共感的な想像力が誤りやすいものであるにもかかわらず、動物と人間の関係性における人間の道徳判断を拡張しかつ研磨するために、それを用いる。また、諸々の判断と想像の両者を修正し、研磨し、そして拡張するために、尊厳についての理論的な洞察を用いる。これを正しく行なうための確実な方法はないけれども、私たちはどこかからかは出発しなければならない。またこのテーマに関しては、私たちが通常なしている多くの自分勝手でいい加減な思考よりも、徹底的でかつ真剣な道徳上の思考実験の方が、より良い結果をもたらすだろう。

このような方法は、さまざまな種類の理論と連結して用いられうる[35]。だが、物語と想像力を包摂したこの複雑でホーリスティックな方法は、動物の権原の分野において、ほかではなく可能力アプローチが選択されることを、究極的には支持すると考えられる。想像力と物語は、動物の生活は多種多様であり、それぞれの種の内部でも、また種をまたいでも、複数の活動と目的をともなうものであるということを、鮮明に想起させる。もしこのような方法が、すべての生活において大事なのはたったひとつであり、たとえば感覚性とか合理性がそれに該当するという結論をもたらすとすれば、奇妙であるだろう。想像力はまた、生活および関係性の構造を念入りに調査しなければ見落すかもしれない、力の非対称性についても、教えてくれる。さらに、動物の諸々の生活について想像するならば、それらは正義の潜在的な主題として、本来的にリアルなものとなる。対して、人間に特殊にみてとれる合理性を与えられた存在者たちのあいだの互恵性に焦点を合わせる契約主義のアプローチは、動物の生活を派生的にしか重視できない。

本書第三章における議論の大部分は、可能力アプローチが用いている政治的な人格の構想が、カント的な契約主義のアプローチで用いられているものとは異なるという事実にもとづいていた。このアリストテレス的な構想は、人間の道徳性と合理性を人間の動物性の内部にしっかりと位置づけており、また人間の動物性それ自体に尊厳があると主張している。人間の困窮のなかにも、人間のこの世における誕生、成長および衰えのなかにも、相互依存性および非対称的な依存性の関係性のなかにも、そして（比較的）別個独立した活動のなかにも、尊厳はある。このような人格の構想は、ホーリスティックな正当化の方法との密接なつながりにおいて用いられており、また市民たちが政治目的のために自らの人間性を想像する重要なやり方のひとつとなっている。

さてここで、可能力アプローチのアリストテレス的な側面を拡張しなければならない。これまで述べてきたように、法律や政治原理は人間によってつくられている。したがって、法の制定者としての人格の政治的構想もやはり、第三章で明らかにしたアリストテレス的な構想である。だが可能力アプローチの見解は、正義の二つの問題（誰が原理を作るのか、そして誰のために原理はつくられるのか）を融合しないため、正義の主題としての生き物に関して、異なる政治的構想を必要とする。諸原理を制定する人間が、困窮者として、またしばしば動物に依存するものとして、想像されているという事実が、この拡張の下地となっている。自らをこのように理解する人びとは、そして比類ない人間の特性とされるものを自慢しない人びとは、契約主義者よりも多くの種類の動物の生活（各々にそれぞれのニーズがあり、各々にそれぞれの尊厳がある）を含む連動した世界のために、自らは原理を作っていると理解するだろう。このように、正義の主題としての生き物に関する構想はまさに、個々のいのちにその尊厳を宿す多種多様な動物が自らのいのちを生きようとしている世界に関する構想である。それは単一の構想ではまったくない。この構想全体にとって、生活形態の複数性は非常に重要である。

6 種と個体

こうしたコミットメントの焦点は何であるべきだろうか？ 人間のケースと同様に動物のケースでも、焦点は個々の生き物の福利と尊厳であるべきだろう。可能力アプローチは、数の増大などといったものをまったく重要視しない。現存する生き物の福利と、それらの力が挫かれるさいになされる害とに、関心はおかれる。当然ながら生き物は孤立した状態では繁栄・開花できないのだから、動物にとっても人間と同様に、適切な集団と共同体が存在するということが、個体の繁栄・開花にとって重要である。

種の存続についてはどうだろうか？ ここでの私の答えは暫定的なものであり、エコロジーについての思想家の多くをきっと満足させはしないだろう。もっと多くの研究がなされなければならないのは明らかである。だが私はいまのところ、もし種が個々の生き物の福利に何の影響も与えない仕方で絶滅するのであれば、種の存続には正義の考慮事項としての道徳的な重みがほとんどないだろうと考えている（もちろん美学的な意義、科学的な意義、あるいは何かほかの倫理的な意義があるだろうけれども）。だが種が絶滅しかけているのは主に、人間がその構成員を殺しかつその自然環境を傷つけているからである。このように、個体に対する危害を通じて、種に対する危害が生じている。可能力アプローチにおいては、この個体に対する危害が倫理的な憂慮の対象であるべきだと、私は考える。生物多様性といったものは善であるだろうが、それがどのような種類の善であるのか、またそれが政治的正義とどのような関係にあるだろうかは、別の探求に託すのがよいだろう。何かを（ほかの種類の問題ではなく）正義の問題とするのは何であるかについて、もし私が正しければ、個々の動物が苦痛と剝奪に苦しんでいるという限りにおいて動物は正義の主題となる。

今日、絶滅危惧種の構成員がその生息環境に関して特別な保護を受けているように、絶滅危惧種はその個々の構成員のためによりいっそうの配慮を受けるべきだろうか？　これと類比的なことが人間のケースでも生じることがある。ウィスコンシン州対ヨーダー事件の原告であったアーミッシュの親たちは、自分たちの子どもを残り二年間の義務教育から離脱させることの許可を求めるさい、彼らの生活様式そのものの消滅危機によって彼らの宗教的自由が脅かされていると述べた[36]。その個々の人びとが宗教的自由を権利要求として掲げることができたのは、彼らの生活様式の保護という大義があったからである。この論証を通じて彼らは、彼らの子どもたちの教育における特別な譲歩を勝ち取った。同様に、ある絶滅危惧種の個々の構成員の生殖能力と繁栄・開花一般とに配慮を示すやり方として、その種に対する特別な配慮を正当化しうるかもしれない。まだ生まれざる未来の個体のためにというよりも、現存する個体の生活様式を存続させるために、生息環境と生殖環境に対するよりいっそうの配慮は必要である。いずれにしても、基本的正義が問題となる場合には、倫理的配慮の焦点は生活様式の存続となるだろう。私たちが人間のケースで正義にかなった貯蓄の原理を採択する限りにおいて（この主題に関するロールズの説明には説得力があるだろう）[37]、私たちは動物のケースでも類比的な原理を採択するだろう。このように個体に着目するとはいえ、美学的であろうと倫理的であろうと科学的であろうと何かほかの原理が、それ自体においての善としての種の存続のための配慮を要求するだろうという考えが、除外されることはない。

するとこの見解は、集団や種ではなく、実際に生きている生き物を基本的な正義の主題とする点で、個体主義的である。だが、別の種類の個体主義、すなわち「道徳的な個体主義」として知られる見解を、ここで考察しなければならない。この見解によれば、種の成員資格それ自体には道徳的重要性がない。道徳的重要性はすべて、個体の能力にあることになる。

　動物の権原に関するほとんどすべての倫理的見解によれば、諸々の生活形態には道徳的に重要な区別がある。蚊を殺すという危害と、チンパンジーを殺すという危害とは、種類が異なると考えられている。だが問題は、どのような区別が基本的正義にとって重要なのかである。ベンサムを継承するシンガーは、感覚性に問題の焦点を合わせている。多種多様な動物が肉体的な痛みを感じうるのであり、感覚性のある存在者に痛みを与えるのはつねに悪である。もし感覚性がないか、あるいはほとんど感覚性がない動物がいるとすれば――甲殻類と軟体動物、そして海綿動物と、アリストテレスが「静止動物」と呼んだほかの生き物がこのような動物だろう――それらを殺すことは危害をともなわないか、もしくはささいな危害しかともなわない。また感覚性のある生き物のなかには、認知能力を通じて追加的な危害を被るものもいるし、おのれの死を予感し、それを気にかける動物も多少はいる。また生き続けることに意識的、感覚的な関心を持ち、死に苛立ち、悩まされる動物もいる。おのれの死を予感しないか、もしくは生き続けることに意識的な関心を持たない動物を、痛みをともなわないやり方で殺すことは、シンガーとベンサムにとっては悪ではない。なぜなら彼らにとってすべての悪は、自覚的な意識というかたちで理解された利害関心のフラストレーションにあるからである[38]。このようにシンガーは、一部の動物が本質的にほかの動物よりも尊重に値すると述べているのではない。彼はただ、すべての危害は感覚性があってこそであるという彼の意見に私たちが同意するならば、その生き物の生活形態が、その生き物が実際に危害を受けうる条件を限界づけることになると述べているにすぎない。

動物の権原に関して権利基底的な見解を擁護するトム・レーガンは、[39]彼の考える動物の集団（それに含まれるのは、一歳の年齢に達したすべての哺乳類である）の内部において、内在的価値の違いを承認することを拒んでいる。それらすべてに内在的価値があり、またそうした価値は程度の問題ではないと、彼は考えている。それにもかかわらず、彼もまた、内在的価値に関する説明のなかで、自覚意識に大きな比重をおいている。一歳に達したすべての哺乳類に自覚意識があるという彼の議論が、それらすべてに内在的価値があるという彼の主張を大部分において支えている。

功利主義とアリストテレス主義の双方の要素を取り入れた見解を持つジェームズ・レイチェルズは、[40]シンガーと同様に、生き物の生活形態の複雑さとレヴェルが、どのような扱いが認めうる／認めえないのかを考えるさい、違いをもたらすとしている。だが、シンガーにとってはすべてが感覚性にもとづくが、レイチェルズの場合、検討されている危害のすべてが感覚性を根拠とするわけではない。したがって、たとえば自由な移動に課せられるある一定の形態の制約について、動物がそれを悪もしくは窮屈なものと自覚していようといまいと、あるいは自由な移動に対して動物が自覚的な関心を有していようといまいと、レイチェルズにとっては危害をなすものとなる。しかし、生活形態の複雑さが問題となる仕方に関するもっと一般的な説明において、彼はシンガーと同じである。宇宙における何らかの超然とした見地からすると、一部の生き物は素晴らしいとか立派である、というのではない。（これはアリストテレスが信じていたことかもしれない。）そうではなく、生き物の複雑さのレヴェルが、何がそれに対する危害でありうるかに影響を及ぼす、という説明である。苦痛という危害に関連するのは、感覚性である。特定の種類の苦痛という危害に関連するのは、特定の種類の感覚性である（たとえば自己の死を想像する能力）。自由の縮減という危害に関連するのは、自由もしくは自律に関する能力である。ミミズの自律やウサギの選挙権が奪われているという申し立ては、意味をなさないだろう。

　要約すると、シンガーとレイチェルズが支持する種類の道徳的個体主義は、本書がいまや評価しなければならない二つの主張をなしている。第一に、能力の違いは、真価や価値の階層制をつくりだすことによってではなく、ただ単にその生き物にとっての善もしくは危害となりうるものに影響を及ぼすことによって権原に影響を及ぼすという主張。第二に、種の成員資格それ自体は、その生き物にとっての善もしくは危害となりうるものに意味のある仕方では何ら影響しないという主張、つまり個体の能力だけが重要だという主張である。

　第一の主張には説得力があり、可能力アプローチもそれには容易に同意しうる。生活形態には自然本性的な順序づけがあり、一部は他よりも本質的に支援や驚嘆に値するというアリストテレスの観念を、私たちは継承するべきではない。内在的真価という考慮事項は、よい生に関するいくつかの包括的構想において、何かほかの種類の倫理的重要性を有してきたかもしれない。ある包括的な倫理的見解が、活動と快楽のいくつかは「高級」でいくつかは「低級」であるとか、生活のいくつかは豊かでいくつかは貧しいとか判断することは、ありうるだろう。かりにどのいのちを生きるかの選択が整合的な思考実験であるならば、チンパンジーとして生きる方がミミズとして生きるよりもよいと述べることも、ありうるだろう。だがこうした考慮事項が、人間と動物の関係性へのアプローチを枠づけるさいに用いられる基本的な正義および政治原理の問題に影響するべきかは、疑わしいと思われる。

　するとここで私たちは、レイチェルズの主張を少しばかり違った仕方で理解して、彼に同意すべきである。可能力アプローチは、善であると同時に中心的なものとして評価されている諸々の基本的（生来的）な可能力の開花および繁栄に倫理的重要性を見いだしているため、それら可能力の妨げや挫きに危害を見いだすことになる。より複雑な生活形態は、挫きの対象となるますます複雑な（善い）諸々の可能力を有しているため、より多くの種類の危害を被りうる。ウサギの選挙権やミミズの宗教的自由が奪われたところで何らの挫きはないと言うレイチェルズに、私たちは同意できる。生活のレヴェルに重要な関連性があるのは、それが別々の種にいわば差別的な真価をもたらすからではなく、生き物が被りうる危害の種類と程度がその生活形態によって異なりうるからである。

可能力の挫きが危害とはならない閾値はあるだろうか？　蚊は痛みを感じないように見えるので、蚊を殺すことはわずかの悪だと思われる。この結論を説明することはシンガーにとっては簡単である。だが、可能力の理論家たちにとってはそうではない。なぜなら善は感覚性にだけではなく、繁栄・開花のための機会にも存在するからである。蚊の生き続ける能力は、断ち切ることが悪となる能力のひとつではないのか？ここで可能力アプローチは功利主義の賢明さを認めるべきだと私は思う。[41] 基本的正義にとって重要なのは感覚性だけではない。だが感覚性の所持を、正義にもとづく権原のある存在者たちの共同体における成員資格の閾値レヴェルの条件として、見なすことが妥当だと思われる。もし蚊がほかの動物に与える危害（これについては後で考察する）がないのであれば、蚊の殺害に多くのエネルギーを費やすことについて、何かしら残酷で不愉快な感じがあるだろう。似たような能力のある無害の虫は不必要に殺されるべきではない。だが、これは基本的な正義のことがら、つまり政治原理がそれに関して枠づけられるべきことがらだろうか？　感覚性のある生き物にしばらく焦点を合わせるとすれば、問題をこれ以上は増やせないだろう。

可能力アプローチにとって、本質的な価値は快楽と苦痛だけではない。この事実を前提として、このアプローチは厳密には、快楽と苦痛を感じる能力が道徳的地位の必要条件であると、述べるべきではない。代わりに選言的なアプローチが採択されるべきである。つまり、もしある生き物が快楽と苦痛の能力、も・しくは場所から場所へと動く能力[42]、もしくは感情と関係性の能力、もしくは推論の能力などのいずれかを持っていたら（遊びの能力や道具使用の能力といったものを加えてよいだろう）、その生き物には道徳的地位がある、ということである。ＳＦは、快楽と苦痛を感じる能力のない知的な生き物の存在を想起させる。宗教もそうである。神は、伝統的な多くの見解では、感覚性のない理性的な存在者である。だが私たちが知っている自然は、ＳＦのようなものでも神学のようなものでもない。右で言及された、ほかに目立った可能力のどれかひとつを持つすべての生き物は、快楽と苦痛を感じる能力も持ち合わせている。アリストテレスが強調しているように、これは偶然ではない。移動、関係性、感情、そして思考にとって、感覚性は重要なのである。しかしながら私たちは、理論目的のために、SFの可能性を認めることもあるだろう。

では第二の主張について考察しよう。功利主義者にとって、またレイチェルズにとって、生き物が属する種には道徳的な重要性はない。功利主義の著述家たちは、類人猿を幼い子どもや知的障碍のある人間と比べることを好む。対照的に可能力アプローチは、種に特徴的な機能と生活形態について論じるため、種の成員資格といったものには、いくらかの意義を見いだしているように思われる。本書では第三章で、社会が直接的に、もしくは後見を通じて、どのような可能力をセーシャにもたらすべきかを詳述するさい、彼女が属する種に重要な道徳的関連性があると論じたのであった。

私たちはまず、動物の能力について現在知っていることよりもはるかにもっと多くのことを知らなくてはならないということを、認めるべきである。第二に、生命の連続性に関する内省から学ぶべきことは多いということも、認めるべきである。ダーウィン主義とその倫理的な含意についてのレイチェルズの研究が非常に説得的に示しているのは、世界はストア派とユダヤ＝キリスト教の伝統が理解する仕方では存在してないということ、つまり人間はほかの自然から明確に区別されているわけではないということである。[43]

諸々の能力は交差し重なり合っている。チンパンジーは、とても小さな子どもやもう少し年齢のいった自閉症の子どもよりも、思いやりと先を見通す思考の能力において優っているだろう。そして、レイチェルズが扁形動物の実践知性に関するダーウィンの重要な論文を効果的に用いて説明しているように、人間がしばしば自分たちだけに横柄な態度で帰属させている諸々の能力は、自然においても広範に見いだされている。このような内省は、人間が自らをより精確にそしてより横柄ではない態度で理解するよう、助けてくれる。理性を動物の能力として理解するよう、そしてその動物の尊厳を動物性に対立するものとしてではなく動物性に内在するものとして理解するよう、助けてくれる。同情と利他主義を、神に与えられた道徳的性質の特別な副産物としてではなく、自然において広範な広がりをみせる特徴として理解するよう、助けてくれる。(44)

他方でこの吟味から、種の成員資格は道徳的・政治的に重要ではないと結論づけるのは、間違っているだろう。実際のところ、重度の知的障碍のある子どもは、ある点では能力のいくつかが比較しうるとはいえ、チンパンジーときわめて異なっている。その子の生は何かほかの共同体の構成員としてではなく、人間共同体の構成員として生きられている。その子が繁栄・開花するかしないかは、その共同体においてのことである。その共同体における繁栄・開花の可能性は、種の模範を軸として定まる。言語を持たない霊長類の共同体に出かけて行ってそこに住むという選択肢は、セーシャとジェイミーにはない。だからこそ社会は、言語能力における彼らの障碍に取り組まなければならないのである。ジェイミーのケースでは特別に設計された教育と理学療法によって。セーシャのケースでは後見という関係性を通じて。さらに彼らの障碍が、種に典型的な繁栄・開花の仕方を阻んでいるという事実が、社会に対する道徳的な命令をつくりだす。そのような妨げについては、可能な場合には治療と治癒が、かりに高額であるとしてもなされるべきである。セーシャとジェイミーとチンパンジーの安易な比較は、こうした問題を曖昧にしてしまう。チンパンジーにとって言語の使用は、人間の科学者によって作成された装飾のようなものだ。彼ら自身の共同体における繁栄・開花に特徴的な形態は、言語の使用には依拠していない。セーシャとジェイミーにとって、言語への何らかのアクセスは——できれば自らの発達を通じてが好ましいが、可能でない場合には後見を通じたアクセスは——尊厳のある生活のために必要不可欠である。彼らは人間としてのみ繁栄・開花しうるのであり、幸せなチンパンジーとして繁栄・開花するという選択肢を持たない。

アーサーのケースはこの問題に新たな局面を加える。透視図法的思考に関する実験によると、アーサーの社会的能力はかつて、一部のチンパンジーよりも低かった。アーサーの言語と数学の能力は非常に高いため、彼との比較がなりたつような人間以外の動物はいない。道徳的個体主義は、規範目的のために、アーサーはどの種にもよく合致しない独特な存在者として扱われるべきことを、示唆しているかのようである。私たちは彼の混成的な諸能力をとにかく発達させるべきであり、どれかひとつの領域における発達に特化するべきではない、と。だが実はアーサーは、繁栄・開花するとすれば、人間として繁栄・開花する。そしてこの事実は、彼の諸々の社会的な能力を発達させるために特別な努力がなされるべきことを意味する。そのような努力がなされないとすれば、友情や、より広範な社会的関係性、もしくは有用な政治的関係性を、彼が形成することは明らかにない。それらの欠如がアーサーにとって重要な問題であるのは、彼の共同体が人間の共同体だからである。（ミスター・スポックのように）最小限の社会的能力のある知能の高いエイリアンからなる共同体を、宇宙のどこかへ探しに出かけるという選択肢は、彼にはない。人間は特定のことがらを彼に期待しているのだから、それらに関連する能力は教育によって育まれなければならない——たとえそのような教育を編成するのがとても高額であるとしても。種の模範が重要であるのは、それが文脈を、つまり人びとがその内部で繁栄・開花する／しないことになる政治的・社会的な共同体を、定めるからである。そして人間は、政治的に定義された種の模範の一部を形成する中核的な可能力を得るために、支援を必要とする。

まとめよう。ある生き物が繁栄・開花するためのまっとうな機会を有しているかどうかを判断するさい、何が適切な基準であるかを教えてくれるのは、（正当に評価された）種の模範である。これは人間以外の動物についても当てはまる。それぞれの場合で必要となるのは、それぞれの種に特定的な、諸々の中心的可能力の説明である（それには、犬と人間のあいだの伝統的な関係性といった、ある特定の種のあいだの関係性も含まれるだろう）。つぎに必要となるのは、その種の模範レヴェルまで、その種の構成員を――特別な障碍があろうとも――高めることへのコミットメントである。

ベアを例にみてみよう。ベアは、キャス・サンステインとエレン・ルディック＝サンステインの家で八年間生きた、知能がとても高い愛すべきジャーマンシェパードだった。老齢期に差しかかったベアの腰が衰えてきたとき、彼は痛みを感じなかったが、以前のようには動けなくなった。彼は徐々に後四半部を引きずるようになったが、痛みを感じていなかったため、道徳的個体主義はおそらくどんな治療もベアに対して勧めなかっただろう。ベアの家族の考えはそれとは異なり、ベアが前足で歩きながら身体を滑らすことができるように、彼の後四半部をサポートする新しく設計された犬用の車いすを彼に与えた。ベアはジェイミーとセーシャと類比的である。彼らはそれぞれ、種に特定の繁栄・開花の模範に可能な限り到達するために、特別な支援を必要としている。可動性は犬の繁栄・開花において重要であるが、海綿にとってはそうでない。ベアにとって、移動に対するアクセスがあるということは、尊厳のある生活の必要不可欠な部分であった。犬に特徴的な機能と交流について考えることは、障碍のある個体への支援が必要となるのはいつであるかを理解するのに役立つ。

こう述べるからといって、このように直接的でまた少しばかり介入主義的なやり方で、人間がつねにあらゆる動物の可能力を支援する役目を引き受けるべきだ、というわけではない。しかしながら、まれな例外である犬にとっては、犬だけの共同体で繁栄・開花するという選択肢はない。彼らの共同体には親密な人間の構成員がつねに含まれるのであり、したがって彼らの可能力に対する人間の支援は明らかに道徳的に認められうるし、また要求される場合もある。こうしたことがらについて私たちを導くような、道徳的個体主義による助言はほとんどない。

7 動物の可能力の評価——自然崇拝の回避

可能力アプローチは、人間の場合において、人間本性に関するいくつかの事実から直接に模範を導きだすことを拒んでいる。人間の生来の能力についてはできる限り知られているべきであるし、またその情報は貴重にも、私たちの機会が何であり、また私たちが遭遇する危険がどのようなものであるかを教えてくれる。だが私たちは、人間の生来の諸力のうち、どれがよいものであり、どれがまっとうに繁栄・開花した人間の生活、すなわち人間の尊厳のある生活という観念にとって中心的であるのかを問いながら、それらを評価することからはじめなければならない。このように可能力アプローチには、その出発点において、評価のみならず倫理的な評価もが加えられている。人間の生活において見いだされる多くのことがらは、可能力のリストには載っていない。欲深さや、犯罪や残虐さといったものはすべて、人間の諸力に実際もとづくものである。だが欲深さを育んだり、犯罪や残虐さを繁栄させる機会を保障したりすることは、政治的構想の務めではない。繁栄・開花の構想は、とことん評価的で倫理的である。この構想によれば、ある一定の性向が満たされないことは、繁栄・開花と両立するのみならず、実のところ繁栄・開花によって要求されるのである(45)。

種に特徴的な繁栄・開花および生活形態をほのめかすどんな理論にも、リスクがある。それは自然を美化するというリスク、もしくは人間が干渉を止めさえすれば物事は本来そうあるように秩序だっていると示唆するリスクである。何らかの道徳的評価が避けられないと思われる人間のケースから、評価がなしうるとしてもそれが捉えにくくて困難な動物のケースに眼を転じると、このリスクは大きく立ちはだかる。少なくとも一部の環境保護主義者の著述に備わっているのは、調和的で賢いものとしての自然の像であり、またこの素晴らしい調和と同調するならばよりましな生活をなしうるだろう、浪費的な不届き者としての人間の像である。このような自然のイメージは、ジョン・スチュワート・ミルの「自然」という論文のなかですでに、とても賢明な仕方で挑まれている。この論文が指摘しているのは、自然は道徳的な模範状態からかけ離れており、実際は暴力的で、道徳的模範を顧みず、放蕩で、争いに満ちているということである。

人間が互いに対して行なったならば絞首刑もしくは禁固刑となることがらのほとんどすべてが、自然では日々の出来事である。これは誇張のない真理である。人間の法ではもっともけしからぬ行為として認められている殺害を、自然は生き物すべてに対してひとたびは行なう。だいたいは、私たちがこれまで知りえたもっとも巨大な怪物だけがわざと仲間の生き物に負わせたような、だらだらと続く拷問の後で。もし私たちが恣意的な留保を通じて、どれも殺害として数え上げることを拒否し、人間の生活に当てはまるはずの一定の条件を取り除いてしまうならば、自然もほんの少しを除くすべての生き物に対してそうするだろう。それも、暴力的にだったり、あるいは狡猾にだったりと、あらゆる態様で。そうして最悪の人間が互いを殺し合う。自然は人間を突き刺し、まるで車輪に括りつけられているかのように破壊し、野獣によって貪り食われるよう放り投げ、死ぬまで燃やし、キリスト教の最初の殉教者のように石でめちゃくちゃにし、空腹により餓死させ、寒さで凍えさせ、呼気が素早くなる毒か、もしくはゆっくりとなる毒で殺す。そしておぞましい死を、ネイビス人やドミチア人の巧妙な残酷さも決してかなわないようなおぞましい死を、ほかにも何百と用意している。(46)

自然はこうした不快なことを、人間に対してのみならずほかの動物に対してもなすと、付け加えてよいだろう。動物たちの相互の関係性と自然環境との関係性は、とうてい調和的ではない。ミルの見解は、彼の人間中心的な視座の産物にすぎないものではない。それは、はるかに現代的なエコロジー思考の中核に位置するものである。環境保全の専門家の第一人者であるダニエル・ボトキンを引用しよう。

環境科学で革命が進行している。この革命の中核には、自然の恒常性という古い観念、つまり自然のバランスという古色蒼然とした伝説の一部からのシフトがある。簡単に言うと、この自然のバランスという伝説には、三つの基本的な特徴がある。第一に、自然は人間によって邪魔されなければ、無限に続く形態と構造の永続性を達成するというもの。第二に、この永続的状態は自然にとって最善の状態であり、ほかの生き物にとっても、環境にとっても、人間にとっても最善の状態であるというもの。

第三に、この完全な状態が侵されたときには、自然はそれを回復することができるというもの。このような自然のバランスという観念は、私たちの歴史、文明、そして宗教に深く根ざしているが、残念ながらこの伝説は真ではない。このことは過去三〇年の間で、環境科学における革命の一部として示されてきた(47)。

ボトキンはこの主張をさまざまな方法で擁護してゆくのだが、なかでもとくに、自然の生態系として崇拝されている多くは、実際には人間のさまざまな干渉があってはじめて維持されていると主張している。彼の結論は、人間は自然をただ放置して、自然がそれ自体を管理すると期待することはできない、というものである。むしろ人間は、優れて規範的な議論にもとづいて、各々の種についての精確な情報と、また人間の目標が何であるべきなのかに関する精確な考えを、持たなければならない。その過程における人間の変化は、あたかも定義上悪いものであるかのように否定されるべきではない。なぜならそうした変化が生態系の存続につながるかもしれないからだと、ボトキンは論じている。

こうした問題は、本書の焦点である動物の権原という問題を、はるかに超えている。しかしながら、それらがたしかに伝えているのは、動物に特徴的な生活形態の観察から直接に模範を導きだすという没評価的な見解は、動物の善を促進するのに役立つものとはおそらくならない、ということである。むしろ必要なのは、「自然」と、ありうる変化との、注意深い評価である。自然に対する尊敬は、自然をただそのままにしておくということを意味するべきではないし、また意味しえない。同時に自然に対する尊敬は、妥当な目標が何であるかについての注意深く規範的な議論をともなわなければならない。動物がおのれの裁量に任されたときに何を為すかに関して、人間がひねりだせる最善の研究から出発することは理にかなっている。なぜならそれ以外には、動物が自分自身の繁栄・開花をどう思い描くのかを、もしくは彼らが繁栄・開花を思い描こうとなかろうとそれをどう追求するのかを、人間が理解する術はないからである。だが、それは評価の始まりであって、終わりではない。

人間のケースでは、人間の生活に広範にみてとれる性向ではあるがその促進を政治的構想が抑止しようとしている、もしくは抑止し損ねている重要な領域は、他者危害の領域である。もちろん動物は、自らの種の構成員に対して広範な危害を加えているし、またもっと多い頻度で、ほかの種の構成員に対して広範な危害を加えている。こうした危害を生じさせる可能力には二種類ある。ひとつには、動物はよく食糧のために、ほかの動物を直接攻撃して殺している。これを捕食動物のケースと呼ぼう。もうひとつには、動物は敵対的な意図やさらには行動をともなわずにただ生活しているだけであっても、その動物に特徴的な行ないを通じてほかの種に危害を加えている（病原菌を持っている、作物を駄目にするなど）。これを蚊のケースと呼ぼう。

可能力の理論家たちは、どちらのケースでも、危害を生じさせる可能力は政治的・社会的な原理によって保護されるべき可能力のうちには入らないと述べたいところである。だが（人間のケースで使用される中心的可能力の一般構想を維持するとして）そう述べるためには、それら可能力とそれらに関連する機能は、その生き物がその生き物の種として繁栄・開花しまた尊厳のある生活を送るための能力にとって、重要ではないとの判断が要求されるだろう。しかしながら、生き物の繁栄・開花とは何であるかの語りにおいて、主観的な経験に少しでも役割をもたせるならば、この判断を下すのは難しい。可能力アプローチは功利主義的ではないため、すべての善が感覚性に存するとは考えていないし、模範を人間の欲求や選好から直接に取りだしたりもしない。代わりに可能力アプローチは、独立の道徳的論証にもとづいて、諸々の可能力と人間の尊厳のある生活とのつながりを主張している。だが、欲求は完全には否定されていない。可能力アプローチは（人間のケースにおいて）、人間の欲求をすみずみまで挫くどんな見解も時間軸上で安定的ではありえないという仮定にもとづいて、最善のよく情報づけられた欲求アプローチの結果を、可能力のリストを照合確認するために、実際用いている。[48] このアプローチをほかの種に適用する場合には、捕食の能力が抑制されることにフラストレーションや苦痛を感じる生き物も繁栄・開花した生活を送っているとは、主張し難いだろう。人間は殺人をせずとも、さらに願わくば動物をほとんど殺さずとも、繁栄・開花するようになると期待しうる。しかし捕食能力を発揮する機会を奪われたライオンは非常に苦しむだろうし、ライオンの教育や文化変容によってこの苦しみが取り除かれる可能性もない。

しかしここで可能力の見解は、問題となっている可能力の二つの面を区別してよいだろう。小さな動物を殺す可能力というものを定義するならば、そのような可能力には価値がない。基本的な政治原理はそれを無視したり、さらには禁止したりすることさえできる。だが、フラストレーションの苦痛を避けるためにおのれの捕食本性を実行する可能力には、もしそのフラストレーションの苦痛が相当大きいとすれば、おそらく価値があるだろう。動物園はこの区別をつける方法を習得してきた。捕食動物にその捕食能力を十分に発揮されてこなかったことに気づいた動物園は、そうした可能力の行使を認めることでより小さな動物に危害が加えられるという問題に直面せざるをえなかった。虎は噛み砕くための柔らかいガゼルを与えられるべきだろうか？　ブロンクス動物園は、ロープに吊るした大きなボールを虎に与えればよいことを発見した。そのボールの抵抗力と重みはガゼルを象徴する。虎は満足しているように見える。家に捕食動物（とくに猫）が住んでいる人びとは、このような計略に心当たりがあるだろう。（人間の生活においては、たぶん競技スポーツに類似の作用がある。）捕食動物が直接的な人間の支援と管理の下で暮らしているところでは、このような解決法が倫理的にはもっとも健全だと思われる。

自分が何かを殺していることには気がついていないが、その通常の行ないが病気を広めたり植物を駄目にしている動物のケースはどうだろうか？　こうした動物のいくつかは感覚性が閾値に達しておらず、またその道徳的立場に関する私たちの選言的な説明に登場する、ほかのどの能力も持っていない。したがって、もしそれらを殺すことが人間とほかの動物を守る方法であるならば、あまり気にするべきではない。その一方で、殺すことによってではなく、それらを殺菌消毒することで感染を防ぐことが可能であるならば、そうする方がはるかによいだろう。感覚性が閾値よりも上である動物、たとえばネズミに対しては、ここでもやはり功利主義の賢明さを認めて、殺害がなされなければならないのであれば、主要目的は痛みのない人道的な殺害であると言ってよいと私には思われる。人間の子どもやほかの動物に病気や損害が広がることを防ぐために、そうしなければならないことがあるかもしれない。とはいえやはり、殺菌消毒やそのほかの非暴力的な方法が道徳的には望ましい。

他者危害の問題を別にすれば、人間は動物の可能力についてあまり勘ぐらずに、各々の生き物が実際何を重要視しているのかを、それらの行ないを根拠として、観察することに努めるのが最善だろう。選好にもとづくアプローチを人間のケースできわめて頼りないものとしている諸々の歪みは、社会の階層制と、何が適切でふさわしいかに関する行動規範とをともなった、複雑な人間社会における社会化の結果である。人間の影響力が広範囲にわたる文脈で暮らす動物の生活においては、このような適応的選好がたしかに見いだされるけれども、そうではない動物の生活ではあまり一般的ではないだろう。ほかの種に対する尊敬は、それらを見て調べ、動物の共同体の内的なリズムとその生活形態が表わす価値観とを学ぶ意欲によっても表わされる。

8　積極性と消極性、可能力と機能

人間のケースでは、積極的義務と消極的義務という伝統的な区別があるため、この区別を批判することが重要であるだろう。伝統的な道徳は、攻撃もしくは詐欺によって他者に危害を加えることは邪であるとしているが、人びとが飢えや病気で死ぬにまかせるのは道徳的な問題ではないとしている――社会資源のより公平な分配が、そうした問題を解決しうるかもしれないにもかかわらず。人間には、悪い行為をなさないという厳格な義務はあるものの、飢えや病気を阻止するとか、それらの停止を助成するためにお金を寄付するとかいった対応をする、厳格な義務はないとされている(49)。

可能力アプローチは、この積極的義務と消極的義務の区別と、この区別を通常は基底している正義のことがらと物質的援助のことがらの区別とに、異議を唱える。人間の可能力はすべて、支援において金銭がいる。このことは、所有物の保護と人身の安全に当てはまるのと同様に、保健医療にも当てはまるし、政治的・市民的な自由に当てはまるのと同様に適切なシェルターの提供にも当てはまる。本書の第五章でみたように、可能力アプローチは、権利を「消極的自由」の観点でのみ定義する人権へのアプローチを批判しており、また、政治的権利の「消極的自由」の構想とつながっていることが多い「第一世代」と「第二世代」の権利という区別も批判している。諸々の可能力を保護する国家はあらゆる領域で積極的な職務を担っており、また、そうした職務はあらゆる領域で金銭を必要としている。金銭は通常、ある程度は再分配的な租税制度を通じて集められなければならない。私たちが前進するためには、国家行為と国家不干渉の区別と、正義と物質的援助の区別、これらのいずれもが批判される必要がある。たったいま用いられた再分配の概念でさえ、疑問視される必要がある。なぜならその概念は、人びとはおのれの不公平な分量を所有するという事前決定にもとづいているからである。グロティウスからミルにいたるまで、哲学の歴史における所有についての多くの見解が、この決定を問題にしてきた——社会（グロティウスの場合には世界）のほかの構成員を支援するために必要とされる、人びとの個人的な所有物の一部は、実際それらにしがみついている人びとによってではなく、それらを必要とする人びとによって所有されていると説きながら。

しかしながら動物のケースでは、ある程度意味をなす、積極性と消極性の区別の余地があるように思われるかもしれない。人間の共同体は動物に対して一定の残虐な危害を自制する責務を有するが、適切な食料、シェルター、保健医療を確実にするという意味あいですべての動物の福利を支援する責務は持たないとするのは、少なくとも整合的ではあるだろう。消極的な義務を果たすことは、すべての動物に対して、彼らが各自のやり方で繁栄・開花することを追求する機会を持てるようにするには十分ではないだろうが、人間が道徳的に求められることは、それ以上はないかもしれない。諸々の種それら自身に、各自の繁栄・開花を確実なものとする務めがある。このような結論は、もし人間が世界の善意ある独裁者になろうとしたところで動物の生活を混乱させるだけだという根拠にもとづいて、さらに擁護できるかもしれない。その結論はより適切には、人間による動物に対する善意ある独裁主義という考え、つまり動物のニーズを充たすという考えそのものが、道徳的な嫌悪感を引き起こすと述べることで擁護しうるだろう。種の主権には、国家の主権と同じように、道徳的な重みがある。生き物にとって繁栄・開花することの一部は、善意がともなわれていようとも人間の干渉を受けずに、ある一定の非常に重要なことがらを自分で解決することである。

この想像上の議論には多くの真理が含まれている。かりに私たちの政治原理が、動物に対してなされる多くの残虐な危害をとにかく禁止するものであったならば、これまでかなりのことがなされてきただろう。だがこのことが示唆する消極的義務と積極的義務の区別を、完全に受け入れることはできない。第一に、多くの動物が人間の直接的な管理下で暮らしている。家で飼われている動物、農場動物、そして動物園やほかの形態で捕われている野生種の構成員。欠陥のある現行法のシステムですら承認しているように、人間にはこうした動物の栄養と保健医療に関して、直接的な責任がある。[50]「野生」の動物は、人間の影響を受けることなく、彼らの道を進んでいるように見える。だが、言うまでもなく今日の世界では、多くの場合はそうではありえない。人間は動物の生息環境に広範な影響を及ぼしており、彼らの栄養、自由な移動、および繁栄・開花に関わるほかの側面における機会を決定している。今世紀よりも以前に、人間が「野生」の動物に対する責任を有するということを否定しようとした人でも、今日では、動物の繁栄・開花の条件への人間の広範な関わりが、そのような責任を人間に与えているということを認めるべきである。

さらにボトキンが指摘しているように、多くの場合「自然のバランス」を維持するために、人間の介入が実のところ必要である。たとえば種の保全には、そもそも人間がその種への脅威とはなっていない場合でさえ、人間の行ないが必要とされる。動物が直面している問題の原因は人間にある――このことが明らかでない限り、あるいは明らかになるまでは、人間はなしうる範囲で動物を保護することを怠ってもよいのだろうか？　原因は人間にあるという決定は、多くのケースで明確になされている。しかしながら、関係する要因が多すぎて、わからないこともよくある。したがって、動物に対する人間の第一義的な責任は、あらゆる邪悪な行為を自制する責任であるという主張をなお維持しうるものの（これについては第一〇節でも論じる)、これでよしとすることはとうていできない。人間には、動物の生育環境を破壊したり保全したりすることに関して、選択を無数になす能力がある。また人間には多くの場合、病気や自然災害の影響で死にそうな動物を救う力がある。そのような場合において、人間には物質援助の義務が何らないと考えるのはありえないように思われる。問題とされるべきは、その物質援助の義務の範囲はどうあるべきかと、そのような義務と種の自律の適切な尊重とをどう釣り合わせるかである。この問題は海外援助の問題と形式がとてもよく似ており、またその問題と同じく、関係するさまざまな要因のバランスを精妙にとりつつ、注意深く取り組まれなければならない。海外援助の場合がそうであるように、最善の援助形態は、依存性を高めるものではなく、自律性を守り高めるものである。すべての動物が動物園に入れられて、人間の取り決めに完全に依存してしまうようになるというのは、悪い結果であるだろう。

人間のケースにおいて自律性を尊重するひとつの方法は、正統な政治目標として、機能ではなく可能力に焦点を合せることである。だが本書では、子どもたちにとっては(場合によっては生涯にわたる知的障碍のある人びとにとっても)むしろ機能を達成目標とすることが、もしくは後見人に選択を一任することが、適切であるとも主張してきた。一般に、個人の選択能力と自律性に障碍が生じている場合はつねに、パターナリスティックな取り組みが適切である。この原理原則が示唆しているのは、人間が人間以外の動物を扱うさいにはパターナリズムが通常は適切である、ということである。しかしながらこの結論は、人間以外の動物にとっての繁栄・開花の追求における善の一部は種の自律性であるという考えを、私たちが先に支持したことによって、弱められるはずである。この二つの原理原則は整合的に混成しうるだろうか?そしてもしできるとすれば、それはどのようになされるべきだろうか?

もし、異なる種が追求する繁栄・開花のさまざまな形態に対して、非常にきめ細かいパターナリズムが採択されるのであれば、パターナリズムは種の自律性の尊重と両立しうると私は確信している。虎が繁栄・開花する可能性に、そして実に虎が生きる可能性そのものに対して、人間の行ないがあちこちで影響を及ぼしていることに鑑みれば、虎にはただ虎自身のやり方で繁栄・開花してくれれば結構とするのは無意味である。したがって、虎の繁栄・開花に配慮するための唯一まっとうな選択肢は、虎の繁栄・開花とそれが要求する生息環境が何であるのかとについて注意深く考え、その後ではじめて、そのような生息環境の創出に懸命に努めるという政策である。(それによって、実際に生存している虎のまっとうな扱いが、種の保全と深く関係していることが判明する。)

多くの場合、動物園や動物公園を賢く注意深く活用することが、こうした種の構成員にまっとうな生活をもたらすという達成目標を掲げる政策の一部となりえるだろう。動物の多くは、少なくとも脅威や食糧難といった野生の現行条件においてよりも、想像力に富んでおりメンテナンスの行き届いた動物園においての方が、よくやっていけるだろう。とくにA国が、動物に対するB国の行動に影響を及ぼせない場合、もしくはB国の自然な生育環境における動物の繁栄・開花を確実にできない場合には、A国に設立された動物園が優れて貴重な機能を果たすだろう。よく設計・企画された動物園は、若い人びとの教育を促すことで、種間の友情を築くこともできる。しかしながら、長期的な政策目標はつねに、生き物の原始の生息環境の少なくとも一部を保全することでなければならないのであり、それには、首尾一貫した人間の介入が不可欠である。

家で飼われている動物には特別な問題がある。家で飼われている動物は人間によって捕らえられており、単なる所有物として扱われているが、彼らにとって最善であるのは、自然が意図していたように、とにかく放たれ野生で暮らすことであるという、現実離れした見解がある。この空想の実例である二〇〇二年の共に丘を走っているときにだけに幸せを感じるという物語である。

映画『スピリット』は、野生の馬が自ら、自由への途を阻むすべての障壁を突き進み、仲間の野生の馬と共に丘を走っているときにだけに幸せを感じるという物語である。

しかし実際には、動物は数千年にわたる人間との共生のなかで進化してきたのであり、野生において繁栄・開花しつつ存在することがありうるとは言いがたい動物種は多い。犬、家で飼われている猫、そして馬のほとんどの品種がそうした状況にある。また、多くの種類の家畜といくつかの種類の鳥も同様である。これらの動物はもちろん、人間による利用や管理のための単なる対象として扱われるべきではない。彼ら自身の繁栄・開花と彼ら自身の目的とがつねに視野におかれなければならない。だがこのことは、彼らが人間の管理からとにかく放たれるべきだということを意味するのではない。道徳的に分別のある代替案は、彼らを賢明な後見を必要とする連れ合いとして見なしつつ、彼ら自身のものである権原を——たとえそれらが後見を通じて行使されるとしても——有している存在者として扱うものである。つまり動物は、子どもと知的障碍のある多くの人びとが扱われている仕方で、扱われることになるのだろう。子どもと知的障碍のある人びとには多くの権利があり、そうした権利は人間の後見を通じて行使されなければならないとはいえ、その意味で「単なる所有物」とは大いに異なる。（動物の権利がこのような仕方で正当に保護されるのであれば、動物を後見する資格を売買によって交換することには何らやましいことはないと、私には思われる。）

現実離れした空想はまた、動物が、人間によって欲せられていることをさせられるべきではないとも示唆している。これもデリケートな問題である。子どもについての類似の現実離れした空想は、これまで徹底的に反証されてきた——子どもたちに何を学びたいかを選ばせる学校では、子どもたちは学ばないということを、私たちはいまや知っていると言う意味で。子どもたちは自分自身ではトイレ・トレーニングをしない。私たちは通常、大人がトイレ・トレーニングをしてあげないのは非難すべき子育ての放置だと感じているし、また数えきれないほどのやり方で、子どもにしつけや教育を行なっている。なぜなら繁栄・開花した生は、選択と卓越に関する諸々の可能性を必要とし、そうした可能性は義務教育によってのみ開かれるからである。よい教育は子どもの個性に敏感であり、また柔軟で、何にも増して残酷であったり屈辱的なものであったりはしない。だがそれには目標と基準がしっかりとあるのでなければならない。また尊重できる規律によって厳しく接することは、多くの場合、子どもを彼らの目標へと導くのに適している。人間以外の動物についてはなぜ、別様に考えなければならないのか？　家で飼われている動物のほとんどは何らかの訓練やしつけから便益を得る。それに加えて、適切な訓練を与えられれば、多くの動物は卓越した運動技能という優れた妙技をなしうる。もちろん残酷な訓練の形態は非難されるべきであり、また本書がケララ州のケースで叙述したサーカスはもちろん極度に残酷だと思われる。しかしこのことから、馬が垣根やフェンスを飛び越えられるよう調教されるべきではないとか、馬場馬術やレースを演じたりするべきではないとかいうことには、ならないだろう。ボーダーコリーのように複雑な芸の能力を持った犬が、そうした長所を発揮できるよう調教されるべきではないということにも繋がらないだろう。ここでもやはり、賢明でかつ種に敏感なパターナリズムが正しい結論をもたらすように思われる。そのようなパターナリズムは、それぞれの動物の繁栄・開花の本質について熟慮し、種だけでなく種族（breeds）に特徴的な達成が何であるかについて考え、またそれらの卓越性の発揮に適した教育と生活形態全般とを設計する。

個々の動物の能力と性格も考慮されなければならない。年老いた馬場馬術の馬は牧草地にいるべきだろうか？　これは単純な問題ではなく、年老いた運動選手が彼／彼女の得意なスポーツを続けるべきかどうか、という問題に似ている。抽象論では分別のある答えはありえない。マルティナ・ナブラチロワはその実例であるが、ほかにもたくさんの例がある。牧草地でのんびりすることだけが彼らの善であると見なすのは動物に対して失礼である（年を取った人間に対してもそうであるように）。多くの場合、何もしないで暮らすよりも何らかの活動を継続させる方がよい。動物が、自分だけでは必要とされる種類の活動をはじめられない場合もそうである。

賢明でかつ尊重に値するパターナリズムは選択のための空間を培う。活動の中心は動物であり、また動物に対して何らかの仕方で自ら活動しはじめることを認めない扱いは、どれも尊重に値しない。遊びや自由な社会的交流を認めない日課がどれもそうであるように、制限されすぎた身体的状況はどれも繁栄・開花にとって有害である。ここでもやはり、繁栄・開花の種の模範を恭しく考慮に入れることと、個々の動物の能力に敬意を表して焦点を合わせることとが、試金石とされるべきである。

管理と自由というこの難しい問題において、適切に拡張された可能力アプローチは、苦痛と快楽（あるいは自覚的な利害の充足）に一筋に焦点を合わせる功利主義が提供するものよりも格段に優れた、動物の繁栄・開花のための支援の可能性を提供する。種の模範に関する考慮事項は、動物のニーズを尊重するパターナリズムの形態を創作するうえで役立つ。たとえそうしたニーズが複数で、質的に不均一で、そして必ずしも動物が意識しているものではないとしても。

前述のとおり、人間の選択が動物の生に方々で影響を及ぼす世界では、不介入は人間にとって妥当な選択肢ではなく、何らかの形態の積極的な保護が求められる。この所見は、本章の第七節で提起した危害の問題に対して、どのような含蓄をもたらすべきだろうか？ 動物園にいる虎にはガゼルが食用として与えられるべきではないと言うことはできる。だが、野生の虎についてはどうだろうか？ 人間は動物の世界を取り締まり、弱い動物を肉食動物から保護するべきだろうか？

ある意味では、それはばかげているだろう。それでもなお、可能力アプローチにとっては、功利主義にとってと同様に、誰が悪いことをするかではなく犠牲者に何が起こるのかが重要な問題である。痛みをともなう拷問によるガゼルの死は、ガゼルにとっては、拷問が虎によってなされた場合でも人間によってなされた場合でも、同じように邪である。そうかと言って虎による死が同じように非難に値するというのではない。虎が非難には値しないのは明らかであるが、もし人間がより大きい危害を加えずにそうできるのであれば、人間には虎によるガゼルの死を防ぐための（人間によるガゼルの死を防ぐのと同様の）理由がたしかにあるということが示唆される。可能力アプローチは権原基底的でありかつ結果指向である。ほかの動物による動物の陰惨な死を防ぐ方法のひとつは、すべての弱い動物（あるいはその代わりにすべての肉食動物）を、言ってみれば保護のために拘禁することである。だがこの選択肢は、野生における繁栄・開花の可能性それ自体を閉じてしまうため、確実により大きな危害をもたらしてしまう。したがってこの問題は、とても難しい問題として残らざるをえない。とくに、飢えや病気による死よりも、捕食による死の方が、より陰惨であるだろうことをもってするならば。とはいえ、ガゼルを保護する責任の方が、家で飼っている犬や猫を保護する責任よりも少ないというのが妥当だろう。私たちは後者の後見人であり、犬や猫は私たちと共生しつつ進化してきたのだから。だが、危害をつくりだすような大規模介入なしにガゼルを保護することができる場合には、もしかすると保護するべきなのかもしれない。問題は、肉食動物のニーズも考慮に入れなければならないものの、紐につけられた素敵なボールを野生の虎の遊具として与えるというような選択肢がないことである。

この分野で非常に複雑な問題のひとつは、「天敵」の導入による動物の個体数の管理である。たとえばヘラジカの過剰増加がオオカミの導入によって管理されている。この方法は狩りよりも実際によいのだろうか？　人間は道徳の純潔を維持することができるかもしれないが、ヘラジカはより苦しみながら死んでいるのかもしれない。個体数を無制限に拡張させ、それによりヘラジカが栄養不足で死ぬまで放っておくという別の選択肢も、ヘラジカによい死を約束するものではない。ここでもまた、個体数の管理には、暴力的な方法よりは、何であれ非暴力的な方法（たとえば不妊手術によるもの）の方が選ばれるべきである。だが、もしそのような方法が使えないならば、もっとも痛みのない死が選ばれるべきだと思われる。R・M・ヘアは、慎重に管理された人間による捕食を注意深く支持しているが、その方が妥当だろうし、またそれは明らかに、現在の形態におけるスポーツとしての狩りを支持することと同じくらい悪いわけではない[51]。スポーツとしての狩りでは、動物が個体数の過剰増加とは無関係に狩られ、ひどい恐怖と痛みのある死とを負わされている。

この難しい問題に関する意見が雑多であろうとも、この問題もやはり、積極的／消極的といった区別が、その古典的な形態のようなものを何ら維持しえないことを示している。人間はつねに動物の生活に介入しているのだから、問題としてありうるのはその介入がどの形態においてであるべきかだけである。賢明で尊敬の念に満ちたパターナリズムの方が、放置よりも大いに優れているだろう。

9　平等性と適切性

動物の権利について論じている幾人かの著述家、とくに印象的な本を上梓したデイヴィッド・ドゥグラツィアは[52]、平等な配慮の問題を提起した。動物の利害関心は人間のそれと平等に考慮されるのか？　動物には人間とは異なる利害関心があること、またそれらが動物への危害が何でありうるかを左右することについては、すでに述べた。つまるところ、選挙権や宗教的自由の否認は、人間以外の動物に危害を加えはしない。だがこれでは、ドゥグラツィアの問題に答えたことにならない。

平等性の問題に答えることは、功利主義者にとって決定的に重要である（ドゥグラツィアの功利主義の形式は、ほかの多くの形式よりもはるかに繊細で多値的であるが、私は彼を功利主義者として扱う）。なぜなら、功利主義者は総計によって社会的厚生を説明するからであり、またゆえに個々の生命と個々の生命の内部における個々の利害関心とが、どれだけ考慮されるかを知っていなければならないからである。可能力アプローチの構造はある意味で非常に異なる。それは閾値基底的なアプローチであるため、人間のケースでも動物のケースでも同様に、平等性よりも適切性に焦点を当てる。つまりそれ以下では正義がなされていないと判断される、最小限な閾値が特定される。本書を通じて頻繁に指摘してきたように、可能力アプローチは、閾値よりも上の水準で富と所得の平等を追求することがどれだけ重要であるかについて、明確な立場をまだ取っていない。したがって可能力アプローチは、それが実際に論じていることがらに関しても、完全ではなく部分的な正義の理論である。そうであるからして、可能力アプローチは、ある点にいたるまでドゥグラツィアの問題にとりあえずは直面しない。最小限に正義にかなっているということは、（後で特定される）一群の中核的な可能力のそれぞれを、何らかの最小限の閾値まで、動物に対して保障することである。人間の側でも動物の側でも、衝突が生じるかもしれない。衝突は種のあいだでも生じるかもしれない。だがもし閾値が的確に設定されたならば、任意の可能力を最小限の水準で保障し損ねることのどれもが正義の失敗であるのだから、そうした衝突が生じない世界を目指す取り組みが必要となる。この問題には第一一節で戻ることにしよう。

しかしながら本書の第五章で私は、人間のケースではいくつかの可能力が平等に保障されない限り適切に保障されたことにならないと論じた。宗教の自由、政治的自由、そして教育へのアクセスはすべて、その部類に入ると主張した。可能力アプローチの中核的な観念は、単なる人間の尊厳というがらんとした観念ではなく、平等な人間の尊厳という観念であるとの議論と、可能力における何らかの不平等がその平等を台無しにするとの主張であった。居住の権利や雇用の権利といったほかの可能力に関しては、それら可能力には尊厳との本質的なつながりがないという理由から、平等性よりも適切性の方がふさわしい社会目標となると述べたのであった。さて、ここで問わねばならないのはつぎである。人間にとっての政治的自由のように、平等に保障されない限り適切に保障されえないような、動物の可能力はあるだろうか？　そしてこの平等は種の内部だけにおいてだろうか、それとも適切性は、種をまたぐ平等性を要求するのだろうか？

人間のケースにおいて、ある一定の領域で平等が強く主張された理由は、平等な尊厳および平等な尊重への関心であった。不平等な選挙権や、不平等な宗教的自由は、社会が人びとを平等に尊重できていないことの表われであるが、適切性という制約の内部における不平等な住居はたぶんそうではない。こうした可能力が平等な尊厳と本質的につながっている理由は、格別に人間的だと思われる二つの観念——非屈辱という観念と互恵性の観念——と関係している。そして言うまでもなく、これら可能力は、一般に人間にとってのみ重要である。人間以外の動物においても、可能力の不平等な分配が、平等な尊重と互恵性を損なわせるということを想像するのは難しい。動物の権原という緊急課題は、平等な分配よりも適切性により関係しているという考えに、私は傾いている。閾値が十分であるとして、健康が保障され、まっとうな労働条件の最小限の閾値が的確に設定されるならば、正義の要求はすべて充たされることになる。

しかしながらまだ大きな問題が残っている。人間以外の動物のケースにおいて、尊厳の観念は、完全に平等な尊厳という観念として理解されるべきなのか？　かりに平等性よりも適切性の観点から特定の権原が想定されたとしても、なおこの抽象的な問題が考察対象として残る。これに関する考察は実に重要だと思われるが、実際には二つの問題に分かれる。各々の種の内部における尊厳は、平等な尊厳と理解されるべきなのか？　生き物の尊厳は、種の境界をまたいで、完全に平等な尊厳として理解されるべきなのか？　前者の問題は比較的差し迫ってないようであり、また、肯定的な回答でも難しい問題を何ら提起しない。後者の問題が衝突の諸状況に関して持つ含意は明白である。

平等性についての抽象的な問題は、ドゥグラツィアにとっては根本的に重要であるに違いないけれども、彼のアプローチときわめて異なる構造を持つ可能力アプローチにとってはそれほどでもない。彼はすべての生き物の利害関心を足し合わせる社会的な計算方法について考えなければならず、したがって彼は各々の生き物がその計算においてどのくらい勘定に入れられるべきであるかをつねに、そしてごくはじめから、考えなければならない。この問題は、重なり合うコンセンサスを確立させるという観点からすると、非常に厄介だと思われる。だが、本書の関心が、総計ではなく各々の種に特有な可能力の閾値の上に各々の生き物を持ってくることにあるように、可能力アプローチは多くの文脈でこの問題をとにかく回避することができる。私たちが直面する必要のある問題は、個別の生き物にとっての個別の可能力に関するものである。こうした問題に取り組むには、適切性の閾値が高いことが、正しいアプローチのように思われるだろう。他方で、多くの思想家は、衝突状況では人間の利害関心がつねに動物の利害関心よりも優先するとしているため[53]、つまり種をまたぐ平等な尊厳を否定するような立場を取っているため、ここでこの問題について何か述べる必要がある。

種をまたぐ生き物の平等な尊厳を否定するまともなやり方は、ないように思われる。他方で、動物にとっての基本的で最小限の可能力に関する重なり合うコンセンサスは——それ自体がすでに難しいのだが——、もしそのような否定を基礎におくならば、はるかに難しくなってしまうことも明らかである。そこでこの段階で私は、平等な尊厳の問題を、形而上学的な問題として扱いたいと思う。市民たちはそれについて、本書で後に提示される動物の権原に関する基本的で実質的な権利要求を受け入れながらも、異なる立場を取りうるとしたい。人間のケースに関して言えば、平等な尊厳の観念は形而上学的な観念ではなく、現代の立憲民主政に長いあいだ根付いてきた政治的構想の中心的な要素である。それへの同意を人びとに要求することには、彼らに自らの宗教的ないしはほかの包括的な教説の中心的要素を無視するよう要求することがともなわれない。私の考えでは、種をまたぐ場合は話が異なる。種を横断する尊厳の観念は、形而上学上の構想に関して意見を異にする市民たちによって、容易に受諾されうる政治的観念ではない。それは分裂を招く形而上学的な観念であり、魂などについての宗教的な観念の多くと矛盾を来すものである。したがって、つぎのように手短に述べるにとどめよう。種をまたぐ平等な尊厳の観念は魅力的な観念であり、多くの視座からしても実に説得力のある観念であるけれども、私たちの政治的な重なり合うコンセンサスにおいてはそれに依拠する必要はないのだ、と。代わりに私たちは、繁栄・開花した生活のための適切な機会に対してすべての生き物が権利資格を有するというより緩い観念に、依拠するのがよいだろう。

10　死と危害

これまで本書では、ある大問題を避けてきた。さまざまな種類の動物にとって死はどのような危害であり、またさまざまな種類の動物にとって殺害によってなされるのはどのような危害であるのか？　功利主義者は通常、動物は痛みのない死によって挫かれるような将来への自覚的な利害関心を持ちえないという理由から、痛みのない死は動物にとって危害ではないとしている。したがって、ベンサムはすべての形態の残虐行為に反対したけれども、動物を有益な目的のために痛みの無い方法で殺すことは認めた。同様にしてR・M・ヘアは、ある種の動物を食べるために殺すことは、その殺害が本当に無痛である限り、認められうるとしている。したがって、彼は木槌で頭を確実にたたく地元の魚屋から魚を買うことはあるが、通常の痛みをともなうやり方で捕らえられた魚は食べないという。

こうした功利主義者の議論にある問題点のひとつは、動物の利害関心について、彼らは間違っているかもしれないことである。一部の動物はおそらく、少なくともある程度は、おのれの生活を長い時間にわたる物語として実際に認識しているだろう。（機械的な反復ではなく）記憶力のあるどんな生き物にも、このような認識力があるだろう。そのためそれらの生き物にとって、死は危害であるように思われるだろう――苦痛と老衰のなかで生き続けるよりは、死の方が危害としては程度が軽い場合が多いとしても。自分の愛する動物に対する扱いは通常、犬であろうと猫であろうと馬であろうと、死という危害と、それに関連して殺すことの危害とについて、適切な判断を示している。すなわち、それ以外の選択肢が苦痛をともなう生活か尊厳のない生活（たとえば失禁があるといった、動物が恥と当惑を感じる生活）である場合に殺すことが道徳的に適切であるように思われるとしても、それは単に人間にとって好都合だからという理由でなされるべき選択ではない。私たちが、自分の年老いた両親をケアする不自由を避けるために彼らを殺すべきではないのと同じように。おそらく年老いた動物の安楽死は、人間の安楽死よりも、認められる場合が多いだろう。重度の認知症を患っていない人間にはそのようなどんな手続きにも同意する権利があり、また人間には肉体的苦痛および老衰と両立しうる生活上の利害関心が多くある。したがって人間は、動物にとっては生きるに値しないだろう痛みと病気のある生活に、生きる価値を見いだすかもしれない。

だが、おそらくベンサムとヘアが的確なことを述べているだろう、多くの動物が存在する。そのような動物は自覚的な利害関心を持ってはいるが、そうした利害関心は未来まで及ばず、突然の死によって挫かれてしまうような時間的広がりのある計画は持ち合わせていない。それなら、そのような動物を、食べるために殺すことはどうだろうか？ また、人間やほかの動物の健康被害を防ぐためにネズミを殺すことや、放っておけば野生で飢え死にするかほかの動物によって引き裂かれてしまう動物を痛みのないやり方で捕食する、といった理由のために、動物を慈悲深く殺すことはどうだろうか？ これら動物にとって痛みのない死は危害ではないという点で、また慈悲深い殺し方は帰結的には有害ではないという点で、ベンサムとヘアは正しいのだろうか？

可能力アプローチは、功利主義のようには、この結論に容易に到達できない。なぜなら可能力アプローチは、知覚意識という形態には存しない、多くの善と悪を認めるからである。たとえば自由に動き回る能力は、その欠如が動物にとって痛みとは感じられないとしても、動物にとって価値があるものだろう。ほかの動物や人間と、愛情に満ちた協力的な関係性を持つ能力も善でありうる——たとえ隔離されて育てられた動物が、その能力の剝奪を自覚していなかったり、それによって痛みを感じていなかったりしても、そうである。したがって、可能力アプローチが問わなければならない問いは、功利主義の問いとは異なる。問わなければならないのは、そのような動物の生活に、痛みのない唐突な死によって断ち切られてしまう、価値のある中心的な可能力の形態があるのかどうかである。もしあるとすれば、そのような死を負わせることは危害となるだろう。

本書ではすでに、ほかの選択肢が痛みや老衰をともなう生活である場合、痛みのない死が危害ではない場合がありうると結論づけた。また、感覚性のない生き物を殺すことは道徳的に大きな危害ではないということも結論づけた[54]。だが、食料として殺されるほとんどの動物には感覚性があり、また彼らは（苦しみと老衰をともなう生活が選択肢となるかなり以前の）最盛期や、さらには若年期に、殺されるのが通常である。食料となるために育てられた動物に対して人間が現在与えている危害は主に、人間が動物をその存命中に扱う仕方にある。このことを認めうるだろう。そのような動物の繁栄・開花した（と仮定される）放し飼いの生活の後での痛みのない死は、何ら危害ではないと認めずとも。

これに関してはさまざまな場合がある。生き物の能力のレヴェルが、その生き物にとって危害となりうるものを左右する。より複雑な感覚性を持つ動物は、より複雑でない感覚性を持つ動物よりも、より多くのさまざまな危害を被りうる。牛と海老について考えてみよう。死にさいして、海老には被りえない多くの危害を牛は被りうるように思われるだろう。社会的ネットワークの剥奪、動くことや食べることといった多様な快楽の剥奪、可動性の剥奪。おそらく海老は痛みさえも感じないだろう。もちろん海老は限られた範囲内の機能とそうした機能についてのちょっとした自覚とを持っている。可能力アプローチは功利主義のアプローチとは異なり、感覚性に完全な焦点を合わせていないため、ごくわずかな感覚性のある生の終わりにもなお、何らかの危害を見いだすことができる。だが感覚性はきわめて重要であるため、そのような生の終わりにある危害の深刻さは比較的軽いだろうし、また海老には、それ以外の重要な生の機能がひとつもない（感覚性は持ち合わせていないが思考する存在である、前述のＳＦの登場人物とは異なる）。感覚性のある存在者に痛みを負わせることは、ことさら深刻な危害である。多くのさまざまな機能の停止も重大な危害である。これらのいずれも海老の場合にはないように思われるが、ヘアが提示している魚屋の例はより複雑である。というのも、ヘア自身の説明では、魚にはある種の感覚性があるからである。したがって、かりにその死が痛みのないものであるとしても、積極的な善の剝奪が、つまり（魚が加齢と老衰による死の直前に殺される可能性は低いことに鑑みて）楽しみと移動の機会の剝奪がある。可能力アプローチの理論家は、この剝奪を功利主義者よりも深刻に受け止める。けれども魚を痛みのない方法で殺すという危害は、牛を殺すという危害とは、異なる種類の危害であるし、また少なくとも重大さの程度において、たぶん軽いと思われる。

これらはとても滑りやすい問題である。人間はこの問題において利己的になる可能性が高いということ、また人間の生活形態をえこひいきする傾向にあるということが、認められるべきである。それでもなお、功利主義は部分的に正しいように思われるだろう。生きている間と死ぬときの苦痛を防ぐことは、つねにきわめて重要だからである。痛みのない死について言えば、それに危害がともなう場合もあるが、その危害は問題となっている生き物の自然本性によって変わるだろうし、また苦痛を負わせるという危害に比べれば重大ではない道徳的な危害であることが多いだろう。

ある動物が放っておけばなすと考えられる危害を防ぐためにその動物が殺される場合（たとえば都市部でネズミを殺すこと）、殺すことの危害はやはりその動物に関係する生活形態にともなって変わると言えるのであり、またネズミを殺すことにおいてなされる危害は、健康的な犬を殺すことにおいてなされる危害とは比べものにならない。なぜなら犬よりもネズミにおいての方が、妨げられる利害関心と可能力の種類および量が少ないからである――これまで述べてきたように、このことはネズミの命それ自体の価値の方が劣ることを意味するものではないけれども。とはいえこの問題には、殺菌消毒のように、明らかに道徳的に望ましい異なる解決策があるという点で、政治的正義の諸原理の道徳的内容が問われることになる。ネズミのように比較的単純な動物を、痛みのないやり方で殺すことでさえ、何らかの危害を生じさせるのだから。

11 重なり合うコンセンサス？

可能力アプローチは政治的リベラリズムのひとつの形式である。すなわちそれは、政治的構想を支えかつ維持するために、理にかなった包括的教説の重なり合うコンセンサスが時間の経過とともに出現しうるという観念に依拠している。このことを示すために、そしてまたその構想を正当化するために、そのコンセンサスが現にあることを示す必要はない。だが、時間の経過とともにそのようなコンセンサスが出現するだろうと考えることが理にかなっていることの十分な根拠が、リベラルな立憲民主政に現存する諸々の見解のなかにあることは示す必要がある。政治的構想は形而上学的な理論ではなく、どの部分も倫理的な判断にもとづくものであるため、そうした判断は市民たちが共有しうる種類の判断でなければならない。

動物に目を転じるならば、私たちは二つの難しい問題に直面しなければならない。第一に、このコンセンサスに参加するのは誰か？　そして第二に、動物の権利が、時間の経過とともに重なり合うコンセンサスの対象となりうることを望むのは理にかなっているだろうか？

誰がこのコンセンサスに参加するのか？　可能力アプローチは重なり合うコンセンサスの観念を使用することによって、少なくともある程度は、社会契約の見解と収斂する。なぜなら、社会契約の見解にとって決定的に重要である理にかなった合意という観念が、この段階で可能力アプローチにおいても役割を担うからである。このような合意への実際の当事者たちが人間であるべきだというのは明白であるように思われるし、またたとえ仮想だろうとも動物が何を「理にかなった仕方で」合意するだろうかの想像に努めるべきではないことも明白である。その問いは、私たちがすでに拒絶した問い、つまり自然状態において動物はどのような契約を結ぶだろうかという問いと、まさしく同じように突飛である。けれども、そのような生き物の権原を保護するために任命された後見人ならば、生き物のために何について道理的に合意するだろうかを問うことはできる。したがって、受託者制度という解決策は（もし契約の立案者たちが正義の第一義的な主題と同一化されるならばうまくゆかないのであるが）、契約主義のアプローチにおいてと同様に、限られた仕方で、契約の立案者と契約の主題の融合を拒絶する理論家にも使用することが許される解決策だと思われる。

コンセンサスの構成員がその意味ですべて人間であるという事実は、動物が正義の理論の直接の主題ではないということを意味しない。彼らは直接の主題である。しかしながらそれは、人間の合意が正当化において特別な役割を果たすということは意味する。なぜなら構想の安定性は、それが一群の理にかなった包括的教説によって支持されていることが示されうる場合にのみ、保証されうるからである。問題となる諸々の包括的教説は人間によって抱かれるものであり、さらには人間が自ら代表する者たちに（想像力を通じて）帰属させるかもしれないもの、つまりそれぞれの種類の動物にとっての善に関して人間が誠実に推定したものである。

反照的均衡を求めかつ重なり合うコンセンサスの観念を用いるという正当化それ自体は、人間中心的な観念である。ロールズと私が共有する倫理学におけるホーリズム（全体論）は、この点について、理にかなったベンサム主義者と争うだろう。理にかなったベンサム主義はつぎのように主張するだろう。人間による動物の扱いにおける変化を正当化するものは、人間による一群の理論と判断の首尾一貫性ではない。その首尾一貫性が、理にかなった合意と重なり合うコンセンサスによって増強されるとしてもそうではない。人間による動物の扱いにおける変化を正当化するものは、人間の視座にまったくもって外在的な事実、つまり動物の苦しみである、と。このベンサム主義者からの挑戦は、本書の議論の域を超える深遠なメタ倫理学的問題を提起する。そうした問題は、現在の私の理解を超えてもいる。私の信ずるところでは、私たちにはロールズ主義的なホーリスティックな正当化に向けて取り組むべき十分な理由があるけれども、正当化とは何であるかに関する説明に、ほかの感覚性のある生き物の知覚および経験はどう入り込むのかについて、より深く考える必要がたしかにある。私はこの問題を自分の満足にいたるまで解決できていない。

動物の権原に関する重なり合うコンセンサスは望みうるのか？　これについては二つの問題があるだろう。ひとつは動物が相互の関係性をどう構想しているのかに関するものであり、もうひとつは人間の構想に関するものである。ではまず、敵対心を抱いている相手方の種のまっとうな生活を支援する動物を、虚構と受託者制度を通じてならば、想像できるだろうか？　虎の受託者は、ガゼルにとってのまっとうな生活を支援する構想を、虎に正当にも帰するだろうか？　自然は正義にかなっておらず、あらゆる種が親切なわけではない。彼らが親切になることを、あるいは彼らの敵の善を支援するようになることを、期待などできやしない。しかしこのことは、政治的構想にとって、それほど深刻な問題ではないだろう。なぜなら、これに関してガゼルの受託者は、虎の構想はガゼルの死を追求する限りにおいて理にかなっていないと単純に言えるからであり、また私は信託統治管理人として、虎の構想を理にかなっている限りにおいてのみ政治的に促進するだろうから。政治的構想の安定性はこの場合には危機に瀕していない。人間は、言ってみれば虎を考え直すように説得できないとしても、いつでも彼らを管理できるのである。

安定性の実質的な問題は人間の問題である。現存する宗教的・世俗的な包括的教説のほとんどは、ここで擁護されている諸々の立場からはほど遠い。ヒンドゥー教、ジャイナ教、そして仏教の伝統は、初期のプラトン主義がそうであったように、本書が推奨することがらの多くを含んでいる。しかし、キリスト教、ユダヤ教、イスラム教、そして人間の世俗的な包括的教説の多くは、人間という種をほかの種よりも形而上学的に上位に位置づけており、またさまざまな目的のために動物を使用する権利を人間に保証している。

キリスト教をはじめとする伝統においてさえ、たとえばカントが批判したテクストのなかでバウムガルテンが提案したもののように、残忍な行為の禁止事項と道徳的な受託者制度の観念とが存在する。また私が思うに、そうした宗教において基本的なことがらのいずれも、動物の権原をもっと多く認めることを除外してはいない。ただ強く主張されていないだけである。実のところ、経典に焦点を合せるのであれば、動物の権原に関する重なり合うコンセンサスが成立する可能性は、両性の平等に関する重なり合うコンセンサスが成立する可能性よりも、はるかに期待できると思われるだろう。主要な宗教の各経典はどれも、リベラルな改革にとっては厄介な仕方で、性的従属のことがらについて言い渡している。それでもなお、この改革は大幅になされてきたのであり、また諸々の宗教は、この政治的なコンセンサスを支持するためにそれらの解釈を変更してきた。対照的に、宗教の経典は通常、毛皮や皮を着用しなければならないとか着用すべきであるとか述べてはおらず、あるいは菜食主義であってはならないとも述べてはいない。その部分は空白のままにされており、またそれぞれの主要な宗教には、動物の権利の良心的な支持者が存在する。たしかに、食品産業においてであろうと生活のほかの領域においてであろうと、動物の残酷な扱いを、主要な宗教上の経典における動物に対するアプローチと一致させるのはとても難しい。バウムガルテンはそれに留意していたようである。拡張された可能力アプローチの中核的な観念を可能力の閾値として表わすことで、また平等についての難しい形而上学的な問題は脇においておくことで、主要な宗教の中核にある形而上学的なコミットメントを危うくすることなしにこのアプローチを説得力のあるものとして提示しうる、ということは示せたのではないだろうか。それが提示する原理は政治的なものであって形而上学的なものではないことは、強調され続けなければならない。そうした原理は形而上学的に禁欲された（道徳的ではあるが）実質的なかたちで表わされており、主要な宗教における形而上学上の重要な教説と衝突しないようになっている。

実際面では、動物の抑圧が最終的には奴隷制と同じように道徳的な悪と思われるだろうとベンサムが書いたさいに考えられていたような方向に、人びとはまだ舵を切っていない。この問題について真剣に考えることさえしたくないという人が多い。なぜなら人びとは肉が好きであり、それらが必要であると感じており、また人間の寿命は動物を対象とする調査研究によって伸びていると信じ込んでいるからである。こうした人びとの、動物を利用しなければ人間の生命はいかにして支えられるのかという疑問に対して、動物の権原の支持者の側に答えを出す義務があることは明らかである。だが最終的には、人びとが動物の扱いについてより多くの情報を入手し、もっと適切に情報づけられた消費者選択をなす能力を身につけるにつれて、残酷な実践・慣行への反対が増加することと、私が暫定的に推奨していることがらのすべてではないにせよ一部が重なり合うコンセンサスの対象となりうることとを、期待してもよいだろう。

これに関して、ヨーロッパにおける動物法の近年の展開——とくにオーストリアで二〇〇四年五月に可決された厳格な新法——には、大いに勇気づけられる。この法律は、家禽をケージに入れるのを禁止し、野生動物のサーカスにおける使用を禁止し、ほかにも耳やしっぽを切るといったさまざまに侵襲的な実践・

慣行を禁止している。ドイツは二〇〇六年までにケージに入れられた鶏の大量飼育を段階的に廃止する。イタリアは競技生命の終わった馬を殺処理場へ送ることを禁止する法律を検討している。動物への残虐行為に対する従来よりも重い処罰がヨーロッパ全土で導入されようとしている。もしこのことのすべてが人びとの大半がキリスト教徒の諸国で起こりうるならば、それは動物の生命をより形而上学的に支援することの多いほかの宗教も重なり合うコンセンサスに参加できるだろうと考えることの、優れた根拠となる。

12 基本的な政治原理へ向けて——可能力のリスト

人間と動物の関係性に関する政治原理へ向けて、何か明確な内容を作成するのは時期尚早だろう。それでもなお、内容なくして議論を進めることはできない。そこで、人間をベースとする可能力アプローチを用いて、きわめて暫定的かつ一般的な仕方で、動物の扱いに関する法と公共政策を導きうるいくつかの基本的な政治原理を作成することができるかどうか、これをみてみることにしよう。

これまで述べてきたように、このアプローチにおいて重要なのは、動物には幅広く機能するための可能力が、そして繁栄・開花した生活つまり各々の生き物の尊厳に見合った生活にとってもっとも本質的な可能力が、権原としてあるということである。動物は正義に基底された権原を有している。

動物の権原は種に固有のものであり、その特徴的な生活および繁栄・開花の形態にもとづいている。けれども、この分野における政治原理へ向けた方向性を素描するために、いまある可能力のリストの中核部分をどの程度用いることができるかをみてみたい。各可能力のより具体的な詳細規定は、究極的にはリストの複数性につながるかもしれない。だが大まかで一般的なリストの範疇は、優れた道標を提供するだろう。

（1）生　命

功利主義のアプローチは感覚性にのみ焦点を合せるため、動物の自覚的な利害関心のひとつが持続する生命である場合を除いては、生命への権原を動物に与えない。可能力アプローチでは、そのような自覚的な利害関心があるか否かにかかわらず、苦痛と老衰によって死が危害となるまでは、すべての動物にはそれぞれの生命を維持する権利資格がある。虫や、ほかの感覚性が無かあるいは最小限の生命の形態を扱う場合には、この権原はそれほど頑強ではない。それでもそうした生き物を理由なく殺すことは悪いことであり、またいくつかのケースでは法がそれを防ぐべきだろう（たとえば学校のプロジェクトのために蝶を殺すことなど）。しかしその殺害に（作物や人間やほかの動物への危害を防いだり、苦痛を防止したり、さらには必要であるか有用である食料を得たりといった）もっともな理由がある場合には、正義に基底された権原は何ら侵害されない。

感覚性のある動物の場合、話は異なる。そうした動物はすべて、スポーツのための理由なき殺害を受けない権原が保証される。毛皮等の贅沢品のための殺害もこの範疇に入り、また禁止されるべきである。食料のために動物を飼育する過程におけるすべての残虐な実践・慣行と痛みをともなう殺害は、禁止されるべきである。他方で、賢明で尊重に値するパターナリズムは、取り除けない痛みに苦しんでいる年老いた動物の安楽死を支持する（同様の若い動物の場合もそうである）。先にみたように、これらの中間には、食料のためであろうと動物の個体数を管理するためであろうと、痛みのない殺害に関するとても難しいケースが存在する。まずは、生きている動物に対するあらゆる形態の残虐行為を禁止することに焦点を合わせ、そのつぎに、少なくともより複雑な感覚性のある動物を食料のために殺すことに反対するコンセンサスに徐々に向かうのが賢明だろう。私たちが取りうるもっとも有効なステップのひとつは、どのような条件で動物が飼育されたかに関する明確なラベルをすべての肉に貼るよう、強く主張することだろう。実践・慣行はさまざまに異なっており、倫理的責任のある選択の基礎とすべき適切な情報を、消費者は有していない。そうした情報を求めている半菜食主義者は、少なくとも菜食主義者と同様に、公共政策の諸目標を高めるだろう。

功利主義に優る可能力アプローチの追加的な長所がここで登場する。功利主義者と異なり、可能力の論者は、権原が侵害されているかどうかを知るために、複雑で不確定な厚生の計算をしなくてよい。もし食肉産業の人びとが仕事を失うとしても、それは功利主義者にとっては関心事の一部であるに違いないが、可能力の論者にとってはそうではない。搾取しかつ虐げる仕事には、権原がないからである。対照的に、動物にはたしかに諸々の権原があり、それらこそが政策が焦点を合せるべきものである。

動物の個体数を管理するための痛みのない捕食については、ヘラジカにとってはこの方法の方が、飢えで死んだりオオカミに引きちぎられたりするといったほかの死に方よりも、望ましいことが多いだろう。しかしそれは、生き物をその全盛期に無痛で殺しても危害とはならない、という意味ではない。そのため、不妊手術のようなものを含むいくつかの無害な選択肢のある未来へ向けて取り組むことができれば、その方がはるかによい。

(2) 身体の健康

動物の権原でもっとも重要なもののひとつは、健康的な生活に対する権原である。動物が人間の直接的な管理下にある場合、この権原が必然的にともなう政策がなんであるかは比較的明確である。残酷な扱いと放置を禁止する法律。食肉および毛皮産業における閉じ込めと虐待を禁止する法律。サーカス動物を含めた作業用動物の無情あるいは残酷な扱いを禁じる法律。動物園と水族館を規制し、適切な栄養とスペースを義務づける法律。こうした法律の多くはすでに実在するが、あまりうまくは実施されていない[55]。現在の実践・慣行にある驚くべき非対称性は、食料のために飼育されている動物が、家で飼われている動物が保護されているようには、保護されていないということである。この非対称性は除去されなければならない。一般に人間は、一緒に暮らす動物の後見人であり、また許容しうる動物の扱いを律する法律は、子どもに対する親の責任を扱う法律を近しいモデルとすることができる。

(3) 身体の不可侵性

可能力アプローチの下では、動物は暴力、虐待、そのほかの形態の有害な扱いによって身体の不可侵性を害されないことへの直接的な権原を――問題となっている扱いが痛みをともなうか否かは別として――持っている。したがってこの規定のもとでは、猫の爪を取ることは、それが痛みのない方法で行なわれかつその後の痛みもないとしても、猫が彼らに特徴的な仕方で繁栄・開花することを妨げるという理由で、おそらく禁止されるだろう[56]。動物を、とにかく人間の目にとってより美しくするための身体の切断は、同様に不適切である[57]。他方で、しつけをともなうものではあるが、動物に特徴的な可能力の輪郭を部分になす卓越さをその動物に示させるための訓練の諸形態は、除外されないだろう。繰り返しになるが、馬がはじめ馬勒に対していらつくという事実は、義務教育に対して人間の子どもが困惑するのと同様、可能力アプローチにおいては否定的なことではない。義務教育は、それが成人の繁栄・開花および可能力の促進において果たす役割によって正当化しうる。

人間のケースにおいて、この権原の肯定的な面は、生殖と性的満足の機会を持つことである。動物のケースではこれについて何を言えばよいだろうか？　ほかの事情が同じならば、この可能力を保護することは動物に関してもよいように思われるだろう。だが、特定の雄の動物（馬、犬、猫）を去勢することは（長い経験にもとづくならば）それら動物の繁栄・開花した生活と両立するように思われる。多様な形態の活動が残されるし、苦しみもない。そのうえ、ほかの動物に対して比較的暴力的ではない生活がもたらされることが多いため、通常はその雄自身における苦痛や怪我が避けられることにもなる。暴力的な人間の去勢は完全に不適切な「残酷で異常な罰」であるように思われる一方、他方で人間以外の動物の去勢はかなり異なるように思われる。なぜなら、そうした動物の性格変更および選択に関する能力は、より乏しいからである。攻撃的な性向のある犬に対して、性格を変えて別様にふるまうよう言いつけることはできない。するとと多くの場合、去勢はその動物自身の繁栄・開花とほかの動物の繁栄・開花のために、もっとも適切な成り行きなのかもしれない。そうした場合には注意深い精査が求められるし、また正当化はケースバイケースでなければならないのだが。

ほかの事例として、不妊手術は個々の動物の生活に特段の影響を及ぼさないが、個体数の過剰増加とその結果生じる食料不足と餓死放置、これらを防止することによって、将来の動物の生活をよりよくするだろう。これはひとつの動物をほかの生き物の善の手段としてただ利用しているだけだろうか？　もしたとえば雌の犬や猫の不妊手術が、その動物に特徴的な繁栄・開花および尊厳の形態と両立しない生活をつくりだすとすれば、それはそうした政策に反する重大な問題点となるだろう、私はそうではないという考えに傾いている。人間に対する強制的な不妊手術に異議がなされうるのは、それが人間の生活においてとくに重要な、ある特定の自由と選択への権原を侵害するからである[58]。このような考慮事項は、動物の繁栄・開花にとっては重要ではないとの考えに私は傾いている。

（4）感覚・想像・思考

人間にとってこの可能力は、適切な教育、言論および芸術的表現の自由、宗教の自由への権原など、広範な権原をつくりだす。これはまた、楽しい経験をし、無益な苦痛を回避することへの、より全般的な権原も含む。この後者の点が、動物に関する私たちの思考をどこへ導くのかは、これまでの議論からかなり明白であるに違いない。それは厳しく残酷で、虐待的な動物の扱いを規制し、また動物の感覚を楽しませるような環境における自由な移動といった快楽の源泉へのアクセスを確実にする、厳格な法律へと向かっている[59]。それはまた、動物に痛みのある死を押しつけるスポーツのための狩りと釣りを禁止することも意味する。この可能力の自由に関連する部分には精確な類比がないが、それでもなお、各種の動物にとってどの選択肢と自由の領域とがもっとも重要であるだろうかを問うことで、各々の種における適切な類比を考えだすことはできる。この熟考は明らかに、監禁を拒絶し、またあらゆる動物が広々として光と陰がある場所で飼育されるように、そしてその場所が各種動物に特徴的な数々の活動をするための多様な機会を提供するように規制するよう、私たちを導く[60]。ほとんどの動物園の最大の欠陥のひとつは退屈さであったため、動物の繁栄・開花のための機会が非情にも侵されてきた。ここでもやはり、可能力アプローチはそうした権原を認めることができる点において、功利主義よりも優れているだろう。多様な活動に従事したり、退屈ではない環境で暮らしたりすることに対して、自覚的な利害関心をもたない動物は、ほとんどいないのだから。

動物のなかには、それにふさわしい教育を受ける権原を有するものもいる。訓練を受けていないボーダーコリーは権原を侵害されており、また同じことが馬の多くの品種についても言える。家で飼われている動物はすべて、子どもと同様、トイレ・トレーニングを受けていなければ、つまり排泄物を処理する方法を示されていなければ、権原を侵害されている。動物は、清潔を恥の不在と結びつけるからである。

「野生」の動物は、それらが特徴的な仕方で繁栄・開花できるような環境への権利資格を有している。したがってこの可能力を保護することは、動物の環境を保護することも意味する。

（5）感　情

動物には幅広い感情がある。感覚性のある動物のすべて、あるいはほぼすべてが、恐怖を感じる。多くの動物は、怒り、憤り、感謝、哀しみ、嫉妬、そして喜びを経験することができる。透視図法的思考のあるごく少数の動物は、同情を経験することができる。[61] 彼らは人間と同じように、他者に愛着を抱くこと、他者を愛しケアすること、強制された孤独や故意に与えられた恐怖によってこれらの愛着が歪められないこと、これらに対して開かれた生活への権利資格をもっている。私たちが家で飼っている大切な動物のことを考えれば、このことが何を意味しているかはよく理解できる。奇妙にも、同じ考慮事項は、私たちが「野生」と考えている動物には拡張されていない。最近まで動物園は、動物の感情的なニーズを何ら思いやってこなかった。研究のために利用されている動物は、この点についてまったくの気遣いなく扱われることが多かった。まっとうな感情的生活を容易に与えられたかもしれないのに、隔離され、閉じ込められてきた。[62] いくつかのとても有名な動物実験は、同様の放置・無視に塗れている。赤ちゃん猿から母親の抱っこが奪われ、結果的にその赤ちゃん猿が感情的に不安定になるだけの実験。マーティン・セリグマンが犬を用いて行なった実験では、人間の鬱病に類比的な「学習性無力感」の状態へと、犬が誘導された[63]。研究という難題は次節で取り上げるが、これらは感情の分野における権原が侵害されていることの、少なくとも明白な事例である。

(6) 実践理性

これは人間のケースでは鍵となるアーキテクチャ的な権原である。実践理性は、ほかの権原すべてに行きわたりかつそれらを情報づけ、それらの追求を十全に人間的なものとする。人間以外の動物のケースでは、これに対する精確な類比物はない。それぞれのケースで問題とされる生き物が、目標や企画を立てたり生涯の計画を練ったりする能力をどの程度有しているのかを問う必要がある。この能力は存在する限りにおいて支援されるべきであり、またこの支援には可能力4がすでに示したのと同様の政策が、つまり動き回るために十分なスペースと多様な活動の機会とが、多く求められる。

(7) 連　帯

人間のケースではこの可能力には二つの部分がある。個人の間柄に関する部分(他者と共にそして他者へ向けて生きることができること)と、自尊心と非屈辱に焦点を合わせた、もっと公共的な部分である。これと同じ二つの部分が人間以外の動物にも関連しているように私には思われる。動物には、愛着を形成すること(可能力5がそうである)と、動物に特徴的な形態の絆および相互関係に携わること、これらへの機会を持つ権利資格がある。人間が関与している場合には、支配的な関係性ではなく、むしろ報いがありかつ互恵的な関係性を、人間と結ぶ権利資格も有している。また同時に動物は、尊重されかつ尊厳のある存在者として扱われる世界公共文化のなかで暮らす権利資格を有している。この権原が意味するのは、彼らが苦痛だと感じる屈辱の状態から彼らを保護することだけではない。可能力アプローチはここで、功利主義よりも広範な広がりをみせ、動物の政治的権利と尊厳のある存在者としての法的地位とを認める諸々の世界政策への権利資格が動物にはあるとする。彼らがその地位を理解しうるかどうかは別として、その地位は彼らがいまとは異なる仕方で見られかつ扱われる世界を形成する。

そもそも可能力アプローチは評価的なアプローチであるため、動物が相互に実際結んでいる関係性のすべての形態を保護するものではない。破壊的な種間行動の明白な事例についてはすでに言及してきた。では、種内部でなされる危害についてはどうか？　これはとても複雑な問題である。一方で、人間が正面から反対しかつ防ぐことのできるいくつかの危害がある。親による幼児への攻撃や、病気であったり障碍を負っていたりあるいは老齢である種の構成員に対する苛酷なやり方などがそうである。家で飼われている動物のあいだであろうと「野生」の動物のあいだであろうと、人間にはこうした権原侵害を防ぐように介入する義務がある。だが序列と不平等についてはどうか？　動物の文化は、強者からの弱者に対する屈辱と、性的な有利性を求めるときに暴力的な競争とに満ちている。人間の「真価において他者と等しい尊厳のある存在者として扱われうること」という可能力を、動物が必ずしも、あるいは一般的に、追求するとは限らない。人間がそれらすべてを変えようと介入するならば、明らかに、種の生活のエコノミーは大混乱に陥る。とくに「野生」においてはそうである。この場合はおそらく、種の弱い構成員に対する最悪の危害だけが防止されるべきであり、ほかの形態の序列は——動物の中心的な可能力として保護されはしないが——寛大に扱われてもよいだろうとしなければなるまい。人間による動物の扱いは少なくとも、種の個々の構成員に対する尊重に満ちた配慮と、個々の構成員が繁栄・開花した生活に値するという観念とによって、統制されるべきである。

(8) ほかの種との共生

もし人間が「動物、植物、および自然界に配慮しつつ、またそれらと関係性を結びつつ、生きることができる」ことへの権利資格を持っているのであれば、ほかの動物も自らの種ではない種(人間とほかの自然界を含む)との関係性においてそうである。人間および動物の両者の側から見たこの可能力は、あらゆる種が協力的かつ相互に支え合う関係性を享受する相互依存の世界が、段階的に形成されることを要請する。自然はそのようにはなっておらず、これまでも決してそうではなかった。するとこの可能力は、正義なるものが自然に徐々に取って代わることを、非常に幅広い仕方で求めるものとなる。

(9) 遊　び

感覚性のあるすべて動物の生活にとって、この可能力が重要であることは明らかである。これまで論じてきたのと同様に、生活の場における適切なスペース、光、そして感覚刺激が保護されることと、何よりもほかの種の構成員たちが存在することといった、多くの政策が要求される。

(10) 自分の環境の管理

この可能力は人間のケースでは、政治的なものと物質的なものとの二つに分かれている。政治的な部分は、活発な市民権と政治参加の権利との観点から定義されている。人間以外の動物にとって重要なのは、彼らが、彼らを尊重するように組み立てられておりまた彼らを正当に扱うことにコミットしている政治的構想の一部となることである。しかしながら、その構想の内部で動物が権原を直接に有していることが重要である。もし人間の後見人が、人間の子どもの場合がそうであるように、そうした権原を守るために裁判所へ行かなくてはならないとしても、そうである。人間の可能力の場合、物質的な部分には、労働組合を組織する権利や職業選択の自由といった、財産権および雇用される権利に関する、ある一定の種類の保護が含まれる。家で飼われていようが「野生」であろうが人間以外の動物にとって、財産権の類比物は、生息環境における縄張りの不可侵性の尊重である。働く権利の類比物は、尊厳がありまた敬意が示された労働条件への、働く動物の権利である。

このリストにない動物の可能力で、適切に特定しうるものはあるだろうか？　もしあるならばそれらは、私たちが一般的なレヴェルおよび種特有のレヴェルの両方についてさらに取り組むにつれて、時間の経過とともに発見されることになるだろう。

一般に可能力アプローチは、各国がその憲法、もしくはその原理に関するほかの根本的な言明に、政治的正義の主題としての動物を含めるべきことと、動物が尊厳のある生活への権利資格を有する存在者として扱われることへのコミットメントを含めるべきこと、これらを提案している。憲法はまた、この可能力のリストが示唆するきわめて一般的な原理群のいくつかを、詳細に述べうるだろう。動物の権原の保護に関する残りの仕事は、適切な立法と、法律が施行されていない場合には施行を要求する訴訟とによって、なされるだろう。もし動物が実際に権原を付与されるならば、彼らにはいまのところない、（後見人によって弁護される）訴訟を起こす資格が生じることになる。(64)

また同時に、このアプローチによって取り扱われる多くの問題は、個々の国が単独では対処しえないものであり、国際協力を通じてのみ取り組みうるものである。そのため、動物の生息環境の保護と残虐な実践・慣行の撲滅とに、世界共同体をコミットさせる国際協定も必要となる。

13　衝突の回避不可能性

人間のケースでは、ひとつの可能力ともうひとつの可能力が衝突するという問題に直面することが多い。だが人間のケースでは、もし可能力のリストとその閾値が適切に設計されているならば、ひとつの可能力ともうひとつの可能力のあいだに衝突があることは、社会がどこかで間違ってしまったことのしるしとなると、私たちは述べなければならない[65]。すべての可能力がすべての市民に確保されうる世界を創造する長期計画に焦点が合せられるべきであるのは、そのためである。そのようにして、ソフォクレスの『アンティゴネ』で示された市民的秩序と宗教的自由の衝突は、各個人の宗教的自由を政治的領分とその基本的価値を構成するものとして尊重する諸々の社会を創造することによって、取り除かれる（ヘーゲル主義者の意味では止揚される）。もし親が、家族が生き残るためには子どもを一日中働きに行かせるしかないという意味で、生命を維持するための食糧と子どもの教育とのあいだの衝突に直面したならば、これもまた社会がよく設計されていないことのしるしである。非常に貧しい地域においてでさえ、賢明な設計によって、人びとは健康に暮しうるのであり、また子どもに教育を与えうるのである（インドのケララ州は比較的貧しい州であるが、授業時間の柔軟さとほかの創造的な政策を通じて、青年期の男の子と女の子の両方の識字率で九九パーセントを達成した。）

人間の可能力について論じたさいの本書の主張は、各可能力の閾値はほかの可能力を見据えながら設定されるべきだ、というものであった。たとえば教育に関する可能力の枠組みを作るときには、ほかのすべての可能力を授けることと矛盾することなく授けることが期待しうる教育に関する可能力は何であるかを、無理なく問えるだろう。一方で、各々の閾値は、ユートピア的あるいは非現実的な仕方で設定されるべきではない。そのため、ほどほどによい条件下でどのような組み合わせを人びとに授けることが期待しうるかが、問われなければならない。だが他方で、現在のできの悪い制度編成に従って、目標を低く設定しすぎてはならない。したがって、ひどい運営がなされているいくつかの諸国において、目下のところは実現不可能だという理由にもとづいて、あらゆる子どもの初等および中等教育が正義にかなった公共政策のよい目標ではないと結論づけられていたとすれば、それは間違いであるだろう。

　私たちが生きる世界は、人間の福利と動物の福利のあいだの絶えることのない衝突を含んでいる。それらの多くは悲劇的である。動物に対するひどい扱いの一部は、人間の福利に深刻な損失をもたらさずとも撲滅しうる。毛皮のために動物を利用する場合や、食料として利用される動物が残忍なやり方で監禁されている場合などがそうである。食料として動物を利用することは概して、とても難しい問題を孕んでいる。タンパク質の供給源を完全に菜食主義的なものに移行することが世界環境にどんな影響を及ぼすのかについて、あるいはそのような食生活を全世界の子どもの健康とどう両立させうるのかについて、実際には誰にもわからないからである。この場合の最善の解決法は、初期段階として、人間の全可能力を確実にすることと明らかに両立するけれども、動物の主要な可能力のどれをもそれほどはっきりとは侵害しない水準をまずは閾値としつつ、動物の生存中と痛みのない殺害中とによい扱いをすることに焦点を合わせることだろう。このことは、多種多様な動物が痛みのない死によって被る危害を、人間がどう理解するかに依存している。その閾値でさえいまのところユートピア的であるが、それは現実的なユートピアだと思われる。しかしながら、こうしたヘーゲル主義のアプローチは、すべての問題を解決しえない。対峙されなければならない問題のひとつは費用の問題である。もし動物（人間の直接的な管理下で生活する動物も含めて）のための保健医療が、人間の保健医療の閾値を低めることを要求するならば、そうした代償についてどう考えればよいのか？　私はこのような問題に対峙する場合、医療コストはつねに医療コストによって相殺されなければならないと考えるのではなく、一群の可能力をまとめて考えるべきだと考える。誰かの保健医療を余儀なく打ち切るかなり手前に、根本的な権原とは関係のない、削ることのできるコストが、ほかにあるはずである。これは、各国がすべての重要な可能力の閾値を設定するさい、その国自身のために考慮しなければならない種類の問題である。こうした問題については、明確な議論が、まだはじめられていない。いまの時点でそのような熟議の結果が精確にどうなるかについて述べるのは、時期尚早だろう。だが、贅沢品のための政府補助金などの支援が最初のターゲットとなるのは確かである。たとえばもし人びとがSUVを運転するのを止めれば、多くの利得が生まれるだろう。ガソリンに費やす金銭が減り、根本的な権原と結びついたほかの目的で使える金銭が増えるだろう。いずれにしても健康にはプラスになる。

衝突が生じる分野で、未解決であることがもっとも明白であるのは、研究上の動物の利用についてである。動物を使った研究は一方において、人間とほかの動物の両方にとって医学の進歩のためにきわめて重要であり続けている。鬱病から愛着の自然本性にわたるまで、多くのテーマに関してきわめて重要な情報をもたらしている。だがそうした研究は、動物の早すぎる死を余儀なくさせ、死とは別の危害を動物に負わせることも多い。

有益な研究を停止することなく、研究用動物の生活を改善するために、多くのことがなしうる。スティーヴン・ワイズが示したように、研究で利用される霊長類は、医学対象として利用される間、不潔で孤独な状態で生活していることが多い。言うまでもなく、この状況はまったくもって不必要で道徳的にも認められないし、また研究を停止せずに終止符を打つことができるだろう。行なわれている研究のいくつかは不必要で、打ち切ることができる。たとえばウサギで化粧品を試すことは、一部の化粧品会社によって、製品の質を落とすことなく回避されてきた。だが、人間とほかの動物の生命および健康に対して絶大な帰結をもたらす非常に重要な研究は、最善の条件下でさえ、少なくとも一部の動物に対して、病気、痛み、そして死を負わせる。

それならば、人間と動物の関係性には取り除けない悲劇の残部があるということが、認められるべきである。人間の健康と安全を促進するために認められるべき研究は、病気、痛み、そして早すぎる死のリスクを動物に負わせ続ける。この研究は、理想的な権原理論の問題としては、道徳的に悪である。現在進行中の研究の問題としては、私はそうした研究のすべてをただちに停止することを支持しない。私が代わりに支持するのは、(a) 研究が、人間もしくは動物の主要な可能力を促進するために本当に必要であるのか否かを問うこと。(b) 可能な場合には、より複雑ではない感覚性を持つ動物の利用に、彼らがそのような研究から被る危害は比較的少なくて軽いという理由にもとづいて、焦点を合わせること。(c) 研究用動物の状況を改善すること。それには末期疾患に冒された場合の苦痛緩和のターミナルケアと、人間およびほかの動物との支援的な交流とが含まれる。(d) 研究における動物の扱いのあまりに多くに備わっている、心理的な残忍さを取り除くこと。[66] (e) 重要な成果をもたらす可能性がないなか、つまらない理由で危害を負わされる動物がいないように、慎重かつ真剣にテーマを選ぶこと。(f) こうした悪い帰結をもたらさない実験方法(たとえばコンピュータ・シミュレーションなど)を発展させるため、精力的でかつ公的資金に支えられた努力をすること。

何にもまして私のアプローチは、こうした問題に関する公共的で哲学的な議論が恒常的になされることを支持する。あわせて支持するのは、研究におけるそのような動物の利用は悲劇的であり、いくつかのケースでは動物の基本的な権原を実際に侵害しているということの承認である。私たちが動物と共有しているこの非ヘーゲル主義的な世界においてでさえ、このような公共的な承認はとても有用である。第一にそれは、道徳的真実が何であるかを示し、そしてまた動物の尊厳と動物に対する私たち自身の有責性とを承認する。第二にそれは、このような緊急事態が何らない場合でも、動物に対してよくふるまうという人間性向を再確認する。最後にそれは、たとえばコンピュータ・シミュレーションの利用を通じて、少なくとも適切な研究のいくつかが実際にほかの方法でなされうる世界へ向けて、私たちの心構えを準備する。公共的な承認は、私たちがそのような世界を積極的に追求し、また動物の虐待を減らすためにそのような世界へ向けてのどんな進歩をも生かすべきことを、伝えてくれる。

14 真にグローバルな正義へ向けて

グローバルな正義の追求は、かつては完全に平等な正義の主題として包摂されていなかった多くの人びとおよび集団の包摂を要求する。このことは長いあいだ明白であった。貧しい人びと、下層階級の人びと、宗教的・民族的・人種的なマイノリティの構成員、より最近では女性。社会契約の伝統における古典的でリベラルなアプローチは、こうした不平等に取り組むように設計されたのであり、また大体においては非常にうまくやってきた。この不遇な人びとの伝統的なリストに関して言えば、こうしたリベラルなアプローチのもっとも不出来な面は、家族内部における機会と便益の分配を十分精査することに失敗していることと、家族それ自体を正義がなされているか否かの場所として考慮することに失敗していることにおいて、表われている。

より最近では、大規模で非同質的なもうひとつの市民グループが、十全かつ平等な正義を要求していることが明らかになってきた。一時的もしくは生涯にわたる身体的・知的な障碍のある人びとである。古典的な社会契約説は、ロールズのとても繊細で道徳的に敏感なヴァージョンですら、障碍のある人びとに関しておりまた彼らにへ向けた正義のこうした問題を適切に扱うことができないのであり、また私たちの社会において障碍者と老人の存在がつくりだしている依存者のケアに関する重要問題も適切に扱うことができない。可能力アプローチは、実りある前途を提供するために適しているように思われる。

もうひとつ何世紀にもわたって明らかであり続けていることは、グローバルな正義の追求は、自足的な国民国家のパラダイムから離れるために、また諸国のやりとりに対して正義は何を要求するのかを思考するために、政治哲学を必要とするということである。二〇世紀後半以降、国際的でコスモポリタン的な正義についての適切な取り組みは、戦争と平和という伝統的なテーマのみならず、経済的正義と物質の再分配というテーマにも対処しなければならないということが明白となっている。伝統的な社会契約説は、こうした問題をあまりうまく解決できない。そしてロールズの果敢で魅力的なアプローチですら、それらを適切には解決できない。本書はこの場合もやはり、先に進むための有用な道案内として可能力アプローチを提案してきたのであり、また結果指向のアプローチだけが（絶えず変化する制度形態の多様性をともなう）この混乱気味で急速に変化する世界環境に適切に取り組むことができると論じてきたのである。

だが真にグローバルな正義は、世界を見渡して、まっとうな生活への権利資格のある仲間の種のほかの構成員を探し出すことだけを要求するのではない。それはまた、自らの国と世界の両方において、私たち自身の生活と密接かつ複雑に絡み合った生活を送っている、感覚性のあるほかの存在者に目を向けることも要求する。こうした問題について、正義の理論への伝統的な契約主義のアプローチは正義の問題として取り組んでおらず、またそのままの形式では取り組むことができない。功利主義のアプローチはそれらに果敢に向き合ってきたのであり、また動物の虐待問題を表面化しかつ適切で倫理的な気づきの開始を少なくとも促したことから、高い評価を得るべきである。だが結局のところそのアプローチは、適切な動物の正義論を提供するには、個々の生命をまたいで、また個々の生命内部の非同質的な構成要素に関して、均質化を押し進めすぎている。それぞれの動物の生活形態を目前に、倫理的に調和のとれた驚嘆から出発する可能力アプローチは、動物の生活の複雑さと彼らの繁栄・開花のための奮闘とに、正義をもたらすやり方を提供する。本章では、このアプローチが究極的に述べるだろうことだけを素描してきた。だが素描であっても、それが十全にグローバルな正義の理論へ向けた第一歩であることに変わりはない。

第7章　道徳情操と可能力アプローチ

恵まれた教育環境で国への愛という情操がいかに熱烈なものとなったかを考察すると、あのもっと大きな国つまり世界への愛が、高揚した感情の源泉としてまた義務の原理として、同様の強さへとゆっくり育てることができないものであるなどと、判断することはできない。

ジョン・スチュワート・ミル「宗教の効用」

社会契約の伝統は、本書がこれまで擁護してきた基本的正義へのアプローチに優る明白で重要な利点を、ひとつ有している。つまりそれは、広範な慈恵を要請しなくてもよいということである。社会契約の伝統は、人間には他者との深く強い動機づけのつながりがあることを想定することなく、相互有利性という観念から政治原理を導きだす。この倹約的な出発点は、社会契約の伝統にあるほとんどの思想家にとって大きな強みだと思われたが、それは彼らが道徳情操について懐疑的であったためである。ホッブズの考えでは、もっとも力強い情操は利己主義的なものであり、ほかの情操は弱すぎて、安定性がありかつ一貫性のある行為の動機づけとはならない。カントはもちろん欲望と性向について悲観的であり、彼の「根源的悪」の理論によれば、羨望と攻撃性はいずれの社会においても大問題となる可能性が高い。たしかに彼は、人びとは強制されずとも道徳法則に従うことができると考えているけれども、他方で、人びとが正しい種類の教会――それはいまだかつて一度も存在したことのない種類の教会を意味することになるのだが――の信者にならない限り、他者に対する道徳的な行動はおそらく盛んなものとはならないだろうと一貫して信じている。情操についてのロックの見解はずっと楽観的だが、彼もまた、正義にかなった政治原理に一致した行為を情操が生みだす可能性については懐疑的であるように思われる。いずれにせよ、ロックは自然状態において義務があることの理由づけにおいて慈恵を強調しているけれども、彼特有の社会契約の導出方法は慈恵というよりは相互有利性に依拠している。そしてヒュームは契約論者ではないけれども現代の契約主義の主要な源泉となっており、また社会契約の伝統のなかではもっとも明敏な道徳心理学者のひとりである。そして彼は、相互有利性の観念にもとづく黙約と法による大幅な支援がない限り、慈恵の情操が社会全体に広がることはないと信じている。

ロールズの立場はもっと複雑である。それというのも、私たちは通常は取っていないけれど、ロールズによれば実在の人物がいつでも取りうる不偏的観点（「心の純正」）に相当する仕方で、「無知のヴェール」が政治原理の基礎に道徳の不偏性を埋め込んでいるからである。また「よく秩序づけられた社会」に関する彼の説明では、その政治的構想の成立を保証し、また長期的に安定させるための情操教育に対して、かなりの関心が注がれている。ロールズは『政治的リベラリズム』のころまでには、単一の包括的な善の教説にそれまであまりに多く依拠しすぎていたとして、『正義論』におけるこの部分の詳細に疑いを抱くようになっていたが、『政治的リベラリズム』においてもなお、社会が安定したものであり続けるためには情操の公共的な教化が必要であると述べつつ、政治心理学の議論を提示し、かつその重要性を強調した。

可能力アプローチは人間に多くのことを要求する。その度合いは古典的な社会契約論よりもはるかに大きく、そしてロールズが「よく秩序づけられた社会」の市民に対して要求する、すでにとても大きい度合いよりもいくぶんか大きい。本書が取り上げている未解決の三つの問題の解決には、人びとの大いなる共感および慈恵と、そうした情操の長期的な保持とが不可欠である。ロールズの場合と同様に、慈恵を安定したものとするためにも、また実に慈恵は何を要求するのかに関する十分に明らかな構想を表すためにも、制度の役割は大きい。だが人びとが欲しない限り制度は成立せず、また人びとが欲するのを止めれば制度は無くなるだろう。これはアメリカ合衆国におけるニューディール型の社会民主政の消滅が、あまりに明らかに示してきたことである。

だとすれば、可能力アプローチはどうしようもなく非現実的なのだろうか？　この問いに対する回答は時間と労力を必要とする。だが、古典的な理論家の道徳情操の扱いには大きな不備、すなわち文化的多様性および教育の役割との軽視があることを指摘することから、はじめてもよいだろう。ホッブズ、ロック、カント、そしてヒュームでさえも、市民が形成する集団が持ちうる情操のレパートリーはほとんど固定的であると考えていたようである。ヒュームの想像の社会が人びとに正義の実用性に対して情を持つよう教えを施すときや、カントの理性的な宗教の信者が増えて、それによって道徳法則を支持する人びとの意欲が高まるときのように、社会はその限界においてならば物事に影響を及ぼすかもしれない、と。だが全体としてみると、これら思想家は、人格上の大きな変化や、そのような変化を支える社会的取り組みの余地が大いにあるとは、考えていないようである。カントは、ひとつには全員の利益になるという理由で私たちが平和を望みうるとたしかに考えているが、世界の全市民に対して、あるいは一国内部の全市民に対してですら、基礎的な人生の機会を提供することを支える慈恵を望みうるとは考えていない。こうした思想家のすべてが、慈恵やほかの基本的な情操に関するスピリチャルな改革および自己変革を顕著に主張してきたキリスト教の文化に囲まれていること、そして幾人かはその文化の信奉者であることをもってするならば、道徳に関するこのような熱望の欠如には驚かされる。

実のところ、道徳情操の可鍛性と教育によるその陶冶の容易さとに熱心に注目し続けた古典的な社会契約の思想家は、ルソーだけである。ルソーの『エミール』は、進行中の不正義の原因の多くを邪悪な道徳教育に帰しており、また社会正義を支えるだろう同情を基礎とする教育を提案している。『エミール』の第四巻は、この問題に関する熟考を深めるための出発点として格好の材料を提供している。それはアダム・スミスの『道徳情操論』とジョン・スチュワート・ミルの論文「宗教の効用」と並んで、正義と平等な尊厳へと向かう根元的な社会変化を支える情操を形成するという問題に関して、真に洞察力に富んだテクストのひとつとなっている。

正義にかなった社会は、その諸原理を支える情操を教育するために、多くのことをなしうる。こう信じている点で、ロールズはルソーと同じである。ロールズは『正義論』と『政治的リベラリズム』の両方で道徳情操に関する鋭敏な議論を展開しているが、それらにおいてはロールズが、社会によって成形しうる知性的な構えとして、また――人びとが然るべく適切な教育を受けているならば――社会の諸原理を目的として見なしうる知性的な構えとして、感情をとらえていることがうかがえる。そのためロールズの理論は、振り返ってみれば、私の理論とほぼ同じくらい意欲的であると言える。正義にかなった社会の安定性は、社会が、人びとに現行の諸価値の分配における大幅な変化を支持するよう、正しい構えと情操を教え込む能力にかかっている。もちろんロールズは理想的な状況を想定した理論を展開しており、現実における新システムへの移行を提案しているのではないため、根元的な変化を支持するような叙述はしていない。しかし、ロールズの理想に近いものが実現する様子を想像してみるならば、新システムへの移行が情操教育への大々的な取り組みを要請するであろうことは明らかである。

今日では、私たちの感情上の営みにある多くの局面が社会によって方向づけられていることが、そしてそれらが社会によっては方向づけられない可能性があることが、心理学によって明らかにされている。嫌悪感のように「あらかじめ備わっている」ことが明白な情操ですら、親や文化の教えによって大幅に形成されている。[1] 怒り、嘆き、恐れといった情操のいずれも、それらが何に対して抱かれるのか、どのように表現されるのか、どのような規範にもとづくのか、どのような世界に関する信条を体現するのか、さらには任意の社会内部で具体的にどう異なっているのかに関して、社会的に形成されているのである。[2] 幼い子どもは白紙状態のようなものであり、社会が望む情操であればどんなものでも成功裡に教え込むことができると、ジョン・スチュワート・ミルはほのめかしていた。だが、私たちの状況はミルが考えていたものとは異なるだろう。(父であるジェームズ・ミルから拝借された)ミルの連合心理学は、道徳の営みを支える進化的な基盤と、感情のレパートリーを形成する乳幼児期にはじまる発達プロセスのあり方とを無視しており、間違いなく認識のきわめて甘いものであった。したがって、世界中の人びとの幸福は自分の幸福の一部であると考えるよう人びとに教え込むことができるというミルの結論は、人間の心理のやっかいな側面に十分取り組むことなく、性急に出されたものである。

しかしながら、同情と慈恵について言えば、ミルが信じていたことは少なくともある程度、真である。人びとが経験する感情とそうした感情の効果とは、人びとを囲む文化によって大いに異なりうる。ダニエル・

バトソンの利他主義に関する重要な研究によれば、人びとは他者の苦境がありありと示された——そして突出した光景が劇的に映しだされた——物語を耳にすると、同情を経験し、またその結果として、他者を助けるというイメージを抱く。[3] 人間に基本的に備わっているものはホッブズ的というよりもルソー的であるように思われるだろう。理にかなったやり方で他者の苦痛に気づかされたならば、私たちは彼あるいは彼女に手を差し伸べるだろう。問題は、私たちはほとんどつねにほかのことに気をとられており、他者の苦境を理解するのに十分な教育を受けておらず、また(ルソーとバトソンのそれぞれが異なる仕方で強調していることだが)そうした苦痛を想像力の教育を通じて自らにおいて鮮明に思い描くようには導かれていない、ということである。バトソンは強調していないが、ルソーがことさら強調している点を、付言してもよいだろう。すなわち、人びとは自らが特権的立場にあると信じるように育てられたならば、あるいは自らが自足的つまり自分のことは自分でできるのでありかつ挫かれることもないと考えるように育てられたならば、自らの人間としての脆弱性に十分気づかないことが多い、ということである。

リベラルな社会における公教育は、可能力アプローチを補いかつ支えるだろう情操を、どれほど陶冶することができるだろうか? そして教化と表現の自由の規制とを拒否する原理にもとづく社会では、この教育をどのように行なうことができるだろうか?

慈恵の拡張は少なくとも可能だろう。また、自らと他者に負っていることに関する人びとの構想は実際とても流動的であり、社会的教示に応じているように思われる。たとえばアメリカ合衆国の一般的な公共文化は明らかに、貧者は自ら貧困を招いているとか、「本物の人間」は自足的であって困窮していないとかいう具合に、慈恵に不利に作用することがらを多く教えている。ほかにも大衆文化には、数多くの悪質なフィクションがあふれている。その一方で、アメリカの公共文化に存在する一部の有害な情操は、批判と、そのような情操をかき立てる構想および信条の置き換えとによって、時間の経過とともに弱まってきた。このように、人種に対する憎悪および嫌悪感、さらには女性に対する憎悪および嫌悪感は、子どもの養育と早期教育を重視すること通じて、アメリカの公共文化から確実に消え去りつつある。言語と比喩的表現に用心深く注意すること——なかにはこのことを軽蔑的に「政治的観点による正しい言葉遣い（ポリティカル・コレクトネス）」と呼ぶ人がいる——には、子ども同士が互いを、烙印を押された集団の構成員としてではなく個人としてみることができるようにするという、重要な公共的目的がある。こうした有益な変化は、障碍のある人びとに関する公共の場での会話および教育において、ある程度は生じている。障碍のある子どもとほかの子どもを同じ教室に入れることは、この変化をさらに押し進めるものである。それは子どもに対して、障碍のある子どもも個性のある個人であり、人間としての情操と活動能力を幅広く有していることを、はっきりと示すことになる。

こうしたやり方やほかのやり方によって、リベラルな社会はその基本的な政治原理を支える人格の構想および人間関係の構想を育み、またそれらを大事にすることができる。リベラルな社会はこうした原理への反対意見を抑圧するべきではないが、フランクリン・ルーズヴェルト大統領が貧しいアメリカ人を怠惰な役立たず者ではなく大惨事に見舞われた尊厳のある市民として描写したときのように、またキング牧師が感動的な言葉を用いて人種間の平等と世界市民権が実現された未来を描写したときのように、そして障碍のある人びとの擁護者がそうした人びとの生の複雑さおよび多様性と愛および達成に関する能力とを示すときのように、公教育と公共的弁論においては、こうした原理への支持意見を目立たせてもよいだろう。

もしこの世界で可能力アプローチが実現されることがあるならば、こうした実例が理解されかつ追随されるに違いない。本書が論じてきた三つの分野において正義を切望する社会は、子どもの発達、公教育、公共的弁論、そして芸術、これらにおける道徳情操およびその陶冶に、関心を払い続けなければならない。本書の規範的な企てが要請する情操の拡張が可能であることを、私はまだ明らかにしていない。それがいかにして可能かということも、当然ながら示していない。この沈黙の理由は、こうした問いについて言うべきことは何もないとか、こうした問いは答えることができないとか、そういう考えによるものではない。そうではなくて、こうした問いを別の作品のテーマにするという決意によるものである。[4]

私の理解する正義の実現可能性がありうるものであるということを、本書はまだ示していないけれども、本書の議論はこの可能性を信じるにあたっての障害物のひとつを取り除くものだと、私はいかにも確信している。それというのも本書の議論は、私たちが何者であり政治社会が何であるかに関する特定の像がしばしのあいだ私たちを拘束してきたことと、またそれによって私たちは人びとが集いかつ共に生きることを決意するような別の像を想像することから遠ざかってきたということとを、確証しているからである。リベラルな政治文化を唯一つなぐものは相互有利性であるという事実を当然視するならば、正義の三つの境界領域において本書が提案するような「ユートピア的」な企ては皮肉をもって語られることになる。しかしながら、相互有利性のみを接合剤とするリベラルな社会の像には特異な歴史的起源があり、またそのような像のみが有効であったわけではないということを、私は示してきた。ホッブズとロックがよくわかっていたように、それはあくまでも像であり、人びとが何でありどうあるべきかに関する現実的な描写ではないということを、私たちはいまや理解できて然るべきである。それを像と捉えると、その像は私たちにどのような影響を及ぼすのか、その像は私たちのことをどの程度よく表現するのか、そして政治社会に対する私たちの切望を明確に示すために選ぶべきはその像であるのかあるいはほかの像であるのかを、問うことが可能となる。

大きな哲学的問題に対する答えは、このようにして実践的な重要性を持つようになる。[5] そのような答えは、何が可能であるかに関する私たちの考えを方向づけ、私たち自身と私たちの政治的関係性との名づけにさいしての条件をもたらす。社会契約が結ぶ像は実りあるものであり、また多くの分野で見事であるが、未来へ向けた正義のフロンティアであると私が信じている未解決の三つの問題領域に対する私たちのアプローチを制限している。社会契約論のうち最善のものは退けるべきではないが、私たちは想像力の扉を開くために哲学的論証を用いるべきであり、またそうすることができる。想像力に富んだ勇気がなければ、そうした三つの領域が突きつけるとてつもなく大きな困難を前に、公衆の皮肉と絶望とが残るだろう。だが、可能であるかもしれないことに関するいくつかの新しい像があれば、これらのフロンティアに少なくとも接近することができるのであり、また哲学の理論がこれまで頻繁に承認してきた世界よりもはるかに複雑で相互依存的な世界における正義は何でありうるのかについて、創造的に思考することができる。

原註

序論

（1）政治的正当化に関する私の立場を詳細に説明したものとして、Nussbaum（2000a）, chap. 2; Nussbaum（2004d）を見よ。
（2）Nussbaum（2000a）, chap. 4を見よ。
（3）私は第一章で、ロールズを悩ます問題のいくつかは実のところロックの理論で回避できるということと、しかしながらそれは、ロックの理論がハイブリッドであって、前政治的な自然本性的諸権利と慈恵に関する自然本性的諸義務とに強くコミットしているためであることとを、論じるつもりである。
（4）このロールズ的／アリストテレス的な考えを私自身がどう用いているかについては、Nussbaum（2000a）, chap. 2; Nussbaum（2004d）を見よ。

第1章　社会契約と正義の未解決の三つの問題

（1）Hobbes（1651/1991）, chap. 13.このように述べるホッブズではあるが、おそらく彼はエピクロスとルクレティウスの影響を受けている（ルクレティウスの『物の本質について』第五巻をとくに参照のこと）。古代における社会契約論の歴史については、Goldschmidt（1977）を見よ。
（2）Locke（1679-80?/1960）『市民政府論』第二章第四段落および第八章第九八段落。ローマ数字でⅠと記されない限り、ロックの参照はすべて、『第二篇』(『市民政府論』)による。『第一篇』と『第二篇』の執筆時期に関しては論争があるが、それらはこれまで考えられていたよりもかなり前に執筆されたというピーター・ラスレットの主張には説得力がある。Locke (1679-80?/1960), 15-135, esp. 66-79を見よ。

(3) この伝統の提唱者の全員が、政治的正義の観念という視座で各自の企てを論じているわけではない。私が焦点を合わせるのは、まさに政治的正義の観念を中心とするロールズ流の伝統である。読者にはこのアナクロニズムを大目に見てもらいたい。

(4) もちろん「など」に何が含まれるかは、伝統における論争点のひとつである。後でみるように、ロールズにとっては、人種と性別がこのリストのとても重要な項目であるが、身体的・知的な障碍はそうではありえない。第二章を見よ。

(5) しかしながら、社会契約の伝統はロールズの「純粋な手続き的正義」の観念を用いておらず、その代わりに自然本性的な諸権利あるいは諸権原に関する力強い説明から出発していると、私は論じるつもりである。

(6) 言うまでもなくホッブズは、この政治社会の理解を、その目的では用いていない。リベラルな伝統への彼の影響は深甚ではあるが、彼自身はリベラルではない。第四節を見よ。

(7) ホッブズの社会契約の理論は偉大ではあるが特別な問題を孕んでいると、ロールズは脚註で述べている。

(8) ロールズは『正義論』〔原著〕一一頁にある註(4)で、彼自身にとって伝統上の主要な先例となっているテクストをあげているが、そのなかでロックの『市民政府論』とルソーの『社会契約論』をあげつつも、カントについては政治的論考の代わりに『人倫の形而上学の基礎づけ』をはじめとする倫理的論考」をあげているのは興味深い。

(9) その証拠のひとつとしてつぎがある。教育理論家のローレンス・コールバーグによる道徳意識の諸段階の説明、つまり子どもが成長過程でたどる発達段階に関するピアジェ派だとされる説明があり、それによると社会契約説は第四段階、功利主義は第五段階、カント主義が第六段階を表わすことになるのだが、この説明に関してある日〔ハーバード大学で〕クラス討論がなされた(一九七六年ごろ)。ロールズは、彼自身が功利主義を批判できなかったのは――彼が功利主義を批判していたのは明白なのだが――彼が道徳発達に関するコールバーグの見解に従ったことによると発言した。コールバーグの定義によればロールズは功利主義よりも低い発達段階にあり、またコールバーグの理解によれば批判には批判対象となる段階を超えていることが要求される、というのがその理由とされた。私は、ロールズが自らを第六段階ではなく第四段階に位置づけたことに驚いたのを覚えている。

(10) 「器質的損傷」、「障碍」、「ハンディキャップ」の用語法については、第二章の註(5)を参照のこと。

(11) ホッブズは女性を省いておらず、性別のことがらに関して言えば、彼は多くの点において驚くべき例外である。カントはかなり多くの人びとを省いているが、それは彼が提示する別個独立性という条件が所有財産を要求するからであり、また「積極的」な市民権と「消極的」な市民権の区別を想定させるからである。第四節を見よ。

(12) Nussbaum (2000a), chap. 4を見よ。

(13) ミシェル・フーコーが狂気のケースについて記録しているように、こうした状況はすべて一九世紀に悪化した。それ以前において、排除はそれほど凄まじくなかったのであり、かなりの障碍のある人びとの多くが、公共生活において重要な役割を果たしえた。癲癇を煩っていたジュリアス・シーザーについて考えてみよう。可動性に重度の障碍があり、ほかにも原因不明の障碍があったローマ皇帝クラウディウスについて考えてみよう。慢性的で日常生活に支障を来す多くの病気に苦しんだことを自ら記録しながらも、帝国の摂政をつとめた哲学者セネカについて考えてみよう。こうした実例はおそらくほかの時代や文化にも見いだしうる。

(14) 『デイヴィッド・コパフィールド』でディック氏という複雑な人物像を提示したチャールズ・ディケンズが、ほかと同様にこの場合も、批判の先駆者である。Cora Diamond, "Anything but Argument?" in Diamond (1995) を参照。『ノー・ネーム』(*No Name*) で、ほかの作品においてと同じくラディカルに、重度の知的な器質的損傷のある女性を物語の道徳的な中心人物としたウィルキー・コリンズにも言及すべきだろう。

(15) このように捉えるやり方について、バーバラ・ハーマンに恩義がある。

(16) この伝統的な考え方に関する説明は、Nussbaum (*forthcoming*) で展開中である。

(17) *TJ* 17も参照のこと。そこで彼は自らのものも含めた契約論について、つぎのように述べている。「契約論は私たちが動物やそれ以外の自然に対してどうふるまうべきかについての説明を省いている……私たちは、公正としての正義と、それを一例とする契約論の射程とには、限界があることを認めなければならない。ひとたびこうしたほかの問題が受け入れられたとき、公正としての正義の諸々の結論をどの程度まで修正しなければならないかを、あらかじめ決めておくことはできない」。「ここで私たちは正義の理論の諸限界について想起しなければならない」との言明がある『正議論』(*TJ*

512）では、彼の正義の理論が正義感覚の能力に欠ける存在者に対する正しいふるまいの説明を何ら有していことについての言及がある。そのような存在者には、当該箇所でロールズが主題としている人間以外の動物だけではなく、重度の知的な障碍のある人間も、含まれているように思われるだろう。

（18）Nussbaum（2000a）.

（19）Gauthier（1986）.

（20）この言い回しは社会契約が説明される文脈においてつねに用いられるものではない。だがそれがともなう諸観念は、ロックとカントの思考において、そしてまたヒュームのまったく異なる理論において、たしかに中心的であるように思われる。

（21）社会契約の伝統の中心人物のなかで、自然状態のさまざまな要素の歴史的対応物を見いだすことにもっとも関心を寄せているのは、ロックであるだろう。だが彼がそうしているのは、自然状態が非現実的なものではないことを示すためであり、正真正銘の歴史的真実が契約アプローチの重要な特徴だと考えているからではない。

（22）Locke（1679-80?/1960）.

（23）Kant, "Theory and Practice," in Kant（1970）, 74.

（24）Ibid. カントの論文のこの一節は「ホッブズに反論する」という副題を冠している。このことは、ホッブズがなにか単純な意味でこの伝統に属しているなどと知ったか振りをしてはならないことの、私たちへのもうひとつの注意喚起である。自然状態における諸権利についてのホッブズ自身の説明は複雑であるということも、強調されるべきではあるのだが。

（25）Hobbes（1651/1991）, chap. 13. ホッブス『リヴァイアサン（一）』（水田洋訳）岩波書店、二〇七—二〇八頁。

（26）Locke（1679-80?/1960）, chap. 2 para. 4.

（27）Smith（1776/1784/1981）, 28-29; Rousseau（1762/1979）, bk. 4.

（28）Locke（1679-80?/1960）, chap. 8 para. 95.

（29）Hobbes（1651/1991）, chap. 14.

（30）キケロ自身の見解については、Nussbaum（1999b）を見よ。

（31）プーフェンドルフの『自然および諸国の法』（*On the Law of Nature and Nations*）は一六七二年に公刊され、『自然法にもとづく人および市民の義務』（*On the Duty of Man and Citizen According to Natural Law*）は一六七三年に公刊された。

（32）こうした緊張関係を優れた仕方で整理したものとして、Green（2003）を見よ。

（33）Simmons（1992）を見よ。彼はロックの観念が形式的には帰結主義的だと論じている。

（34）ロックの論証における神の役割についての論争に関して、私は意図的にどの立場もとっていない。その論争を取り扱っている貴重なものとして、Simmons（1992）を見よ。

（35）Locke, *Some Thoughts Concerning Education*, 31. 後者の点に関する優れた議論として、Simmons（1992: 44）を参照。

（36）ヒュームは『人性論』において、この性格特性を過度に強調する哲学者たちを批判して、彼らは「私たちが寓話や恋愛小説で出会うような怪物についてのどんな説明とも同じように、自然本性からかけ離れた人たち」だとしている。

（37）カントはこの範疇について明示的に言及してはいないが、「自らの勤労ではなく他者による手配に依存することで自らを扶養（必要最低限の生活と保護を確保）しなければならない人一般」について語っている。カントが生きた時代の条件をもってすれば、この集団には、重度の知的な器質的損傷のあるすべての人びとと、重度の身体的な器質的損傷のある人びとの多くも、含まれるに違いない。国家は「この受動的地位から能動的地位へと上昇する」ことを可能にするという但し書きは、器質的損傷のある人びとが実際に経済的な意味で生産的になれるよう国家が念入りな便宜をはかるべきことを示唆するのだろうか？　現代のカント主義者はテクストをそのように用いるかもしれないが、その観念がカント自身の思考からかけ離れているのは明白である。

（38）この伝統における重要な区別のいくつかに関する優れた論考として、Stark（2000）を見よ。

（39）ここでは「無知のヴェール」のみならず「正の概念にかかる形式的な諸制約」（*TJ* 130-136）も重要である。

（40）ロールズは、新古典派経済学者たちとの会話を通じて、自らの理論のこの側面を形成したと推測する人がいるかもしれない。ロールズは、公正にコミットする理論が、厳密にそして説得力をもって基礎づけうることを、経済学者たちと彼らに影響された人びとともに、ぜひとも納得してもらいたかったのだ、と。おそらくこの推論を交えた脈絡によって、選択状況の初期設定において彼が契約の古典的な描写に譲歩した〔＝相互有利性の観念を受け入れた〕理由が、説明されるだろう。ロールズの議論における力点は後に移り変わり、彼はとくに、多元的でリベラルな社会が説得力のある仕方で基礎づけうることを宗教的信者たちに納得させることに関心を寄せた。だが『正義論』を形成する諸要素を棄却したり大きく変更したりすることは、ついぞなかった。
(41) 契約主義についての注意。Scanlon (1998) は "contractarianism" ではなく "contractualism" という術語を用いている。
(42) フィヒテがこのアプローチを先取りしていたといわれているが、これについては管見の域を超えている。
(43) Nussbaum (2000a), chap. 2も見よ。
(44) Barry (1995).
(45) ロールズは「政治的リベラリズム」、「重なり合うコンセンサス」、「包括的構想」という術語を『政治的リベラリズム』で用いている。
(46) これに関する説得力のある論証のひとつとして、Dréz and Sen (1995) (1997) における地域間の比較を見よ。
(47) *TJ* 156-173は平均効用とその諸困難について論じている。
(48) Nussbaum (2000a), chap. 2を見よ。
(49) Nozick (1974), 42-45.
(50) Marx (1844/1978), 88, 91.
(51) そのような価値のひとつは明らかに安定性である。だが安定性は、可能力のリストの正当化それ自体にすでに組み込まれている。というのも、私の主張では、核となる政治的コミットメントに関する説明はどれも、それが安定性を保ちうることを示すだけで正当化しうるからである。Nussbaum (2000a), chap. 2を見よ。
(52) Nussbaum (1995b) では連帯と実践理性に関してこの論証を詳細に行なった。
(53) 本書第三章およびNussbaum (2003b) を見よ。
(54) 一例として、Nussbaum (2000a), chap. 1を見よ。
(55) Nussbaum (2003b) も見よ。
(56) この問題に関する私の議論は、Nussbaum (2000a), chap. 1にある。
(57) これに関して機能を擁護しているリチャード・アーヌソンへの私の返答が、Nussbaum (2000f) にある。
(58) ここで私が述べているのは、『正義論』においてロールズ自身が述べている手続きについてだけである。彼は手続きに関してかなり異なる説明もしている。それによると、人は「反照的均衡」に到達すべく、あらゆる理論と自分自身の「熟慮された判断」とをソクラテス式に精査することになる（*TJ* 40-43）。これは純粋な手続き的説明ではなく、方法に関して言えば私の説明にとても近い。ロールズ的な正当化の方法を可能力アプローチの内部で用いているものとして、Nussbaum（2000a), chap. 2を見よ。

(59) 私がここでロールズ的な用語法を用いていないのは、それが紛らわしいと考えているからである。ロールズは彼の「純粋な手続き的正義」を、「完全な手続き的正義」（ケーキの切り分け）および「不完全な手続き的正義」（刑事裁判）と対比させている。だが、これらのいずれかを手続き的理論と呼ぶのは実にミスリーディングだろう。そのため私はそれらを結果指向の理論と呼ぶことを好むが、それはロールズの意図とまったく合致している。

(60) ロールズの議論には「完全な」結果指向の正義の説明と「不完全な」結果指向の正義の説明という、さらなる区別がある。ケーキの切り分けは正しい結果を達成しうることが確かであるために前者を示し、刑事裁判は後者を示す。可能力アプローチは不完全な正義のみをもたらすものだろう。端的に言って、私たちが想像しうる制度には、あらゆる市民にあらゆる権利をあらゆる場合に保障するものはないだろうからである。権利が制限された人びとのために救済策が講じられるだろうけれども。

(61) ロールズは、反照的均衡を達成目標とする正当化の包括的な説明に対して、この憂慮を表明している。それというのも、私たちが検討するほかの理論と同様、結果（および手続き）は、私たちの熟慮された判断に照らして調べられるからである。

(62) 料理人はパスタをゆですぎたかもしれない、といったことから、もちろんこれが完全に正しいわけではない。

(63) Nussbaum（2000a), chap. 2を見よ。

(64) 「人為的」という言葉を用いているのはヒュームだけだが、古典的な社会契約論者の全員が、政治社会がなくとも、十全で承認しうる人間の生活を享受している人間の姿を想像しうると考えているようである。

(65) アリストテレスの〈友情〉と〈分かち合われた諸目的〉の構想に関して、Sherman（1989）を見よ。

(66) Nussbaum（2001a), chap. 6およびchap. 8を見よ。後者では、同情と可能力アプローチの関係が論じられている。

(67) 本書第七章とNussbaum（2003c）を見よ。

(68) しかしながら、家族を徹底的に批判することなくして、性の平等に適切に取り組むことはできない。社会契約の伝統にある理論家は誰ひとりとして、おそらく契約説の採用とただ偶然につながっているのではない理由によって、そうする意欲を見せてこなかった。追加的な議論として第二章を見よ。詳しい説明は、Nussbaum (2000a), chap. 4にある。性的指向から生じる不平等は、つぎの二つのきわめて異なる理由により、契約論では対処できないことが判明している。ひとつは、この不平等への取り組みは現在の家族のかたちのラディカルな批判を要求することであり、もうひとつは、所得と富に関してはまったく問題がないけれども自尊の社会的基盤に関しては最悪の状況にあるゲイとレズビアンが社会に存在することが、ロールズの基本善の理論と、彼が相対的な社会的地位を指標化するために所得と富を用いていることとに、かなりのダメージを与えるからである。第二章を見よ。

第2章 障碍と社会契約

(1) Kittay (1999) を見よ。ここにおけるセーシャの描写は、この作品が記述された時期にもとづいている。

(2) 彼にはほかにも多くの身体障碍がある。突出しているのは、きわめて重度の一連の食物アレルギーである。

(3) これは二〇〇〇年におけるアーサーの様子である。後でみるようにその後の変化は大きい。

(4) Bérubé (1996)。私がなすジェイミーの描写はこの作品にもとづいている。

(5) 用語法に関する註記。障碍 (disability) を取り上げた文献では、「器質的損傷」(impairment) は正常な身体的機能が失われたことを指し、「障碍」(disability) は器質的損傷の結果として当人がおかれた環境下ではなされえないことを指し、「ハンディキャップ」はその結果として生じる競争面での相対的不利を指す。本書以下ではこうした区別に従うべく試みるつもりだが、器質的損傷と障碍の線引きは難しい。とくに社会的文脈が定まったものとしては捉えられておらず、議論を必要としている場合にはそうである。私が後で論じるように、すべての障碍を防ぐことはできない。なぜなら、正義にかなった社会的環境においてでさえ、何らかの器質的損傷が身体的機能に影響し続けるだろうから。私たちがなすべきは、基本的な諸権原に関するハンディキャップを防ぐことである。
　障碍を取り上げた文献は通常、第一義的には感情失調だとされている「精神病」(mental illness) と、理性のみに関係しており感情には関係しないとされている「認知上の器質的損傷」(cognitive impairments) あるいは「知的障碍」(intellectual

disability）とを区別している。私はこの区別はミスリーディングだと考えている。統合失調症などの精神病の主なケースは、認知上の器質的損傷に加えて感情上の器質的損傷をともなっている。自閉症やアスペルガー症候群などの「認知上の器質的損傷」が感情に関係しているのは明白である。さらに、私のように感情は認知と関わっていると考える人ならば、感情と認知の分離を人びとに促す言語は使いたくないだろう。私はこうした理由すべてにもとづいて、「知的な器質的損傷」（mental impairment）と「知的な障碍」（mental disability）という言葉を用いて「認知上」の障碍と「精神病」とが占める領域をカヴァーする。このことは「身体的な器質的損傷」と「身体障碍」にも対応する。（このことが知的な器質的損傷に身体的基礎がないということを含意するのではないのは言うまでもない。）

（6） 最初の言い回しの出典はロックであり、二番目の言い回しの出典はロールズである（*PL* 20, 21, 183など）。本章第二節における議論を見よ。ロックについては第一章を見よ。

（7） ここでもやはり私が対象としているのは、契約の理由を相互有利性とする諸理論だけである。

（8） いつもそうだったわけではない。施設への閉じ込めが始まったのは、アメリカ合衆国では南北戦争のころであり、ヨーロッパとイギリスではもう少し早い時期であった。

（9） ダウン症候群のある男性二人による政治的唱道の注目すべき実例として、Levitz and Kingsley（1994）; Levitz（2003）を見よ。

（10） ケア労働に対する尊敬という一般問題について、Ruddick（1989）を見よ。そこでは、さまざまなタイプの仕事を「複雑さ」と伴われるスキルとの観点から評価した一九七五年のアメリカ合衆国政府の調査が引用されている。最高点は外科医の仕事に付けられた。最低点が付けられた仕事のなかには乳母と保育園の先生の仕事があった。乳母と保育園の先生は「セメント混合の助っ人」および鶏の臓物をコンテナにすくい入れる人と一緒に分類されたのであった。

（11） 「健常者」（normals）という用語は、Goffman（1963）による。烙印（stigma）に関する彼の理論について、Nussbaum（2004a）を見よ。

（12） アメリカ合衆国の労働省女性局によると、一九九八年五月の時点で、推定で二二四〇万世帯――だいたい四つに一つの世帯――が、五〇歳以上の家族の構成員あるいは友人にホームケアを提供していた。こうしたデータやほかのデータについて、Harrington（1999）を見よ。

(13) 寿命が伸びたことがこれらを意味する。同時に、平均的な結婚の期間は、離婚発生率の増加をもってしても、一九世紀に比べて長期化している。障碍がどんどん増える老齢期間は、すぐにかつての平均寿命を超えるだろう。

(14) この区別について『公正としての正義 再説』を見よ。第五一節に議論がある。ロールズはそこでDaniels (1985) を引き合いに出している。

(15) これは最近のフェミニストの作品における主要なテーマである。とくに、Kittay (1999); Folbre (1999) (2001) を見よ。これらより先にこの分野で影響力をもっていたのは、Fineman (1991) (1995); Ruddick (1989); Tronto (1993); Held (1993); West (1997) などである。さまざまに異なる視点で書かれたフェミニストの優れた論文集として、Held (1995); Kittay and Feder (2002) を見よ。

(16) UNDP (1999), 77-83も見よ。そこでは、先進諸国においてと同じく途上諸国においても、こうした無報酬の仕事が女性の不利な立場の主要な源泉であることと、多くのケースで在宅の仕事を宅外の仕事に置き換えてしまった新しいグローバル経済においてはますますそうなっていることとが、論じられている。

(17) 「原初状態」の当事者たちは、基本善の観点で定められた同じ福利の構想を抱いている。彼らは、自分たちが代表する人びとの善の構想がさまざまであることを知っている。そのような包括的構想のいくつかは、ほかのことがらに関連する利害関心や愛着をもちろん含むだろうが、当事者たちは自分自身の構想が何であるかを知らずに契約を交わすため、そのような利害関心は彼らがなす契約の考慮事項には入りえない。

(18) 興味深いことに、ここでこうした能力を(深刻な器質的損傷からの自由として)文脈外的に考えるべきであるのか、あるいは(何らかの「正常」な人間の文脈の内部における深刻な障碍からの自由として)何らかの一般化された文脈という背景に照らして考えるべきであるのかは、あまり明らかではない。社会的文脈の変化が、私が器質的損傷と呼ぶものと障碍と呼ぶものとの関係に影響しうるということを、古典的な契約の思想家たちが思い描くことはなかった。

(19) カントの政治理論と同様である。

(20) Locke (1679-80?/1960), chap. 8. しかしながら、第一章で見たように、ロックは当事者たちの説明において慈恵に大きな役割を与えている。その限りにおいて、私が行なうつもりの異義申し立てのいくつかは、彼の理論には当てはまらない。

(21) Gauthier（1986）, 18. 彼はそこで、社会における福利の「平均レヴェルを減少させる人びと」全員について語っている。

(22) Gauthier（1986）, 18, n. 30. 本章のエピグラフを見よ。

(23) 障碍についてはどうだろうか？　ここでもやはり、人間の生活の一般的な諸情況という観念に照らして器質的損傷が想像されているのか、またしたがってその一般化された文脈において障碍を生成するものとして想像されているのかは、あまり明らかでない。

(24) さらに言えば、私が唯一コメントするに足る知識を持っている、非西欧の伝統であるインドの政治思想史においてもそうである。Nussbaum（2002a）を参照。

(25) Nussbaum（2000a）, chap. 4を見よ。

(26) Sen（1990）; Agarwal（1997）を見よ。

(27) Okin（1989）を見よ。ロールズが「公共的理性の観念の再考」（"The Idea of Public Reason Revisited"）で自らの立場を再説したことについて、Nussbaum（2001a）, chap. 4を見よ。最終的に家族は、教会あるいは大学に類比的な、自由意志にもとづく制度として扱われている。政治的正義が律するのはそれらの外部のみである。

(28) Nussbaum（2000a）, chap. 4; Nussbaum（2000c）を見よ。

(29) *PL* 51も見よ。彼によると、「原初状態」では情報上の制約を通じて「道理的なるもの」がモデル化されている。「道理的なるもの」は、当事者たちの合理性に関する説明――それは当事者各自のさまざまな善の構想の追求における利害関心とつながっている――と、明確に区分されている。*PL* 103-105も見よ。そこでは「よく秩序づけられた社会」の市民たちが、正義感覚の能力と善の構想の能力という二つの道徳能力を保持している。善の構想を形成しまたそれによって導かれることという能力は、当事者たちの合理性によって「原初状態」においてモデル化されている。正義感覚の能力は、当事者たちのだいたいの対称性と彼らに課された情報上の制約とによってモデル化されている。したがって、二つの道徳能力は、別の箇所で定義された「合理的なるもの」と「道理的なるもの」にうまく関連づけられているように思われるだろう。

(30) ロールズは、この問題が根本的であるという主張を正当化するさい、それがリベラルな政治思想の伝統の中心にあることを指摘している（*PL* 22）。このような論証は、その問題の重要性を確証するにはおそらく足りるだろうが、伝統が軽んじてきたほかの諸問題が重要性において劣るということは、とうてい確証できない。

（31） エヴァ・キテイはある卓越した議論（1999, 88-99 and 1997）において、ロールズの理論には——本来ならば直面されたであろう——非対称的な困窮の諸事実に直面し損なっている箇所が、五つあると論じている。（一）彼の「正義が生じる情況」の説明が、人びとのあいだのだいたいの平等性を想定していること。（二）彼が市民たちを「十全に協働する」といったように理想化していることが、障碍と依存を脇に追いやっていること。（三）彼の社会的協働の構想もやはり、平等者たちのあいだの互恵性の観念に依拠しており、極度の依存関係を受け入れる明示的な余地をもたないこと。（四）「十全に協働する」能力によって特徴づけられる市民たちのニーズの説明としてまさに導入された彼の基本善の説明が、多くの現実の人びとが抱えるケアへのニーズを受け入れる余地をもたないこと。（五）有効な権利主張の自己認証的源泉であることとの見地からなされる、彼の市民たちの自由に関する説明が（一例として*PL* 32）、そのようではない人によって享受されうる自由をすべて切り捨てていること。

（32） Sen（1980）を見よ。彼のアプローチに関する優れた説明は、Sen（1993）（1995）（1992）, とくにchaps. 1, 3, 5にもある。

（33） *TJ* 440-446を見よ。

（34） ロールズはたしかに*PL* 7で、「市民たちの基本的ニーズが、少なくとも市民たちがそれらの権利と自由を理解しかつ実りある仕方で行使しうるために必要な限りで、充たされること」を規定する優先原理（基本的諸自由にさえ優先する原理）を加えることを検討している——彼はこの問題を追求しておらず、その原理が「原初状態」からどのように導きだされるかをも示していないけれども。だが、かりにそのような種類の原理が加えられたとしても、私の理論的なアプローチか、もしくはそのように分配を考えている現代の諸国かのいずれかが要求する意味では、「十分な社会的最小限」にはとうてい達しないであろう。それというのも、市民は健康、教育、雇用への権利、財産へのアクセスなどの面ではきわめて低い水準にありながらも、政治的諸権利と諸自由を十分に行使できるかもしれないからである。インドで行なわれた二〇〇四年五月の選挙結果を決定づけた地方の投票者たちは、そのような市民であった。彼らは民主政治への積極的で実効的な参加者であり、自らの基本的諸自由を高度なコミットメントと実効力をもって行使したのであった。けれども彼らが「十分な社会的最小限」を享受していたとは誰も言えないだろう。実にこのことこそが、彼らの不満だったのである。

(35) 障碍に関する文献で用いられている定義では、こうした欠陥は「正常な身体的機能の損失」ではないため、厳密に言えば器質的損傷ではない。けれども私がここで捉えたいのは、私たち全員が、限界とそして痛みすらをもたらす身体的な限界および弱さを有しているという観念である。

(36) TenBroek (1966).

(37) 産体は例外であるが、女性労働者の多さや彼女たちの生産性をもってすれば、効率性を根拠にしても産体は容易に正当化しうる。

(38) 人種と性別との違いについて、たとえばEpstein (1992), 480を見よ。いわく、「公共の乗り物や公共の宿が人種や……性別にもとづいて差別することを欲することに私的な理由があるとしても——ほとんどないのが通常であるが——、ADA(「米国障碍者法」)について同じことは言えない。この法律は、電車、バス、空港、そのほかあらゆる形態の公共設備に関して大規模支出を要求しており、それは障碍者に課される個々の課徴金ではなく、一般歳入によって賄われることになる」。エプスタインは、人種と性別に関する反差別法は必要ないものであり、市場が問題を解決するとしている。

(39) Gauthier (1986), 18 and n. 30.

(40) Epstein (1992), 481.

(41) *PL* 183以下でロールズがセンについて論じている箇所では、こうした二つのケースははっきりと区別されていないが、その論証は明らかに両ケースに同様に当てはまる。

(42) これは、*PL* 183以下のセンに関するロールズの不可解な議論を、私なりに解釈したものである。

(43) Kittay (1999), 77を見よ。「その範囲にあらゆる人を含めることを望む平等理論の企てはすべて、はじめから依存に取り組まなければならない」。障碍の問題に取り組むために採択された具体的な工夫(車いす用スロープを義務づける法律、「個別障碍者教育法」などの法律)は立法段階まで先送りされてもよいかもしれない。だが、市民たちがそのようなケアへのニーズを経験するという事実は、はじめから認められなければならないし、またそうした考慮事項に取り組むためのコミットメントがなされなければならない。

(44) こうした支出に関する詳細な説明が、Bérubé (1996) にある。

(45) Mill (1850/1988), 86.

(46) Sorabji (1993).

(47) これに関連する諸節は、Regan (1983), 177-185で上手に論じられている。

(48) カントに関する議論において よくなされているように、このことを換言すると、カントにとって人間を分類するさいのもっとも適切な属(genus)は「理性的存在者」の属ということになる。私たちと同じ属の構成員は天使であり、ほかにも存在するだろうあらゆる理性的存在者である。この属の内部において私たち人間は動物の種である。すると人間は、理性的な動物ではなくて、動物的な理性となってしまう。言うまでもなくこの問題は、カントが人間の真価と尊厳をとくに構成するものとして、私たちの人間性の側面の一部に着目し、それ例外には着目していないことによって、増幅されている。

(49) *LHE*, esp. 253-290を見よ。

(50) Kittay (1999), 93を見よ。

(51) *TJ* 505を見よ。「おそらくこれ[二つの道徳能力を重視すること]は動物を排除する。もちろん動物は何らかの保護を受けるが、それらの立場は人間の立場とは異なる」。

(52) Scanlon (1999), 177-187. 障碍という問題領域に対するスキャンロンのアプローチの複雑さは、彼本人とのやりとりでつまびらかになったものであるため、ここで厚くお礼を申し上げる。

(53) ここでもやはり、諸原理を選択するというのはロールズの企てであってスキャンロンの企てではないということと、またスキャンロンは自らの企てをこのように適用することを推奨してはいないということを、ぜひ強調しておかねばならない。

(54) あるいは『政治的リベラリズム』の場合で言えば、そのような諸原理を設定する人びとが同様の力と能力のある市民たちの受託者であるとすでに想定されている場合に。

(55) 最終性が政治原理の形式的条件とされている箇所の一例として、*TJ* 135を見よ。また175-178も見よ。そこでは二原理を支持する論証がなされており、合意が「最終的で永続的に結ばれる」ことと「二度目のチャンスはないこと」とがはっきりと述べられている(176)。直観主義に対するロールズの反論は、この問題に焦点を合わせている。たとえば、*TJ* 35-36を見よ。

（56） Kittay（1999），102-103を見よ。
（57） キテイはこの提案への同感も示している。
（58） Nussbaum（2000c）を執筆したさい、私はこのことを理解していなかった。
（59） Nussbaum（2000a），chap. 1; Nussbaum（2000c）を見よ。
（60） *JF* 168-176. 出版の日付ではこの作品が最新であるが、それが実際にロールズの思考の最終段階を形成するものであるかどうかははっきりしない。一九八〇年代の講義ノートに、その大部分がもとづいているように思われるからである。
（61） 実のところ、この「予期」という言葉は当初から彼の理論で用いられてきた。たとえば *TJ* 90-95にあるように、「格差原理」のための比較は「社会的な基本善の予期」の観点でなされている（92）。だがこの洞察が一時的な障碍の問題を解決するために用いられているのは、後年のこの作品においてのみである。*Fordham Law Review* 72（2004），2028 no. 19にあるサミュエル・フリーマンの所見を参照のこと。
（62） したがって、アラン・ゲワースのカント的な人権論は、社会契約論の構造的問題を孕んではいないけれども、人間をきわめてカント的な仕方で理解しているがゆえに、動物の権原の問題に関して困難を抱えているように、障碍の問題に関しても困難を抱えている。これについては第五章でさらに詳しく論じるつもりである。Gewirth（1978）（1996）を見よ。
（63） Scanlon（1999），168. また391 n. 21にある、フランシス・カムとジュディス・トムソンによる反論についての報告を見よ。そこでスキャンロンは、（たとえば）苦痛には独立の意義があり、またそれを引き起こしている行為が無理なく拒絶される理由を説明する、ということを認めているようである。
（64） Ibid., 170.
（65） スキャンロンも私とのやりとりにおいてこの点を強く主張している。
（66） 私とのやりとりによる。
（67） そのため、スキャンロンが国際開発の諸目標について述べるさい、彼が「実質的な善」もしくは「実質的なリスト」理論と呼ぶ見解を擁護しているのは驚くにあたらない。Scanlon（1993）を見よ。
（68） Barry（1995），chap. 2.

(69) Ibid., 60 and 272 n. 28.
(70) 「事実上」というのは、『政治的リベラリズム』では善の説明が、カント的な人格の説明と密接につながっているためである。

第3章 可能力と障碍

(1) しかしながら、この実践上の可能性に関する評価は限定的なものにすぎない。さまざまな憲法の伝統が人間の尊厳の観念を詳述しておらず、またゆえにカント的な理性的解釈と私のより包摂的な解釈とのいずれを採っているかが、はっきりしないからである。第六章で吟味されることになる動物のケースにおいて、ケララ州の高裁がなした判断をインド憲法第二一条の確実な解釈として見なす場合を除いて(この問題は未解決である)。
(2) Nussbaum (2000a), chap. 2.
(3) Nussbaum (2001a), chaps. 6-8を見よ。
(4) Sen (1980).
(5) ここでもやはり、ロールズが自由の辞書式の優先権をすでに確証していることに留意する必要がある。だがつぎの二つの理由から、この優先権は私たちを満足させられない。第一に、自由それ自体が経済的分配および再分配に全面的に依拠しているため、経済的ことがらに進む前に自由のことがらを定めようという戦略そのものが問題含みである。第二に、ロールズの自由のリストでは取り扱われていない可能力が数多くあり、それらにとって所得と富はすぐれた代替物ではない。取り扱われていないもののひとつは、ロールズ自身のリストにある自尊という善であり、それと並んで健康、教育、移動可能性などへの可能力がある。
(6) この点に関する私とセンの詳細な議論として、Nussbaum (2003a) を見よ。
(7) Nussbaum (2003d) を見よ。
(8) 十分明らかなことだが、諸々の可能力を個別化する仕方は複数ある。リストの内容が維持されている限り、その精確な形態については、独断があってはならない。
(9) 私はノルウェーの海岸近くの丘陵地帯にある植林地域でハイキングをしたことがあるが、そのとき私が出会ったバスには、森の小道を楽しむために連れてこられた障碍のあるお年寄りがたくさん乗っていた。彼らの車いすが降ろされ、すがすがしい山の空気のなか、彼らは車いすに乗せられていた。

(10) 現在のセーシャは家族の家からグループホームへと引っ越している。この変化は彼女にとってとてもワクワクするものであった。

(11) Arneson (2000).

(12) Nussbaum (2000a), chap. 1を見よ。

(13) 私自身がロールズの方法論をどう用いているかに関して、*TJ* 48-51および Nussbaum (2000), chap. 2を見よ。

(14) Larmore (2003).

(15) Nussbaum (2000d) を見よ。

(16) アリストテレスが徳のそれぞれを定義するやり方も同様である。そのさい彼は、ほかの徳の説明にどのような影響がでるかを考慮している。

(17) Nussbaum (1995b) を見よ。

(18) したがって私は、一九八〇年代と一九九〇年代の論文でなしたいくつかの言明を修正する。それらの論文は、可能力のどれかひとつが完全に絶たれたならば、その生はもはや人間の生ではないということを示唆していると読まれたかもしれない。

(19) 偶然性と正義については、Buchanan et al. (2000) を見よ。社会的なるものと自然的なるものについては、Nussbaum (2000a), chap. 1におけるロールズの社会的・自然的な基本善に関する議論を見よ。ちょうどロールズが正義を「自尊の社会的基盤」の観点で定義しているように——もちろん正義の決定要因はほかにもあるだろうが——、私もまた、健康や想像力などの領域における正義を、これら可能力の社会的条件を提供するために、同様に定義する。しかしながら、私の「社会的」の理解は、ロールズの理解よりもいくばくか広い。というのも、私は「社会的」であるものの説明のなかに家族構造を含めるからである。したがって、可能力の失敗が、(法によって再構築しうる領域の範囲内にある)家族構造のいくつかの側面から生じているのであれば、その限りにおいて、より適切な構造を促すのは国家の務めである。

(20) 子どもが関係している場合にもこのような情報制限が許されるべきか否かは、とても難しい問題を提起している。私はこれについて、Nussbaum（2000a), chap. 4で論じている。本文では、適切な教育と退出という選択肢とがあるにもかかわらず、そのような共同体で生きることを選んだ大人だけについて論じている。

(21) そうしたほかの人びとは、多元主義的な民主社会の内部にももちろん存在するだろうし、彼らの選択は保護されるだろう。だが彼らの見解は、さまざまに異なる仲間の市民たちの見解に対して尊重を示さないために、理にかなった包括的見解のひとつとしては数え上げられないだろう。

(22) これは*PL* 139などにあるロールズの方法と同様である。繰り返すが、私は彼の政治的リベラリズムの基礎構造を受け入れている。

(23) McMahan（1996）を見よ。

(24) マックマハンが精確に指摘しているように、後者が、この問題に関する私の以前の論文のいくつかにおいて示唆されている私の立場である。

(25) したがってマックマハンには申し訳ないが、私の「種の模範に関する説明」が、無脳症の子どもを（種の模範からもっとも遠ざかっているという理由で）最悪の状態の人間と呼ぶよう、要求されることはない（McMahan［1996], 12-13を見よ）。無脳症の子どもはセーシャのような可能力のある子どもよりも不運だと述べることは間違っているだろうということに、私も同意する。だが私の考えでは、種の模範はこのような結論にいたることなく、私たちの役に少なくとも多少は立ちうる。この発想を手放す必要はない。それというのも、セーシャの生は明らかに人間の生であるけれども、それに対して無脳症の子どもの生も人間の生であると主張するのは、独断主義にすぎないに違いないだろうからである。

(26) これに関する年代順の記述は単線的ではない。もっと昔は、目が見えないことと耳が聞こえないことはあまりによくあることであったため、そのような状態の人びとが周縁化されることは少なかっただろう。

(27) tenBroek（1996）を見よ。

(28) Goffman（1963), 5ff.

(29) Ibid., 15.

(30) このことはもちろん個人のアイデンティティの問題を提起するが、私はそうした問題について別の機会に議論したいと思う。ここで言えることは、私はマックマハンの「個人的な諸々の可能性による説明」に、つまりある人にとっての幸運ないし不運の基準は、その人が「生来の資質として持ちえたかもしれない」(14)もっともよい生が何であるかに目を向けることで判断されるということに、同意しているらしいということである。このようにして、同様の認知能力レヴェルにある人間以外の動物は不運ではないけれども、セーシャのレヴェルの障碍のある子どもは不運であるということに、マックマハンは同意している。

(31) Levitz and Kingsley (1994); Levitz (2003) を見よ。

(32) *In re Nelda Boyer*, 636 P. 2d 1085, 1091 (Utah 1982) を見よ。「後見人に与えられた権限は非常に幅広いものであるかもしれないが、裁判所は後見人の権限を被後見人の特定のニーズに限定することが認められている……そのプロセスは個別化されたものであるべきであり、また、監督者への個々のニーズに関する念入りな考慮にもとづくべきである」。この参考文献に関しては、リーズリー・フランシスに恩義がある。

(33) Herr (2003), 431.

(34) Ibid., 435.

(35) Herr (2003).

(36) Ibid., 445.

(37) イスラエルの法律とドイツの法律に関する説明と同じく、この説明はHerr, Gostin, and Koh (2003) によっている。

(38) Herr (2003), 431-438. そのほかの支援サーヴィスと、「障碍のある人びと」の定義に関する詳細な議論については、ibid., 438-439を見よ。

(39) Ibid., 441-442.

(40) Herr, Gostin, and Koh (2003), vi.

(41) Francis and Silvers (2000), xix.

(42) *Watson v. Cambridge*, 157 Mass. 561 (1893). ワトソンは「普通のまっとうな身体的ケアを自分ではできない」とされた。*State ex Rel Beattie v. Board of Education of the City of Antigo*, 169 Wisc. 231 (1919). ウィスコンシン州の最高裁はベアッティの排除を支持した。ベアッティに知的なハンディキャップがないことは明白であったが、彼のケースはなお、知的なハンディキャップのある人びとの生活にしばしば影響をもたらす社会的烙印がどんなものであるかをよく示している。

（43）343 F. Supp. 279（1972）. 裁判所はまた一方で、原告の〔立証〕責任を軽減し、彼らの憲法上の権利要求は、あまり厳格でない合理性基準テストに照らしてさえも、確証されていると述べた。つまり彼らは〔合衆国憲法修正第一四条の〕平等保護条項が侵されていることを主張するために、教育が基本的権利であることを示す必要はなかった。排除は法の適正手続きおよび平等条項の両方を侵害するという原告の主張が、勝利を得たのである。

（44）348 F. Supp. 866（D. C. C. 1972）at 876. 純法律的には、裁判所は特別区という法的異例状況のために、修正第五条の法の適正手続き違反であるということと、教育へ適用された平等保護条項は「特別区を拘束する法の適正手続きの要素」であるということとを、述べたのであった。

（45）397 U.S. 254（1969）at 266.

（46）Ibid. at 264-265.

（47）ここでは私が第一章で言及した、ロックにある尊厳に関する諸相が表われているのを見てとることができる。尊厳に関する彼の理解は彼の自然権の理論とつながっているもので、現代の契約主義の諸形式には含まれていない。

（48）ある意味今日では、「器質的損傷」と「障碍」という用語は、そうした子どもたちの前社会的な状況を説明するために用いられるのが通常であり、「ハンディキャップ」という用語は、彼らの社会的に不遇な状況を説明するために用いられている。

（49）この法律の作成者のひとりであり、その背景と歴史についてとても有益な詳解をしてくれたジョン・ブレイドマスに感謝する。

（50）473 U.S. 432（1985）at 449.

（51）Ibid., 446, 450, 449.

（52）しかしその前年にあった、ある平等保護条項のケース（*Palmore v. Sidoti*, 466 U.S. 429（1984））で、類似の問題が提起されていた。このケースは、親権を与えられた後にアフリカ系アメリカ人の男性と再婚した母親をもつ子どもの、親権に関するものであった。子どもの父親は、子どもが社会的烙印を押された家族の一員となることで直面するだろう偏見をあげつつ、親権を争った。このケースは人種に関するものであったため、合理性基準ではなく、厳格審査をともなうものであった。しかしながら、裁判所の分析は適切であった。すなわち、私的な偏見が体系的かつ公共的な不利益に変換されることを、法は拒絶しなければならないと述べたのである。「私的な偏見は法が届く範囲外にあるだろうが、法は直接的あるいは間接的にそのような偏見に実行力をもたせることはできない」。クレバーン判決では、このパルモア判決のこの部分が裁判所によって引証されたが、それはつぎの判断とのつながりにおいてであった。「市は、なにがしかの政治関連の派閥の願望や反対意見に従ったからといって、［平等保護］条項の拘束を逃れることはできない」（473 U.S. 448）。

（53）　二〇〇〇年にローマーとエヴァンスが争った裁判でも同じアプローチが用いられた。これは、同性愛者を差別から守る法律を制定する自治体の権利を否定したコロラド州憲法の修正第二条が、違憲であるとの宣言がなされた有名なケースである。ここでもまた、このコロラド州の法律には合理的な根拠がないとされ、マイノリティ集団に対する「悪意」に依拠しているにすぎないとされた。

（54）　875 F. 2d 954, 960 (1st Cir. 1989), cert. denied 493 U.S. 983 (1989). この裁判と拒絶ゼロ方針に関する貴重な議論について、私はLadenson（2004）に恩義がある。この問題全体についての貴重な議論は、Minow（2003）, 80-86にある。

（55）　一九七五年と一九九七年の両年において、連邦政府が各州の障碍児の超過教育費用を最高四〇パーセントまで支払うことが承認された。二〇〇四年の時点で充当された割合は、一六パーセントにとどまっている。二〇〇四年春にこの法律の再承認が上院で検討されたとき、超党派のハーキン＝ヘーゲル修正案は、四〇パーセントの基準を達成するためにその後六年間にわたる資金の段階的増加を提案した。その提案には要求される増加分を支払うための相殺削減が含まれなかったため、予算ルールに違反しており、そのようなルールを適用せずに済ますために必要な六〇票は期待できなかった。つまり修正案の可決には四票足りなかった。しかしながら、実に上院は競合する修正案を九五対一で承認した。それは二〇一一年までに四〇パーセント基準を満たすための自由裁量的な資金の増加を、承認はするが、要求はしないものである。

（56）　Kelman and Lester（1997）を見よ。彼らはミシシッピ州の特殊教育専門家の言葉を引用している。「見過ごされている子どもはいないだろうか？　ええ、毎年同じことを続けていると私は思います。その異なりをどこかに適合させられないかを確認するために再評価するのです。『資金はもう目の前か？　特殊教育の対象にできるくらい彼の学業成績は下がりきったか？』という具合に……どうにかしていつかは、私たち全員が、その子は私たちの子どもだということを、私たちがなすべきはこの子を教育することだと、言わなければならないのでしょう。ある特定教科のために彼をグループへと連れてゆく普通教育の教師だろうと、第一支部だろうと、誰だろうと、そうする必要があるのです」（100）。

（57）これは学習障碍のある子どもたちに適用されたＩＤＥＡに関する幅広い研究を根拠とする、ケルマンとレスターの結論である。

（58）もちろんこれは子どものケアに関する大問題の一部にすぎないが、老人のケアの問題のほとんどを網羅している。それというのも、たいていの老人にはひとつ以上の障碍があり、そのためにケアを必要としているからである。

（59）Nussbaum（2000a）, chap. 4を見よ。

（60）Kittay（1999）.

（61）Nussbaum（2002c）の付表を見よ。

（62）一九八六年のスウェーデンでは、働く女性の四六パーセントがパートタイムで雇用されていた。また、男性が取る休暇の一日に対して女性が取る休暇は五二日であった。参考文献と合わせて、Williams（2000）, 51を見よ。

（63）この問題について、Ehrenreich（2001）を見よ。

（64）Nussbaum（2000a）, chap. 1を見よ。

（65）この点に関する私のセン批判として、Nussbaum（2003b）を見よ。

（66）Nussbaum（1998）を見よ。

（67）Kittay（1999）, chap. 1. Part III. 政治的な戦略に関するこの章のタイトルは「ある母親の子ども」となっている。

（68）個人における選択と別個独立性へのニーズに焦点を合わせた部分として、たとえばKittay（1999）の34-35, 53, 98, 192 n. 32を見よ。

（69）Ibid., chap. 5.

（70）Ibid., chap. 6を見よ。

（71）二〇〇三年三月のエヴァ・キテイとの私信による。

（72）Bèrubè（1996）, 264; Levitz and Kingsley（1994）.

（73）Bèrubè（1996）, 264.

第4章　相互有利性とグローバルな不平等――国境を越える社会契約

（1）　この段落にあるデータはすべて、United Nations Development Programme（2003）, 237-240による。そこに掲げられているデータは二〇〇一年のものとされている。シエラレオネの出生時平均余命は、ＨＩＶ／ＡＩＤＳが出現する以前から、四〇歳を越えたことがない。近年では概してその影響により、出生時平均余命が三八・九歳から三四・五歳に低下した。加重された人間開発指数でみたアメリカ合衆国の全体的なランクは第七位であり、ノルウェー、アイスランド、スウェーデン、オーストラリア、オランダ、ベルギーの後に続いている。出生時平均余命では第二五位であり、一般にランクの高いほとんどの国々に遅れをとっているが、コスタリカ、マルタ、シンガポール、香港にも遅れをとっている。

（2）　Nussbaum（2000a）の序論にある議論を見よ。教育については、Nussbaum（2004b）を見よ。

（3）　*LP* 4も見よ。「この正義の観念はよく知られた社会契約の観念にもとづいている」。

（4）　Kant（1979/1999）, 343, 307（アカデミー版）.

（5）　カントは「諸国民の法」（Law of Nations）は誤称であると、すなわち「諸国家の法」（Law of States）（彼のラテン語では *ius publicum civitatum*）であるべきだと、正しく述べている。

（6）　カントが「確立された諸国家の野蛮な自由」について語っている「世界公民的見地における一般史の構想」も見よ（Kant［1970, 49］）。「理論と実践」では、「各国が個人間の市民的あるいは政治的な正しさの状態との類推によって服従しなければならない強制力のある公法にもとづく、国際的正しさの状態」について述べている（Kant［1970, 92］）。『永遠平和のために』では、諸国家間の「非合法の純粋な戦争状態」について述べ、「諸国家は諸個人とまさに同じように自らの獰猛で非合法の自由を放棄し、強制的な公法に適応しなければならない」と続けている（Kant［1970, 105］）。これらの頁づけは一九七〇年版のものであり、その版にアカデミー版の頁づけは含まれていない。

（7）　Kant［1970, 104］.

（8）　この関心の薄さは、ロールズがそれに続いて良心的異議申し立ての問題に焦点を合わせていることにより、ある程度は説明される（だが正当化はされていないと思われる）。ロールズの国際法に関する議論は、この良心的異議申し立てへの前置きとなっている。

（9）　後で見るように、道理的ではあるもののリベラルではない諸人民も考慮の対象に含まれるが、それは「リベラルな人民の外交政策の理想および原理が、まっとうではあるがリベラルではない観点からしても道理的であることを保証する」（*LP* 10）ためであると、ロールズは強調している。

（10）ここで彼はSen（1981）を引用しているが、センの結論を誤って理解している。センはたしかに報道の自由と政治的な民主制が飢饉防止にとってきわめて重要な要素であるとしているが、つねにそれらで十分だとしているわけではない。また、センの分析が対象としているのは飢饉だけであり、低栄養や低栄養による健康不良などは含まれていない。

（11）ロールズは『政治的リベラリズム』で「包括的構想」という用語を導入しているが、それは〈市民たちの宗教的・世俗的な人生の意味に関する全般的構想や倫理的要求事項など〉と〈政治的構想〉を区別するためである。

（12）Fred Kniss（1977）が論じてきたように、小規模で同質的な宗教の一例としてしばしば言及されるメノナイト派においてさえ、善の構想の基本的な諸要素に関して、深刻な意見の不意一致が数多く存在する。

（13）一例として、*TJ* 264-265を見よ。「私たちは社会的諸価値を、すなわち制度の、共同体の、そして連合体の諸活動の内在的善を、理論的基礎においては個人主義的な正義の構想によって説明したいのである。私たちは何よりも明確さのために、未定義の共同体の概念には依拠したくないし、社会は独自の生命をもつひとつの有機体で、すべての構成員の生とは別物であり、かつそれらよりも優れているとも想定したくない……この構想がどれほど個人主義的に思われようとも、私たちはそこから出発し、やがては共同体の価値を説明しなければならない」。

（14）「重荷を背負った諸社会」はどれか？　この概念の説明が希薄であることにもやはり、ロールズがリアリズムに欠いていることが表われている。これらの社会は「諸々の政治的・文化的な伝統と人的資源とノウハウに不足しており、またかなりの頻度で、よく秩序づけられた状態になるために必要な物質的・技術的な資源に不足している」とされている（*LP* 106）。これはとても曖昧な叙述である。経済的支援に関するロールズのきわめて興味深いさらなる所見について、Rawls and Van Parijs（2003）にあるロールズの手紙を見よ。

（15）このことが明白なのは、ロールズが世界人権宣言に言及し、彼が掲げる権利群にはその宣言の第三条から第一八条が含まれるにもかかわらず（第七条すなわち法の下の平等のすべてを含むというのは、実際には無理である）、その宣言のそれ以降の条文に掲げられている諸権利を除外すると述べているからである。

（16）この条件は他方で、「原初状態」の当事者たちが無知でいられる範囲を限界づける。

(17) Stiglitz (2002) を見よ。彼は一枚の評判の悪い写真について説明している。その写真では、IMFのフランス代表が、豊かな諸国と彼らの諸機関の賢明さを譲り渡すといったようなきわめて植民地支配的な見下した態度で、腰を下ろしたインドネシア指導者の後ろで腕を組んで立っている。

(18) これに関してロールズの理論を評価するさいに最初に上がる問題点は、歴史に関する曖昧さである。現代世界の実際の位階制社会について、ロールズは何も述べていない。(彼の虚構例はオスマン帝国からきている。) 初期の著作と同じく、論文「諸人民の法」において、ロールズは自身のリベラルな諸原理を特殊「西洋」の遺産に根拠づけられたものとして提示し、リベラリズムそれ自体を「西洋的」なものだと、さらには「西洋の個人主義」にもとづくものだとしている。『諸人民の法』では、リベラルな諸社会とリベラルでない諸社会との体系的区別を支持するために、西洋への言及は引っ込められているが、なおロールズは、インドやバングラデシュなどではなく、第一義的には西洋の民主主義諸国について考えているようである。ロールズの寛容原理について考察する場合に、こうした非西洋社会の切り捨てには特筆すべきものがある。それというのも、「まっとうな位階制社会」に対する彼の無批判な態度の論拠が、つぎの発想――そうした社会には異なる歴史的伝統があり、それらがリベラルであるとまことしやかに期待することはできないという発想――をともなうとすれば、多くの非西洋諸国がリベラルな憲法を採用してきているという事実によって、その論拠は損なわれるからである。この事実が認識されるとすればだが。(もちろん、まさに「西洋」と「非西洋」という区別そのものが西洋的な構築物であり、そうした異なる伝統を有するさまざまな社会について考えるやり方としても、それほど有用ではない。) また、ロールズの政治理論の中核的観念は、ほかの政治的諸伝統にも深く根ざすものであることが知られている。たとえばインドには、ヨーロッパよりもずっと以前に、よく発達した政治的に実効的な宗教的寛容の観念が存在した。Sen (1997) を参照のこと。ロールズは歴史的な相違に訴えることで、自らがある一定の非リベラルな諸社会を緩やかな仕方で扱っていることを正当化しているが、その限りにおいて、そうした主張には裏づけがないし、また裏づけることもできない。

(19) この言葉遣いについては、*PL* 144-145を見よ。「政治的構想は、それによって統制される社会で持ちこたえるさまざまな理にかなった包括的教説に異なる仕方で収まり、かつそれらによって支持されうるモジュール、すなわち決定的に重要な構成部分である」。

(20) *LP* 65は所有権を人権の基本的リストの一部として定めているが、ロールズは平等な所有権を求めることを注意深く避けている。

(21) *LP* 65 n. 2を見よ。「この良心の自由は社会のすべての構成員にとって拡張的であったり平等であったりはしないだろう。たとえば、ひとつの宗教が合法的に州政府を占めることがあるだろうし、他方でそのほかの宗教が、容認されつつも、特定の地位に就く権利を否定されることがあるだろう」。

(22) *LP* 71を見よ。「まっとうな位階制社会のあらゆる人びとが、自由かつ平等な市民として見なされているわけではないし、(ひとりの市民にひとつの投票権という一般原則に従って)平等な代表権に値する個々人として見なされているわけでもない」。

(23) これは論文「諸人民の法」で標準的な用語である。『諸人民の法』では「まっとうな諮問位階制」という用語に置き換えられている。

(24) 『諸人民の法』の「形式的平等……(つまり同様のケースは同様に扱われるべしということ)」(65)という要求事項は、よく知られているように、差別のない状態を達成するのに十分ではない。なぜなら、女性と男性の間の重要な差異だとされているものは、つねに生みだされているからである。MacKinnon (1987) にある"Difference and Dominance"を見よ。ロールズはカザニスタンを叙述するにあたって、マイノリティは「恣意的な差別の対象」とはなっていないと述べているが、まさにこの言い回しが念頭においているのは、ある種の差別は単に恣意的なものであり、そのほかの差別は差異によって正当化されるということである。

(25) これに関するより長い議論が、Nussbaum (2002b) にある。

(26) *TJ* 27, 29, 185-189を参照。

(27) ロールズの定式では退出という選択肢はいっさいない。社会は閉ざされていると想定されているからである。

(28) いまこそ「個人主義」という言葉の使用の一時停止を宣言する時期ではないだろうか? この言葉には複数の曖昧さがある。もしそれが(心理的ないしは倫理的な)利己主義を意味するならば、あるいは自足が最善であるとの信念さえをも意味するならば、西洋の思想家でそのような見解を抱いてきた人はほとんどいない。もしそれが、各人は目的として扱われるべしということを意味するならば、多くの西洋の思想家がこの見解を抱いてきた(多くの「非西洋」の思想家と同様に)。この見解を有するのはよいことだと思われるし、また「各人が目的であるという観念」が、それを持ち出すだけで議論が不要となるかのように乱用される日もおそらくこないだろう。Nussbaum (1999a) にある"The Feminist Critique of Liberalism"を見よ。

(29) ここでふたたびAgarwal (1994) を参照のこと。

(30) 私がグロティウスをどう扱っているかについては、Nussbaum (*forthcoming*) を参照のこと。このように表現すると、この見解は包括的教説のようであるし、またグロティウスは、私が(ロールズと一緒に)望むだろうようには、政治的自律と道徳的自律とを区別していない。そのため、私なりのグロティウス流の議論はむしろ、人間は自分たちに法を与えることで、政治的自律を、つまり包括的な道徳的自律の価値について意見を異にする市民たちでさえも重要であると合意しうる政治的自律を強く求めるのだ、というものになるだろう。

(31) Agarwal (1994) を見よ。インドの法律は州や宗教によってさまざまに異なる。キリスト教の所有権に関する法律(それは娘たちに息子たちの取り分の四分の一を与えるものである)はケララ州のキリスト教の女性には適用されないことが宣言されている。多くの州では、ヒンドゥー教の所有権に関する法律になお甚大な不平等が含まれており、女性の取り分が少なくなっている。またいくつかのケースでは、共同所有の家族コンソーシアムに所有権が結びつけられており、家族を離脱した女性は自らの取り分を切り離し別個に管理することができないようになっている。

(32) Nussbaum (2003c) を見よ。

(33) 同様の考えはキャサリン・マッキノンによって、二〇〇四年一〇月にシカゴ大学ロー・スクールで行なわれたデューイ記念講演"Women's 9/11"において、非常に説得力のある仕方で展開された。

(34) BJP〔インド人民党〕政権下の教育政策の柱は、公教育で使用される教科書を書き直してヒンドゥー教右派の歴史・文化観に沿ったものとすることであった。教育大臣のM・M・ジョシは、ヒンドゥー至上主義の社会観の最も熱狂的な支持者のひとりであった。この嘆かわしい政策は新政権のもとで覆されている。

(35) こうした問題についてのよりいっそうの議論として、Nussbaum (2001b) を見よ。

(36) より豊かな一群の規範は正当化しえないと、ロールズがはっきりと述べているわけではない。だが、焦点がおかれるべきなのは、世界人権宣言全体ではなく、緊急度の高い少数の諸権利だけであるのはこの理由によると、示唆してはいる。

(37) Beitz (1979); Pogge (1989).

(38) Pogge (1989), 247.

(39) ここには時系列的な問題があるが、スキャンロンは彼の本が出版される以前の長年にわたってその理論に取り組んでいたし、またその重要な部分を論文として発表していた。またポッゲは、たとえばロールズ理論のカント的要素を維持する一方、他方でその社会契約という構成要素とヒュームの「正義が生じる情況」に対する忠義とを拒絶すると宣言することによって、独自にその方向に進むこともできたはずである。

(40) Drèze and Sen (2002), 257-262を見よ。

(41) Pogge (2002).

(42) しかしながら、ホッブズ自身のアプローチはもっと複雑である。というのも、彼は少なくとも自然状態において正義と道徳的責務が果たす何らかの役割を——それらが無力なものとなるとしながらも——認めているからである。

第5章 国境を越える諸々の可能力

(1) O'Neill (1996).

(2) Shue (1996); Jones (1999).

(3) オニールの義務基底的アプローチも同様に、たとえば暴力と欺瞞は悪であるという想定において、ニーズに対して少なくとも間接的に言及している。なぜならアリストテレスが述べたように、そうしたことは約束や契約といったものへのニーズをまったく有さないだろう神々にとっては、悪ではないだろうからである。

(4) この例題についての優れた議論が、Wood (1999) にある。

(5) これに関するもっと長い議論として、Nussbaum (1999b) を見よ。

(6) Nussbaum (2000a), chap. 2

(7) 本書の第六章では、動物の権原という文脈で、功利主義アプローチに対するもっと詳細な批判を行なう。そこで明らかになるように、功利主義に対するそうした反論のいくつかは、ロールズが影響力のある仕方で示したものである。もちろんそのような反論をなしたのは、ロールズだけではない。

（8）Singer（1972）; Murphy（2000）.

（9）Nussbaum（2000a）, chap. 2と、そこであげられている参照文献を見よ。

（10）私が擁護する立場にずっと近いミルの多値的な功利主義は、ここでは脇に置く。

（11）Nussbaum（2000a）, chap. 2と、そこでなされているセンとエルスターに関する議論を見よ。

（12）San Antonio Independent School District v. Rodriguez, 411 U. S. 1（1973）.

（13）概説として、Nussbaum（2000a）, chap. 4を見よ。

（14）Nussbaum（2003b）を見よ。

（15）この問題に取り組むよう勧めてくれたチャールズ・ラーモアにことのほか感謝している。彼は取り組み方法についても提案してくれた。

（16）San Antonio, 411 U.S. 70（1973）におけるマーシャル判事の少数意見と比較せよ。

（17）Frankfurt（1988）（1999）を見よ。

（18）Dworkin（2000）, chap. 7. ドウオーキンがこの批判の直接対象としているのはセンである。だがセンは一度も、可能力の平等が正しい社会的目標であるとは述べていない。センが述べているのはただ、社会が社会的目標のひとつとして平等を追求する限りにおいて、関連する諸々の比較を行なう空間として可能力の平等が適切だということである。

（19）所得と富は可能力ではないため、リストにはそもそも載っていない。そのため、所得および富における平等という頻繁に議論されている問題は、中心的な可能力へのコミットメントを通じて、間接的にのみ取り上げられる。

（20）これに関するより長い説明として、Nussbaum（2003b）を見よ。

（21）Nussbaum（2000a）, chap. 1を見よ。

（22）私はNussbaum（2000a）で、世界中の諸国とのつながりにおいて、ロールズ的な諸観念を用いている。このようなロールズの用い方に対する批判としてBarclay（2003）を、そしてそれに対する私の返答としてNussbaum（2000d）を、それぞれ参照のこと。私はコロンビア大学出版局から出版予定の『政治的リベラリズム』に関する短い本のなかで、こうした論点をさらに展開している。

(23) Sen (1997) を見よ。
(24) Maritain (1951) (1943) を見よ。
(25) Glendon (2001) を見よ。
(26) Stigliz (2002) を参照。だがスティグリッツは、相互有利性の観念に対しては、それほど明白には挑んでいない。
(27) Murphy (2000) を見よ。
(28) Green (2002) を見よ。
(29) こうした反論群は、あるひとつの形式において、Williams (1973) で雄弁に展開されている。
(30) Nagel (1991) も見よ。
(31) この区別は公共的/私的の区別と一緒にされることがあるが、同じではない。包括的教義の多くは、(市民社会の一部をなすという意味で) 分かち合われており、また公共的でもある。さらに政治領域それ自体が、伝統的に私的なものとされてきた家族という領域における、女性と子どもの諸々の中心的な可能力の保護を引き受けている。
(32) この問題に取り組むよう強く勧めてくれたアイリス・ヤングに感謝する。
(33) 宗教に関して調整をはかるためのいくつかの一般的な原理について、Nussbaum (2000a), chap. 3を見よ。そうした原理は国民と国家の関係を導くために調整しうる。
(34) Nussbaum (2004b).
(35) イギリスは二〇〇四年九月後半、比較的貧しい諸国の負債の二〇パーセント程度を償還する意向を表明した。これは希望に満ちた指針であり、また援助を非支配的なかたちで用いるための創造的なやり方である。
(36) たとえば、Stiglitz (2002) や Friedman (2002) を見よ。
(37) 二〇〇二年四月になされたフランソワ・ブルギニョンとの会話にもとづく。
(38) Pogge (2002) を見よ。
(39) たとえばいくつかのケースでは、女子差別撤廃条約 (CEDAW) の男女平等に関する諸規範が、法律論争の結果に影響を及ぼしたり、新しい法律を生みだしたりもするといった仕方で、この条約を批准した諸国に縛りをかけるとされてきた。

（40） Nussbaum（2000a）, chap. 4; Nussbaum（1999a）, chap. 2を見よ。

（41） したがって私は、児童結婚と同意のない結婚とに反対の立場を取るが、ある無理のない法的同意年齢を超えた人による見合い結婚には反対ではない。その人は選択肢を持っており、強制されておらず、また当該の取り決めに同意しているからである。

（42） この点に関するインドと西洋の伝統の比較として、Nussbaum（2002a）を見よ。

（43） Nussbaum（2004a）を見よ。

（44） スティグリッツが国際開発の諸政策の失敗を分析しつつ、「問題となっていたのは……諸観念の問題であり、またそうした観念から導かれる政府の役割についての諸構想である」（Stiglitz［2002］, xii）と述べていることを参照されたい。

第6章 「同情と慈愛」を超えて——人間以外の動物のための正義

（1） この出来事は、Pliny, *Natural History* 8.7.20-1およびCicero, *Ad Familiares* 7.1.3で論じられている。Dio Cassius, *History* 39, 38も見よ。Sorabji（1993）における議論も参照のこと。

（2） 私はほかの種の動物を、たいていの場合このように呼ぶつもりである。本書の「動物」という言葉の使用法は、このより長く正確な用語を省略したものとして理解されるべきである。

（3） Sorabji（1993）を参照。彼はストア派に関する後年のわれわれの鈍感さを数多く非難している。だが彼は、ギリシアのどの見解が後代に残ることになったかを左右した、ユダヤ＝キリスト教の諸々の源泉の影響力を十分評価しないまま、そうしていると思われる。

（4） ホッブズとロックは、動物について興味深いことは何ら述べていない。古典的な社会契約論が動物について述べているのは、カント的な伝統においてのみである。

（5） 学生のノートから編集されたこの講義は、おそらく一七七五年から一七八〇年のあいだに行なわれた。『人倫の形而上学の基礎づけ』は一七八五年に、『実践理性批判』は一七八八年に、（社会契約に関する説明をともなう）『人倫の形而上学』は一七九七～九八年に、それぞれ出版された。

（6） Kant（1963）, 239-240.

(7) 一八世紀、とくにイギリスにおけるそうした議論の歴史についてLee (2002) を見よ。この著作はホガースの銅版画の影響についても論じている。リーはまた、この問題に関する近現代の心理学上の知見について詳しく調べており、「残酷癖」という主張を支持する証拠が、少なくともいくつかは存在すると結論づけている。

(8) カント的な道徳理論の文脈で、動物に対する義務をより拡張的に検討した議論がGewirth (1978) にある。その議論はロールズよりも進んでおり、動物には人間との類似性にもとづいて一定の限定的な権利があるとしている。

(9) こうした義務は政治領域の一部だと考えられているだろうか? これは定かではない。なぜなら、『正義論』における政治原理と包括的な道徳的教説との区別は、『政治的リベラリズム』においてほどは明確ではないからである。私の暫定的な結論は、ロールズにとってこれらの義務は包括的な道徳的教説の一部であり、政治領域における「重なり合うコンセンサス」の一部を形成するものではない、というものである。そのため『政治的リベラリズム』の観点からすれば、ロールズには、包括的な道徳的教説に関する彼の確信にもとづいて政治原理を形成することについての、ためらいがあるはずである。

(10) Nussbaum (2001a), chap. 6における分析を見よ。その分析のこの部分には論争の余地はなく、長い伝統を要約するものである。

(11) ロールズは「人類愛」("the love of mankind") と「正義感覚」を対比するさい (*TJ* 190ff.)、人類愛の方が包括的であり、正義に加えて〈義務を超えた行為〉をも触発すると述べている。この対比を用いて私が示唆したいのは、動物に対する私たちの義務の少なくともいくつかは単に〈義務を超えている〉のみならず、動物が有する正統な道徳的権原によって生成される要求事項でもあるということである。

(12) Sen and Williams (1982) を見よ。

(13) Bentham (1789/1823/1948), 1.「正邪の基準」は「それらの王座にしっかりとつながっている」。

(14) Singer (1980), 12. Regan (1983), 206-208にある優れた分析を見よ。

(15) Singer (1980), 238.

(16) Nussbaum (2001e) を参照。

(17) これはただ、それよりも明確によいものはない、ということを意味しているのだろう。このように、帰結主義は不完全な順序づけを認めうる。なにより多元的で通約不可能な諸々の善を含めるとすれば認めざるをえないだろう。

（18）Nussbaum（2000a）; *PL*, Larmore（1996）を見よ。

（19）あらゆる功利主義が、行為者の帰結主義的な選択を要求するわけではない。シジウィックの間接的な功利主義は、普通の人びとが慣習的な徳に通常は従うべきこと、また少数の専門家のみが功利主義的計算をなすべきことを促している。この類型の功利主義は公示性に欠けているため、欠陥をもっているように思われる。功利主義的に正当化しうる諸々のルールに従うよう行為者に促す規則功利主義にはこの欠陥はないが、別の欠陥が、つまり功利主義的計算が異なる結果を生みだすことを行為者が知っているケースでは、行為者がルールに従う理由は何ら存在しないという欠陥がある。すると規則功利主義は行為功利主義と化し、規定は不完全情報という状況下でルールを用いるためにつくられているように思われる。

（20）Nussbaum（2000a）, chap. 2を見よ。

（21）Seligman（1975）.

（22）Coetzee（1999）, 21.

（23）Nussbaum（2004c）を見よ。

（24）私は植物や自然界一般の問題についてここでは所見を述べないが、可能力アプローチはそうした問題に取り組むために拡張しうると考えている。

（25）『動物部分論』645a26-27. アリストテレスはさらに続けて、人間の身体を作り上げている血や骨などを嫌悪感なしに見ることは不可能だと述べている。彼は形相や構造について考えるだけでも驚嘆を覚えているようである。引用文では彼は、彼自身の見解が示唆すること、つまり物質的側面も含めて生命のすべてを有り難く受け止めることまでには、いたっていない。

（26）ロールズの見解に関する私の詳細な議論と私自身の見解とについて、Nussbaum（2000a）, chap. 2を見よ。

（27）これについては、Richardson（1994）を見よ。

（28）ロールズは『正義論』で、熟慮はソクラテス式に各人によってなされると考えているが、『政治的リベラリズム』では、共同体による支持を要件として加えている。第五章を見よ。

(29) そのような思考実験においては物語的な虚構が有意義なことが多い。Nussbaum (1990); Nussbaum (1995a) を見よ。
(30) Okin (1989) を見よ。
(31) Lee (2002) を見よ。
(32) Proust (1954), 105.
(33) この考えに関する私の議論が、Nussbaum (1995a) にある。
(34) Coetzee (1999), 45.
(35) きわめて異なる理論を展開しているロールズ、シジウィック、アリストテレスがその方法を用いてきたのは、そのためである。
(36) 406 U.S. 205 (1972).
(37) *PL* 20, 244, 273-274を見よ。
(38) Singer (1980).
(39) Regan (1983), 240-241.
(40) Rachels (1990). Nussbaum (2001c) にある議論を見よ。
(41) DeGrazia (1996), 226ff. を見よ。
(42) この場合、運動の能力があるように見える単細胞の生き物を、おそらく排除するべきだろう。ここでの運動はアリストテレス的な意味においてであり、この意味において運動は、遠くにあるよい事物に気づき、それを欲し、またその帰結としてそれに向かって動く能力をともなっている。
(43) Rachels (1999). こうした問題を卓越した仕方で扱っているものとして、DeGrazia (1996) を見よ。
(44) de Waal (1996) を見よ。人間と動物を一般的な能力のある関係種として捉え、両者の理性および感情を一緒に考えるよう読者を誘っている、デイヴィッド・ヒュームの試みも同様である。
(45) これはアリストテレスのアプローチでもあるというのが私の主張である。Nussbaum (1995b) を見よ。その議論が認められるかどうかは別として、私自身のアプローチが何であるかはそこで示されている。
(46) Mill (1850/1988), 28-29.

(47) Botkin (1996), 26-27.
(48) Nussbaum (2000a), chap. 2.
(49) Nussbaum (1999b) にある批判を見よ。Sunstein and Nussbaum (2004) に所収のいくつかの論文は、現行の法制度とその問題点について論じている。
(50) Sunstein (2004) を見よ。
(51) Hare (1999) を見よ。
(52) DeGrazia (1996). この文章の草稿をタナー記念講演として発表したさい、卓越したコメントをくれたドゥグラツィアに感謝する。
(53) たとえば Gewirth (1978) を見よ。
(54) ここで先に述べた警告を発する必要がある。感覚性はないが、思考や他者との連帯といったほかの生活上の中心的な機能のひとつをもつ生き物がかりにいるとすれば、そのような生き物を殺すことも問題含みとなるだろう。だが現実の世界では、そのようなケースは見当たらない。
(55) 前述したように、オーストリアが二〇〇四年五月に制定した動物の権利に関する新法は、鶏が自由に動き回ることを要求し、サーカスのライオンと虎を禁止し、人間に飼育されている動物と野生動物の両者に対するそのほかの幅広い保護を設けている。
(56) 爪を取られた猫は、登ったりジャンプしたりすることが(上手に)できない。登ったりジャンプしたりすることは猫に特徴的な生活形態の重要な要素であるように思われる。ガゼルを切り裂くことができず代わりにボールを与えられたライオンは、なおボールを粉々に切り裂くことができるし、また身体が切除されていない状態で動くことができる。ゆえに、この二つのケースは対称的だとは思われない。対称性があるとしても、猫の爪が切除されるのは人びとが絨毯や家具を保護したいからにすぎないところ、ライオンがガゼルへの接近を阻まれるのはガゼルをひどい痛みから保護するため、という点である。
(57) オーストリアの新法は、犬の耳とシッポを切り取ることを禁止している。
(58) Sen (1999) を見よ。

(59) ここでもまた、オーストリアの新法はその方向性を示しており、すべての家畜が年間少なくとも三カ月間は自由に動き回れるようにすることを要求している。
(60) オーストリアの新法は、ペットショップで子犬や子猫を窮屈で風通しの悪い状態におくことを禁止している。
(61) これらすべてに関しては、Nussbaum（2001a), chap. 2を見よ。
(62) Wise（2000), chap. 1を見よ。
(63) 猿に関してはNussbaum（2001a), chap. 4を、犬に関してはSeligman（1975）を、それぞれ見よ。
(64) Sunstein and Nussbaum（2004）を見よ。
(65) Nussbaum（2000d）を見よ。
(66) このことは、セリグマンの実験や、ボウルビーが報告した愛着に関する研究のような、心理的な残忍さをテーマそのものとする実験の禁止を意味するだろうか？　おそらくそうだろう。セリグマンの研究から得られた知見は偉大であり、またそれは人間とほかの動物の両方に関してそれらのよりよい扱いの態様を構築するという実りある研究であるのだが。人間を対象とする心理的研究においてすでに遵守されているのと同じ制約が、動物を対象とする場合にも遵守されなければならないだろう。

第7章　道徳情操と可能力アプローチ

(1) 嫌悪感に関する心理学的研究を論じたものとして、Nussbaum（2004a）を見よ。
(2) Nussbaum（2000a), chap. 3.
(3) Batson（1991). Nussbaum（2001a), chap. 6にある議論を見よ。
(4) 『可能力と同情』がケンブリッジ大学出版局より刊行予定である。
(5) ここで私は、ロールズの『政治的リベラリズム』のペーパーバック版への序文の末尾を意識的に模倣している。

訳　註

〔1〕 二〇一〇年八月二五日、原著者からの電子メールを通じて、アーサーの母親である原著者の妹さんより、アーサーの

近況を日本の読者にぜひ伝えて欲しいとの連絡があった。原著者が妹さんからのメールを引用してくれた箇所があるので、それをそのまま訳出する。「あなたも見てわかるとおり、アーサーの障碍は回復不能ではないことがわかったの！アーサーのアスペルガー仲間の多くは優れた大学に通っているし、創造的で、貢献的な社会の構成員になってるわ。アスペルガー症候群は主に幼少期の障碍で、大人になると多くの症状はなくなるのよ。社会的なスキルと全般的な運動のスキルには長引く問題がまだあるけれどね」。本書の本文にも記されているように、アーサーは日本語と日本文化にとくに関心を抱いているとのことである。

訳者あとがき

本書は、Martha C. Nussbaum, *Frontiers of Justice: Disability, Nationality, Species Membership* (Cambridge, Mass.: The Belknap Press of Harvard University Press, 2006) の全訳である。謝辞に詳しく記されているように、本書は著者が、二〇〇二年と二〇〇三年にそれぞれオーストラリア国立大学とケンブリッジ大学で行なったタナー記念講演をもとにしている。また「ジョン・ロールズを偲んで」という献辞からもうかがえるように、本書は二〇〇二年に永眠したジョン・ロールズに捧げられている。

なぜ本書はロールズに捧げられているのだろうか。著者が本書で哲学的論考のフィールドとしているのは、古代ギリシアを始源として構成された西欧の思想的伝統であり、またそれを背景に実践されてきた政治的伝統である。いわゆる政治哲学と呼称されるこのフィールドを二〇世紀後半から今日にかけてかたちづくってきた人物がロールズであるということ、また著者とロールズが友人であったということ、これらのことからこの献辞の意義はみてとれるだろう。

だが、それらだけが理由ではない。本書で著者は、ロールズの偉大なる遺産を受け継ぎつつも、それをラディカルに再構成している。そのやり方はもはやロールズ正義論の原型を残さないものであるかもしれないが、その精神は確実に引き継いでいる。この意味で、著者はロールズの理論を批判的に継承し、その限界を乗り越え、未来へ向けて展開しようとしているのである。これは著者の紛れもないもうひとりの先達であるアリストテレスの扱いと同じである。思想史においては、名を挙げた優れたプレーヤーは、後世代のプレーヤーを通じて、未来永劫の活動に従事することになる。気の弱い人であれば、これは死者に鞭打つ行為に等しいと思うかもしれない。だが、死してなお挑戦状を叩き付けられるというのは、思想史に携わるものにとっては、名誉以外の何ものでもないだろう。この意味で著者は、ロールズに最大級の敬意を払っているのである。

いまではよく知られているように、ロールズは、ロック、ルソー、カントらに見られる社会契約論を高度に抽象化し、「無知のヴェール」という仕掛けを用いて、より多くの人びとの基本的自由を平等に保護するというリベラリズムの理念に、多大な貢献をなした。なかでも、世代間正義に関する論証を通じて、「将来世代」を正義の主題に含めた功績は大きいだろう。だがロールズは、〈力と能力においてほぼ等しい当事者たちによる相互有利性のための契約〉という、一七～一八世紀の古典的な社会契約論の発想に捕われていたため、ある一定の存在者たちを正義の主題から排除せざるをえなかった。そうした存在者たちが、原著の副題が指し示している「障碍者」、「外国人」、「動物」である。健常者／障碍者、国内の人／国外の人、人間／人間以外の動物は、これまでリベラリズムにおいて、恣意的な境界によって分断され、差別的な扱いを受けてきた。彼らを正義の主題として包摂するためには、この境界を越えてゆかねばならない。その方法として、ロールズが用いた社会契約論ではなく、独自の可能力アプローチによる越境もしくは止揚の可能性を追求しているのが、ほかならぬ本書である。

原著のカヴァーには、幻想的な大地に、向こう側が見通せる閉じられた門がひとつ、描かれている。ほんらい何の境界もなかったであろう場所に造られた、構築物の名残だろうか。リベラリズムがつくりあげた境界を越えてゆくという、まさに本書にふさわしいカヴァーである。もし手前に誰かいるならば、その人はこの門の横を素通りして先へ進むこともできるだろうし、あるいは本書のように、あえてこの門の扉を開けて先に進むこともできるだろう。だがそれには適切な「鍵」が必要である。本書においてそれは、想像力を駆使した「可能力アプローチ」である。果たしてヌスバウムは門を開くことができているだろうか。うまくフロンティアに到達しているだろうか。その判断は一人ひとりの読者に委ねられている。

＊

著者のマーサ・ヌスバウムは、現代リベラリズムを代表する政治哲学者であると同時に、世界的に高名なアリストテレス研究者でもある。ハーヴァード大学、ブラウン大学を経て、現在はシカゴ大学の教授職にある。複数の学問分野で実り多い研究活動を行なっている碩学で、母国アメリカ合衆国のみならずヨーロッパやアジアにおいても影響力が大きく、まさに泰斗と呼ぶにふさわしい人物である。京都大学学術出版会が刊行しているアリストテレスの『動物部分論・動物運動論・動物進行論』（坂下浩司訳、二〇〇五年）が、ヌスバウムの博士論文を下敷きにした著作（M. C. Nussbaum, *Aristotle's De Motu Animalium*, Princeton, N.J.: Princeton University Press, 1978）を「動物運動論」の底本として用いていることからも、その実力と影響力の大きさがうかがえるだろう。このように、以下の日本語で読める著作からもみてとれるように、彼女の研究は多岐にわたっている。

〈論文など〉

・「アリストテレス」高頭直樹他訳『西洋哲学の系譜――第一級の哲学者が語る西欧思想の伝統』晃洋書

房、一九九三年
・「女たちに正義を！」川本隆史訳『みすず』三八九号、一九九三年
・「幸福な生の傷つきやすさ――生きることとその悲惨さ」高橋久一郎訳『現代思想』二七巻九号、一九九九年
・「カントと世界市民主義」田辺俊明訳、ジェームズ・ボーマン／マティアス・ルッツーバッハマン編『カントと永遠平和――世界市民という理念について』紺野茂樹・田辺俊明・舟場保之訳、未來社、二〇〇六年

〈著書など〉
・『クローン、是か非か』中村桂子・渡会圭子訳、産業図書、一九九九年
・『国を愛するということ――愛国主義《パトリオティズム》の限界をめぐる論争』辰巳伸知・能川元一訳、人文書院、二〇〇〇年
・『女性と人間開発――潜在能力アプローチ』池本幸生・田口さつき・坪井ひろみ訳、岩波書店、二〇〇五年
・『クオリティー・オブ・ライフ――豊かさの本質とは』竹友安彦監修／水谷めぐみ訳、里文出版、二〇〇六年（ただし、ヌスバウムの論文はセンとの共著である「はじめに」を除いて訳出されていない）
・『感情と法――現代アメリカ社会の政治的リベラリズム』河野哲也監訳、慶應義塾大学出版会、二〇一〇年
・『良心の自由――アメリカの宗教的平等の伝統』河野哲也監訳、慶應義塾大学出版会、二〇一一年

ご覧のように、アリストテレス研究、フェミニズム研究、カント研究、国際開発論、さらには生命倫理学や法哲学といった研究分野において翻訳の対象とされているように、ヌスバウムの重要性は日本においても高まってきていると言える。

彼女の略歴については他の翻訳書などに詳しい（たとえば『感情と法』の河野哲也氏による「訳者あとがき」などを参照されたい）。ここでは、本書の原著が出版される前年、京都の立命館大学で開催された国際カンファレンスに参加したヌスバウムに訳者が同行したさいに見聞きした内容を、少しばかり紹介しておきたい。まず、氏は野球ファンである。香港の大学での集中講義を経て関西国際空港に降り立った氏が、シカゴを本拠地とする球団のトレーナーを着ていたのは、氏のアメリカ人らしさを表わしていて、非常に印象的であった。また、氏はランニングを日課としており、京都に滞在中もこの日課を精力的にこなしていた。菜食主義者であり、また普段のランチはエナジーバーをかじる程度である。観劇や読書が好きで、カズオ・イシグロにも詳しく、また当時は「源氏物語」を読んでいるとのことであった。本書を通じても明らかなように、氏はインドに相当な関心を抱いており、毎年のようにフィールドワークに赴いている。当時はちょうど、ヨーロッパの歴史を専攻する娘さんが学位取得後の就職活動中とのことで、面接の練習のことなどを話す氏の姿に、母親らしい一面を垣間みることができた。このカンファレンスで発表された氏の論文「ジェンダー正義という挑戦」は、ほかの参加者の諸論文とともに、後藤玲子／P・デュムシェル編著『正義への挑戦――セン経済学の新地平』（後藤玲子監訳、晃洋書房、二〇一一年）に綴られている。

＊

本書はそのテーマおよび構成からしてスリリングな読み物であるため、ここでは一般的な解説は控え、代わりに本書でヌスバウムが鍵としている「可能力アプローチ」について述べておきたい。

まず、本書ではケイパビリティ（capability）に「可能力」という訳語を当てている。ケイパビリティの訳語としては、アマルティア・セン著『福祉の経済学――財と潜在能力』(鈴村興太郎訳、岩波書店、一九八八年）以降、「潜在能力」が定着しているが、センの構想に登場する「ケイパビリティ」は、「伸びる素質」、「生き方の幅」、「可能力」とも訳されている。「伸びる素質」については大江健三郎の書簡（『朝日新聞』二〇〇〇年一〇月一七日夕刊）を、「生き方の幅」については川本隆史「講義の七日間――『陰鬱な科学』と『陽気な学問』とのキャッチボール」川本隆史編『岩波応用倫理学講義4　経済』(岩波書店、二〇〇五年）を、「可能力」については松井範惇「可能力、生命活動と基本的請求力」『東亜経済研究』(山口大学東亜経済学会）六二巻一号（二〇〇三年）を、それぞれ参照されたい。

本書では、ヌスバウムの構想における「ケイパビリティ」が、主体である個体に蓄えられているものの何らかの理由で眠っており、その開発が待たれる「潜在能力」を指しているのではなく、その個体の種の特徴によって設けられた枠内で、倫理的によいものとして評価しうると考えられる能力、つまりその種としてよく生きるという条件下で「何かになったり何かをしたりする」可能性を実質的に持つための力を指していることから、松井範惇氏と同様に、「可能力」という訳語を用いている。カタカナ表記でよいのかもしれないし、これよりましな訳語があるかもしれない。読者のご意見やアドヴァイスを頂戴できれば幸いである。

さて、この可能力アプローチは、経済学者センと哲学者ヌスバウムが、一九八〇年代から一九九〇年代にかけて、東京に本部がある国連大学の一組織である世界開発経済研究所（World Institute for Development Economics Research: WIDER）を舞台に、いわば協働により展開したアプローチである。ヌスバウムがフィンランドのヘルシンキにある世界開発経済研究所にリサーチ・アドヴァイザーとして招聘された当時は、世界銀行とＩＭＦの主導により、世界各地で経済開発が進められていた時代であった。そのなかで、開発を単なる所得の増大ではなく〈人間らしい生活〉への歩みとして位置づけようとしたのが、このアプローチであると言えるだろう。

人間の生活は、さまざまな活動（doings）や状態（beings）など、達成された「機能」（functionings）から構成されている。さまざまな機能は、それらを可能にする力が人間の内部にあって、はじめて達成されうる。そして、どのような機能を組み合わせ、どのような生活をするかは、個人がなすべき選択の問題であると考えるリベラリズムの立場からすると、重視すべきは「機能」ではなく「可能力」だということになる。所得や富、あるいは精神的な満足度だけをもってしては、人間の「生活のよさ」（well-being）や「生活の質」（Quality of Life: QOL）は十全に測りえない――このことを明らかにする可能力アプローチはこれまで、国際社会においては主に国連開発計画（ＵＮＤＰ）や国連の「人間の安全保障委員会」によって採択されてきた。

とはいえ、センとヌスバウムはそれぞれ異なる目的においても、可能力アプローチを用いている。センは基本的に、人間の「生活のよさ」や「生活の質」を分析する目的で可能力アプローチを用いている。他方でヌスバウムは、政治が人びと（そして動物）に保障すべき権原の内容を指し示す目的で可能力アプローチを用いている。そのためある一定の可能力が、世界人権宣言にある人権のリストやロールズ正義論の基本善のリストと同様に、具体的に示されているのである。この点におけるヌスバウムとセンの違いは、しばしば「リスト化問題」として取り上げられ、どちらを取るかの問題に矮小化されることもあった。そしてまた、ヌスバウムがいくつかの可能力を「リスト化」しているという点だけが取り沙汰され、彼女の可能力アプローチが頭から否定されるということも少なからずあった。

だが、両者のアプローチはほんらい、対立的なものではなく補完的なものとして位置づけられるべきである。なによりそれは、〈人間らしい生活〉の解釈には、幅がありうるからである。センに代表される経済学者の多くは、世界開発経済研究所の英語名の頭字語が文字どおり表わしているように、人間が「大きく」(wide-er) なれること、つまり子どもが低栄養や栄養失調によって早死にすることなく大人になれることに主眼をおいている。そのためセンのアプローチは、「栄養をとることができる」、「雨風をしのぐことができる」、「移動することができる」といった種類の可能力をより重視する。他方でヌスバウムに代表される政治哲学者の多くは、人間がよりよく生きることのできる政治社会づくりに関心を寄せている。そのためヌスバウムのアプローチは、「実践理性をはたらかせることができること」、「自然と調和して生きることができること」といった種類の可能力も重視することになる。どちらの種類の可能力も〈人間らしい生活〉の形成に密接に関わっている。したがって読者には、まずは先入見をもたずに本書にあたって欲しい。そのうえで、ヌスバウムの可能力アプローチの根底にある価値観の精査へと進んでもらえれば幸いである。

*

ところで、本書は「真にグローバルな正義」を追求するものであるが、ヌスバウムが指し示す「真にグローバルな正義」には、人間以外の動物も主題として含まれている。人間には〈人間らしい生活〉への権原があるように、動物にも〈それぞれの種にふさわしい生活〉への権原があるというのが、本書の主張である。もし動物がそのような生活への権原を有しているならば、そうした権原をありとあらゆる場で毀損している人間は、とんでもない不正義を犯していることになる。これは、多くの人が薄々は分かっていて、そしておそらくは受け入れていることではないだろうか。生きとし生けるものはすべて尊いのであって、その尊さはある一定の能力や感覚の有無によって左右されるものではない。この世に生を受けた奇跡それ自体が厳かでかけがえのないものであり、その厳かさとかけがえのなさに優劣はない。

その意味では、「人間による動物の利用」が不正義ではない場合があることの論証に骨を砕いているヌスバウムの議論は、いささか難ありのように思われる。すべてを管理しうるという臆見にもとづいて突き進み、これまで正義の主題から排除されてきた存在者たちをも巻き込んで、いよいよバベルの塔の崩壊を目の当たりにしている私たちは、もしかするとヌスバウム流のリベラリズムにも見え隠れする人間の傲慢さという問題に、もっと真摯に向き合わなければならないのかもしれない。けれども、アリストテレス的な諸観念から動物の権原を説き起こしている本書はきわめて独創的であり、またさまざまな知見と直観、そして判断を包括的にまとめあげた著者の力量は他に類を見ないものである。このことに疑いはない。

＊

最後になるが、翻訳にあたっては、読みやすさよりも正確さを心がけた。そのため著者ヌスバウム氏には、内容に関していくどか質問をさせていただき、つねに迅速かつ的確な回答をいただいた。原著にある誤植などについても、気づいた限りでひとつひとつ確認させていただいた。また、作業中は多くの方々のお世話になった。佐藤静さんと一刀悠朔くんには、訳文の一部に目を通し、有益な指摘を多数していただいた。一刀くんには索引作りもお手伝いいただいた。また、森政稔先生からは、翻訳に関して貴重なアドヴァイスを賜った。もし本書のなかの翻訳文が少しでもまっとうなものであるとすれば、それはロールズの『正義論　改訂版』（紀伊國屋書店、二〇一〇年）の翻訳において、並々ならぬご指導を下さった川本隆史先生のおかげである。また、法政大学出版局の勝康裕氏には、本翻訳のお話を頂戴し、刊行までご尽力をいただいた。末筆ながら、これらの方々に厚くお礼を申し上げます。

二〇一二年七月　多摩丘陵のみどりのなかで

神島 裕子

索　引

［ナ　行］

参考文献

Agarwal, Bina. 1994. *A Field of One's Own: Gender and Land Rights in South Asia*. Cambridge: Cambridge University Press.

—— 1997. "'Bargaining' and Gender Relations: Within and Beyond the Household." *Feminist Economics* 3: 1-51.

Amundson, Ron. 1992. "Disability, Handicap, and the Environment." *Journal of Social Philosophy* 23: 105-118.

—— 2000a. "Biological Normality and the ADA." In Francis and Silvers（2000）: 102-110.

—— 2000b. "Against Normal Function." *Studies in History and Philosophy of Biological and Biomedical Sciences* 31C: 33-53.

Arneson, Richard J. 2000. "Perfectionism and Politics." *Ethics* 111: 37-63.

Asch, Adrienne, Lawrence O. Gostin, and Diann Johnson. 2003. "Respecting Persons with Disabilities and Preventing Disability: Is There a Conflict?" In Herr, Gostin, and Koh（2003）: 319-346.

Barclay, Linda. 2003. "What Kind of Liberal Is Martha Nussbaum?" *Sats: Nordic Journal of Philosophy* 4: 5-24.

Barry, Brian. 1995. *Justice as Impartiality*. Oxford: Clarendon Press, 1995.

Batson, C. Daniel. 1991. *The Altruism Question: Toward a Social-Psychological Answer*. Hillsdale, N.J.: Lawrence Erlbaum Associates.

Becker, Lawrence C. 2000. "The Good of Agency." In Francis and Silvers（2000）: 54-63.

Beitz, Charles. 1979. *Political Theory and International Relations*. Princeton: Princeton University Press〔チャールズ・ベイツ／進藤榮一訳『国際秩序と正義』岩波書店，1989 年〕.

Bentham, Jeremy. 1789/1823/1948. *An Introduction to the Principles of Morals and Legislation*. New York: Hafner.（The text is based on the 1823 edition.）〔ジェレミー・ベンサム／山下重一訳「道徳および立法の諸原理序説」（関嘉彦責任編集『世界の名著 49　ベンサム　J.S. ミル』中公バックス）中央公論新社，1979 年〕.

Bérubé, Michael. 1996. *Life as We Know It: A Father, a Family, and an Exceptional Child*. New York: Pantheon.

Botkin, Daniel. 1996. "Adjusting Law to Nature's Discordant Harmonies." *Duke Environmental Law and Policy Forum* 7: 25-37.

Brock, Dan W. 2000. "Health Care Resource Prioritization and Discrimination against Persons with Disabilities." In Francis and Silvers（2000）: 223-235.

Buchanan, Allen, Dan W. Brock, Norman Daniels, and Daniel Wikler. 2000. *From Chance to*

Choice: Genetics and Justice. New York: Cambridge University Press.

Coetzee, J. M. 1999. *The Lives of Animals*, ed. Amy Gutmann. Princeton: Princeton University Press. Coetzee's Tanner Lectures: pp. 15-69〔J. M. クッツェー／森祐希子・尾関周二訳『動物のいのち』大月書店，2003 年〕.

Daniels, Norman. 1985. *Just Health Care*. Cambridge: Cambridge University Press.

—— 2000. "Mental Disabilities, Equal Opportunity and the ADA." In Francis and Silvers (2000): 255-268.

DeGrazia, David. 1996. *Taking Animals Seriously: Mental Life and Moral Status*. Cambridge: Cambridge University Press.

de Waal, Frans. 1996. *Good. Natured: The Origins of Right and Wrong in Humans and Other Animals*. Cambridge, Mass.: Harvard University Press.

Diamond, Cora. 1995. *Realism and the Realistic Spirit*. Cambridge, Mass.: Bradford Books. Reprint edition.

Drèze, Jean, and Amartya Sen. 1995. *India: Economic Development and Social Opportunity*. Oxford: Oxford University Press.

——, eds. 1997. *Indian Development: Selected Regional Perspectives*. Oxford: Oxford University Press.

Drèze, Jean, and Amartya Sen. 2002. *India: Development and Participation*. Oxford: Oxford University Press.

Dworkin, Ronald. 2000. *Sovereign Virtue: The Theory and Practice of Equality*. Cambridge, Mass.: Harvard University Press〔ロナルド・ドゥウォーキン／小林公・大江洋・高橋秀治・高橋文彦訳『平等とは何か』木鐸社，2002 年〕.

Ehrenreich, Barbara. 2001. *Nickel and Dimed: On (Not) Getting By in America*. New York: Metropolitan Books.

Epstein, Richard. 1992. *Forbidden Grounds: The Case against Employment Discrimination Law*. Cambridge, Mass.: Harvard University Press.

Fineman, Martha A. 1991. *The Illusion of Equality*. Chicago: University of Chicago Press.

—— 1995. *The Neutered Mother, the Sexual Family and Other Twentieth Century Tragedies*. New York: Routledge〔マーサ・ファインマン／上野千鶴子監訳『家族，積みすぎた方舟——ポスト平等主義のフェミニズム法理論』学陽書房，2003 年〕.

Folbre, Nancy. 1999. "Care and the Global Economy." Background paper prepared for United Nations Development Programme (1999).

—— 2001. *The Invisible Heart: Economics and Family Values*. New York: New Press.

Francis, Leslie Pickering, and Anita Silvers, eds. 2000. *Americans with Disabilities: Exploring Implications of the Law for Individuals and Institutions*. New York: Routledge.

Frankfurt, Harry G. 1988. "Equality as a Moral Ideal." In Frankfurt, *The Importance of What We Care About: Philosophical Essays*. Cambridge: Cambridge University Press. Pp. 134-158.

—— 1999. "Equality and Respect." In Frankfurt, *Necessity, Volition, and Love*. Cambridge: Cambridge University Press. Pp. 146-154.

Friedman, Benjamin. 2002. Review of Stiglitz (2002). *New York Review of Books*, August 22.

Gauthier, David. 1986. *Morals by Agreement*. New York: Oxford University Press〔デイヴィド・ゴティエ／小林公訳『合意による道徳』木鐸社，1999 年〕.
Gewirth, Alan. 1978. *Reason and Morality*. Chicago: University of Chicago Press.
—— 1996. *The Community of Rights*. Chicago: University of Chicago Press.
Glendon, Mary Ann. 2001. *A World Made New: Eleanor Roosevelt and the Universal Declaration of Human Rights*. New York: Random House.
Goffman, Erving. 1963. *Stigma: Notes on the Management of Spoiled Identity*. New York: Simon and Schuster〔アーヴィング・ゴッフマン／石黒毅訳『スティグマの社会学——烙印を押されたアイデンティティ』改訂版，せりか書房，2001 年〕.
Goldschmidt, Victor. 1977. *La doctrine d'Epicure et la droit*. Paris: Vrin.
Green, Michael. 2002. "Institutional Responsibility for Global Problems." *Philosophical Topics* 30（2002）: 79-96.
—— 2003. "Justice and Law in Hobbes." *Oxford Studies in Early Modern Philosophy* 1: 111-138.
Grotius, Hugo. 1625/1646/1925. *De Iure Belli ac Pacis Libri Tres/On the Law of War and Peace*. 2 vols. Vol. 1: Latin text; vol. 2: translation. Trans. Francis W. Kelsey. Oxford: Clarendon Press.（The text is based on the 1646 edition.）
Hare, R. M. 1999. "Why I Am Only a Demi-vegetarian." In Jamieson（1999）: 233-246.
Harrington, Mona. 1999. Care and Equality. New York: Knopf.
Held, Virginia. 1993. *Feminist Morality: Transforming Culture, Society, and Politics*. Chicago: University of Chicago Press.
——, ed. 1995. *Justice and Care: Essential Readings in Feminist Ethics*. Boulder: Westview.
Herr, Stanley S. 2003. "Self-Determination, Autonomy, and Alternatives for Guardianship." In Herr, Gostin, and Koh（2003）: 429-450.
Herr, Stanley S., Lawrence O. Gostin, and Harold Hongju Koh, eds. 2003. *The Human Rights of Persons with Intellectual Disabilities*. Oxford and New York: Oxford University Press.
Hobbes, Thomas. 1651/1991. *Leviathan*. Ed. Richard Tuck. Cambridge: Cambridge University Press〔ホッブズ／水田洋訳『リヴァイアサン』1 ～ 4 巻，岩波文庫，1954 ～ 1985 年〕.
Holton, Richard, and Rae Langton. 1999. "Empathy and Animal Ethics." In Jamieson（1999）: 209-232.
Hume, David. 1739-40/1978. *A Treatise of Human Nature*. Ed. L. A. Selby-Bigge. 2d ed. revised by P. H. Nidditch. Oxford: Clarendon Press〔デイヴィッド・ヒューム／土岐邦夫・小西嘉四郎訳『人性論』中公クラシックス，2010 年〕.
—— 1777/1975. *Enquiries Concerning Human Understanding and Concerning the Principles of Morals*. Ed. L. A. Selby-Bigge. 3d ed. revised by P. H. Nidditch. Oxford: Clarendon Press〔デイヴィッド・ヒューム／渡部俊明訳『道徳原理の研究』晢書房，1993 年〕〔デイヴィッド・ヒューム／斎藤繁雄・一ノ瀬正樹訳『人間知性研究　付・人間本性論摘要』法政大学出版局，2004 年〕.
Jamieson, Dale, ed. 1999. *Singer and His Critics*. Oxford: Basil Blackwell.

Jones, Charles. 1999. *Global Justice: Defending Cosmopolitanism*. Oxford: Oxford University Press.

Kant, Immanuel. 1797/1999. *Metaphysical Elements of Justice*. Ed. and trans. John Ladd. Indianapolis: Hackett〔カント／樽井正義訳「法論の形而上学的定礎」『カント全集 11　人倫の形而上学』岩波書店，2002 年〕.

—— 1963. *Lectures on Ethics*. Trans. L. Infield. Indianapolis: Hackett〔カント／小西国夫・永野ミツ子訳『カントの倫理学講義』三修社，1968 年〕.

—— 1970. *Kant's Political Writings*. Ed. Hans Reiss. Cambridge: Cambridge University Press.

Kavka, Gregory S. 2000. "Disability and the Right to Work." In Francis and Silvers (2000): 174-192.

Kelman, Mark, and Gillian Lester. 1997. *Jumping the Queue: An Inquiry into the Legal Treatment of Students with Learning Disabilities*. Cambridge, Mass.: Harvard University Press.

Kittay, Eva Feder. 1997. "Human Dependency and Rawlsian Equality." In *Feminists Rethink the Self*. Ed. Diana T. Meyers. Boulder: Westview. Pp. 219-266.

—— 1999. *Love's Labor: Essays on Women, Equality, and Dependency*. New York: Routledge〔エヴァ・フェダー・キテイ／岡野八代・牟田和恵監訳『愛の労働あるいは依存とケアの正義論』白澤社，2010 年〕.

Kittay, Eva Feder, and Ellen K. Feder, eds. 2002. *The Subject of Care: Feminist Perspectives on Dependency*. Lanham: Rowman and Littlefield.

Kniss, Fred. 1997. *Disquiet in the Land: Cultural Conflict in American Mennonite Communities*. New Brunswick, N.J.: Rutgers University Press.

Ladenson, Robert T. 2004. "The Zero-Reject Policy in Special Education: A Moral Analysis." Manuscript cited by permission of the author.

Larmore, Charles. 1996. *The Morals of Modernity*. Cambridge: Cambridge University. Press.

—— 2003. "Public Reason." In *The Cambridge Companion to Rawls*. Ed. Samuel Freeman. New York: Cambridge University Press: 368-393.

Lee, Jadran. 2002. "Bentham on Animals." Ph.D. diss., University of Chicago.

Levitz, Mitchell. 2003. "Voices of Self-Advocates." In Herr, Gostin, and Koh (2003): 453-465.

Levitz, Mitchell, and Jason Kingsley. 1994. *Count Us In: Growing Up with Down Syndrome*. New York: Harcourt Brace.

Locke, John 1679-80?/1960. *Two Treatises of Government*. Ed. Peter Laslett. Cambridge: Cambridge University Press〔ジョン・ロック／加藤節訳『完訳　統治二論』岩波文庫，2010 年〕.

MacIntyre, Alasdair. 1999. *Dependent Rational Animals: Why Human Beings Need the Virtues*. Chicago: Open Court.

MacKinnon, Catharine. 1987. *Feminism Unmodified*. Cambridge, Mass.: Harvard University Press〔キャサリン・マッキノン／奥田暁子・加藤春恵子・鈴木みどり・山崎美佳子訳『フェミニズムと表現の自由』明石書店，1993 年〕.

Maritain, Jacques. 1943. *The Rights of Man and Natural Law*. New York: Scribner's.

—— 1951. *Man and the State*. Chicago: University of Chicago Press〔ジャック・マリタン／

久保正幡・稲垣良典訳『人間と国家』創文社，1962 年〕.
Marx, Karl. 1844/1978. *Economic and Philosophical Manuscripts of 1844*. In *The Marx-Engels Reader*. Ed. Robert C. Tucker. New York: Norton. Pp. 66-125〔マルクス／城塚登・田中吉六訳『経済学・哲学草稿』岩波文庫，1964 年〕.
McMahan, Jeff. 1996. “Cognitive Disability, Misfortune, and Justice.” *Philosophy and Public Affairs* 25: 3-35.
Mill, John Stuart. 1850/1988. “Nature.” In *John Stuart Mill: Three Essays on Religion*. Amherst, N.Y.: Prometheus Books. Pp. 3-65.
—— 1869/1988. *The Subjection of Women*. Ed. Susan M. Okin. Indianapolis: Hackett〔J. S. ミル／大内兵衛・大内節子訳『女性の解放』岩波文庫，1957 年〕.
Minow, Martha. 2002. *Making All the Difference: Inclusion, Exclusion, and American Law*. Ithaca: Cornell University Press.
Murphy, Liam. 2000. *Moral Demands in Ideal Theory*. New York: Oxford University Press.
Nagel, Thomas. 1991. *Equality and Partiality*. New York: Oxford University Press.
Nozick, Robert. 1974. *Anarchy, State, and Utopia*. New York: Basic Books〔ロバート・ノージック／嶋津格訳『アナーキー・国家・ユートピア』木鐸社，2002 年〕.
Nussbaum, Martha C. 1995a. *Poetic Justice: The Literary Imagination and Public Life*. Boston: Beacon.
—— 1995b. “Aristotle on Human Nature and the Foundations of Ethics.” In *World, Mind, and Ethics: Essays on the Philosophy of Bernard Williams*. Ed. J. E. G. Altham and Ross Harrison. Cambridge: Cambridge University Press.
—— 1998. “The Good as Discipline, the Good as Freedom.” In *Ethics of Consumption: The Good Life, Justice, and Global Stewardship*. Ed. David Crocker and Toby Linden. Lanham, Md.: Rowman and Littlefield. Pp. 312-341.
—— 1999a. *Sex and Social Justice*. New York: Oxford University Press.
—— 1999b. “Duties of Justice, Duties of Material Aid: Cicero’s Problematic Legacy.” *Journal of Political Philosophy* 7: 1-31.
—— 2000a. *Women and Human Development*. Cambridge: Cambridge University Press〔マーサ・ヌスバウム／池本幸生・田口さつき・坪井ひろみ訳『女性と人間開発——潜在能力アプローチ——』岩波書店，2005 年〕.
—— 2000b “Is Privacy Bad for Women? What the Indian Constitutional Tradition Can Teach Us about Sex Equality.” *Boston Review* 25（April-May）: 42-47.
—— 2000c. “The Future of Feminist Liberalism.” Presidential address delivered to the Central Division of the American Philosophical Association. *Proceedings and Addresses of the American Philosophical Association* 74: 47-79. Reprinted in Kittay and Feder（2002）: 186-214.
—— 2000d. “The Costs of Tragedy: Some Moral Limits of Cost-Benefit Analysis.” *Journal of Legal Studies* 29: 1005-36: Reprinted in *Cost-Benefit Analysis: Legal, Economic and Philosophical Perspectives*. Ed. Matthew D. Adler and Eric A. Posner. Chicago: University of Chicago Press. Pp. 169-200.

—— 2000e. "Comment on Thomson." In Judith Jarvis Thomson, *Goodness and Advice*. Tanner Lectures. Ed. Amy Gutmann. Princeton: Princeton University Press. Pp. 97-125.

—— 2000f. "Aristotle, Politics, and Human Capabilities: A Response to Antony, Arneson, Charlesworth, and Mulgan." *Ethics* 111: 102-140.

—— 2001a. *Upheavals of Thought: The Intelligence of Emotions*. Cambridge: Cambridge University Press.

—— 2001b. "India: Constructing Sex Equality through Law." *Chicago Journal of International Law* 2: 35-58.

—— 2001c. "Animal Rights: The Need for a Theoretical Basis." Review of Wise (2000). *Harvard Law Review* 114: 1506-49.

—— 2002a. "Sex Equality, Liberty, and Privacy: A Comparative Approach to the Feminist Critique." In *India's Living Constitution: Ideas, Practices, Controversies*. Ed. E. Sridharan, Z. Hasan, and R. Sudarshan. New Delhi: Permanent Black. Pp. 242-283.

—— 2002b. "Women and the Law of Peoples." *Philosophy, Politics and Economics* 1: 283-306.

—— 2002c. "Long-Term Care and Social Justice: A Challenge to Conventional Ideas of the Social Contract." In World Health Organization, *Ethical Choices in Long-Term Care: What Does Justice Require*? Geneva. Pp. 31-66.

—— 2003a. "The Complexity of Groups." *Philosophy and Social Criticism* 29: 57-69.

—— 2003b. "Capabilities as Fundamental Entitlements: Sen and Social. Justice." *Feminist Economics* 9 (July/November): 33-59.

—— 2003c. "Compassion and Terror." *Daedalus*, winter: 10-26.

—— 2003d. "Political Liberalism and Respect: A Response to Linda Barclay." *Sats: Nordic Journal of Philosophy* 4: 25-44.

—— 2004a. *Hiding From Humanity: Disgust, Shame, and the Law*. Princeton: Princeton University Press〔マーサ・ヌスバウム／河野哲也監訳『感情と法』慶應義塾大学出版会，2010年〕.

—— 2004b. "Women's Education: A Global Challenge." *Signs* 29: 325-355.

—— 2004c. "Mill between Aristotle and Bentham." *Daedalus*, spring: 60-68.

—— 2004d. "On Hearing Women's Voices: A Reply to Susan Okin." *Philosophy and Public Affairs* 32: 193-205.

—— Forthcoming. "Grotius: A Society of States and Individuals under Moral Law." In *The Cosmopolitan Tradition*. New Haven: Yale University Press.

Okin, Susan Moller. 1989. *Justice, Gender, and the Family*. New York: Basic Books.

O'Neill, Onora. 1996. *Towards Justice and Virtue: A Constructive Account of Practical Reasoning*. Cambridge: Cambridge University Press.

Pitcher, George. 1995. *The Dogs Who Came to Stay*. New York: Penguin.

Pluhar, Evelyn B. 1995. *Beyond Prejudice: The Moral Significance of Human and Nonhuman Animals*. Durham: Duke University Press.

Pogge, Thomas. 1989. *Realizing Rawls*. Ithaca: Cornell University Press.

—— 2002. *World Poverty and Human Rights: Cosmopolitan Responsibilities and Reforms*.

Cambridge: Polity〔トマス・ポッゲ／立岩真也監訳『なぜ遠くの貧しい人への義務があるのか』生活書院，2010 年〕.

Proust, Marcel. 1954. *A la recherche du temps perdu*. Vol. 1: *Du côté de chez Swann*. Paris: Gallimard〔マルセル・プルースト／鈴木道彦訳『失われた時を求めて』全 13 巻, 集英社，1996-2001 年.

Pufendorf, Samuel. 1673/1991. *On the Duty of Man and Citizen According to Natural Law*. Ed. James Tully. Trans. Michael Silverthorne. Cambridge: Cambridge University Press.

Rachels, James. 1990. *Created from Animals: The Moral Implications of Darwinism*. New York: Oxford University Press.

Rawls, John. 1971. *A Theory of Justice*. Cambridge, Mass.: Harvard University Press〔ジョン・ロールズ／川本隆史・福間聡・神島裕子訳『正義論』改訂版，紀伊國屋書店，2010 年〕.

—— 1980. "Kantian Constructivism in Moral Theory." *Journal of Philosophy* 77: 515-571.

—— 1993. "The Law of Peoples." In *On Human Rights: The Oxford Amnesty Lectures 1993*. Ed. Stephen Shute and Susan Hurley. New York: Basic Books〔ジョン・ロールズ／中島吉弘・松田まゆみ訳『人権について』みすず書房，1998 年〕.

—— 1996. *Political Liberalism*. Enl. ed. New York: Columbia University Press.

—— 1999. *The Law of Peoples with "The Idea of Public Reason Revisited."* Cambridge, Mass.: Harvard University Press〔ジョン・ロールズ／中山竜一訳『万民の法』岩波書店, 2006 年〕.

—— 2000. *Lectures on the History of Ethics*. Ed. Barbara Herman. Cambridge, Mass.: Harvard University Press〔ジョン・ロールズ／バーバラ・ハーマン編／坂部恵監訳『ロールズ哲学史講義』上下，みすず書房，2005 年〕.

—— 2001. *Justice as Fairness: A Restatement*. Ed. Erin Kelly. Cambridge, Mass.: Harvard University Press〔ジョン・ロールズ／田中成明・亀本洋・平井亮輔訳『公正としての正義　再説』岩波書店，2004 年〕.

Rawls, John, and Philippe Van Parijs. 2003. "Three Letters on The Law of Peoples and the European Union." *Revue de philosophie économique* 7: 1-20.

Regan, Tom. 1983. *The Case for Animal Rights*. Berkeley: University of California Press.

Richardson, Henry S. 1994. *Practical Reasoning about Final Ends*. Cambridge: Cambridge University Press.

Rosenthal, Eric, and Clarence J. Sundram. 2003. "Recognizing Existing Rights and Crafting New Ones: Tools for Drafting Human Rights Instruments for People with Mental Disabilities." In Herr, Gostin, and Koh（2003）: 467-501.

Rousseau, Jean-Jacques. 1762/1979. *Emile: or On Education*. Trans. Allan Bloom. New York: Basic Books〔ルソー／今野一雄訳『エミール』岩波文庫，上中下，1962-1964 年〕.

Ruddick, Sarah. 1989. *Maternal Thinking*. Boston: Beacon.

Scanlon, Thomas. 1993. "Value, Desire, and Quality of Life." In *The Quality of Life*. Ed. Martha C. Nussbaum and Amartya Sen. Oxford: Clarendon Press. Pp. 185-200.

—— 1999. *What We Owe to Each Other*. Cambridge, Mass.: Harvard University Press.

Seligman, Martin. 1975. *Helplessness: On Development, Depression, and Death*. New York: W. H. Freeman.

Sen, Amartya. 1980. "Equality of What?" In *Tanner Lectures on Human Values*. Ed. S. M. McMurrin. Salt Lake City: University of Utah Press. Reprinted in Sen 1982: 353-369〔アマルティア・セン／大庭健・川本隆史訳「何の平等か？」『合理的な愚か者――経済学＝倫理学的探求――』勁草書房，1989 年〕.

—— 1982. *Choice, Welfare and Measurement*. Oxford: Basil Blackwell.

—— 1985. *Commodities and Capabilities*. Amsterdam: North-Holland〔アマルティア・セン／鈴村興太郎訳『福祉の経済学――財と潜在能力』岩波書店，1988 年〕.

—— 1990. "Gender and Cooperative Conflicts." In *Persistent Inequalities*. Ed. Irene Tinker. New York: Oxford University Press. Pp. 123-149.

—— 1992. *Inequality Reexamined*. New York: Russell Sage〔アマルティア・セン／池本幸生・野上裕生・佐藤仁訳『不平等の再検討――潜在能力と自由』岩波書店，1999 年〕.

—— 1993. "Capability and Well-Being." In *The Quality of Life*. Ed. Martha C. Nussbaum and Amartya Sen. Oxford: Clarendon Press. Pp. 30-53.

—— 1995. "Gender Inequality and Theories of Justice." In *Women, Culture and Development*. Ed. Martha C. Nussbaum and Jonathan Glover. Oxford: Clarendon Press. Pp. 259-273.

—— 1997. "Human Rights and Asian Values." *New Republic*, July 14/21: 33-40.

—— 1999. *Development as Freedom*. New York: Knopf〔アマルティア・セン／石塚雅彦訳『自由と経済開発』日本経済新聞社，2000 年〕.

Sen, Amartya, and Bernard Williams. 1982. "Introduction." In *Utilitarianism and Beyond*. Ed. Amartya Sen and Bernard Williams. Cambridge: Cambridge University Press. Pp. 1-21.

Sherman, Nancy. 1989. *The Fabric of Character: Aristotle's Theory of Virtue*. Oxford: Clarendon Press.

Shue, Henry. 1996. *Basic Rights*. 2d ed. Princeton: Princeton University Press.

Silvers, Anita. 1998. "Formal Justice." In Silvers, Wasserman, and Mahowald（1998）: 13-146.

—— 2000. "The Unprotected: Constructing Disability in the Context of Antidiscrimination Law." In Francis and Silvers（2000）: 126-45.

Silvers, Anita, David Wasserman, and Mary B. Mahowald. 1998. *Disability, Difference, Discrimination*. Lanham, Md.: Rowman and Littlefield.

Simmons, A. John. 1992. *The Lockean Theory of Rights*. Princeton: Princeton University Press.

Singer, Peter. 1972. "Famine, Affluence and Morality." *Philosophy and Public Affairs* 1: 229-244.

—— 1975. *Animal Liberation*. New York: Avon Books〔ピーター・シンガー／戸田清訳『動物の解放』技術と人間社，1988 年〕.

—— 1980. "Animals and the Value of Life." In *Matters of Life and Death: New Introductory Essays on Moral Philosophy*. Ed. Tom Regan. New York: Random House. Pp. 28-66.

—— 1999a. Response to Coetzee. In Coetzee（1999）: 85-92.

—— 1999b. "A Response." In Jamieson（1999）: 269-335.

Smith, Adam. 1776/1784/1981. *An Inquiry into the Nature and Causes of the Wealth of Nations*.

Ed. R. H. Campbell, A. S. Skinner, and W. B. Todd. 2 vols. Indianapolis: Liberty Fund. (The text is based on the 1784 edition, which can be regarded as Smith's final version.)〔アダム・スミス／水田洋監訳『国富論』全4巻，岩波文庫，2000-2001年〕

Smuts, Barbara. 1999. Response to Coetzee. In Coetzee (1999): 107-120.

Sorabji, Richard. 1993. *Animal Minds and Human Morals: The Origins of the Western Debate*. Ithaca: Cornell University Press.

Stark, Cynthia. 2000. "Hypothetical Consent and Justification." *Journal of Philosophy* 97: 313-334.

Stiglitz, Joseph. 2002. *Globalization and Its Discontents*. New York: Norton〔ジョセフ・スティグリッツ／鈴木主税訳『世界を不幸にしたグローバリズムの正体』徳間書店，2002年〕.

Sunstein, Cass R. 2004. "Can Animals Sue?" In Sunstein and Nussbaum (2004): 251-262.

Sunstein, Cass R, and Martha C. Nussbaum, eds. 2004. *Animal Rights. Current Debates and New Directions*. New York: Oxford University Press.

ten Broek, Jacobus. 1966. "The Right to Be in the World: The Disabled in the Law of Torts." *California Law Review* 54: 841-919.

Tronto, Joan. 1993. *Moral Boundaries: A Political Argument for an Ethic of Care*. New York: Routledge.

United Nations Development Programme. 1999. *Human Development Report 1999*. New York: Oxford University Press〔北谷勝秀・恒川惠市・椿秀洋監修『人間開発報告書1999——グローバリゼーションと人間開発』国際協力出版会，1999年〕.

—— 2000. *Human Development Report 2000*. New York: Oxford University Press〔横田洋三監修『人間開発報告書2000』国際協力出版会，2000年〕.

—— 2001. *Human Development Report 2001*. New York: Oxford University Press〔北谷勝秀監修『人間開発報告書2001』国際協力出版会，2001年〕.

—— 2002. *Human Development Report 2002*. New York: Oxford University Press〔横田洋三監修『人間開発報告書2002』国際協力出版会，2002年〕.

—— 2003. *Human Development Report 2003*. New York: Oxford University Press〔横田洋三監修『人間開発報告書2003』国際協力出版会，2003年〕.

Wasserman, David. 1998. "Distributive justice." In Silvers, Wasserman, and Mahowald (1998): 147-208.

—— 2000. "Stigma without Impairment: Demedicalizing Disability Discrimination." In Francis and Silvers (2000): 146-162.

West, Robin. 1997. *Caring for Justice*. New York: New York University Press.

Williams, Bernard. 1973. "A Critique of Utilitarianism." In J. J. C. Smart and Bernard Williams, *Utilitarianism: For and Against*. Cambridge: Cambridge University Press. Pp. 77-150.

Williams, Joan. 2000. *Unbending Gender: Why Family and Work Conflict and What to Do about It*. New York: Oxford University Press.

Wise, Stephen. 2000. *Rattling the Cage: Toward Legal Rights for Animals*. Cambridge, Mass.: Perseus Books.

Wood, Allen. 1999. *Kant's Ethical Theory*. Cambridge: Cambridge University Press.

サピエンティア　25
正義のフロンティア
障碍者・外国人・動物という境界を越えて

2012年 8 月 8 日　初版第 1 刷発行
2024年 2 月 5 日　　　第 4 刷発行

著　者　マーサ・C. ヌスバウム
訳　者　神島 裕子
発行所　一般財団法人　法政大学出版局
〒 102-0071　東京都千代田区富士見2-17-1
電話 03（5214）5540／振替 00160-6-95814
組　版　HUP／印刷　平文社／製本　誠製本
装　幀　奥定 泰之

ISBN 978-4-588-60325-9　Printed in Japan

著 者

マーサ・ヌスバウム（Martha C. Nussbaum）

1947年生まれ。ハーヴァード大学博士（Ph. D）。ハーヴァード大学，ブラウン大学を経て，現在，シカゴ大学教授（Ernst Freund Distinguished Service Professor of Law and Ethics）。1986年から世界開発経済研究所（WIDER）のリサーチアドヴァイザー。2004年に発足した「人間開発と可能力アプローチ学会」（Human Development and Capability Association）の第二代会長（2006-2008年）。

主な著書に，*The Fragility of Goodness: Luck and Ethics in Greek Tragedy and Philosophy*（Cambridge: Cambridge University Press, 1986），*Love's Knowledge: Essays on Philosophy and Literature*（Oxford: Oxford University Press, 1990），*The Therapy of Desire: Theory and Practice in Hellenistic Ethics*（Princeton, NJ: Princeton University Press, 1994），*Upheavals of Thought: The Intelligence of Emotions*（Cambridge: Cambridge University Press, 2001），*Philosophical Interventions: Reviews 1986-2011*（Oxford: Oxford University Press, 2012），*The Monarchy of Fear: A Philosopher Looks at Our Political Crisis*（Simon & Schuster, 2018），*The Cosmopolitan Tradition: A Noble but Flawed Ideal*（Belknap Press, 2019），*Justice for Animals: Our Collective Responsibility*（Simon & Schuster, 2023），ほか多数。

訳 者

神島 裕子（かみしま ゆうこ）

1971年生まれ。東京大学大学院総合文化研究科博士課程修了。博士（学術）。現在，立命館大学総合心理学部教授。

主な著作・訳書に，『マーサ・ヌスバウム』（中央公論新社，2013年），『ポスト・ロールズの正義論』（ミネルヴァ書房，2015年），『正義とは何か』（中公新書，2018年），ジョン・ロールズ『正義論 改訂版』（川本隆史・福間聡・神島裕子訳，紀伊國屋書店，2010年），オノラ・オニール『正義の境界』（神島裕子訳，みすず書房，2016年），ジョン・ロールズ『政治的リベラリズム 増補版』（神島裕子・福間聡訳，筑摩書房，2022年），ほか。